Reinhard Goebel
»Der Kopf macht die Musik«

Verlag Klaus-Jürgen Kamprad

Reinhard Goebel
»Der Kopf macht die Musik«

Texte zur Musik
Essays – Interviews – Würdigungen

Herausgegeben von
Hans-Joachim Wagner

Vier Interviews

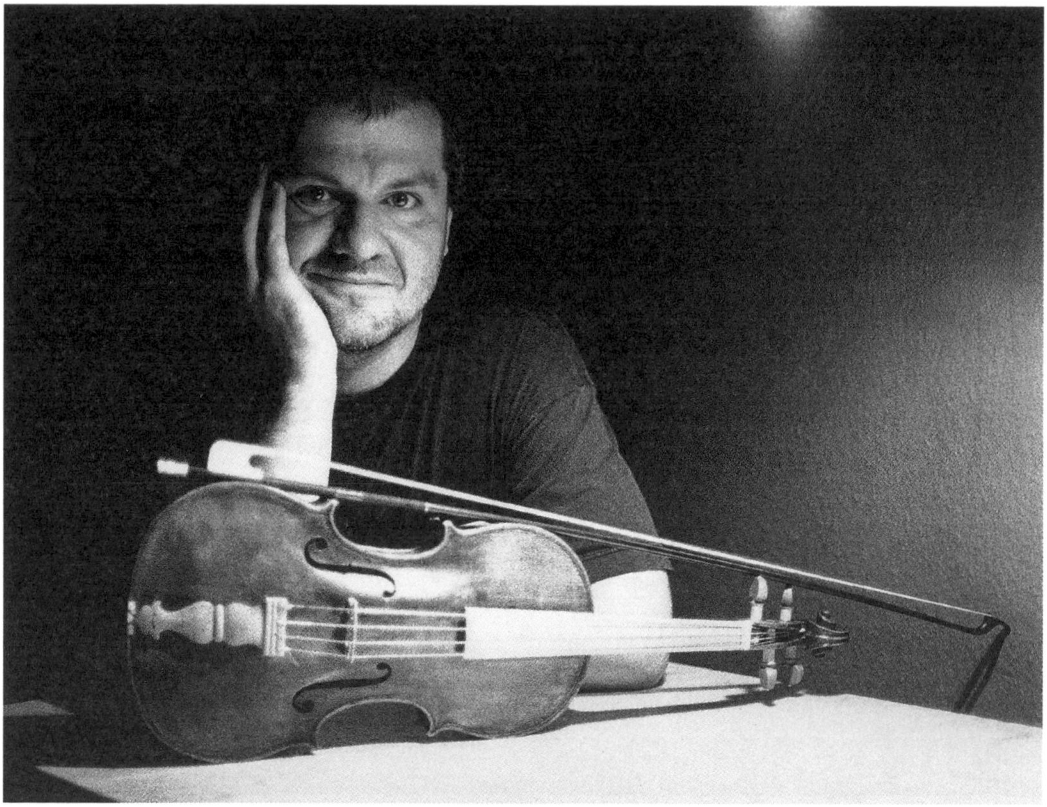

Reinhard Goebel, © by Christina Feuser / Deutsche Grammophon, o.J.

Karl Böhmer
»Eine Würdigung«

Reinhard Goebel ist eine lebende Legende der Alten Musik und ein mitreißend lebendiger Dirigent moderner Orchester und Kammerorchester. Seit er als Jugendlicher seine Liebe zur Barockgeige entdeckte, hat er nie aufgehört, Fragen von Bogenstrich, Fingersatz und Artikulation bis zur letzten Note akribisch zu lösen - sei es mit altem oder »modernem« Instrumentarium. Reinhard Goebel ist ein Fanatiker des durchstrukturierten Streicher-, Ensemble- und Orchesterklangs. Seit er vor einem halben Jahrhundert sein Ensemble Musica Antiqua Köln gründete, hat er dadurch Gewohnheiten der Aufführungspraxis immer wieder in Frage gestellt und neue Standards gesetzt, was Brillanz, Esprit und Eloquenz der Musik betrifft. In den letzten beiden Jahrzehnten hat er diesen Ansatz auch auf das Dirigentenpult moderner Orchester übertragen.

33 Jahre lang war Musica Antiqua Köln sein Medium, das virtuoseste und einflussreichste Barockensemble, das jemals in Deutschland gegründet wurde. Die Zahl seiner klassischen Aufnahmen ist Legion. Zu ihrer Zeit waren sie bahnbrechend für einen neuen Höchststandard der historischen Aufführungspraxis, der nie übertroffen wurde: gnadenlos zusammen, sauber, laut und präsent, mit dem adäquaten Zugriff für jeden Komponisten von Heinrich Ignaz Franz Biber bis Johann Sebastian Bach, durchgestaltet in jeder Note vom Continuo bis zur ersten Geige und dabei so voller Elan, dass einen die Aufführungen nicht weniger mitrissen als die CDs. Goebel gelang das Wunder, im Konzertsaal ebenso präsent und brillant zu klingen wie auf Tonträgern - eine absolute Ausnahme unter den großen Namen der Alten Musik. Wer die Musica Antiqua in ihrer besten Zeit gehört hat, wird den *Eclat triomphal* des Klangs und den *Elan terrible* der Tempi nie mehr vergessen können.

Schon kammermusikalisch rüttelte der Barockgeiger Reinhard Goebel die genügsame Welt der Achtziger Jahre gehörig wach: durch seinen leuchtenden Ton und den fantastisch vielfältigen Bogenstrich im »Musicalischen Opfer« und den Geigen-Cembalo-Sonaten von Bach, bei Georg Philipp Telemann und François Couperin, aber auch bei Buffardin und Corrette. Die Nebengleise zu erkunden, die oft genug die Hauptbahnstrecken der Musikgeschichte waren, hat Goebel stets ein intellektuelles Vergnügen ohne Grenzen bereitet. Diese Lust wurde für das Publikum umso ansteckender, je mehr Musica Antiqua zum Barockorchester mutierte: zuerst mit der »Hamburger Ebb' und Flut« von Telemann samt einer französischen Ouvertüre ohne jede Überpunktierung; dann mit Bachs Orchestersuiten und den unfassbaren »Brandenburgischen Konzerten«; schließlich mit der unübertrefflichen »Musique de Table« von Telemann, den »Dresden Concerti« von Johann David Heinichen und viel italienischer Musik zwischen Giuseppe Valentini und Francesco Maria Veracini. Große Sängerinnen wie Anne Sofie von Otter, Magdalena Kožená oder Christine Schäfer lösten die Barockstimmen früherer Aufnahmen ab, um mit Goebel Claudio Monteverdi und Antonio Vivaldi, Johann Sebastian Bach und Georg Friedrich Händel aufzuführen.

Schon in diesen Aufnahmen zeichnete sich ein Wandel zum mehr »traditionellen Klang« ab. Im neuen Millennium steuerte Reinhard Goebel zwangsläufig auf ein neues Medium zu: auf das »moderne« Kammer- und Sinfonieorchester. Was er in der Alten Musik, auf Darmsaiten und Traversflöten nicht mehr sagen konnte, weil er schon alles gesagt hatte, entfaltete er nun mit der gleichen Akribie und Kompromisslosigkeit im »großen« Klang der Orchester. Die Tugenden der Alten Musik auf »moderne« Streicher zu übertragen, wurde für den leidenschaftlichen Geiger zur neuen Berufung. Am Pult diverser Radiosinfonieorchester in Deutschland erweckte er Mannheimer Musik von Johann Christian Cannabich und Johann Christian Bach zu neuem, blühendem Leben. Danach mischte er die Wiener Klassik von Antonio Salieri bis Wolfgang Amadeus Mozart auf und wies auf die vergessenen Italiener und Franzosen im Schatten Mozarts hin. Sofort wurde deutlich, dass er auch zu den bekanntesten Mozartwerken unerhört Neues zu sagen hat: zu den Violinkonzerten und zur »Idomeneo«-Chaconne, zur »Kleinen Nachtmusik« und zur großen »Finalmusik«. Die Zahl der Orchester, die ihm auf diesen Entdeckungsreisen folgten, ist beständig gestiegen: Bayerische Kammerphilharmonie und Mozarteum Orchester, Karajan Akademie der Berliner Philharmoniker und hr-Sinfonieorchester. Auch im Ausland, in Frankreich und den Niederlanden, der Schweiz und Italien, hat Goebel mit seiner Wiener Klassik ohne Scheuklappen für Furore gesorgt. Dieser Weg gipfelte zum Beethovenjahr 2020 in seinem großen Zyklus mit Beethovens Zeitgenossen wie Bernhard Romberg, Johann Nepomuk Hummel, Jan Václav Hugo Voříšek, Antonio Salieri u.v.a. Daneben ist er auch der Barockmusik treu geblieben, verwandelt im Medium moderner Kammerorchester wie etwa der Berliner Barocksolisten. Auch wenn Reinhard Goebel mit modernen Orchestern Johann Sebastian Bachs »Matthäus-Passion« dirigiert, bleibt er, was er immer gewesen ist: ein Forscher auf der Suche nach dem wahren Geist und Klang von Biber über Bach bis Beethoven.

Im Erkunden dieses Klangideals ist sich Reinhard Goebel stets treu geblieben. Dazu passt, dass er seit 2010 an der Universität Mozarteum in Salzburg den Lehrstuhl für historische Aufführungspraxis bekleidet – beileibe nicht nur für Spezialisten auf Barockgeigen.

Zum Dirigenten Reinhard Goebel wie zum Professor gehören Leidenschaft und kritischer Geist ebenso wie unerbittliche Genauigkeit und die Abscheu vor verstaubten Konventionen, die sich nicht aus der Musik und der Stillehre der Zeit begründen lassen. Ein Intellektueller mit Feuer und Schwert in Gestalt von Geigenbogen und Partitur.

Positionsbestimmungen

»Vergnügte Ruh'«

Musica Antiqua Köln, Reinhard Goebel

Deutsche Grammophon GmbH, 2007

Große, bewegende, charismatische künstlerische Ereignisse entstehen nicht willentlich, nicht auf Knopfdruck oder Kommando gar: Sie bedürfen einerseits einer intensiven Vorbereitung, einer fokussierenden Konzentration des Musikers auf den Auftritt hin – aber sie bedürfen auch eines sensiblen Empfängers.

Ist der Lautstärkepegel einer pubertierenden Schulklasse noch verlässliches Zeichen für einen beträchtlich unter- oder überfordernden Vortrag des Lehrers, so ist das Verhältnis Künstler-Sender zu Publikum-Empfänger weitaus komplizierter: Spontane Missfallensäußerungen oder während der Darbietung ausbrechender Jubel sind für die Zeit der Aufklärung belegt, heute aber applaudiert man brav am Ende eines Stückes – und dennoch realisiert ein wacher Künstler schon »unter währendem Spielen«, ob seine Botschaft das Publikum überhaupt erreicht. Es gibt gespannte Stille und leider auch stumme Duldungsstarre – und der Künstler-Sender ist auch immer wieder Empfänger jener Botschaften, die als »Annahme verweigert« zu ihm zurückkommen. Nein: Dies ist (noch) nicht der rechte Platz für »Publikumsbeschimpfungen«, eher für gründliche Selbstkritik. Ich habe gegen Ende meiner fast 35-jährigen, *en face* zum Publikum ausgerichteten Karriere als Geiger und Leiter des Ensembles Musica Antiqua Köln festgestellt, dass meine Kraft einfach nicht mehr ausreicht, diese unbeschreibbare Liaison zwischen Bühne und Saal zu generieren – und deshalb dieses Ensemble, von dem die New York Times in goldenen Zeiten einmal schwärmte: »Welche Erleuchtung in einem Meer von Mittelmäßigkeit«, geschlossen. ICH wollte nicht, dass man bei allenfalls mäßigen Konzerten unsere großartigen »Tonträger« beklatscht, ICH wollte nicht beklatscht werden, weil »man« weiß, dass das doch ein ganz tolles Ensemble »ist«, ICH wollte nicht – wie es meine Lehrer taten – aus Langeweile lustlos eine Lebenslüge mit mir rumtragen und am Ende dann bei den Jubiläumsfeiern einer Fischkonservenfabrik spielen, ICH wollte einfach nichts mehr, denn nach 35 Jahren auf der Bühne und 28 Jahren im Studio für die Archiv-Produktion der Deutschen Grammophon Gesellschaft ist doch vielleicht auch genug gesagt – oder?

Es waren fabelhafte, dennoch turbulente Jahrzehnte, in denen sich so vieles grundlegend geändert hat (ob »zum Besseren«, ist eine Frage, die zu beantworten mir nicht ansteht!): In den späten 1970ern gab es einfach so viel zu entdecken, was heute auf dem überquellenden CD-Markt gleich mehrfach vorliegt. Aber es ging auch und vorerst einmal darum, für die Interpretation »Alter Musik« (früher verstand man darunter primär Musik, die Herrn von Karajan nicht interessierte) Standards zu etablieren, Forschung und Praxis »unter einen Hut« zu bekommen: die Blockflöte aus dem Kindergarten zu erlösen und makellos gestimmte Darm-E-Saiten zu präsentieren, die eine oder andere lexikalische Karteileiche zu reanimieren, Pachelbels Kanon einmal nicht als emotionale Dienstleistung zu deuten und sich Bachs »Brandenburgischen Konzerten« einmal nicht auf Knien (und dennoch mit dem noch in den 1960ern so unerhört sicheren Bewusstsein: »Das konnte man ja damals gar nicht spielen.«), sondern philologisch korrekt, dennoch im Bewusstsein dafür, dass es sich bei den »Six Concerts avec plusieurs instruments« 1721 um hochmoderne Musik mit einer aktuellen Botschaft handelt, zu nähern.

Die Saat ist (dank tätiger Mithilfe von Trevor Pinnocks und Christopher Hogwoods Ensembles auf ähnlichem, aber doch genuin anders geartetem Forschungsgebiet) aufgegangen ... und dann kann man doch auch abtreten – oder etwa nicht?

Im Gegensatz zu den Gruppen der Kollegen Pinnock und Hogwood war Musica Antiqua Köln »nur ausnahmsweise« für Standard-Repertoire »in neuem Klang-Gewand« zuständig: Unsere Domäne war fast grundsätzlich das »Unbekannte«, erklärtes Ziel aber, durch wissenschaftliche Rückendeckung, intensive Probenarbeit, Umfeld-Dramaturgie und bestmögliches Instrumentarium auf bislang »nebensächliche« Kleinmeister hinzuweisen. Eigentlich fingen wir dort an, wo man heute fast wieder angekommen ist: bei einem Wust unmanierlich, lieblos und im standardisiert-ubiquitären Gefälligkeitston *prima vista* dargebotener italienischer Dutzendware. »Bahnbrechend« bei der frühen Musica Antiqua Köln war keineswegs die Repertoire-Wahl an sich, denn wir befanden uns auf der von unseren Lehrern »gezeigten Spur«. Zweifellos gingen wir weiter und erstatteten »mit Zinsen« zurück: Auf Buxtehude folgte Reincken, auf Monteverdi folgte Marini, auf Telemann dann Heinichen und Veracini. Eine Menge gab es auch »vor« Bach zu entdecken: Paul von Westhoff, Pachelbels Kammermusik und die großartige Musik Bibers und seiner tschechischen Zeitgenossen.

Wirklich neu an der Musica Antiqua Köln aber waren lediglich die ensembletechnische Qualität der Darbietung (»Wie ein Spitzen-Streichquartett«, so FONO FORUM 1981) und die Radikalität, mit der, durch erst für das 19. Jahrhundert definitiv zu belegende Interpretations-Usancen *con fuoco* hinweggefegt wurde: hier 'n bisschen warten, da noch »ne Kiste aufmachen« und »diesen Ton noch auskosten« ...

Erstaunlicherweise werden gerne gerade heute die »Manierismen«, »Macken« und »Meisen« der Musica Antiqua Köln imitiert und malträtiert: Die einen entdecken gnadenloses Tempo, die anderen perkussiven Klang, wieder andere Artikulation als Allheilmittel ... beinahe hätte ich die »Entdeckung um jeden Preis« vergessen!

»Aus der Geschichte lernen, um die Gegenwart zu verstehen und die Zukunft zu gestalten«: Zu Perfekt, Präsens und Futur hat Musica Antiqua Köln mit mehr als drei Jahrzehnten Bühnenpräsenz ausreichend beigetragen, und es dürfte verständlich sein, dass ich mir mit 55 Jahren als »etablierter Marktverstopfer« kein echtes Pläsier bin. Von »Blick zurück im Zorn« kann überhaupt keine Rede sein: Stolz auf das Erreichte, dankbar für die jahrzehntelange Zustimmung des Publikums und der Kritik, für die ungeheuer bereichernden Beiträge meiner Kollegen und die fachlichen Anregungen zahlloser Wissenschaftler in der ganzen Welt, besonders aber auch der behutsam fordernden und fördernden, immer aber stützenden Produzenten der Archiv-Produktion in einer »großen Zeit der guten Mutter Deutsche Grammophon«, beendete ich vor nun genau einem Jahr meinen »Lebensabschnitt« Musica Antiqua Köln. Bislang bereue ich diesen Schritt nicht!

Ich betrachte es zudem als riesiges Kompliment, dass die Deutsche Grammophon Gesellschaft, der die Musica Antiqua Köln 28 Jahre lang treu und exklusiv diente, das Ensemble nicht sang- und klanglos entsorgt, sondern es in der Veröffentlichungsreihe mit dem Namen »Portrait of the Artist« neben Künstlern wie Gidon Kremer und Evgeny Kissin stellt: Thanks a lot!!!

»Auf der Suche nach der verlorenen Zeit ...«

unveröffentlicht
Januar 2012

Hätte man mich vor 25 Jahren um Gedanken zur Frage »Was ist historische Aufführungspraxis« gebeten, wäre eine flammende forensische Rede entstanden. Ich will nicht sagen, daß meine Gedanken heute weniger feurig sind, aber das »Geschmäckle«, daß dieses trendige, inflationär gebrauchte Etikett provoziert, läßt mich doch vorsichtiger werden: In keiner Kunst wird derartig mit Bluff, Plagiat, Kopie und Imitation betrogen, wie in der Musikpraxis. Nirgendwo wird mit solcher Geschwindigkeit gerade mal Aufgeschnapptes sofort und ungeprüft in die Praxis umgesetzt, nirgendwo auch der Komponist derartig als Depp angenommen, der noch nicht einmal zu schreiben imstande war, was er hören wollte; bis in die tiefste Provinz hat sich das Gerücht von der Doppelpunktierung, das des betonten zweiten Schlages in der Sarabande, auch das spezielle Wiener Odörchen, der Augmentationspunkt in der Notation sei eine Pause, ausgebreitet.

Warum sich hier nicht die Musikwissenschaft einschaltet, möchte jemand wissen? Weil es an praxisnahen Wissenschaftlern enorm mangelt und den wenigen mit klarem Kopf völlig klar ist, daß die Deutungshoheit über das Treiben auf der Bühne beim Feuilleton liegt – mit dem man sich besser nicht anlegt.

Anno 2009 erschien in der FAZ ein Artikel »Das Mittelalter als Wille und Vorstellung und der Mediävist als Experte für Requisiten: Zur populären Aneignung einer Epoche«. Alles hier über Rezeption und Darstellung des Mittelalters Gesagte trifft auch den musikalischen Barock-Nagel mitten auf den Kopf.

Historische Aufführungspraxis ist – so wie ich sie verstehe und lehre – die Wissenschaft von der umfassenden Verortung eines musikalischen Kunstwerks an seinem ursprünglichen Ort in seiner Zeit. Diese Wissensaneignung ist in zweierlei Richtung neutral: Zum einen habe ich mit der Komposition kein Liebesverhältnis, sie ist nicht meinem Ausdruckswillen kongenial, ich bin nicht SIE, sondern ich muß die Komposition im Koordinatensystem ihrer Zeit untersuchen, kennenlernen – und absolut NICHTS verpflichtet mich, das erworbene Wissen in irgendeine musikalische Tat umzusetzen.

Im Grunde ist der Aufführungspraktiker erst einmal ein Dramaturg, der sämtliche erreichbaren Quellen und auch Aussagen zu einem Werk findet und zusammenstellt; ob dieser Sammler – im Glücksfall der Konzertmeister bzw. der Dirigent einer Aufführung als Dramaturg und Regisseur in Personalunion – später all das Wissen in Anwendung bringen will und kann, ist allein seine Entscheidung. Hier öffnet sich in der Tat schon die unüberbrückbare Kluft zwischen Einst und Jetzt: In der voll verdudelten Umwelt des 21. Jahrhunderts können wir gar nicht mehr ermessen, was es für die Leipziger Kirchenbesucher bedeutet haben mag, nach dem *tempus clausum* des 2.–4. Advent-Sonntags am ersten Weihnachtstag dann »Jauchzet, frohlocket« zu hören!

Zurück: Die »Ortung« eines Kunstwerks ist rein physikalisch und umfasst Fragen des Raumes, der Besetzung, der Wahl der Instrumente, ihrer Aufstellung und auch der Beziehung Klangquelle – Hörer. Gerne wüßte man beispielsweise etwas zum Grundriss des Leipziger Kaffeehauses Zimmermann, in dem Johann Sebastian Bachs Collegium musicum auftrat, zum Saal des Weißenfelser Schlosses, in dem Bachs »Jagd-Kantate« und Teile des »1. Brandenburgischen Konzerts« erklangen. »Wissen« bedeutet nicht zwangsläufig, daß wir auch heute diese Werke nur in Räumen von allenfalls 120 Quadratmetern Grundfläche aufzuführen haben!

Die »Zeit«-Frage ist komplexer: Sie verortet die Komposition in der Biographie des Komponisten; wesentlicher aber ist die Frage nach der Eingebundenheit des Kunstwerks in das oder in ein zeitgenössische(s) Theoriegebäude. Die Historizität der Notationsmöglichkeiten muß geprüft werden, und sicher stellt sich auch die Frage nach den Rezeptionsmöglichkeiten der ursprünglich adressierten Hörer.

Allein der Versuch einer Beantwortung dieser primären Fragen kommt dem Kampf des Herkules mit der Hydra gleich: Aus jeder Frage wachsen gleich zwei weitere nach! Lassen wir sie stehen – und betrachten stattdessen die physische Materialüberlieferung. Basiert das, was die Neue Bach-Ausgabe und die Schwester-Editionen der Werke Telemanns, Händels und Mozarts als klinisch reinen Druck vorlegen, auf einer handschriftlichen Kompositions- und Konzeptpartitur, einer kollationierten Partitur nach einem gespielten Stimmensatz oder gar einer finalen Kalligraphie? Ist hier das finale Musikereignis notiert oder muß doch »die Methode zu spielen« hinzugefügt werden? Weitaus dringlicher noch ist diese Frage bei Publikationen im klobigen, unbeholfenen Typendruck der Monteverdi-Zeit: Was fehlt, was konnte nicht dargestellt werden – und woher nehme ich genau DAS als heutiger Interpret?

Kein selbstbestimmter und in den Methoden der diplomatischen Quelleninterpretation erfahrener Künstler liefert sich heute noch bedingungslos den Meinungen eines Herausgebers aus: Er wird sich – es mag sich um Bach'sche Soprankantaten, Beethovens »Violinkonzert« Op. 61 oder Mozarts quellenmäßig besonders heikle »Linzer Sinfonie« KV 425 handeln – immer selbst den Originalen zuwenden (müssen) und feststellen, wie radikal und rücksichtslos in dem Spagat, für Wissenschaft und Praxis gleichermaßen brauchbare Texte zu liefern, originale Befunde verändert werden und wie kaltherzig Philologen auch die gigantischen weißen Flecken des *nescimus* übergehen.

Zu den Arbeiten im »Zeit«-Sektor gehört zweifellos auch die Befragung, vor allem aber die Evaluation der aufführungspraktischen Originalquellen: Wer schreibt hier für wen, wer kannte diese Quelle im 18. Jahrhundert, wie maßgeblich war diese Quelle – war sie gar ein Ladenhüter oder vielleicht gar völlig unbekannt? War der Schreiber ein auf der Geige dilettierender Dandy, ein querulanter Sonderling auf dem Clavichord oder ein verspäteter Bachianer? Nur ein eklatantes Fallbeispiel: In den heute tonangebenden Zirkeln der *vrais partisans de la musique ancienne* werden die Strichanweisungen von Georg Muffat, gedruckt im Jahr 1698 im Vorwort zu der Tanz-Sammlung »Florilegium Secundum«, wie goldene Worte, wie die »Zehn Gebote« des Barockbogens gehandelt und wahllos auf alles zwischen Claudio Monteverdis »L'Orfeo« und Johannes Brahms' »Ein Deutsches Requiem« Op. 45 angewendet. Vor nicht allzu langer Zeit konnte man im TV ein Kammerorchester mit Muffat-Strichen höchst anachronistisch durch den dritten Satz von Ludwig van Beethovens »1. Sinfonie« hüpfen sehen: Man hatte ganz offensichtlich »nur« vergessen, in der 1835 erschienenen Violinschule von Pierre Baillot, dem ersten großen französischen Apologeten Beethovens, nachzuschauen, welche Stricharten hier für Punktierungen empfohlen werden. Zeitlich noch näherliegend wäre allerdings die dritte, von fremder Hand korrigierte Auflage von Leopold Mozarts »Violinschule« (Leipzig 1806) – sie ist schwer zu finden –; und *last not least* hatte sich der Berliner Johann Friedrich Reichardt 1776 schon in seinen »Pflichten des Ripien-Violinisten« explizit zu diesem Tatbestand geäußert.

Erstaunlicher aber noch ist, daß die Sammlung »Florilegium Secundum« im Gegensatz zu ihrem ersten Teil in keinem der maßgeblichen Lexika des 18. Jahrhunderts (Johann Gottfried Walther, Johann Heinrich Zedler, Ernst Ludwig Gerber) Erwähnung findet, ja selbst ein so raffinierter Büchernarr wie der Straßburger Komponist Sébastien de Brossard kein Exemplar besaß – mit anderen Worten: Es ist die heute grandios überbewertete Quelle eines Nie-und-nimmer-Lulli-Schülers, eines Organisten, der glaubte, aus Ranküne mit seinem ehemaligen Salzburger Kollegen Biber einen öffentlichen Zweikampf ausfechten zu müssen!

Weitaus bedeutender für eine die veritable Gedankenmitte des 18. Jahrhunderts treffende Aufführungspraxis sind die bisweilen atmosphärischen Texte Giuseppe Tartinis, der als Paduaner *maestro delle nazioni* ein Halbjahrhundert lang eine schier unendliche Schülerschar aus ganz Europa lehrte und über Ausstrahlung und Einfluß bis hin zu seinen Enkelschülern Bartolomeo Campagnoli und Wilhelm Friedemann Bach verfügte. Gleichwohl ist auch hier zu beachten, daß Tartinis Lehrmeinungen nicht nur von väterlicher Milde triefen, sondern immer in Richtung jener Kollegen gezielt waren, die »es« anders machten, vor allem die des vermutlich etwas robusteren Antonio Vivaldi in der Nachbarstadt Venedig. Eine Fortsetzung dieser ständigen Auseinandersetzung wurde von dem Dresdner Vivaldi-Freund Johann Georg Pisendel, dem Konzertmeister des Hofes, und dem Tartini-Schüler Johann Gottlieb Graun um 1725 dargeboten:

Letzterer blieb auf Weisung Pisendels solange vom »Orchestra di Dresda« ausgeschlossen, bis er seinen Tartini'schen Manieren abgeschworen hatte und wieder zur Lehrmeinung der Dresdner Schule zurückgekehrt war.

Je feiner die Methoden der Quellenbefragung sind, umso klarer erscheint, daß die Aufführungsstile vor der Erfindung von Tonträgern weitaus mehr chronologische, lokale und nationale Eigenarten und Unterschiede aufgewiesen haben müssen, als uns heute auch nur annähernd vorstellbar ist – und daß unsere moderne Aufführungspraxis älterer Musik lediglich ein synthetischer Idealstil ist, der Textbausteine von 1600 bis 1800 miteinander verknüpft und (viel) Fehlendes mittels eines zwischen 1950 und 1970 entwickelten Jargons ausgleicht.

Ultima Ratio in dieser Stilneugeburt war das bedingungslose Anders-Sein-Müssen: Sämtliche musikalischen Äußerungen des spätest-romantischen Karajanismus, eher noch der eines Karl Richter, der ja das Zentrum der »Alten Musik« beackerte, galten a priori als *impossible* – und neben einigem Guten bescherte uns diese radikale Abkehr empathie- und pathosfreie, kammermusikalisch durchhörbare »Matthäus-Passionen« sowie einen Lastwagen voller unmanierlicher Aufnahmen der »Vier Jahreszeiten«, die pseudo-rezitativische Larmoyanz und naturalistisches Gekratze ohne klar erkennbare Tonhöhen als »authentisch« an den Hörer zu bringen versuchen.

Wenig Wertschätzung beim Studium der Aufführungspraxis des 18. Jahrhunderts haben leider die umfangreichen Dokumentensammlungen zum Leben und Schaffen von Johann Sebastian Bach, Wolfgang Amadeus Mozart, Joseph Haydn, inzwischen auch von Georg Philipp Telemann, Johann Friedrich Fasch, Christoph Willibald Gluck u.v.a.m. gefunden. Zweifellos quält man sich bei der Lektüre durch Berge von Taufbelegen, Brennholzrechnungen und belanglosem Klatsch, trifft jedoch auch auf Sätze, bisweilen nur Satzfragmente, von zentraler Bedeutung, denen nachzugehen ungeheuren Gewinn bringt.

So schreibt Johann Adolf Scheibe 1737 in seiner Kritik an Bachs Kompositionsweise: »Alle Manieren, alle kleinen Auszierungen, und alles, was man unter der Methode zu spielen verstehet, druckt er mit eigentlichen Noten aus [...]«. Man überliest das, hakt es schnell als bekannt ab – anstatt sich auf die Suche nach dieser »ausgeschriebenen Methode« zu machen. Man findet sie überreichlich in den nach authentischen Stimmensätzen erstellten Partituren der Neue Bach-Ausgabe in Form von artikulatorischer Durchästhetisierung der Chöre und Arien, mag überrascht sein von dem gestalterischen Furor Bachs, der zumindest in seinen beiden letzten Lebensjahrzehnten mit dem heute als »authentisch« betrachteten schwer-leicht-Getrampel wohl seine Probleme hatte.

Und mit Vorsicht noch weiter ausgeholt: Scheibe schreibt nicht »alles, was man unter seiner Methode zu spielen versteht«, sondern »unter der Methode« – und so eröffnet sich ein weiter geistiger Gestaltungsraum – nicht unbedingt für die Spielart Vivaldischer Konzerte im (irgendwie) authentischen venezianischen Stil des *prete rosso*, vielleicht aber doch für ihre Darbietungsweise im vielleicht gänzlich anders gearteten Stil des »Orchestra di

Dresda«. In den von Pisendel für Dresden »bearbeiteten« Werken fremder Komponisten – insonderheit solchen von Vivaldi, Telemann und Fasch – findet man immer wieder an entscheidenden Stellen die ursprüngliche, in den vorliegenden Widmungspartituren ersichtliche Notation des Komponisten verändert, man kümmerte sich also in Dresden weder um »Werkgestalt« noch gar »Authentizität«, zumindest verortete man sie nicht im philologisch einwandfreien Text!

Zudem scheint es in den großen höfischen Klangkörpern der Zeit – Dresden und Darmstadt, später Mannheim, Berlin und München – eine Ebene der künstlerisch-organisatorischen Durchgestaltung gegeben zu haben, die sich der Schriftlichkeit *per definitionem* entzieht, läßt Johann Sebastian Bach doch in seiner im August 1730 erfolgten Eingabe an den Leipziger Rat erahnen, daß diese »in schwerem Solde stehenden« Musiker ihre Sachen »ja fast auswendig können«, vorsichtig mit anderen Worten ausgedrückt: daß sie nicht am Sonntagmorgen eine kaum fertige Kantate eben mal durchsägten, sondern eine ganze Woche auf das Hofkonzert hinarbeiteten und dabei auch eine eigene Darbietungsart entwickeln konnten, die man bisweilen ganz tief zwischen den Zeilen und ganz weit hinter den Worten zeitgenössischer Beschreibungen zwar nicht entdecken, wohl aber erahnen kann.

Da bis weit ins 19. Jahrhundert hinein chorisch besetzte Streichstimmen das Grosso des Orchesters bilden, halte ich persönlich deren Spiel- und Gestaltungsweise bestimmend für den wesentlichen Klangeindruck eines Ensembles. Und so interessieren mich vorrangig Methoden und Bogenorganisationen eines Johann Sebastian Bach, Heinrich Ignaz Franz Biber, Antonio Vivaldi und vor allem Jean-Marie Leclair. Bei ihm, der als professioneller Tänzer erst im Alter von 20 Jahren zur Violine kam – so die *on-dits* – und dennoch Frankreichs Apoll wurde, dürfte am ehesten eine sinnvolle Choreographie und Geometrie des Bogens für Tanzmusik *à la française* zu finden sein.

Untersucht man Leclairs Œuvre (eine Oper und etwa 80 sehr genau bezeichnete Kammermusikwerke), so wird man auf allenfalls nur ein Dutzend jener violinistisch-aufführungspraktischen Details stoßen, die normalerweise nicht notiert und nur durch puren Zufall von der Stecherin, seiner Frau, aus dem vermutlich ihr vorliegenden Aufführungsmaterial in den Druck übernommen wurden. Aber so wie wir in Johann Philipp Kirnbergers Schriften das Theoriegebäude seines Lehrers Johann Sebastian Bach erkennen, so finden wir in den 1761 publizierten »Principes du Violon« von Leclairs Schüler Joseph-Barnabé Saint-Sevin genau die gesuchten praktisch-organisatorischen Lehren seines Meisters: Weit weg von all dem aufwendig-äußerlichen Bogen-Klimbim, der heute im Pseudo-Muffat-Stil inszeniert wird und völlig *modern* in der geometrischen Handhabung des Streichbogens, der von Virtuosen – wie in Leopold Mozarts graphischer Darstellung eindeutig ersichtlich – übrigens wie heute direkt am Frosch und nicht kurz vor der Mitte gehalten wurde.

Nein, das war jetzt nicht alles gleichsam der lange ersehnte Schnellkurs »Historische Aufführungspraxis«, es war nur ein minimaler Einblick in die Methoden und Probleme dieser Fachdisziplin. All die sachlichen Trouvaillen – und noch viele, viele mehr! – müssen zu einem wohlgemerkt heute wirkenden und heute künstlerisch beeindruckenden Ganzen verbacken werden, denn Aufführungspraxis hin oder her: Weder können sich die Einen darauf herausreden, »man« habe damals eben »anders«, ja, sich bedeutungsloses Violinspiel und inkohärentes Ensemble schon »irgendwie« zurecht gehört, noch kann die Gegenseite heute noch behaupten, der Cembalo-Klang sei starr, die Barockoboe häßlich und die Darmsaite unerträglich. Die Wiederentdeckung einer historisch orientierten Aufführungspraxis hat unser Musikerleben enorm bereichert und verändert, leider aber tritt sie augenblicklich ein wenig auf der Stelle. Keineswegs aber sollte sie *carte blanche* für jedweden *Lifestyle*-Firlefanz werden, denn immerhin ist der Gegenstand der Diskussion um die 300 (Johann Sebastian Bach), gar 400 Jahre (Claudio Monteverdi) alt.

Gudrun Heyens
»R. G. im Bus«

In den sehr frühen Musica-Antiqua-Jahren 1973/74 waren wir oft mit einem VW-Kastenwagen on tour. Er hätte Fenster und Sitzbänke haben müssen, was aber angesichts des Instrumentariums, das wir mit uns führten, unmöglich war. Neben dem Fahrer - wenn er nicht eines der männlichen Ensemblemitglieder war (natürlich nicht Reinhard, denn der hatte keinen Führerschein) -, war es ein gemieteter Fahrer oder ein gedungenes Familienmitglied. Neben ihm saß auf dem Hinweg zum Konzertort Reinhard; zwischen Cembalo, Gambe, mindestens zwei Geigenkoffern und Taschen die anderen drei (oder eben manchmal auch vier) Ensemblemitglieder. War die Fahrt lang, wurde es ziemlich ungemütlich. Die Rückfahrten nach getaner Arbeit waren deutlich angenehmer, entspannter; es gab Martini, der von dem ausgegeben werden musste, der die Stelle im a-Moll-Blockflöten-Konzert von Vivaldi intonatorisch nicht perfekt der Blockflöte hinterhergespielt hatte. Das war die erste Geige.

Deswegen saß Reinhard auf den Rückfahrten meistens auch mit hinten. Dann duftete der ganze Wagen nach einer Mischung von Martini und Patschuli. In dem zauseligen Fell seines weißen Flokati-Mantels hielt sich der Duft erstaunlich lange. Jahrelang.

Aber das eigentlich Erwähnenswerte spielte sich auf einer Hinfahrt ab. Es mag auf der Autobahn zu einem unserer Konzerte in der ödesten Gegend der Welt gewesen sein. Belgien, eine Kirche auf dem Lande; niemand hatte den Namen des Dorfes je vorher gehört. Aber es gab einen Impresario, der rührend um uns bemüht war und dafür sorgte, dass wir dort bald einen Namen hatten. Um ein Haar aber wäre das schiefgegangen. Wir waren schon einige Stunden unterwegs, als wir, hinten im fensterlosen Wagen, den Eindruck hatten, ein Rastplatz würde angesteuert. Tatsächlich hielten wir. Froh über Licht und Luft riss einer von uns von innen die Wagentüre auf und schaute in den Lauf eines Maschinengewehres. Es wimmelte von Polizei und Grenzschutz. Rasterfahndung auf der Suche nach Terroristen. Alle Instrumente wurden genauestens inspiziert. Besonders verdächtig: die Blockflöten in röhrenförmigen Etuis und ein Ensembleleiter mit langen Haaren und Hippiemantel …

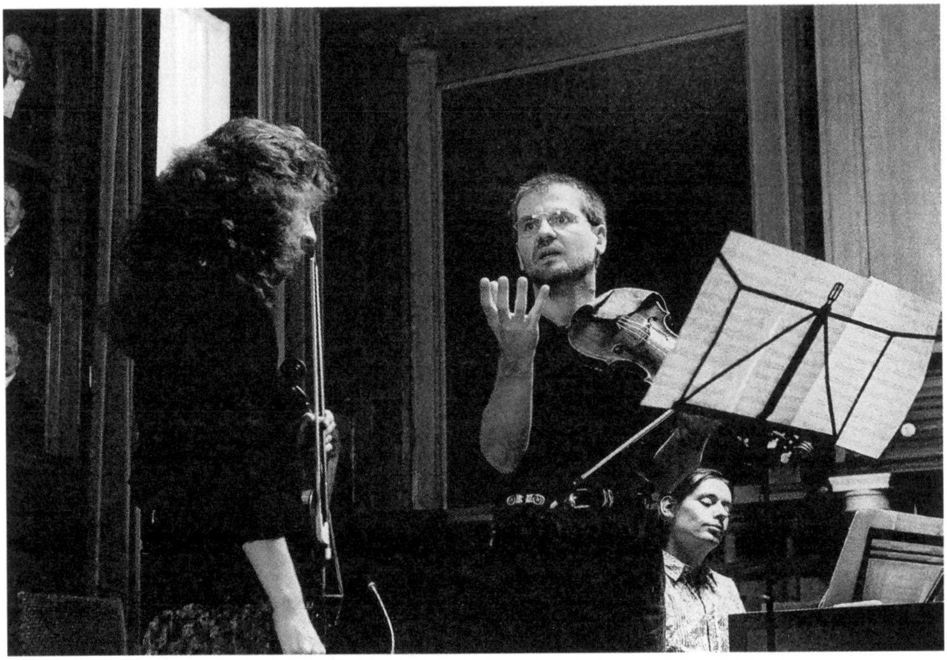

Karen Marie Marmer, Reinhard Goebel, Pieter Dirksen, Masterclass in Utrecht, © privat, 1989

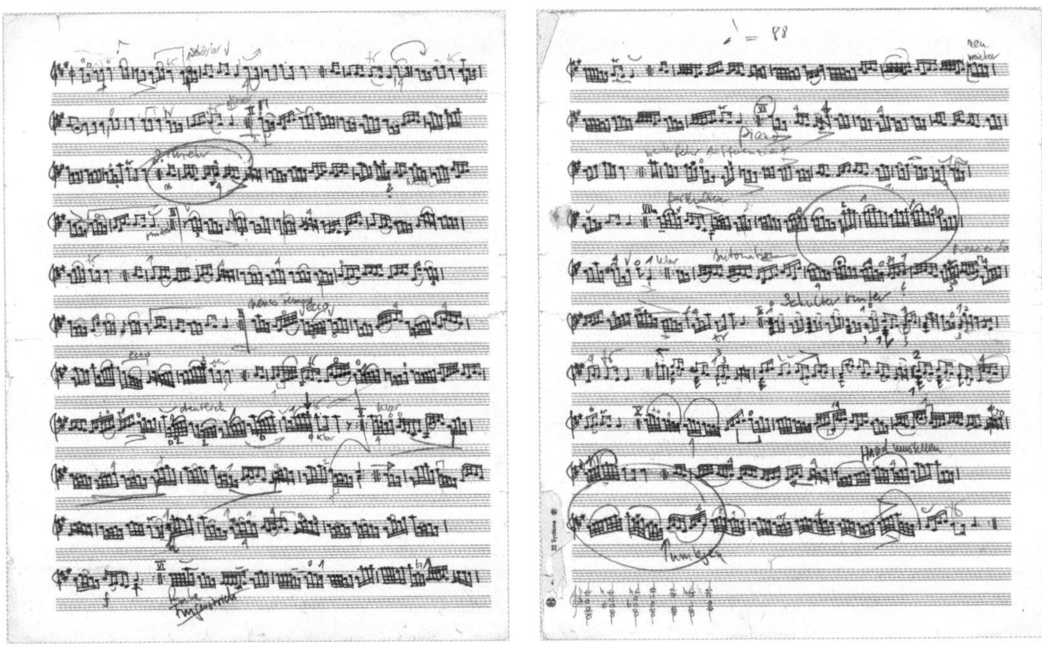

Johann Pachelbel: »Aria con variazioni«, eingerichtete Violinstimme

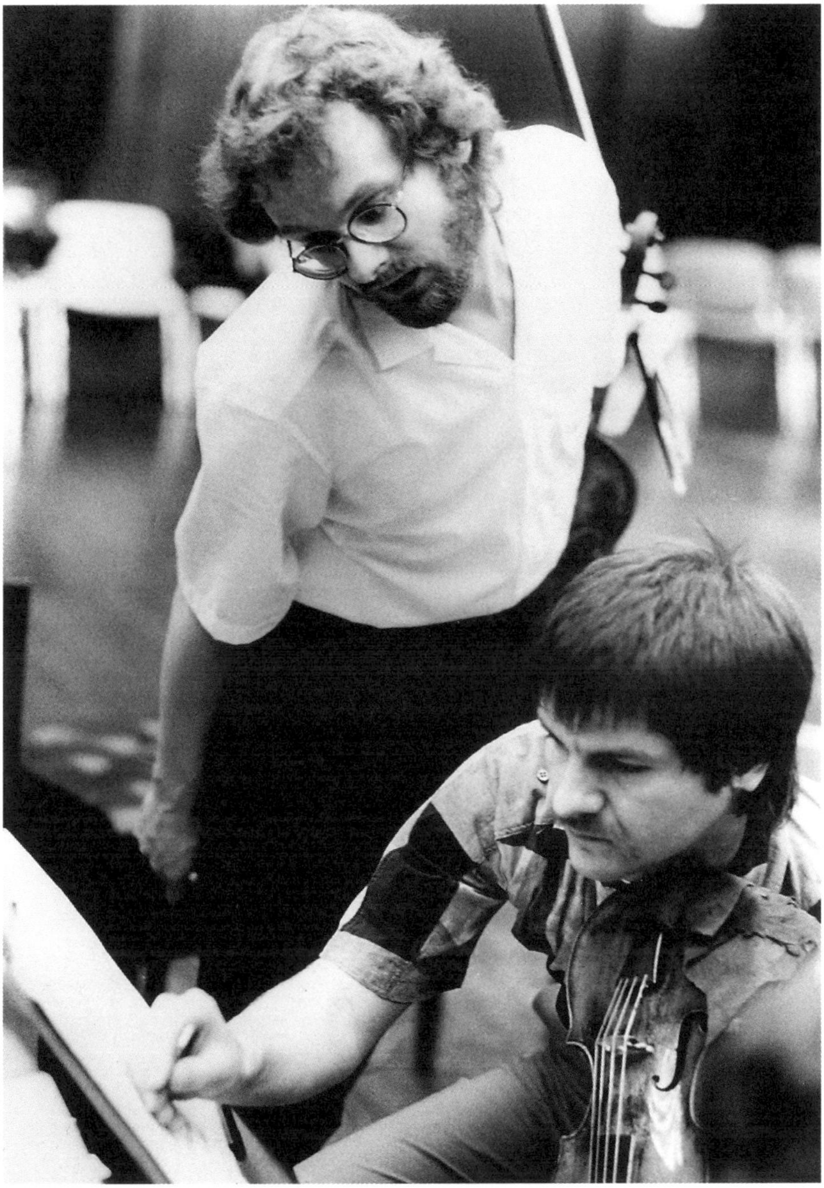

Reinhard Goebel und Hajo Bäß, Probe im Sendesaal des DLF Köln, © Deutsche Grammophon / Wilfried Krüger, 1985

MAGDEBURGER TELEMANN EDITION

Georg Philipp Telemann

(1681–1767)

Musique de Table

partagée en

Trois Productions

Herausgegeben von Reinhard Goebel

Textbuch

Edition Walhall

EW 726

Musikgeschichten

»Le Roi Danse«
Jean Baptiste Lully: Staatsmusik für den Sonnenkönig

Soundtrack zum gleichnamigen Film von Gérard Corbian

Musica Antiqua Köln, Reinhard Goebel

Deutsche Grammophon GmbH, 2000

Vom Tellerwäscher zum Millionär, vom Tanzgeiger zum obersten Musikchef: Ohne Frage war es eine Bilderbuchkarriere, die der Florentiner Giovanni Battista Lulli als Jean-Baptiste Lully am Hof des Sonnenkönigs machte. Während alle Nachbarländer voller Angst dem nächsten Beute-Feldzug des französischen Monarchen entgegensahen, überwand Lullys Musik mühelos die Frontlinien und wurde allerorten zur Hofmusik. Für seinen König hatte Lully eine Musik geschaffen, die sich der ungeheuren Inszenierung und Choreographie des Hofzeremoniells vom morgendlichen *lever* bis zum *coucher* am Abend nahtlos anpasste, gewissermaßen eine Staatsmusik des Absolutismus. Nur dort, wo der Erzfeind Habsburg und ein nach Rom orientierter Katholizismus herrschten, widerstand man dem eigentümlichen Reiz dieser zeremoniellen Musik: In Wien, Salzburg, Venedig, Rom und Neapel atmete die Musik frei und entwickelte sich nach eigenen Gesetzen.

»Sie wissen ja selbst wohl was für ein Commoder Schreiber, und seichter Held Lully in der arbeitsamen und fugierten Mußick war«, schrieb Johann Joachim Quantz 1753 an Georg Philipp Telemann und tat damit kund, was man rechts des Rheins über Frankreichs Staatskomponisten dachte. Aber Lully war ein großartiger Stilist: Der bedingungslose Wille des jungen Königs, sich als unabhängiger Herrscher und frei von traditionellen Bindungen zu präsentieren, ermöglichte es Lully, ja zwang ihn geradezu, einen Stil zu kreieren, der keinerlei Rücksicht auf gesamteuropäische Traditionen nahm. Während andere Herrscher – und somit auch deren Komponisten – immer wieder ihre historische Rechtfertigung und Glaubwürdigkeit durch die Übernahme von Althergebrachtem untermauerten, durfte und musste Lully ohne Rücksicht auf Volk und Adel mit allen Traditionen brechen.

Lully knüpfte nicht an die wohlklingende Sonaten-Kunst seiner italienischen Heimat an; es gibt auch keine Anklänge an Claudio Monteverdis Opern-Kunst. Dass Francesco Cavallis Festoper »Ercole amante« (1662) zur Hochzeit des Königs mit Maria Teresa von Spanien wesentlich weniger Beifall fand als Lullys Balletteinlagen für dieses Werk, wundert kaum. Man definierte sich in Frankreich ganz einfach und rigoros neu, löste alle alten Bindungen und schuf neue Wege, die Musik optimal der Prosodie der französischen Sprache anzupassen. Selbst der Opern-Prolog diente nicht mehr dazu, die Götter als die das Schicksal bestimmenden Mächte einzuführen. Stattdessen sang man hier unverhohlen das Lob des Herrschers, und selbst den Göttern war es eine Ehre, dem Sonnenkönig zu huldigen: Selten wurde Musik so eindeutig zum Politikum.

Dem reinen, absoluten Gehalt der Sonate und des Concerto jedoch standen die Franzosen weitgehend ratlos gegenüber. Frankreich geriet in Aufruhr, als nach mehr als 60jähriger Herrschaft des Sonnenkönigs mit Konzerten von Antonio Vivaldi und Giovanni Battista Pergolesis »Stabat Mater« erstmals wieder unpolitische, ihren eigenen Gesetzen gehorchende Musik zur Aufführung kam. Und so sollte es bis zum Ende des Ancien Régime bleiben: Immer wieder gerieten Komponisten wie Jean Philippe Rameau, Charles Leclair und später Christoph Willibald Gluck mit seinen Opern in Konflikt mit den geschmacklichen Vorgaben der *vrais partisans de la musique ancienne* – und mussten im Kontext ihrer Zeit scheitern.

Lullys Musik ist Staatsmusik – klingende Propaganda eines Königs, der seinem Adel vorflunkerte, er selbst sei schicksalhaft und unausweichlich zwischen den widerstrebenden Mächten von *gloire et amour* eingebunden. Stets beschwört Lullys Musik Bilder: von waffenstarrenden Heeresaufmärschen, wenn es das Zeremoniell und die Machtpolitik verlangte – von Momenten zärtlicher Intimität im *goût amoureux*, wenn ein Wechsel der Mätresse bevorstand oder nachträglich gerechtfertigt werden musste. Nie aber ist sie intellektuelle Kunst, die um ihrer selbst willen existiert und wahrgenommen werden will. Das Absolute ist ihrem Wesen fremd.

»Les Caractères de la Danse. Du Bourgeois Gentilhomme à Orphée«

Orchestre de l'Opéra Royal, Reinhard Goebel

Château de Versailles Spectacles, 2022

Louis XIV. regierte Frankreich von 1643 bis 1715, *en total* also lange 72 Jahre. Die beiden letzten Lebensjahrzehnte des Herrschers waren von Tod, Trauer, Stillstand und dynastischer Unsicherheit überschattet – aber Frankreich, so wie man es heute von außen erfährt und kennt, ist doch im kollektiven Bewusstsein der Nachbarn vor allem derartig grundlegend vom »Roi Soleil« geprägt, dass man die napoléonischen Jahre eher doch als *quantité négligeable* begreift, unwesentlich für Wachsen und Werden der modernen französischen Identität.

Es war der junge Louis, der als Reaktion auf die Fronde jeden Aspekt menschlicher Gestaltungskraft zur Bildung des Nationalstaates und nationalen Selbstbewusstseins seiner Bürger seinem gestalterischen Willen, seiner und seiner Minister Planung unterwarf: Fingerabdrücke und Fußstapfen von »Louis le Grand« sind überall präsent!

Und so bekamen dann auch die Künste unter der Patronage des Herrschers und durch bewussten Ausschluss des ungeliebten italienischen Einflusses – eine französische Obsession: alles wegbeißen, was den Überlegenheitsanspruch auch nur im mindesten gefährden könnte – ein nationales Gepräge. Andere Einflüsse musste man gar nicht ausschließen: Es gab sie nicht, da die umliegenden Staaten infolge ihrer inneren Unruhen ohnehin nichts als Katastrophe und Chaos zu bieten hatten.

Wesentliches Gestaltungsmerkmal und zugleich auch Machtmittel des Königs war die Akademisierung der bislang völlig freien und sich irgendwo im Abseits der Gesellschaft formierenden Kunstszene. Wie in den aus wirtschaftlichen Gründen eingerichteten Manufakturen wurden auch in den Künsten feste Regeln für die Aufnahme in die verschiedenen Akademien, vor allem aber verbindliche vorschriften für die Ausbildung geschaffen, deren Einhaltung zudem streng kontrolliert wurde.

Es waren nicht nur industrielle Waren, nicht nur Luxusartikel, die Louis XIV. zu exportieren gedachte, sondern auch und vor allem Lebensgefühl, *savoir-vivre*, Manieren des *galant homme* und vor allem die französische Sprache als *Lingua Franca* der europäischen Oberschicht.

War der Tanz seit der Renaissance bereits neben Reiten, Fechten und Musiklehre, neben Redekunst und Kenntnissen in Architektur und Malerei obligater Bestandteil einer adeligen Erziehung, so wurde die Lehre des Tanzes mit der Etablierung der Académie Royale de Danse 1661 professionalisiert und in den Rang einer staatlichen Aufgabe gehoben, deren Bedeutung noch in den riesigen Artikeln der 1751 gedruckten »Encyclopédie« nachhallt. Diese Installation der Académie de Danse war übrigens die erste Regierungshandlung des jungen Königs nach der durch Jules Mazarins Tod erfolgten Übernahme der Alleinherrschaft.

Im Jahr 1700 lag übrigens auch eine der Notenschrift im weitesten Sinne vergleichbare Notation der Tanzschritte und der Armbewegungen vor, in Drucken ediert von dem Pariser Ballettmeister Raoul-Auger Feuillet, aber basierend auf den Vorarbeiten des Monsieur Pierre Beauchamp, der 1635 geboren, noch mit allen Meistern der Frühzeit – Robert Cambert, Molière und Pierre Perrin – gearbeitet und sämtliche Opern und Ballette des königlichen Hofes bis 1686 choreographiert hatte.

1681 traten erstmals auch tanzende Frauen auf den Bühnen der Hauptstadt auf, nein: nicht Frauen, sondern junge, manchmal auch sehr junge Mädchen – und das bislang herrschende viril-kriegerische Element trat ebenso zurück wie die Nennung männlicher Namen: Es waren die Demoiselles Prevost, Sallé und Camargo, die die Aufmerksamkeit von Presse und Publikum erregten.

Zum Debütstück für den ersten solistischen Auftritt dieser jungen Mädchen wurde nach 1715 das Werk »Les Caractères de la Danse« des Lully-Schülers Jean-Féry Rebel, der zwanzig Jahre später mit seinem inzwischen wieder häufiger gespielten »Le Cahos« noch ein weiteres Mal Geschichte schreiben sollte. Die Tänze – sie basieren übrigens auf der Idee des Sonnenkönigs, dass alle Provinzen Frankreich durch einen typischen Tanz am Hofe zu repräsentieren seien – haben alle neben einem charakteristischen Tempo vor allem ein klar bestimmtes Figuren- und Bewegungsprofil, und so wurde das Stück zum Prüfungsstück für die Tänzerinnen – nicht nur in Paris, sondern auch in London und Dresden – und obgleich man immer behauptet, dass »Les Caractères« völlig neuartig gewesen seien, basiert das Werk dennoch auf dem Auftritt des Maître de Danse in der ersten Szene von Molières und Lullys »Bourgeois Gentilhomme«, wo der Tanzmeister dem einfältigen Bürger Jourdain einen kurzen Einblick in seine Kunst gewährt – und gleich natürlich auch mit dem Maître de Musique in Streit darüber gerät, was nun wichtiger sei: Musik oder Tanz ...

Es war der spätere Konzertmeister des Dresdener Hofes, Johann Georg Pisendel, der 1714 bei seinem Besuch in Paris das Werk von Jean-Féry Rebel kopierte und die einzige vollständige Partitur in der königlichen Sammlung von Dresden überlieferte, denn die 1715 in Paris gedruckte Version verzichtet, wie das für frühe französische Musikdrucke üblich ist, auf den Abdruck der Mittelstimmen, der sogenannten *parties*. Und wenn wir nicht alle Indizien überbewerten, dann muss auch Johann Sebastian Bach, der immer wieder mit Pisendel im Austausch war, das Werk gekannt haben: Neben der thematisch-motivischen Ähnlichkeit der Couranten bei Rebel und in

Bachs Orchestersuite Nr. 1 BWV 1066 ist es die Schreibweise des Passepieds in beiden Werken in 3/4- statt der üblichen 3/8-Notationsweise, die zu denken gibt. Überdies muss Rebels Komposition sogar in Bachs Unterrichtspraxis präsent gewesen sein, denn Johann Philipp Kirnberger – einer von Bachs letzten Schülern – schrieb nach 1750 unter dem gleichen Titel »Les Caractères de la Danse« eine gigantische Orchesterkomposition, die noch auf ihre akustische Wiederbelebung wartet!

Menschliche Gesellschaften haben ihre geheimen Erkennungscodes: Ist es im Englischen die Aussprache des »th«, die den Level der Abkunft des Sprechers nicht nur erkennen lässt, sondern geradezu verrät, so war es in der höfischen Gesellschaft des 18. Jahrhunderts neben derlei Sprachcodes (so berichtet Voltaire vom für eine Mätresse bisweilen unziemlichen Wortgebrauch seiner Mäzenin Madame Pompadour) zweifellos die Art des Sich-Bewegens, des Gehens und des Stehens, die das Bauernmädchen von der Bankiersgattin unterschied – Verhaltensmaßregeln, die man von jung auf beim Maître de Danse erlernte, der mit seiner Pochette genannten Mini-Geige in der Rocktasche ins Haus kam.

Und so wundert es nicht, dass Jean-Philippe Rameaus »Pygmalion« seine gerade zum Leben erwachende, im Übrigen namenlose Statue (sie beherrscht bereits die französische Sprache, ja welche auch sonst?) in Bewegung erst und dann im Tanzen unterrichtet. Johann Christoph Friedrich Bachs nur wenig späterer »Pygmalion« hingegen tagträumt – »Bald wirst Du sagen«, – dass seine »Elise« ihn erst einmal anspricht mit »Ich liebe Dich«: In dieser deutschen Version des Mythos ist von Bewegungslehre und Tanzunterricht keine Rede!

Waren die in den Kompositionen von Lully, Rebel und Rameau präsentierten Tänze allesamt von der Art, wie man sie noch in der Mitte des 20. Jahrhunderts als zivilisierte »Standardtänze« in den bourgeoisen Tanzschulen hätte lernen können, so begegnet man in Christoph Willibald Glucks für die Pariser Aufführung des »Orpheé« 1774 nachkomponierten Tänzen nicht nur einer verunglückten Chaconne – dazu später mehr –, sondern vor allem jenem berühmten »Air des Furies«, dessen Choreographie vermutlich der einer Beat- & Rock-n'-Roll-Kneipe der 1970er Jahre entsprochen haben dürfte: chaotisch-unkoordinierter, diabolisch-outrierter Ausdruckstanz – in größtmöglichem Kontrast zu der darauf folgenden »Ballet des ombres heureuses«, dessen zweiter Teil mit der Solo-Flöte eben auch auf speziellen Wunsch aus Paris nachkomponiert wurde.

Sehr viel weniger Glück hatte der alternde und mit der französischen Mentalität doch enorme Schwierigkeiten habende Gluck hingegen mit der in Pariser Opern obligaten (in Wien hingegen längst aus der Mode gekommenen) Final-Chaconne – weshalb man ihm bei seinem Aufenthalt in Paris mit Pierre-Montan Berton einen in den Wünschen seiner Zeitgenossen erfahrenen Komponisten als Assistenten und Berater zur Seite stellte, der in Chaconnen derartig erfahren war, dass Louis XIV. ihn ganz einfach »Monsieur Chaconne« nannte.

Ob Wolfang Amadé Mozart bei seinem Besuch 1778 in Paris eine Aufführung des »Orphée« hatte sehen oder aber anders Einblick in die Partitur hatte nehmen können, ist nicht ganz klar: Immerhin zitiert er in der Schluss-Chaconne des »Idoménée« – komponiert 1780/81 für München – genau und sicherlich nicht zufällig die Anfangstakte der Gluck-Chaconne, geht aber dann im weiteren Verlauf seiner Komposition weiter als sämtliche erreichbaren Vorbilder und baut den Satz zum vielteiligen *Grand Ballet* mit Pas seuls, Pas de deux und rauschhaften Tutti-Szenen aus.

Für den modernen Hörer ist gut zu wissen, dass das Ensemble in München identisch mit jenem in Mannheim beheimateten Klangkörper war, wo sich Mozart so insgeheim bereits installiert und engagiert sah: mit Christian Cannabich als Konzertmeister an der Spitze, den singenden Damen Wendling, echten und angeheirateten, dem steifen Tenor Raaf, den Damen Aloisia und Constanze Weber und jeder Menge an auch und besonders in Paris bekannten Instrumentalisten. Neben dem Orchester, welches eindeutig als Europas Spitzenorchester galt und darin dem Dresdner Ensemble unter Leitung Johann Georg Pisendels nachfolgte, gab es eine riesige Tanzcompagnie mit vielen Franzosen und Französinnen, denn Mannheim war die deutsche Residenz, die Paris am nächsten lag, und es gab ständigen Austausch zwischen den beiden Metropolen. Wie in Paris spielte die Tanzcompagnie im Mannheimer Theater eine große Rolle: Zwischen die Akte jeder Seria-Oper wurden halbstündige Ballette interpoliert, und vor allem die jüngeren Damen aus dem Corps de Ballet sorgten – genau wie in Paris – für nicht immer folgenlose erotische Zerstreuung der höheren und auch allerhöchsten Kreise.

Am Silvesterabend 1777 (Mozart war gerade in Mannheim) erfuhr der Kurfürst Carl Theodor, dass mit dem Tod des bayerischen Kurfürsten Max Joseph III. einige Tage zuvor die Münchner Linie des Hauses Wittelsbach ausgestorben sei und er nun von Mannheim nach München zu kommen habe. Mit ihm zog auch im Laufe des Jahres 1778 das Hoforchester nach Bayern – so kam nicht nur der wunderbare und so dringend notwendige Austausch mit Paris zum Erliegen, sondern das Ensemble selbst sank zur Bedeutungslosigkeit herab: Mozarts Chaconne kam also – niemand konnte das 1781 ahnen, geschweige denn wissen – einem Schwanengesang für das Orchester gleich.

In der Tat sind nur noch die Position des Satzes am Ende der Oper, die über den gesamten Satzverlauf eingehaltene Taktart 3/4 und die klare Viertaktigkeit der musikalischen Perioden mit dem althergebrachten Chaconne-Profil vereinbar, der bislang aber als wesentlich betrachtete langsame, taktweise schreitende Bass hingegen ist völlig außer Acht gelassen – und auch das ehemals würdige Schritt-Tempo zugunsten eines Allegro verändert.

Überhaupt ist das mit den Tempi der barocken Tänze »so eine Sache«: Sie waren zu jeder Zeit und in jedem Land unterschiedlich, abhängig von der getragenen Mode, die unter Umständen schnelle Bewegungen nicht zuließ, abhängig auch vom Ort ihrer Darbietung – ob zuhause für Liebhaber oder von professionellen Tänzern im Bühnenwerk – und vom musikalischen Medium. In der reinen Instrumentalmusik blieben nur die rhythmischen Profile der Tänze erhalten, die Tempi waren halt keine echten »Tanz«-Tempi mehr.

So schreibt Sebastien de Brossard 1705 in seinem Lexikon: »das Menuet ist ein sehr schneller Tanz […] man sollte sich zu seiner Bezeichnung nach italienischer Manier doch eher des 3/8- oder des 6/8-Taktes bedienen, der immer sehr fröhlich und sehr schnell genommen wird.«

Johann Mattheson bestätigt diese Aussage 1713: »Menuetten wird wol ein jeder kennen […]. Ihre Mensur ist ein Tripel, nemlich 3/4, welcher aber gewöhnlicher Weise fast wie ein 3/8 geschlagen wird«; dem dann der Lexikograph Jean-Jacques Rousseau widerspricht: das Menuet sei »ein Tanz, als dessen Herkunft der Abbé Brossard das Poitou bezeichnet. Ihm zufolge ist dieser Tanz sehr lebhaft und auch sehr schnell. Aber nein doch: der Charakter des Menuets ist elegante und noble Einfachheit und das Tempo eher doch mäßig als schnell.«

Mozarts »Idoméneé«-Chaconne steht nicht nur am Ende dieser dem französischen Vorbild folgenden Tragédie lyrique – das Werk also überhaupt ein Einzelfall in Mozarts doch nach Italien ausgerichtetem frühen Œuvre –, sondern auch am Ende eines Zeitalters. Das 18. Jahrhundert hatte spät erst, 1714 mit dem Tod der letzten Stuart-Königin in England und 1715 mit dem Tod des Sonnenkönigs, begonnen und endete merklich früher als erwartet: 1780 starb Maria Theresia, und Joseph II. beendete mit seiner Reformpolitik das galante Zeitalter. Die Vernunft zog nun auch in katholische Länder ein, in Frankreich ein wenig verspätet 1789. In Frankreich erinnerte man sich bald wieder an die »Caractères de la Danse«, im übrigen Europa aber spielt das Ballett seither nur eine bescheidene Nebenrolle.

»Le Parnasse Français«

Musica Antiqua Köln, Reinhard Goebel

Deutsche Grammophon GmbH, 2016

Pars pro toto: Welch' eine fabelhafte Idee, unter dem 1978 zweifellos recht großmundigen Titel unserer ersten französischen Aufnahme für die Archiv-Produktion – »Le Parnasse Français« – heute die Sammlung sämtlicher französischen Musiken, die wir in den folgenden 25 Jahren dann für das Label machten, zusammenzufassen.

In der Tat ist das, was Musica Antiqua Köln innerhalb eines Vierteljahrhunderts für die Archiv-Produktion aufnahm, so etwas wie die Blütenlese der französischen Kammermusik unter dem Sonnenkönig und seinem Nachfolger Louis XV. – und sehr schwer nur, ja kaum, kann man sich heute vorstellen, mit welchem Befremden das Publikum der frühen 1980er Jahre dieses Idiom auch in Frankreich selbst zur Kenntnis nahm, wurde doch Barockmusik grundsätzlich mit maschinell ratternden Abläufen *à l'italien* dargeboten.

Nun also ein verstörend neuer Ton von Diskretion und Leichtigkeit und gespreizter Verfeinerung, eigentlich unbarocker Zurückhaltung und gezügelter Affekte. Selten wird diese Musik so elementar traurig oder auch so mitreißend jubelnd wie die von Johann Sebastian Bach, Georg Philipp Telemann und Johann David Heinichen, immer bleibt sie Theater, Rollenspiel und verklausulierter Gestik verpflichtet – evoziert augenblicklich bei aller Bewunderung immer auch freundliche Distanz: Weder reißt sie uns in die Tiefen tränenüberströmten Leidens hinab, noch katapultiert sie uns auf direktem Weg in den Himmel.

Schwer vorstellbar im digitalen Zeitalter ist auch, unter welchen Bedingungen man vor dieser Zeitenwende unveröffentlichte Musik aufarbeitete! Filme und Fotos von Musikalien herzustellen, dauerte Wochen, manchmal Monate – und so fuhr ich anfangs mit dem Nachtzug nach Paris und deckte mich im Lesesaal der Bibliothèque Nationale in der Rue Richelieu mit billigen, schnell verblassenden Fotokopien der Stimmbücher ein, die gleichwohl noch in moderne Partitur übertragen werden mußten: eine extrem zeitaufwendige, aber ebenso befriedigende und vor allem beruhigende Arbeit, die mich mein gesamtes Musica-Antiqua-Leben hindurch an den Schreibtisch fesselte.

Damals, als sich die Ladenregale der Musikalienhandlungen in aller Welt noch nicht unter der Last hunderter überflüssiger Faksimiles bogen, als die bizarrsten Repertoirewünsche und sämtliche Autographe Bachs noch nicht nur einen *mouse-click* entfernt waren, entwickelte ich zu jeder Komposition eine persönliche Beziehung – und ich war enorm stolz auf unser wirklich einzigartiges Repertoire, welches Bewunderung, Neid, manchmal aber auch – besonders bei jenen Hardlinern, die nach wie vor glaubten, Musik sei »die deutscheste der Künste« – Unverständnis und Häme hervorrief.

Für meine Kollegen und mich vergrößerte sich mit jeder neuen Komposition französischer Provenienz sowohl die Liebe zu unseren lateinischen Nachbarn und ihrer wunderbaren Kultur – gleichzeitig änderte sich auch der Blickwinkel auf den heute so grotesk überbewerteten Kulturtransfer zwischen Frankreich und Deutschland: Veritable Frankreichbegeisterung gab es bereits zwischen 1670 und 1700, danach ebbten die Wellen der Begeisterung doch sehr schnell ab, und all die Neuigkeiten, die die französische Staatsmusik den verarmten Nachbarn vermittelt hatte, waren bereits derartig inkorporiert und amalgamiert, daß man nur noch von einem »vermischten Geschmack« sprechen kann.

»Le Parnasse Français« – ein kaum über das Stadium der Kopfgeburt und ein kleines Gipsmodell hinausgekommener Plan eines Denkmals für »Louis le Grand«, zu ihm als Apollo seines Zeitalters aufblickend u. a. die Dichter Molière, Pierre Corneille, Philippe Quinault, Jean Racine und als einziger Komponist Jean Baptiste Lully – wurde im Laufe des langen Lebens seines Schöpfers Titon du Tillet (1677 – 1762) fortwährend in Buchform weiter entwickelt (»Suite du Parnasse Français« 1727/32/43 und 1755) und personell bereichert: Trat Lully noch in Person auf, so wurden die Nachkömmlinge nur noch in Form von Porträt-Medaillons an den Felsen des Parnass gehängt, und das Projekt entzog sich durch Übervölkerung und zu erwartender Kostenexplosion einer finalen Realisierung.

Es versteht sich, daß in den exklusiven Zirkel zu Füßen des großen Königs nur Schüler und Epigonen des bereits 1687 verstorbenen Lully aufgenommen wurden – immerhin mit Elisabeth Jaquet de la Guerre auch eine Frau!! – und alle diejenigen lange bzw. für immer ausgeschlossen blieben, die sich irgendwelcher Italianismen verdächtig oder sogar schuldig gemacht hatten. Überhaupt fand man erst nach dem Tode Aufnahme in den Parnass – wobei für Voltaire dieses eherne Gesetz selbstverständlich gebrochen wurde.

All denjenigen Komponisten, die die Stagnation des französischen Musikgeschmacks beklagt und die Öffnung hin zum italienischen Idiom gefordert oder gar praktiziert und somit für Wandlung und Fortschritt gesorgt hatten – wie den Musikern des *Style Palais Royal* Antoine Forqueray, Michel Blavet, Jean-Marie Leclair und François Couperin – blieb der Parnass ebenso verschlossen wie dem im Dresdener Orchester spielenden Pierre-Gabriel Buffardin. Der vermeintlichen Preisgabe veritabler französischer Werte folgte die *damnatio memoriae* als gerechte Strafe.

Unser »Parnasse Français« aus deutschem Blickwinkel ist also im Wesentlichen von Dissidenten bevölkert – Komponisten, die man noch nicht einmal aus Gnade in die zweite Reihe stellte, wie den in Rom ausgebildeten, in Paris zeitlebens marginalisierten Marc-Antoine Charpentier. Erstaunlich aber ist, daß der *Paix du Parnasse* – ein auf enormer Stilhöhe gewähltes Kompositionsemblem des François Couperin *le Grand* – nur zwischen den Lateinern Jean-Baptiste Lully und Arcangelo Corelli besiegelt wurde und die Leistungen deutscher Komponisten überhaupt nicht zur Sprache kamen. Unüberbrückbar tief waren die jahrhundertelang ausgehobenen Gräben zwischen den Franzosen und den Deutschen, die sich dennoch beide auf Charlemagne, Karl den Großen, als Reichsgründer beriefen: Georg Philipp Telemanns Gastspiel 1737/38 in Paris und Voltaires Aufenthalt in Potsdam 1750/53 blieben rühmliche Ausnahmen in einem ansonsten immer frostigen Klima zwischen den beiden Völkern.

Ohne sentimentale Übertreibung darf ich sagen, daß es meine Nachkriegserziehung war, die diese anhaltende tiefe Liebe zur französischen Kultur auslöste – durchaus mitvollzogen von meinen internationalen Kollegen im Ensemble Musica Antiqua Köln. Uns alle hat die lange Beschäftigung mit der französischen Musik vor allem im ersten Jahrzehnt unserer Bühnenpräsenz ungeheuer bereichert, unsere Telemann-Interpretation bestimmt, sowie Ohren und Herz für das geöffnet, was man im 18. Jahrhundert hierzulande »vermischten Geschmack« zu nennen pflegte.

Nach 15 Jahren Abstinenz – nach 1985 befassten wir uns fast ausschließlich mit dem Erbe deutscher Musik – dann im Jahr 2000 den Soundtrack für Gérard Corbiaus Film »Le Roi danse« beisteuern zu dürfen, war weitaus mehr als nur ein Engagement unter vielen, es war mehr als nur die Rückkehr zu den Wurzeln, mehr als nur ein Déjà-vue: Ich fühlte mich *veritablement* in den »Parnasse Français« erhoben – und es war eine fabelhafte Zusammenarbeit mit dem großartigen Regisseur, an die ich immer mit größter Freude zurückdenken werde.

Somit erneut enthousiasmiert für die französische Kunst widmeten wir uns dem instrumentalen Schaffen Marc-Antoine Charpentiers, dessen Todestag sich 2004 zum 300. Male jährte. Diese Aufnahme war der Schwanengesang des Ensembles: Ich verabschiedete mich vom Parnass herab und erklomm stattdessen die Treppenstufen zur Salle des Suisses im Palais des Tuileries. Aus meinem alten Leben nahm ich die Liebe zur französischen Kunst in mein neues Leben mit – und habe im Repertoire des »Concert Spirituel« einen neuen Forschungsmittelpunkt gefunden.

»Kostbarkeiten des französischen Barock«

Musica Antiqua Köln, Reinhard Goebel

Polydor International GmbH, Hamburg 1985

Die letzten Lebens- und Regierungsjahre Ludwigs XIV. (gest. 1715) waren überschattet von schwerer Krankheit, zahlreichen Todesfällen in der königlichen Familie, politischen Misserfolgen und von Hungersnöten und Seuchen unter der Bevölkerung. Der Sonnenkönig zog sich in den immer enger werdenden Kreis seiner Familie zurück. Fast jeden Abend hörte er in den Räumen der Madame de Maintenon ein Konzert, zumeist Kammermusik, hin und wieder konzertante Aufführungen von Szenen aus Lullys Opern. Die prunkvollen und kostspieligen Aufführungen von Opern und Balletten im Innenhof von Versailles, auf dem Grand Canal, im Trianon oder in Marly gehörten der Vergangenheit an. Nach dem Tod Jean-Baptiste Lullys (1687), der innerhalb von weniger als 30 Jahren eine eigenständige französische Opernform, die der »Tragédie lyrique«, entwickelt und Wesentliches zur Musikästhetik, zum Musizierstil, überhaupt zu dem bis ans Ende des 18. Jahrhunderts weiterlebenden *goût français* beigetragen hatte, geriet die musikalische Autonomie Frankreichs bald ins Wanken: In den bedeutenden Privatkonzerten von Paris – z. B. bei dem Gitarristen Médard, der Cembalistin und Komponistin Elisabeth Jacquet de La Guerre und dem Duc d'Aumont – müssen bereits um 1690 wieder Werke der seit Mazarins Tod (1661) verpönten Italiener erklungen sein. Die französischen Komponisten der jungen Generation – unter ihnen François Couperin und Jean-Féry Rebel – waren derartig fasziniert von diesen Stücken, dass sie »corellisierende Sonaten« zu schreiben begannen. Die Versailler Hofmusik jedoch bleib weitgehend am Lully-Stil orientiert.

Öffentliche Konzerte, in Deutschland und Italien etwa seit der Mitte des 17. Jahrhunderts nachweisbar, entstanden in Frankreich erst 1725 mit der Eröffnung der »Concert Spirituel«. Neben den führenden Kräften des Pariser Musiklebens traten hier reisende Virtuosen und Wunderkinder auf, doch waren deren Darbietungen eher als *entre-acte-musique* zu den konzertant aufgeführten Motetten Michel-Richard Delalandes, André Campras und Lullys gedacht, die sich auf dem Programm bis zur Revolution hielten, was bezeichnend für den französischen Musikgeschmack des

18. Jahrhunderts ist: retrospektiv orientiert an der Musik des *Grand Siècle*, allem (allzu) Neuen und Fremden im Wesentlichen abhold.

Die ersten Concerti eines französischen Komponisten erschienen 1727: Joseph Bodin de Boismortier, wie Michel Corrette ein eifriger Promoter des italienischen Stils, edierte 6 Concerti für fünf Flöten ohne Bass; Corrette folgte 1728 mit 6 Concerti à 4. Im gleichen Jahr spielten Michel Blavet und Jean-Marie Leclair Concerti eigener Arbeit im »Concert Spirituel« … Doch der Schein trügt: Fontenelles berühmter Slogan »Sonate, que me veux-Tu?« – »Sonate, was willst du mir sagen?« – lässt sich ebenso auf das Concerto beziehen, dessen Sinn und Wesen dem akademischen Musikverständnis der Franzosen – dem inneren Affekt wie dem äußeren Effekt gleichermaßen abgeneigt – noch mehr verschlossen blieb.

Ausdruck der kulturellen Autonomiebestrebungen war auch der »Parnasse français«, ein Denkmal, das der hochgebildete und engagierte Literat Évrard Titon du Tillet (1677 – 1762) auf einem der Plätze von Paris zu Ehren Ludwigs XIV. und der französischen Literatur und Musik errichten lassen wollte. Es wurde jedoch nie ausgeführt und ist nur durch ein Bronzemodell, in Kupferstichen und vor allem durch Titon du Tillets ausführliche Beschreibung (zuerst Paris 1727) bekannt. Er gibt darin die Biographie und Würdigung von 259 französischen Dichtern und Musikern, die als die Elite ihrer Kunst angesehen wurden und auf diesem Denkmal verewigt werden sollten. Zu diesem Kreis gehören auch die Komponisten François Couperin, Jean-Féry Rebel und Marin Marais. Ludwig XIV. als Apoll bildet die Spitze des »Parnasse français«.

François Couperin entstammte einer am Hof in Versailles und an der Kirche St. Gervais in Paris tätigen Musikerfamilie. 1693 trat er als Organist in den Dienst des Königs, erwarb 1696 einen Adelstitel, übernahm nach 1701 mehr und mehr die Aufgaben des erblindenden Hofcembalisten d’Anglebert und wirkte maßgebend bei den »Concerts du Dimanche« in den Jahren 1713 – 14 mit, für die er seine »Concerts Royaux« schrieb. 1694 wurde er »Maître de Clavecin des Enfants de France«; zu seinen Schülern gehörten der Dauphin (der Enkel Ludwigs XIV.) und dessen Frau Marie Adelaïde, Duchesse de Bourgogne. Auf sie bezieht sich der Titel »La Sultane«. Wie aus dem zeitgenössischen Bericht des Marquis de Sourches hervorgeht, hatte die Duchesse im Jahr 1700 an einem Maskenball teilgenommen: »Der Ball begann um acht Uhr in Marly. Die Duchesse de Bourgogne war dort als Sultanin, entzückend verkleidet … Dann folgten zwei weitere Sultaninnen, dann der Sultan zu den Klängen eines Janitscharenmarsches, gespielt von sämtlichen Instrumenten des Orchesters.« Dies erklärt – nach unserer Meinung –, was der Komponist mit »La Sultane« ausdrücken wollte: Die Sonate ist eine Hommage auf die 1712 gestorbene Dauphine Marie Adelaïde. Das einleitende *Gravement*, unschwer als Lamento zu erkennen, basiert auf dem gleichen »Schmerzensmotiv« wie das »Stabat Mater« von Agostino Steffani und der »Tombeau de M. Meliton« von Marin Marais.

Im zweiten Satz wird dieses Motiv als Fugenthema verwendet. Dem Air im Lully-

Stil – analog zum ersten Satz steht hier dem Gambenduett ein Violinduett gegenüber – folgt ein *Gravement* in der Art einer Ouvertüre, dann ein stilisierter Janitscharenmarsch. Ein locker gearbeitetes Fugato beschließt das Werk, dessen Entstehung zwischen 1712 und 1714 anzusetzen ist.

Auch Jean-Féry Rebel stammte aus einer am Hof tätigen Musikerfamilie. Er wirkte als Violinist, Cembalist und *Batteur de mesure* in mehreren Ensembles von Paris und Versailles. Sein Œuvre umfasst eine Oper, zwei Bände Sonaten, kleinere Vokalwerke und zahlreiche symphonische Werke. Der »Tombeau« auf seinen (vermutlichen) Lehrer Lully entstand bereits 1695, erschien aber erst 1712/13 im Druck. Das Werk hat nichts gemein mit den affektvollen »Tombeau«-Allemanden der Clavecinisten und Lautenisten oder den freien Formen des Violen-»Tombeaus«. Seine Vorbilder sind in den Lamento-Szenen zeitgenössischer Opern zu suchen. Es enthält eine Vielzahl musikalisch-rhetorischer Figuren und Symbole, deren dichte Abfolge ein dramatisches Programm entstehen lässt.

Der erste Satz beginnt mit dem Lamento-Motiv des absteigenden Tetrachords, das – in verzierter Form – zweimal als Kanon in allen Stimmen erscheint. Nach dem Ausdruck flehenden Klagens und sprachlosen Entsetzens erscheint am Ende des Satzes über einer zwei Oktaven abwärtsführenden Tonfolge im Bass ein Glockenmotiv in den Stimmen der beiden Violinen. Der zweite Satz beschränkt sich im Wesentlichen auf eine Weiterverarbeitung des im ersten Satz vorgestellten thematischen Materials: die abwärtslaufenden Tonfolgen erscheinen in allen drei Stimmen, das Fugenthema enthält im Kern einen absteigenden Hexachord. Nachdem ein dreitaktiges Glockenmotiv zum dritten Mal erklungen ist, scheint sich ein Vorhang zu heben. Die folgenden *Récits* können als Symbol für die Klagen der Menschheit aufgefasst werden. »Baptiste!« meint man den ersten Recitanten (Viola da gamba) sprechen zu hören, gefolgt vom Chor der beiden Violinen und des Continuo. Zum *Récit* der beiden Violinen erklingen wieder die abwärtslaufenden Tonfolgen im Continuo. Aber nicht nur der Mensch beklagt den Tod Lullys: Im zweiten *Récit* der Viola da gamba und der Violine I erkennt man das Feuer; es wird abgelöst durch die Winde, deren achttaktiger Einwurf das Lamento-Motiv des ersten Satzes aufgreift. Im *Récit* der Violine II erscheint – nach dem gebrochenen Dreiklang, der hier wie ein Todesmotiv wirkt, und zweimaligem Ausruf »Jean-Baptiste!« in der ersten Violine – wieder das Symbol für das Feuer. Den weiteren musikalischen Verlauf kann man bildlich so deuten: Über einem Erdbeben (Continuo) gerät das Wasser in Bewegung. Der Wind bringt vorübergehend Beruhigung in den beginnenden Aufruhr der Natur, dann wird das Erdbeben stärker, die Wellen werden bewegter, ein letztes Mal erscheint der Wind, und die Szene endet mit einem riesigen Erbeben. Eine Reprise des ersten Satzes, mit dem Titel »Les Regrets« – »Die Klagen« beschließt das Werk.

Marin Marais war neben seinem 16 Jahre jüngeren Konkurrenten Antoine Forqueray der bedeutendste Meister der Viola da gamba, die in Frankreich erst um 1740 vom Violoncello verdrängt wurde. Marais hinterließ außer vier Opern und fünf Büchern »Pièces de Viole« ein

Buch »Pièces en Trio« für Flöten, Oboen oder Violinen und Continuo und die 1723 gedruckte Sammlung »La Gamme«, die drei »Morceaux de simphonie« enthält. Marais' Beschäftigung mit dem *goût étranger* – dem ständig an Boden gewinnenden italienischen Geschmack – geschieht nicht ohne tiefgründige Ironie über das »Gesuchte, Konstruierte, wenig Natürliche« des neuen Stils, der während der Regentschaft Philipps von Orléans (1715 – 1723) und dann unter Ludwig XV. (seit 1723) den französischen Stil zurückdrängte.

Neben der »Suite d'un Goût Étranger« aus seinem 4. Buch der »Pièces de Viole« von 1717 mit 33 Stücken – die in einem für klassische französische Begriffe wunderlichen Modulationsplan der Gesamtanlage zusammengestellt sind – ist besonders die »Sonate à la Marésienne« aus dem Druck von 1723 als Frucht einer solchen Auseinandersetzung mit den Merkmalen und Eigenarten des italienischen Musikgeschmacks zu nennen.

Die beiden Kopfsätze sind nach dem Muster der Sonata da chiesa angelegt, beide Stimmen sind nahezu gleichberechtigt an der Verarbeitung des thematischen Materials beteiligt. Der Gattung der Suite zuzurechnen sind die beiden folgenden Sätze: *Un peu gai* ist eine echte Corrente italienischer Provenienz, durch die Tempobezeichnung und das vorgeschriebene *pointer* stark französiert, die Sarabande betont in ihrem klaren Aufbau das rhetorische Element der *Sonate en solo*. Der fünfte Satz ist als *Sujet de Basse* gestaltet (die Violine übernimmt hier Begleitfunktion), dann folgen gleiche Thematik und gleicher Modulationsplan als *Sujet de Dessus*. Solche Konstruktionen wurden – ebenso wie der jähe Wechsel zum stark chromatischen *Gravement* im Schlussteil des Satzes – als typisch für den italienischen Stil angesehen. Die abschließende französische Gigue stellt die formale Ausgewogenheit des Werkes her, das somit aus drei Sätzen italienischer Anlage und drei dem französischen Stilbereich zugehörigen Suitensätzen besteht.

Ein Meisterwerk barocker Ostinato-Variation ist die »Sonnerie de Sainte-Geneviève du Mont de Paris«, in deren Violenpartie Marais die Technik des *travailler sur un sujet* erschöpfend behandelt; das *jeu de mélodie* bleibt bis auf wenige kurze Phrasen allein der Violine vorbehalten.

Jean-Marie Leclair »der Ältere« – so genannt zur Unterscheidung von einem jüngeren Bruder gleichen Namens, der ebenfalls Violinspieler und Komponist war – wurde 1697 in Lyon geboren. Über seine frühe musikalische Ausbildung wissen wir nichts, doch studierte er später in Turin bei Arcangelo Corellis Schüler Giovanni Battista Somis. Als brillanter Violinspieler und Komponist von Violinmusik war er zu seinen Lebzeiten hochangesehen. In der Ära Georg Philipp Telemanns, Antonio Vivaldis und Joseph Bodin de Boismortier, deren Werke kaum zu zählen sind, fällt Leclair durch sein schmales Œuvre auf. Zwischen 1723 und 1753 veröffentlichte er seine Opera 1 – 13 in Paris. Von diesen Sammelpublikationen enthielten alle bis auf eine Violinmusik, und bis auf eine wurden alle von seiner Frau gestochen und *chez l'auteur* publiziert.

Die 13 Sammelbände mit Solosonaten, Triosonaten, Duos, Konzerten und der Oper »Scylla et Glaucus« umfassen praktisch alles, was von Leclair erhalten ist – insgesamt weniger als 100 Werke. Vergegenwärtigt man sich die charakteristischen Merkmale seines Wirkens – schmales Œuvre, Bevorzugung der Instrumentalmusik, Ausbildung einer klassischen Nationalschule des Violinspiels –, so erscheint Leclairs Position in Frankreich mit der von Arcangelo Corelli in Italien vergleichbar. Und schon zu seinen Lebzeiten wurde er »der französische Corelli« genannt (Blainville).

Die »Ouvertures et Sonates en Trio« Op. 13 (1753) enthalten je drei Werke beider Gattungen. Die Sonaten sind Triosonaten-Bearbeitungen von Solosonaten aus Op. 1 und Op. 2. Jede Ouverture besteht aus einer französischen Ouverture – einer langsamen Einleitung in würdevollem, punktiertem Rhythmus folgt ein rascher Abschnitt in fugiertem Stil – und zwei kontrastierenden Sätzen. Diese Kompositionen waren ursprünglich für die Bühne bestimmt. Eine der drei Ouvertüren stammt von Leclairs tragischer Oper »Scylla et Glaucus« Op. 11 (1746), während die beiden anderen und die sechs zusätzlichen Sätze vermutlich für das Privattheater des Duc de Gramont in der Pariser Vorstadt Puteaux geschrieben wurden. In der fürstlichen Theaterkapelle wirkte Leclair als *premier violon* von etwa 1748 bis zu seinem Tod 1764.

Der Herausgeber des »Mercure de France« schrieb in der Publikationsanzeige von Leclairs Op. 13, die Werke seien »all den hochgeschätzten Arbeiten, die er bereits vorgelegt hat, ebenbürtig, ja überlegen. Dabei gründen wir unser Urteil auf den starken und lebendigen Eindruck den die Aufführung mehrerer Stücke dieser Sammlung auf uns gemacht hat [...]«. Die Ouverture Nr. 2 in D-Dur bestätigt dieses Urteil. Die einleitende Ouverture trägt Händel'sche Züge. Von der kontrapunktischen Strenge dieses Satzes hebt sich das folgende Andante ab, worin eine stark ausgezierte Cantabile-Melodie der ersten Violine – in echt galanter Manier – das gesamte musikalische Geschehen beherrscht. Das Finale, ein zweiteiliger Sonatensatz, basiert auf menuettartigem, melodischem Material.

»Das französische Concert im Spätbarock«

Musica Antiqua Köln, Reinhard Goebel

Polydor International GmbH, Hamburg 1982

Frankreichs Beitrag zur Geschichte des spätbarocken Solokonzertes ist außerordentlich klein. Während in Deutschland – begünstigt durch enge Beziehungen der Residenzen Dresden, Hannover, München und Köln zu Italien, besonders aber zu Venedig – bereits um 1710 Concerti im italienischen Stil entstanden und sich recht bald mit originär deutschen Elementen zu vermischen begannen, blieb Frankreich dem Concerto Torelli-Vivaldischer Prägung lange, dem Concerto grosso römischer Provenienz immer verschlossen.

Musik war im Frankreich des frühen 18. Jahrhunderts keine autonome Kunst, sondern eingebunden in einen gesellschaftlichen Rahmen, Hintergrundklang bei Festen und Feiern oder Teil des Gesamtkunstwerks »Tragédie lyrique«. Im sakralen Bereich dominierte die Motette, in der Kammermusik das deskriptive Charakterstück.

Öffentliche Konzerte, in Deutschland und Italien etwa seit der Mitte des 17. Jahrhunderts nachweisbar, entstanden in Frankreich 1725 mit der Eröffnung des »Concert Spirituel«. Neben den führenden Kräften des Pariser Musiklebens traten hier reisende Virtuosen und Wunderkinder auf, doch waren deren Darbietungen eher als *entre-acte-musique* zu den konzertant aufgeführten Motetten Michel Richard Delalandes, André Campras und Jean-Baptiste Lullys gedacht, die sich auf dem Programm bis zur Revolution hielten, was bezeichnend für den französischen Musikgeschmack des 18. Jahrhunderts ist: retrospektiv orientiert an der Musik des *Grand Siècle*, allem (allzu) Neuen und Fremden im Wesentlichen abhold.

Die ersten Concerti eines französischen Komponisten erschienen 1727: Joseph Bodin de Boismortier, wie Michel Corrette ein eifriger Promoter des italienischen *goût*, edierte 6 Concerti für fünf Flöten ohne Bass, Corrette folgte 1728 mit 6 Concerti à 4. Im gleichen Jahr spielten Michel Blavet und Jean-Marie Leclair Concerti eigener Arbeit im Concert Spirituel … doch der Schein trügt: Bernard le Bovier de Fontenelles berühmter Slogan: »Sonate, que me veux-tu – Sonate, was willst du mir sagen?« – lässt sich ebenso auf das Concerto beziehen, dessen Sinn und Wesen dem akademischen Musikverständnis der Franzosen – dem inneren Affekt wie dem äußeren Effekt gleichermaßen abgeneigt – noch mehr verschlossen blieb.

Lediglich Jean-Marie Leclair demonstrierte in seinen 12 Violinkonzerten 1737/1745 jene *Réunion de goûts*, von der bereits François Couperin geschwärmt hatte, das sie wohl die endgültige Perfektion der Musik bringen müsse, die Erfüllung der italienischen Form mit französischem Gehalt.

Geht man davon aus, dass Missverständnis und/oder Unverständnis des italienischen Concerto das französische Concert entstehen ließen, so lassen sich doch gewisse Regelmäßigkeiten gerade in den Abweichungen vom italienischen Formtypus erkennen: Anstelle des pathetischen Mittelsatzes im italienischen Concerto steht im französischen Concert meist ein zweiteiliger Gavottensatz, der die Grundtonart der Rahmensätze beibehält und lediglich im Mittelteil in die gleichnamige Dur- bzw. Moll-Tonart ausweicht; ein Großteil der – nicht eben reichlich vorhandenen – französischen Concerts verzichtet ferner auf eine Bratschenstimme, was auf kammermusikalische Verwendung hinweisen mag und solistische Besetzung auch der beiden Violinen bedeutet.

Nach der strengen, an italienischen Maßstäben orientierten Definition sind lediglich das Concerto a-Moll von Michel Blavet und Jean Baptiste Quentins Violinkonzert A-Dur als »Concerto« zu bezeichnen, während die übrigen Werke trotz ihres klar erkennbaren konzertanten Anspruchs und Gehalts formal eher zwischen Sonate, Suite und Concerto einzuordnen sind. Beim Kopfsatz des Boismortier-Concertos mag zudem noch das Rondeau Pate gestanden haben.

Pierre-Gabriel Buffardin stammt aus der Provence und gehörte – nach einem Aufenthalt in Konstantinopel, wo er Johann Jacob Bach, einen Bruder Johann Sebastians, im Flötenspiel unterwies – von 1715–1749 der Dresdener Hofkapelle an. Das handschriftlich erhaltene Concerto e-Moll, das neben einer Flötensonate die einzige nachweisbare Komposition Buffardins ist, entstand vermutlich für einen Auftritt im »Concert Spirituel« 1725 und gehört zum Typus des Virtuosenkonzerts: vom Spieler selbst zur Demonstration der eigenen Fähigkeiten geschrieben. Johann Joachim Quantz rühmt Buffardin, seinen Lehrer, »mit dem er nichts als geschwinde Sachen: denn hierinn bestund die Stärcke meines Meisters« spielte.

Ebenfalls für einen Auftritt im »Concert Spirituel« dürfte Michel Blavets Concerto a-Moll entstanden sein. Der beschränkten Dynamik des Soloinstruments angepasst ist – wie auch bei Buffardin – die Begleitung durch nur zwei Violinen. Formgliedernd im Hauptsatz erscheinen nur noch Teile des Ritornello, im zweiten Satz wird das *concertare* umgedeutet auf den dynamisch-farblichen Kontrast zwischen Flöte und Violinduo.

Das Violinkonzert von Jean-Baptiste Quentin entstammt einer gedruckten Triosonaten-Veröffentlichung der 1740er Jahre und kann an Gehalt durchaus den Leclair'schen Violinkonzerten gleichgesetzt werden. Im ersten Satz wird ein italienisches Lamento-Motiv verarbeitet, die Thematik des zweiten Satzes verbindet brillante Spielfiguren italienischer Manier mit klar gegliedertem Phrasenbau nach französischem Geschmack. Ungewöhnlich reizvoll gibt sich der dritte Satz (fis-Moll) mit langen, nur von Violine II und Viola begleiteten Kantilenen, während der vierte Satz durch ein fugiertes Ritornello überrascht.

Auch an seiner Sonate wird das Vorbild der Italiener deutlich: vor allem der erste Satz mit »Vivaldischen« Unisoni und der Auskomponierung harmonischer Flächen durch das Spiel mit kurzen Motiven, oder auch das klangbetonte Zusammen- und Gegeneinanderspiel der Stimmen im zweiten Satz. Der dritte Satz ist eine Chaconne bzw. Variationenreihe, der letzte wieder eine Aria mit Alternativsatz.

Der erste Satz von Michel Correttes »Concerto comique« basiert auf dem André Campra oder Jean-Philippe Rameau zugeschriebenen »Air des Sauvages«. Dieses wurde 1725 für zwei in St. Germain »ausgestellte« Indianer aus Louisiana geschrieben, die offenbar dazu sangen und tanzten. »La Furstemberg« ist ein französisches Volkslied – und, ebenso wie das »Air des Sauvages«, nur Vorwand für eine Kette bravouröser Variationen für Violine. Corrette schrieb 25 solcher »Concertos comiques«, wobei der Titel besagt, dass sie für die Comédie Française als Pausenmusik gedacht waren.

Andreas Holschneider
»Glückwünsche zum Geburtstag« Ein Brief zum 31. Juli 2012

Lieber Reinhard Goebel,
zu Ihrem runden Geburtstag grüße ich Sie herzlich in alter Verbundenheit. Ich wünsche Ihnen nicht das Blaue vom Himmel herunter, weil sonst an Ihrem Lebenshimmel das Blaue nicht hält. Aber ich rufe Ihnen freudig zu: Ad multos annos!
Lassen Sie mich zurückblicken. Wir sind uns begegnet, als wir beide, jeder in seinem Feld, neue Impulse brauchten. Sie waren damals Mitte Zwanzig und hatten mit Musica Antiqua Köln erste Erfolge im Konzert und im Rundfunk. Doch es fehlte ein Schallplatten-Vertrag. Ich wiederum, Mitte Vierzig, hatte unlängst die Leitung der Archiv Produktion übernommen und suchte neue Künstler. Damals, in den Siebzigerjahren, war die Archiv Produktion vornehmlich von Karl Richter geprägt. Dieser Erbschaft konnte ich mich nicht entziehen. Karl Richter, aus Leipzig kommend und dem Aufführungsstil von Karl Straube und Günter Ramin verpflichtet, war ein mitreißender Bach-Interpret. Er hatte das katholische München zu einer begeisterten Bach-Stadt gemacht. Seine Erfolge, über München, ja über Deutschland und Europa hinaus, zeigten sich auch in den Schallplatten-Umsätzen. Insofern war er ein wichtiger Künstler der Deutschen Grammophon Gesellschaft. Doch die Besinnung auf die historische Aufführungspraxis, ursprünglich Ziel und Aufgabe der Archiv Produktion, war mehr oder weniger unterblieben. Ich aber wollte zurück zu den alten Prinzipien und war mir sicher, daß dies ein fruchtbares Zurück in die Zukunft sein würde. Dies hat sich bestätigt.
Auf der Suche nach Interpreten, die der Archiv Produktion ein neues, unverbrauchtes, der historischen Aufführungspraxis verpflichtetes Profil geben könnten, stieß ich auf drei, damals noch unbekannte, später aber bedeutende und berühmte Künstler: Trevor Pinnock und The English Concert, John Eliot Gardiner und seinen Monteverdi-Chor und (damals noch) Monteverdi-Orchester und eben auf Sie mit Musica Antiqua Köln. Trevor Pinnock war Leiter eines Orchesters und Cembalist, John Eliot Gardiner bereits ausgewiesen für oratorische Werke, und Sie Geiger und virtuoser Interpret barocker Ensemble-Kunst. Diese Künstler sollten dann in den Achtzigerjahren die Archiv Produktion bestimmen.

Unsere erste Begegnung fand bei Radio Bremen statt. Musica Antiqua Köln war ein kleines, in der Besetzung - wie auch später - variables Ensemble. Den Kern bildeten die beiden Violinen, Cembalo und Gambe. Dazu kam eine Sopran-Blockflöte. Von der Gruppe war ich angetan, von Ihnen aber fasziniert. Was war das Faszinosum? Bei den Proben und dem anschließenden Gespräch waren mir drei Eigenschaften aufgefallen: Wissensdurst, Emotion und Durchsetzungswille. Ich glaube, diese drei Eigenschaften machten damals wie heute Ihre künstlerische Kraft aus. Dazu kommt eine gute Portion Selbstkritik, auch Kritik anderen gegenüber. Dabei gibt es Reibungen. Von Ensemble-Mitgliedern und Freunden konnte man hören: Mit dem kann man es doch kaum aushalten. Ich aber weiß: Wer Sie ausgehalten hat, der hat unglaublich viel gewonnen und kann sich glücklich schätzen. Doch im Umgang mit Ihnen bedarf es bisweilen der Tapferkeit vor dem Freund.
Ihre Karriere verlief nicht ohne Brechungen. Zum schwierigsten Bruch (eigentlich war es ein jahrelanger, schmerzlicher Prozeß) führten die somatischen Probleme, die Sie zwangen, das Geigenspiel zu reduzieren und die Geigenhaltung zu wechseln. Ich habe damals befürchtet, Ihre künstlerische Karriere wäre am Ende. Das war glücklicherweise nicht der Fall. Ihre Willensstärke hat es verhindert. Ich habe Sie sehr bewundert. Sie wurden Dirigent und ein lehrender Interpret. Schon immer waren Neugier und Quellenstudium, gepaart mit der Erprobung der Wiedergabe, die Grundlagen Ihrer Arbeit. Jetzt gewann die Pädagogik eine neue Dimension. Auch in diesem Bereich haben Ihnen die drei Eigenschaften geholfen: Wissensdurst, Emotion und anspornende Durchsetzungskraft. Die Anerkennung ist nicht ausgeblieben.
Zurück zu unseren Anfängen. In den Siebzigerjahren wurde die Alte Musik und die historische Aufführungspraxis mehr durch die Schallplatte als durch das Konzert befördert. Ein Künstler wie Nikolaus Harnoncourt hat seine Karriere zunächst durch die Schallplatte gemacht. Für Sie galt das auch. Ihre Diskographie gibt darüber Auskunft. Daß ich daran teilhaben durfte, macht mich froh und dankbar.

Nochmal: Herzlichen Glückwunsch!

Ihr
Andreas Holschneider

Heinrich Ignaz Franz Biber: »15 Sonaten über Mysterien des Rosenkranzes« und »Passacaglia«

Musica Antique Köln, Reinhard Goebel

Deutsche Grammophon GmbH, 1991

Heinrich Ignaz Franz Biber wurde 1644 im böhmischen Wartenberg geboren und starb 1704 in Salzburg als Hof- und Domkapellmeister der Fürst-Erzbischöfe. Seine zu Lebzeiten gedruckten Werke – fünf Sammlungen von hochvirtuosen Violin- und Ensemble-Sonaten sowie eine Kollektion von Psalmvertonungen für den Salzburger Dom – sind allesamt den Salzburger Herrschern gewidmet. Handschriftlich erhalten sind im St. Mauritz-Archiv zu Kremsier die für den dortigen Liechtensteinschen Hof bestimmten Programm-Musiken (»Battalia«, »Die Bauren Kirchfartt«, »Sonata Jucunda«, »Nachtwächterruf«), frühe Versionen einiger Salzburger Kirchensonaten und geistliche Gelegenheitswerke; ferner in der Bayerischen Staatsbibliothek München ein Sammelband (Mus. Mss. 4123) mit Violinsonaten.

Dieser Sammelband, eine Reinschrift von außerordentlicher Schönheit, enthält 15 Sonaten für Violine und Basso continuo und eine abschließende Passacaglia für Violine solo. Vor jeder Sonate wurde ein kleiner, wohl eigens hergestellter Kupferstich mit Darstellungen aus dem Leben Jesu und Mariens eingeklebt; Bilder, die sich thematisch den Mysterien des Rosenkranzes zuordnen lassen.

Der Passacaglia dagegen steht die Federzeichnung eines Schutzengels voran. Aufgrund dieser Bildbeigabe, die thematisch nicht zum Rosenkranz gehört, und auch wegen der abweichenden Besetzung wurde die Zugehörigkeit der Passacaglia zum Zyklus gelegentlich angezweifelt. Es gibt jedoch in der Musikgeschichte berühmte Beispiele, bei denen als Zeichen besonderer Ergebenheit gegenüber dem Widmungsträger kunstvolle Beigaben dieser Art an das Ende einer Sammlung gestellt sind: Francesco Maria Veracini beendet seine August III. von Sachsen gewidmeten Violinsonaten mit einem vokalen Kanon »Ut relevet miserum« und Johann Sebastian Bach stellt ans Ende des Friedrich II. von Preußen dedizierten »Musicalischen Opfers« einen »Canon perpetuus«.

Da das Titelblatt der Sammlung im Lauf der Zeit verlorenging, ist man bei der

Datierung der Kompositionen (»um 1678«) bislang nur auf Vermutungen angewiesen; und auch hinsichtlich der Benennung herrscht Unklarheit: Bei ihrer Wiederentdeckung um 1890 als »Kupferstich-Sonaten« bezeichnet, haben sie sich inzwischen als »Rosenkranz-Sonaten« oder auch »Mysterien-Sonaten« etabliert. Die bereits 1898 in der Reihe »Denkmäler der Tonkunst in Österreich« publizierte Sammlung beginnt mit einer lateinischen Dedikation an den Erzbischof Max Gandolph, deren Übersetzung wie folgt lautet:

Erhabenster und ehrwürdigster Fürst,
Herr, weisester Herr.
Ich widme untertänigst die Harmonie die der Sonne der Gerechtigkeit und dem Mond ohne Makel geweiht ist, Dir als dem dritten Licht, das du von beiden göttlichen Gestirnen erhalten hast. Als Sohn nämlich schimmerst Du in heiliger Würde, als jungfräulicher Mann verteidigst Du die jungfräuliche Ehre der Mutter; deshalb wirst Du nach Verdienst von dem Sohn Christus mit himmlischer Manna gespeist und von der Mutter Maria unentgeltlich gestillt. Diese hat den ersten Buchstaben von ihrem glückseligsten Namen genommen und ihn Deinem erhabenen Namen vorangestellt. So hat Maria Maximilian geziert. Du wirst meine viersaitige auf fünfzehn Arten verstimmte Leyer finden in verschiedenen Sonaten, Praeludien, Allemanden, Courenten, Sarabanden, Arien, Ciaconen, Variationen etc. zusammen mit dem Basso continuo mit großer Sorgfalt und nach meiner geringen Fähigkeit mit großer Kunstfertigkeit ausgearbeitet. Wenn Du den Auftrag wissen möchtest, so werde ich Dir den Grund erklären: Dies alles habe ich zur Ehre der fünfzehn heiligen Mysterien geweiht, weil Du diese glühend förderst. Deiner erhabenen Hoheit widme ich dies kniefälligst
Dein untertänigster Diener
Heinrich Ignaz Franz Biber

Von diesem Zyklus sind lediglich die erste Sonate, die »Verkündigung« und die Passacaglia für eine normale, in Quinten gestimmte Violine komponiert. Alle übrigen Stücke erfordern unterschiedliche Skordaturen, d.h., die Saiten müssen in Terzen, Quarten, in einem Fall sogar in Oktaven gestimmt werden. Hinter der Verwunderung über die in der Tat erstaunliche »Künstlichkeit« der 14 Skordaturen trat bislang die Suche nach dem musikalisch-geistigen Ursprung, nach Sinn und Gehalt und besonders auch der Zweckbestimmung des Zyklus' völlig zurück. Man betrachtete die Kollektion als ein Kuriosum in Sachen Programmmusik und als Kompendium zum Thema Violinskordatur.

Auffallend in der formalen Gestaltung der 15 Sonaten ist, daß Kirchen-Sonaten – ansonsten Bibers Lieblingsgattung – vollständig fehlen; stattdessen bestimmen Tanzsätze und deren turbulente Doubles sowie Chaconnen das eher profane Erscheinungsbild der »Mysterien-Sonaten«. Eine Verwendung der Werke als Hintergrundmusik für öffentliche Rosenkranz-Andachten ist daher wohl ausgeschlossen – »weilen sie wegen der darunter begriffenen Balett- und anderen Arien weder zum Kirchendienst [...] noch zum Dantzen taugen, in dem sie nur zur absonderlichen Erquickung des Gehörs componirt worden [...]«, so Georg Muffat im Vorwort zur 1701 publizierten Neufassung seiner Salzburger

»Concerti« von 1682. Eher ist anzunehmen, daß Biber diese Werke selbst bei den Privatandachten des Erzbischofs Max Gandolph in einer kleinen Loretokapelle am Salzburger Nonnberg spielte, in dessen Nähe sich Bibers Sommer- und Übehäuschen befand. Auf diesen ganz exklusiv-persönlichen Bezug weist zumindest die Tatsache hin, daß Biber die Sammlung nie »zum Druck beförderte«, wie man es bei einem Komponisten von seinem Rang und Namen hätte erwarten können, sondern sie, in (vermutlich eigenhändiger) Schönschrift und mit einer Dedikation versehen, seinem Dienstherren als einmaliges Geschenk übergab.

Bei der Entschlüsselung des geistigen Gehalts dieser Kompositionen helfen uns Kenntnisse der Rhetorik, der Allegorese, der Frömmigkeitsgeschichte und Glaubenslehre des 17. Jahrhunderts sowie der barocken Affekten- und Figurenlehre; mitunter ist auch ein gehöriges Abstraktions- und Kombinationsvermögen erforderlich. Die eine bestimmte musikalisch-technische Gestaltungsweise auslösenden Ideen sind in vielfältigster Art aus den genannten Bereichen bezogen und bedingen auch die heterogene Gestaltung der Einzelwerke. In manchen Sonaten bewirken auch noch heute verständliche bzw. nachvollziehbare Gestaltungsweisen, daß der aufgeschlossene Hörer das »Programm« erkennen kann; andere Sonaten wiederum erscheinen aufgrund eher schwer zu fassender Assoziationsketten und Analogien oft nur dem Eingeweihten plausibel. Besonders problematisch wird die Interpretation der Beziehung zwischen Titel und Sonate bei reinen Affektdarstellungen. Möglicherweise sind – zumindest legen das Stricharten in den Sonaten »Dornenkrönung« und »Geißelung« nahe – rein technische Details als Ausdrucksträger, Bild- und Affektfigur zu deuten; es mag aber auch sein, daß Zahlensymbolik als ideelle, übergreifende Einheit mit im Spiel ist. Johann Kuhnau, der gelehrte Zeitgenosse Bibers und Vorgänger Johann Sebastian Bachs im Leipziger Thomaskantorat, erklärt im Vorwort zu seinen 1700 edierten Klaviersonaten »Musicalische Vorstellung einiger biblischer Historien«: »Und gehöret in solchen Fällen eine gütige Interpretation darzu. Denn brauchen die Worte / die doch am geschicktesten sind / die Gedancken des Redenden dem andern zu verstehen zu geben / zuweilen eine gute Auslegung / so wird auch der *Musicus* zu entschuldigen seyn / wenn er die dem andern vorgestellte dunckeln *Conceptus* mit Worten erklähret.«

Der immer wieder angestrebte Versuch, den musikalischen Ereignissen Evangelien-Worte zuzuordnen und damit gar einen hypothetisch-programmatischen Gesamtablauf einer Sonate zu fixieren, muß jedoch als eine Verfälschung der historischen Kondition betrachtet werden: Die Bibel in deutscher Sprache – eine Errungenschaft des Protestantismus – wurde dem katholisch Gläubigen bis zum Beginn unseres Jahrhunderts hin vorenthalten. Stattdessen bestimmten Predigten, Schriften der Kirchenväter, interpretierende Heiligenlegenden die Glaubenswelt der Laien wie auch des niederen Klerus. Den in die hochbeliebte »Legenda aurea« eingeflossenen Pseudo-Evangelien und anderen apokryphen Schriften entstammen nicht nur der weihnachtliche Ochs und Esel, sondern auch Mariä Himmelfahrt und Mariä Krönung.

In bewußter Abgrenzung zum »Evangelischen« hin jedenfalls wurde besonders das »Neue Testament« nicht unters Volk gebracht. Daher sind auch Vertonungen von Herren-Worten und Bibelzitaten in der katholischen Kirchenmusik die absolute Ausnahme. Biber hat zwar bestimmte biblische Ereignisse vor Augen gehabt, aber mit Sicherheit nicht an eine enge programmatische Vertonung von Bibelstellen gedacht.

Die »Mysterien-Sonaten« sind somit letztlich in einer gefühlvoll-nebligen Grauzone zwischen Affekt- und Effekt-Musik, zwischen Programm und Pathos anzusiedeln. Neben Werken voll von krasser Bildlichkeit und solchen, die eher der beschaulichen oder freudigen Versenkung in die Wahrheit des Mysteriums dienlich sind, stehen Kompositionen, die sich offenbar jeglicher Deutung entziehen.

Zur Skordatur: Biber ist zwar nicht der Erfinder der raffinierten, letztlich aber ungeigerischen Verstimmungspraxis, doch gebührt ihm der Lorbeer, mit dieser Technik erstmals einem Sonatenzyklus übergreifende technische Substanzgemeinschaft verliehen zu haben. Wie gesagt, stehen von den 16 Stücken nur die beiden Rahmenwerke in normaler Quinten-Stimmung; die anderen 14 befinden sich teilweise in haarsträubend unpraktikablen Verstimmungen, die selbst Biber (mit Ausnahme seines um 1697 gedruckten Spätwerks »Harmonia Artificiosa-Ariosa«) später nie wieder anwandte.

Entscheidend für den Einsatz skordierter Instrumente ist zweifellos nicht nur die Erweiterung technischer Möglichkeiten (wie Doppelgriff-Kombinationen, die in Normalstimmung unausführbar sind), sondern auch das Bedürfnis nach mehr Klang: Spielt man auf einer Violine in herkömmlicher Quinten-Stimmung in d-Moll, so ist die oberste Saite, die E-Saite, am Resonanzgeschehen kaum beteiligt, sie ist tot, solange sie nicht direkt angestrichen wird. Ebenso unresonant sind in herkömmlicher Stimmung auf Tonika und Dominante in A-Dur die G- und D-Saite. Durch eine andere Stimmung können jedoch auch solche »toten« Saiten in das Resonanzgeschehen einbezogen werden. Die Resonanzverhältnisse einer Geige werden somit durch Skordatur in einer Weise verändert, daß sich letztlich jede Sonate in einer ganz eigenen Klangwelt *abspielt*, die je nach thematischer Vorgabe dumpf-resonanzlos, silbern-brillant oder ohrenbetäubend-lärmend gewählt ist. Dieser Wunsch nach bedingungslosem Vollklang läßt sich z. B. auch daran ablesen, daß mitunter ganz gegen die Takthierarchie bombastische Mehrfachgriffe eingesetzt sind, die keinerlei Rechtfertigung in der Stimmführung finden.

Doch auch Freude an Virtuosität und technischem Können schlagen sich in einer skordierten Komposition nieder. Völlig neue Doppel-, Tripel- und Quadrupelgriffe – die allerdings keinesfalls einfacher werden – sind dadurch möglich. Während also einerseits das Repertoire an Mehrfachklängen eine ungeheure Erweiterung erfährt, die bei der normalen Quintenstimmung reine Utopie wäre, wird andererseits das Spiel herkömmlicher Skalen und Tonfolgen teilweise zur Tortur.

Die Beschränkung auf ein ganz bestimmtes Resonanzverhalten der Violine und die damit verbundenen technischen Schwierigkeiten bei Modulationen haben zur Folge, daß es kaum echte *Sonaten* für skordierte Violine gibt: Durch ihre enorme Bevorzugung der Tonika gehört die Skordatur immer zur Suite, denn selbst die Dominante ist schwer zu erreichen, und (die in der Sonate geforderten) Modulationen in andere Tonarten sind fast unmöglich. Daher – vor allem auch im Hinblick darauf, daß Biber durchaus *echte* Sonaten schreiben konnte – sollte man eigentlich nur von »Rosenkranz-Suiten« sprechen. Lediglich in den Sonaten I, V und XV kommt es zu Ausprägungen sonatenhafter Elemente.

Notiert wird die skordierte Violinmusik in einer Art Tabulatur, d.h. Griffschrift. Der vorliegende Notentext sieht zwar aus wie herkömmliche Klangnotation, doch in Wirklichkeit zeigt er dem Geiger nur an, auf welcher Saite und an welcher Stelle der Finger aufzusetzen ist; das klangliche Ergebnis hinsichtlich der Tonhöhe hängt von der Skordatur ab.

Eingehende technische Analyse führt zu der Erkenntnis, daß die einzelnen Werke wohl mit der skordierten Violine in der Hand komponiert wurden – und daß zu jeder Skordatur eben nur ein bestimmtes Mehrfach-Griffrepertoire gehören kann. Leitmotivartige, den Zyklus übergreifende und zusammenfassende Tonzitate gibt es somit kaum. Lediglich in Sonata III »Christi Geburt« erkühnt sich Biber zu einem äußerst gelehrten Kunstgriff, den er den bildlichen Darstellungen der *Geburt* entlehnen konnte: So wie dort dem in der Krippe liegenden Jesusknaben die Marterwerkzeuge der Hinrichtung und der Jungfrau die Emblemata ihrer Himmelfahrt und Krönung beigegeben wurden, so zitiert er hier drei Takte aus der »Kreuzigung« und geigerisches Figurenwerk aus einer eigenen Psalm-Vertonung »Laetatus sum« – beides erfordert in der zugrunde liegenden h-Moll-Skordatur vom Geiger so auffallend unmäßige Verrenkungen, daß man die Absicht spürt und aufmerkt.

Einen absoluten Sonderfall der Skordatur findet man in der Sonata XI »Resurrexit Christus hodie«, in der nicht nur die beiden oberen Saiten um einen Ganzton herabgestimmt sind, sondern zusätzlich noch eine Vertauschung der mittleren Saiten erforderlich ist; d.h., an der Stelle der D-Saite liegt die auf g' skordierte A-Saite, an ihrer Stelle wiederum die D-Saite, so daß die beiden unteren und die beiden oberen Saiten jeweils im Oktav-Abstand (g' – g'' bzw. d' – d'') stehen. Gegriffene Quinten produzieren in diesem Fall auf den äußeren Saitenpaaren klingende Oktaven. Wichtiger noch als dieses ist: Man entspannt die beiden zu vertauschenden Saiten, ohne sie aus ihren Wirbeln zu lösen, überkreuzt sie im Wirbelkasten sowie zwischen Steg und Saitenhalter. Das Kreuz – sichtbar auf dem Instrument – ist die Voraussetzung für »Christus resurrexit«.

Daß der Biber-Zyklus unter den Zeitgenossen allgemein bekannt war, muß bezweifelt werden – ausgeschlossen ist es natürlich nicht. Da es sich um eine Handschrift im persönlichen Besitz des Erzbischofs handelte, hatten berufsmäßige Kopisten wohl kaum Zugang zu ihr, und infolgedessen sind Sekundärquellen außerordentlich spärlich. In einem zeitgenössischen Inventar ist eine »Sonata Paschalis. Surrexit Christus hodie« verzeichnet, und in einer Wiener Sammlung von Violinsonaten befindet sich eine Anton Andreas Schmelzer zugeschriebene Sonata

»Die Türkenschlacht bei Wien 1683« (deren Einzelsätze u. a. »der Türcken Anmarsch«, »Belägerung der Stadt Wien«, »Anmarsch der Christen«, »Victori der Christen« überschrieben sind), eine transponierte und um einen Schlußsatz ergänzte Version der »Mysterien-Sonate X«, »Christus am Kreuz«, für deren Zustandekommen es zur Zeit noch keine Erklärung gibt.

Zur Besetzung: Da das Dedikationsexemplar der »Rosenkranz-Sonaten« lediglich aus einer zweizeiligen Partitur für Violine solo und bezifferten Baß besteht, lassen sich – anders als bei einer Überlieferung in Stimmheften, wie sie für Besetzungen von der Triosonate an aufwärts üblich waren – nur bedingt Schlüsse auf die ursprünglich beabsichtigte Besetzung des Continuos ziehen. Der Vermerk *Violone solo* in Sonata XII weist zwar für das Gesamtœuvre auf eine Doppelbesetzung der Baßpartie hin, trotzdem entschieden wir uns aus Gründen der Abwechslung zwischen eher luxuriösen Dreifach-Besetzungen mit Theorbe und Minimalbesetzungen mit Cembalo solo. Als Tasteninstrumente setzten wir je nach Ruhe oder Bewegung der Baßpartie entweder Cembalo oder Orgelpositiv ein, wobei in den Cembalopartien abwechselnd ein eher grundtönig-lautstarkes zweimanualiges flämisches und perkussiv-aggressives einmanualiges Instrument italienisch-süddeutscher Bauart Verwendung fanden.

Für den Soloviolin-Part wurden vier verschiedene Instrumente rebarockisierter Mensur verwendet, deren Saitenbezüge aus drei unterschiedlichen Sätzen von Darmsaiten zusammengestellt wurden. Aus den Saitensätzen mit der Stimmtonhöhe a'= 415, a'= 440 und a'= 465 wurden die jeweils optimalen Saiten ausgewählt – wobei »optimal« niemals »perfekt« im Sinne von Quintenreinheit meinen kann. Angesichts der außerordentlichen Beliebtheit der Skordatur ist es geradezu erstaunlich, daß sich die (wenigen) Violin-Traktate des 17. Jahrhunderts wie auch die großen Lehrwerke des 18. Jahrhunderts zu den Problemen des Skordatur-Spiels, besonders aber zu denen der Saiten-Wahl, ausschweigen.

Heinrich Ignaz Franz Biber: »Mensa Sonora seu musica instrumentalis« – »Sonata Representativa«

Musica Antique Köln,
Reinhard Goebel

Deutsche Grammophon
GmbH, 1988

Heinrich Ignaz Franz Biber gehört neben dem Wiener Johann Heinrich Schmelzer (ca. 1620 – 1680) und dem in Dresden und Weimar tätigen Johann Paul von Westhoff (1656 – 1705) zum tonangebenden Dreigestirn der deutschen Violinschule vor Johann Sebastian Bach. 1670 aus dem Dienst des Fürstbischofs von Olmütz entwichen, wo er »Violin Bass [also das Cello] und Viola da gamba gespilt« hat, ließ Biber sich im Winter 1670/71 in Salzburg nieder, wurde 1679 zum Vize-Kapellmeister des Erzbischofs Max Gandolph ernannt und rückte nach dem Tod Andreas Hofers im Jahr 1684 zum Kapellmeister auf.

Mit großem Ehrgeiz hatte Biber diese Ernennung durch vier dem Erzbischof gewidmete Drucksammlungen und den handschriftlichen Zyklus der »Mysterien-Sonaten« vorbereitet und somit den gleichfalls in Salzburger Diensten stehenden Georg Muffat in eine Außenseiterrolle gedrängt, so daß dieser sich 1690 zu einem Stellungswechsel gezwungen sah. Johann Heinrich Schmelzers Erhebung in den Adelsstand veranlaßte Biber, desgleichen für sich zu beantragen: Nach mehrfachen Fehlschlägen wurde ihm am 17. Juli 1690 aufgrund von »Erbarkeit, Redlichkeit, adelichen guten Sitten, Tugend und Vernunfft« das Adelspatent verliehen.

Hatte Biber mit den 1676 edierten zwölf »Sonatae tam aris quam aulis servientes« großbesetzte Repräsentationsmusiken für Kirche (ara) und Hof (aula) geliefert, in denen auch die Mitwirkung der Hoftrompeter verlangt war, so bietet die »Mensa sonora« (»Die Klingende Taffel/oder Instrumentalische Taffel-Music mit frisch-lautenden Geigenklang«) sechs schlichtere Kammersonaten für vier Streichinstrumente und Cembalo. Indirekt bezugnehmend auf das außerordentlich umfassende Programm der »Sonatae tam aris quam aulis«, in dem jeder musikalischen Erscheinung eine fürstliche Tugend zugewiesen wird und gleichermaßen die geistliche und weltliche Herrschaft Max Gandolphs Abbild in der Musik findet, bemühte sich Biber in der »Mensa sonora« von 1680 »gar nicht sorgfältig, von dem verschryenen Prasser Apicius eine seltene Speiß-Gerichte auff Deiner Hochfürstlichen Taffel vorzustellen / noch mit einem unschätzbaren Perlein der verschwenderischen Cleopatra allda auffzuwarten; sondern das edle Kleinod der Einstimmigkeit mit einer gehorsamb-demütigen Verehrung gleich-lautendt/ schuldigst anzuvertrauen […].«

Weniger aufwendig und repräsentativ als das Schwesterwerk von 1676 mit seinen Orchester-Canzonen, auch weniger virtuos als die Ensemble-Sonaten »Fidicinium sacroprofanum« von 1683, werden wir die Bestimmung der »Mensa sonora« demzufolge bei der »einfachen Taffel« suchen müssen: Sie wird als tägliche Gebrauchsmusik, dezente Hintergrundmusik gedient haben – und blieb neben den handschriftlichen Balletti der Olmützer Sammlung und den 1712 postum publizierten, virtuos überhöhten Partien »Harmonia Artificioso-Ariosa« Bibers wichtigster Beitrag zur Sonata da camera.

Es ist durchaus denkbar, daß Biber mit seiner so plakativ als »einstimmig« bezeichneten Tanzsammlung seinem Kollegen Muffat, der als Schüler Lullys ganz der französischen Schreibart huldigte, kräftig Paroli bieten wollte. Dessen lediglich von Oberstimme-Baß-Polarität getragenem und den choreographischen Erfordernissen (also der Tanzbarkeit) angepaßtem französischen Stil der Da-camera-Komposition wollte Biber wohl seinen von motivischer Durchgestaltung und »stark arbeitenden Mittelstimmen« geprägten Unterhaltungsstil gegenübersetzen.

Die Tonartenreihe (D-F-a-B-E-g) sowie die Satzfolge der Einzelwerke in »Mensa sonora« lassen nur bedingt einen gesamtzyklischen Plan erkennen; die beiden Pars III und VI abschließenden Ciaconen deuten auf eine Zweiteilung der Sammlung hin und legen nahe, Pars E-dur in Es-dur zu spielen, so daß die Grundtöne der Teile I – III und IV – VI je einen Moll- bzw. Dur-Dreiklang ergeben.

In der Erstaufnahme der »Mensa sonora« haben wir die beiden Hälften der Sammlung durch den Einschub der 1669 (möglicherweise für die Karnevalsbälle, die der Erzbischof für den mährischen Adel veranstaltete) komponierten »Sonata violino solo representativa« getrennt, die wohl eine der brisantesten Programmmusiken des 17. Jahrhunderts ist. Nach der eröffnenden, zweiteiligen Sonata kommen Nachtigall, Kuckuck, Henne und Hahn zu Wort, auch Frösche und Unken steuern das ihre – also erhebliche Mißklänge – bei; die Katze verjagt wohl offenbar das tönende Bestiarium, nimmt aber auch Reißaus vor dem heranpolternden Musketier, der letztlich dem in der Allemande allegorisierten Höfling weicht.

Heinrich Ignaz Franz Bibers Bedeutung als einer der handwerklich hervorragendsten und musikalisch faszinierendsten Komponisten des 17. Jahrhunderts trugen gegen Ende des 19. Jahrhunderts die Herausgeber der »Denkmäler der Tonkunst in Österreich« durch die Initiierung einer Gesamtausgabe der erhaltenen Instrumentalmusik Rechnung, die vor wenigen Jahren abgeschlossen werden konnte. Darüber hinaus tauchten in jüngster Zeit Manuskripte auf, die sowohl Bibers Meisterschaft in der Beherrschung jener unglaublich monströsen, auf die betörende Sinnlichkeit der Gegenreformation angelegten süddeutschen Mehrchörigkeit beweisen, als auch seine bis weit ins 18. Jahrhundert hinein als unübertroffen gerühmte Violinkunst bestens belegen.

In der »Mensa sonora« zeigt sich der Geiger Biber von seiner eher bescheidenen

Seite, der Komponist hingegen erweist dem fürstlichen Widmungsträger durch den Einsatz aller »Künstlichkeiten« (besonders in den Mittelstimmen) seine Ehrerbietung.

Elegant und charmant, unterhaltsam und beredt, volkstümlich und mit einer unüberhörbaren Prise böhmischen Witzes gewürzt, soll die »Mensa sonora« nicht unsere Kenntnis in Sachen »höfische Musik« erweitern, sondern ist in sich ein Markstein in der Geschichte der deutschen Kammermusik vor Johann Sebastian Bach.

Heinrich Ignaz Franz Biber: »Missa Salisburgensis«

Musica Antiqua Köln, Reinhard Goebel

Gabrieli Consort & Players, Paul McCreesh

Deutsche Grammophon GmbH, 1998

Ließe sich das Diktum Barthold Heinrich Brockes' »Meine Seele hört im Sehen« auch *al rovescio* als »meine Seele sieht im Hören« deuten, dann würde die »Missa Salisburgensis« vor unserem inneren Auge, in unserer Phantasie, das wohl bedeutendste Fest, das Salzburg je feierte, wiedererstehen lassen.

Die Requisiten dieses Festes sind solche, die europaweit für ähnliche Gelegenheiten auch minderer Bedeutung verwendet wurden – und heute weltweit die Schaukästen der Museen füllen: kunstvolles Silbergeschirr, gläserne Pokale und goldene Kelche, Prunkgewänder mit Seide und Silber, Degen, Hüte und Schuhe, an denen Klostermanufakturen und Handwerker jahrelang arbeiteten und zu denen der staunend dabeistehende dritte Stand – die Zaungäste sozusagen – jahrzehntelang kostendeckend bei-»steuern« durfte. Unter der Last der »Festmusiken« – im wissenschaftlichen Jargon leicht abwertend »Gelegenheitskompositionen« genannt – biegen sich die Regalböden der Bibliotheken: Nie wurde auf Erprobtes, bereits Bekanntes zurückgegriffen: Immer wurde im aktuellesten Stil neu komponiert. Selbst die Bühnen für solche Inszenierungen stehen noch: der Zwinger in Dresden, der Louvre und die Place des Vosges in Paris – und auch der Salzburger Dom.

Salzburg feierte 1682 das 1100jährige Bestehen des Erzstiftes – ein Jubiläum, das im Hochbarock, wo nichts mehr zählte als aus *Anciennität* erwachsener Rang, seinesgleichen suchte: Selbst das »Heilige Römische Reich deutscher Nation« konnte da nur bedingt mithalten! Der Kirchenstaat Salzburg beanspruchte absoluten Vorrang vor den Habsburgerkaisern und den untergeordneten Reichsbistümern und sorgte auch innerhalb seiner Grenzen für Zustände, die dem Rang angemessen erschienen: Nirgendwo im Reich wurde das Urteil *cuius regio, eius religio* mit solcher Härte angewandt (geradezu lächerlich waren die Ansprüche der mal eben 150 Jahre zählenden »Augsburger Konfession«!); nirgendwo auch geriet eine ganze Gesellschaft derartig in Hexenwahn wie Salzburg am Vorabend des Festes. Das Erzstift Salzburg sah sich als Erbe römischer und venezianischer Traditionen, die es empfing und mit vielfältigen Konnotationen seines eigenen Anspruchs bereichert weitergab. Schon Jahrzehnte vor dem Fest bündelten sich die Aktivitäten: In kurzer Zeit wurde der Dom, die noch unvollendet dastehende Bühne, vollendet; Musiker von Weltrang wurden »gesammelt«, einer gar – Georg Muffat – zur Bildungsreise nach Rom entsandt, um sich hier als Komponist die Art von »historischer Legitimation« zu erarbeiten, die Salzburg zuträglich war.

Daß aber Anspruch und Wirklichkeit bisweilen nur schwerlich zu vereinen sind, mag die »Missa Salisburgensis« beweisen, deren Komponisten wir nur erahnen, nicht aber mit letztendlicher Sicherheit nennen können – möglicherweise deshalb, weil der Komponist (fraglos ein exzellenter) auf der höfischen Treppe noch nicht so hoch gestiegen war, daß man ihn anstelle seines in *Anciennität* überlegenen Kollegen hätte nennen dürfen; im höfischen Kontext zählte Tradition weitaus mehr als Verdienst, Amtsanspruch mehr als Können und Genius oder gar Publikumsgunst. Aus solcher Überlegung allein schon muß man annehmen, daß der ungenannte Komponist der »Missa« nicht derjenige war, dem die Komposition dieses für die 1100-Jahr-Feier so bedeutenden Werks de jure zugefallen wäre, sondern jemand, den zu nennen eben die »Regularität« verbot – die für Salzburg *en total* beanspruchte *Anciennität* wäre durch Nennung eines genialen, aber rangniederen Komponisten vor aller Welt ad absurdum geführt worden.

Heinrich Ignaz Franz Biber (wir gehen stillschweigend davon aus, daß er der Komponist des Werkes ist) muß – wenn man seinen Lebensweg, seinen Werkkatalog, seine geistreich-anspruchsvollen Vorreden zu Drucklegungen, aber auch die schmerzlich-gequälten Vorworte des Rivalen Georg Muffat nach seinem Weggang von Salzburg, einzelne Schriftstücke Schmelzers, aber auch Bibers zweimaliges Ersuchen um einen Adelstitel bei Leopold I. in einen psychologisierenden Zusammenhang bringt – ein Künstler mit nicht nur schnellen Fingern und einem ebensolchen Bogen, sondern auch mit besonders aktiven Ellbogen und gehörigem Ehrgeiz gewesen sein.

Andreas Hofer, bis 1684 Bibers Vorgänger im Amt des Salzburger Hofkapellmeisters, hätte Grund gehabt, die Nennung seines Namens als die des Komponisten der »Missa« zu erzwingen – Biber hingegen hatte Grund genug, seine Autorschaft zu verleugnen. Da ihm (und nicht Georg Muffat) das höchste Musikamt des Erzstiftes nach dem Tode Hofers zufallen sollte – in mehr als nur gewisser Weise hatte Biber sich seinen Anspruch durch drei überaus eminente, dem Erzbischof Max Gandolph dedizierte Werksammlungen, »Sonatae tam aris quam aulis«, 8 »Sonatae Violino solo« und die »Rosenkranz-Sonaten«, erschmeichelt –, mußte ihm das kollaborierende *nescio* leichtgefallen sein. Letztlich aber beweist alles das nur, daß *ad majorem dei gloriam* zur Ehre des Erzstiftes und des Heiligen Ruperts alle Beteiligten zum Zurücktreten bereit waren. Auch mit Hilfe der Stilkritik ist der Autor der »Missa Salisburgensis« nicht zweifelsfrei zu ermitteln: Nirgends finden wir Passagen, die eindeutig Bibers »Schreib-Arth« sind, nirgends aber auch etwas so Ungeschicktes, daß es seiner nicht wert wäre. Die monströse Akustik der »Bühne«, des Salzburger Doms, erzwang zudem einen Stil, der keinen

Raum für harmonische Extravaganzen und figurative Raffinements ließ.

Rom und Venedig wurden bereits als notwendige Voraussetzungen, als »historische Legitimation« genannt: Bedingungslose Monumentalität als Ausdruck des weltumfassenden Katholizismus ist die Grundlage, vokale und instrumentale Virtuosität venezianischer Prägung die musikalische Organisationsform auf der untergeordneten Stufe. Aber auch der *Zaungast* mußte gedacht, die »Landschaft« mußte eingebracht werden. Daß die beiden außerhalb der Trompetenchöre stehenden Soloclarinen in Hoferscher Manier jeweils einer Chor/Orchester-Gruppe zugeordnet und nicht als selbständiges Duo behandelt sind, mag bereits ein inneres Zitat sein, aber mehr noch werden sich die Salzburger in der vorherrschenden Terzenseligkeit mit volkstümlich-alpinem Einschlag wiedergefunden haben. Daß aber auch einer nur indirekt belegten musikalischen Vorliebe des regierenden Erzbischofs Maximilian Gandolph von Kuenburg gehuldigt wird, sollte nicht unerwähnt bleiben: Muffats Sonatensammlung »Armonico tributo« – der im Jubeljahr 1682 edierte klingende Dank für die Romreise – endet mit einer gigantischen Chaconne, einer musikalisch-formalen Organisationsform, die auch in Bibers »Rosenkranz-Sonaten« an erster Stelle steht. Kaum wundert es, daß auch in der »Missa Salisburgensis« Ostinato-Variationen einen breiten Raum einnehmen: Die Verteilung des Materials auf sechs an unterschiedlichen Orten aufgestellte »Chori« verdeckt durch den Reiz der räumlich-perspektivischen Klangwirkungen die Simplizität des Verfahrens – und überhöht diese Wirkung zudem durch den kontrastierenden Farbenreichtum der sich zujubelnden Gruppen.

Den beiden vokalen Hauptchören mit je acht Solisten und entsprechenden Ripienisten sind je zwei Violinen und vier Violen zugeordnet, dem Chor aus Blockflöten und Oboen (eine 1682 noch hochmoderne Entlehnung aus der französischen Kunst: Klar, auch damit wollen wir konkurrieren!) steht ein Ensemble aus zwei Zinken und drei Posaunen gegenüber (fraglos ein Zitat venezianischer Provenienz), vermittelnd dazwischen zwei Soloclarinen. Die Hoftrompeter, Abzeichen weltlicher Macht des Erzstiftes, sind in zwei Gruppen zu je vier Trompeten und Pauken organisiert – und natürlich sind gerade sie es, die Erde und Himmel zusammenhalten: Das »Benedictus, qui venit!« wird eingeleitet durch eine prachtvolle Fanfare, die ansonsten den Auftritt des Erzbischofs ankündigt – hier aber nicht mehr dem Stellvertreter »von Gottes Gnaden« gilt, sondern Jesus, dem Gesalbten, selbst. Berückend schön und wahrhaftig auch im Credo die Vertonung des »Incarnatus« mit sechs hohen Stimmen, die des »Crucifixus« mit nur tiefen Stimmen, mitreißend immer wieder die Übersetzung der weltlichen Zitate (sie erschließen sich nur dem profunden Kenner höfischer Rituale) in die geistliche Sphäre.

Salzburg steht nicht hinter Rom und Venedig, nein: Das Erzstift selbst steht auf der gleichen Stufe mit dem vieltürmigen Jerusalem – und seine Musik ist der der in ewiger Anbetung verharrenden Cherubim und Seraphim gleich. Und auf jedem Turm des himmlischen Jerusalem stehen mit allen Instrumenten der Zeit ausgerüstete Engelschöre, die dem Allmächtigen, dem

Schöpfer alles Irdischen, huldigen. Das ist die Botschaft dieser »Festmusik«, deren innerstes Anliegen die Vereinigung und Stärkung sämtlicher gesellschaftlicher Kräfte des immerhin 1100jährigen Erzstiftes zum Gotteslob war.

Wie die Menschen in Salzburg anno 1682 überhaupt auf dieses musikalische Monstrum reagiert haben, wissen wir nicht; vermutlich aber waren sie ebenso berührt wie erschlagen, wie man es auch heute noch – insonderheit als Mitwirkender – ist. *Monstrum* nehme man schon als zeitbedingten *lapsus linguae*: Unserer auf bedingungslose Individualität setzenden protestantisch-westlichen Zeitkultur sind die regulativen und konstituierenden Kräfte des »Festes«, in dem sich Oben und Unten jeweils an ihrem gesellschaftlich angestammten und erarbeiteten Platz einbrachten, um ihr gemeinsames Gemeinwesen zu feiern, fremd. Allenfalls mit der Videokamera bewaffnet wohnen westliche Touristen in Indien, Bali und Rio solchen Zeremonien bei, den atavistischen Reiz solcher Rituale bestätigend.

Seit Allegorie, Emblem, Symbol, Zitat und Rhetorik als wesentliche Elemente barocker Kompositionsweise entdeckt wurden, fragt man sich, ob die durchschnittlichen Hörer der Zeit mit all diesen Anspielungen etwas anfangen konnten, sie überhaupt verstanden. Entgegen landläufig negativer Meinung vertrete ich den Standpunkt, daß sie das sehr wohl taten: zum einen aus meiner Überzeugung, daß kein Komponist jemals etwas schreibt, was nicht irgendwo und -wie an das kollektive Bewußtsein und Wissen appelliert (denn schließlich möchte er ja verstanden werden!), zum anderen aus der Erkenntnis, daß unser diesbezügliches Wissens- und Bildungsmanko nicht hochmütig zu einem allgemeinen Wert an sich hochzustilisieren ist. Die Gedankenwelt des Barock ist uns letztlich so fremd, daß wir besser daran täten, sie fraglos zu bejahen, anstatt sie zu zernörgeln. Gehen wir einfach davon aus, daß die Menschen, die hohen und niederen, die säuberlich nach Geschlecht geordneten und im Kirchenschiff stehenden Salzburger Bürger wie auch die nahe am Altar stehenden Kleriker und Bruderschaften all die Allegorien, Emblemata, Symbole und Zitate verstanden und daß es unsere Aufgabe ist, in dem, was uns lediglich musikalisch-ästhetischen Reiz vermittelt, einen Teil der aus Wissen und Glauben zusammengefügten Lebensrealität unserer Ahnen zu entdecken – und zu respektieren.

Zwei gigantische zeitgenössische Kupferstiche informieren uns stilisiert über Details des Festes vom 18. Oktober 1682: Der eher unbekannte, von Christoph Lederwasch 1682 gefertigte zeigt die kilometerlange Prozession der kirchlichen und weltlichen Magnaten des Erzstiftes beim Einzug in die Kathedrale, der andere (von Melchior Küsell bereits 1678 angefertigt und im modernen Reprint zugänglich) idealisiert die Aufführungsbedingungen der »Festmesse«: Auf den beiden mit einer Orgel ausgestatteten hinteren Vierungsemporen des Doms stehen die Vokalisten-Streicher-Chöre, ihnen gegenüber die beiden Bläserchöre, und in den Seitenschiffen sitzen die Trompetengruppen.

Daß diese beiden Stiche – nach dem Fest sicherlich in Hunderten von Abzügen kursierend – heute nur noch in Unikaten nachweisbar sind, rührt daher, daß »dekorative Graphik« früher einfach an die Wand geklebt wurde, daß generationenlang Kindern mit dem Finger auf dem Papier gezeigt wurde, wo Vater, Onkel, Großvater und Urgroßvater zu sehen sind: Und je mehr das Bewußtsein nachwachsender Generationen um das Eingebundensein in historische Abläufe wuchs, um so verschmutzter wurde das Papier, bis es schließlich übertüncht oder abgenommen wurde und in die Papiermühle wanderte.

Hier endeten vermutlich auch das Kompositionsmanuskript und das Aufführungsmaterial der »Missa Salisburgensis« – lediglich die von einem professionellen Schreiber erstellte Partitur überlebte im Archiv des Salzburger Doms.

»Scherzi Musicali«

Heinrich Ignaz Franz Biber – Johann Heinrich Schmelzer – Johann Jacob Walther

Musica Antiqua Köln, Reinhard Goebel

Deutsche Grammophon GmbH, 1990

»Tableaux sonnants» – »Klingende Bilder« – könnte man die Scherzi, Capricen oder Bizarrerien, Messanzen oder Quodlibets der vorliegenden Einspielung nennen, im weitesten Sinne Programm-Musiken. Teils sind es Comic-Strips, kleine, in sich abgeschlossene Komödien (oder Tragödien), deren Bildprogramm und imaginäre Handlung sich erschließen, wenn man jenen Anfangs-Satz einer Brockes-Dichtung »Meine Seele hört im Sehen« – nach Art eines Arcimboldos – in »Meine Seele sieht im Hören« verdreht. Dann beginnen die Bilder sich plötzlich zu bewegen: Eine höfische Gesellschaft reist übers Land, man hört Drehleier und Dudelsack, öffnet die Türen der Kutsche und genießt die vermeintlichen Freuden des Landlebens, reist weiter und hat im nächsten Weiler wieder die Möglichkeit, sich den herzerfrischenden Quint- und Oktavparallelen – die die *echten* Musici schon längst aus ihrem Repertoire gestrichen hatten – hinzugeben ...

Ganze Schlachten sind hier mit Tönen geschildert, gemalt: Die Soldaten sammeln sich, alle singen die Lieder ihrer Heimat wild durcheinander, zwei Landsknechte mit Flöte und Trommel marschieren durchs Bild, die Kavallerie erscheint, und nach einem letzten innigen Gebet geht es in den Kampf, der nicht mit Triumphliedern endet, sondern – ganz realistisch – mit dem »Lamento der verwundeten Musketiere«.

Teils wiederum sind es bewegungslose Einzelbilder, deren Tonmalereien uns Heutigen kaum erschließbar wären, hätte der Komponist nicht noch einen deskriptiven Titel dazu gesetzt: An Glocken und Tieren aller Art entzündete sich die barocke Phantasie immer wieder, deutete sie je nach Anlaß in Dur und Moll ...

Auch kunstvoll-virtuose Sonaten können es sein, in denen allerdings der *locus inspirationis* für unsere nach Tiefe geifernden Gemüter so vordergründig liegt, daß sich eine konzertante Darbietung außerhalb eines »humorigen« Programms nahezu verbietet: Die »Sonata jucunda« ist ein früher Vorläufer einer Triosonate von Carl Philipp Emanuel Bach, dem musikalischen Psychogramm *Sanguíneo e Melancólico*.

Doch: Wenn man lachen will, muß man wissen, worüber ... muß man wissen, wann Tiefgründiges zum Abgrund wird, planvolles Durcheinander zum einfachen Radau, Pleonasmus zur satirischen Geschwätzigkeit und eine bewußt eingesetzte Quintparallele zum harmonischen Fehltritt. Aber auch hierbei ist wiederum alles umkehrbar – eben wie bei Arcimboldos Rettich, der zur Nase wird, wenn man das Bild im Kopfstand betrachtet.

Mit Ausnahme der Sonata »Cuccu« des mitteldeutschen Violinvirtuosen Johann Jacob Walther entstammen die hier aufgenommenen Werke dem Umkreis des Wiener Hofs, genauer: dem Repertoire der Olmütz-Kremsierer Hofkapelle unter Fürstbischof Karl von Liechtenstein-Kastelkorn, der regelmäßig die Prachtbände mit Texten und Kupferstichen der habsburgischen Festlichkeiten erhielt, und darüber hinaus »verlangte, auch allerhand schöne arien zum tanzen, dessen man sich insonderheit in der fasching gebraucht«, zu erhalten.

Liechtensteins Agent in Wien übersandte nicht nur die Balletti der Hofopern, sondern trat 1669 auch mit Johann Heinrich Schmelzer direkt in Kontakt, um außer den bereits erhaltenen Sonaten »Pastorella» und »Fechtschule« eine Vogelstimmen-Sonate in Auftrag zu geben. Der zögernde Schmelzer – sich darauf hinausredend, daß er die ariosen Teile zwar schon komponiert habe, hinsichtlich der Vogelgesänge allerdings ein Ablauschen der Natur empfehle, da es unmöglich ist, »daß [...] alles in Noten gesetzt seye« – besagter Schmelzer wurde nun von dem aggressiv karrieresüchtigen Heinrich Ignaz Franz Biber links überholt: dieser lieferte nicht nur die begehrte Vogel-Sonate, sondern in den folgenden Jahren bis 1673 die »Battalia«, die »Pauern-Kirchfahrtt« und die Serenade mit dem »Nachtwächterruf«, deren Aufführungsmaterialien sich allesamt im Autograph in der St.-Mauritz-Bibliothek in Kremsier erhalten haben.

Auch mit seiner »Pastorella« – sie ist bislang nur in einer Kopie aus der Musiksammlung des Minoritenkonvents Wien bekannt – schlug der Witzbold Biber dem älteren, vom Kaiser geadelten Kollegen, dessen Ruhm ihm offenbar ein Bronn ständigen Ärgernisses war, ein arges Schnäppchen: Die Schmelzersche Triosonate läßt er von lediglich einer Violine in Doppelgriffen spielen und stattet das Stück mit demonstrativ virtuosen Partien aus; den letzten Schliff an schlauer Ergebenheit gegenüber Hochwürden verleiht er dem Werk durch das Zitat eines Liedes von Johann Jacob Prinner, eines Komponisten, der offenbar durch Schmelzers Vermittlung zum Nachfolger des 1670 »entwichenen Biber« am Kremsierer Hof geworden war. Selbiges Lied verwendete Biber auch im zweiten Satz der »Battalia«, hier allerdings kaum mehr hörbar, da die Söldner aus aller Herren Länder die Lieder und Gesänge ihrer Heimat durcheinander grölen.

Zwei weitere Zeitgenossen Bibers kommen auf der vorliegenden Einspielung zu späten Ehren: Bei den Sonaten »Campanarum« und »Jucunda« ist die Autorenfrage bislang ungeklärt. Der österreichische Musikwissenschaftler Paul Nettl hatte nach Durchsicht des St.-Mauritz-Archivs diese Werke als anonym überlieferte Kompositionen Bibers bezeichnet – anfechtbar insofern, als daß »Campanarum« in einer zweiten zeitgenössischen Quelle Philipp Jakob Rittler zugeschrieben wird und

»Jucunda« so fast gar keine Züge von Bibers musikalischer Handschrift trägt.

Allemal sind die hier aufgenommenen Werke Zeugen einer durchaus bemerkenswerten Hofkultur: Mehr als der immer nach Italien, besonders nach Venedig schielende Kaiserhof in Wien um eine Integration der nationalen Kräfte bemüht, feierte hier – im Schnittpunkt zwischen Polen, Österreich, Böhmen, dem eigentlichen Reich und der bedrohlich-unermeßlichen Weite des osmanischen Reichs – der Olmützer Bischof seinen immerwährenden Fasching; fernab von den ständigen Todesfällen in der kaiserlichen Familie, den zyklischen Bedrohungen durch Pest und Türkeneinfälle lachte man hier – offenbar zölibatär – über die naive Simplizität der niederen Stände und Sinnlosigkeit menschlicher Launen, erfreute sich an klanglich domestizierter Natur und der rasend virtuosen instrumentalen Umdeutung und Übersetzung eines Biber, Schmelzer und Vejvanovský …

Die rauschhaften, launigen, bewußt theatralischen und überschäumend lebensbejahenden, auch augenzwinkernd erotischen und gleichermaßen melancholisch-todessehnsüchtigen Elemente des katholischen Barock feiern in diesen Musiken fröhlichste Urstände. Abseits jeglicher gequält herbeizitierten Größe des römischen und venezianischen Barock und des peinlichst genau berechnenden Soll- und Haben-Gefühlshaushalts der kopflastigen nordisch-protestantischen Welt kann uns diese Musik ein wenig von dem vermitteln, was man allgemein als das Theatrum-Mundi-Gefühl des Barock beschreibt … die ganze Welt ist Bühne: letztlich wissen wir nicht, ob die Darsteller nicht gar über die Zuschauer lachen – alles ist eine Sache der Perspektive.

Die nachfolgenden, zeitgenössischen Gedichte sollen Dir, lieber Leser, der Du dieses ernste Vorwort mit so viel Wissensdurst studiertest, Gemüt und Zwerchfell ein wenig lockern:

Das Kirch-Fahren

Vor Zeiten war der Weg zum Himmel schmal und schwer,
Als unsre Väter noch zum Gottes-Hause gingen:
Doch itzt ist er gebähnt, man fährt auf Polstern her,
Und läßt sich mit Pläsir zum Himmelreiche bringen.

Grab-Schrift eines Sackpfeiffers

Ich machte Knecht und Magd recht lustig durch mein Pfeifen,
niemals war ich beschwert zum Drücken, Blasen, Greifen.
Itzt liegt nach meinem Tod die Pfeife gantz allein.
Thu mir den Liebes-Dienst und blaß einmal darain!

Eleonore Büning

»Reinhard Goebel: Der Kopf macht die Musik«

Frankfurter Allgemeine Zeitung, 30. Juni 2012

Manchmal muss ein Künstler schon zu Lebzeiten Nachrufe über sich lesen. So ging es Reinhard Goebel vor sechs Jahren, als er seine Geige an den Nagel hängte und das Ensemble Musica Antiqua Köln auflöste. Er trug es mit Fassung. Er lachte sein dröhnendes, ansteckendes, in der Szene nicht ohne Grund aber auch gefürchtetes Goebel-Lachen. »Es ist ja nicht das Instrument«, sagt er, »es ist immer nur der Kopf, der die Musik macht!«

Mehr als drei Dekaden bildete Musica Antiqua Köln die provozierende Speerspitze der Originalklangbewegung: »seine« Musiktruppe. Goebel hatte das Ensemble gegründet, als er 21 war und bei Franzjosef Maier an der Musikhochschule Köln Geige und Barockgeige studierte. Von Anfang an, seit 1973, war dieses Studentenensemble ein sprudelnder Quell der Innovation gewesen, Vorbild für viele, Provokation für andere. Wurde dann erstaunlich rasch, nicht zuletzt dank der über 50 Plattenproduktionen, die es ab 1979 beim Label Archiv herausbrachte, zu einer wirkungsmächtigen, marktbeherrschenden Institution. Dutzendweise haben Goebel und Musica Antiqua Köln unbekannte Komponisten der Barockzeit populär gemacht, darunter Biber, Heinichen, Rebel, Veracini. Andere, etwa Telemann, wurden mit leidenschaftlichen Lesarten aus der Nische geholt. Wieder andere, zum Beispiel Johann Sebastian Bach, neu interpretiert. Goebels Aufnahme der »Brandenburgischen Konzerte« von 1985 war eine Sensation. Dass diese Musik schnell gespielt werden kann, so scharf und revolutionär.

Viele große Musiker, die sich später als Solisten einen Namen machten, von Jaap ter Linden bis Andreas Staier, haben im Ensemble Musica Antiqua mitgespielt. Aber nur mit Reinhard Goebel selbst, mit seinen Ideen, seiner Geige ist das Ensemble Musica Antiqua so unlösbar eng verknüpft gewesen, dass das Ende 2006 nicht nur wie ein Schock wirkte, sondern auch aussah wie eine persönliche Kapitulation. Das Gegenteil war der Fall. Goebel hatte sich nur wieder einmal etwas Anderes, Großes vorgenommen. Er ist einer von denen, die sich selbst die Latte gern etwas zu hoch legen und dann auch noch drüberspringen (womit man sich selten Freunde macht). Und er hatte begriffen: Längst war die Alte-Musik-Bewegung zu Teilen Mainstream geworden, jüngere Ensembles wuchsen nach, das Vorbild verblasste.

Also legte er die Geige weg, die er übrigens, ein einmaliges Phänomen, beidhändig spielen kann: Er hatte im Jahr 1990 einer Fokalen Dystonie wegen mit eisernem Willen neu zu spielen gelernt, wechselte von der linken Griffhand auf die rechte. Und arbeitet seither nur noch als Dirigent mit konventionellen großen Orchestern, denen er das Einmaleins des historischen Phrasierens beibringt, beseelt von dem gleichen Entdeckergeist und mit wachsendem Erfolg.
Reist um die Welt, reist aber auch in die Provinz, von Augsburg bis Düsseldorf. Zurzeit ist Reinhard Goebel gerade in Australien, er probt dort mit dem Melbourne Symphony Orchestra Mozart-Symphonien und feiert morgen seinen 60. Geburtstag.

»Les Élémens«
Jean-Féry Rebel – Georg Philipp Telemann – Christoph Willibald Gluck

Musica Antiqua Köln, Reinhard Goebel

Deutsche Grammophon GmbH, 1995

Mit einem ohrenbetäubenden Akkord bricht 1737 – niemand hätten das geahnt, denn anderswo waren die Uhren bereits auf »galanten Stil« gestellt – das Barock über Paris herein: 22 Jahre nach dem Tod des Sonnenkönigs, der in seiner immens langen Herrschaft sämtliche Musen zu Dienerinnen des absolutistischen Staatsgedankens gemacht hatte, raffte sich der immerhin bereits 72jährige Komponist Jean-Féry Rebel dazu auf, nicht nur sein eigenes *summum opus* zu schreiben.

Nach all den abgezirkelten Vogel-, Katzen- und Froschgesängen, disziplinierten Battaglien, Wasserglas-Stürmen und dramaturgisch wohlproportionierten Bühnen-Erdbeben, in denen der Komponist des Spätbarocks Hörer und Zuschauer gleichermaßen in – wohlgemerkt – angemessenes Erstaunen zu setzen wußte, ist Jean-Féry Rebels »Le Cahos« aus seinen »Élémens« auch heute noch atemberaubend. Über welche geistige Freiheit mußte gerade ein – normalerweise kaum mehr als erstarrte Formen ausfüllender – französischer Komponist verfügen, ein solch berückendes *Tableau vivant* der Schöpfungsgeschichte zu komponieren! Claudio Monteverdi, befähigt, beinahe jede menschliche Leidenschaft in Tönen auszudrücken, hatte sich gut hundert Jahre zuvor geweigert, ein höfisches Ballett zu vertonen, da »Winde und Berge« nun einmal nicht singen und sprechen, somit auch nicht kompositorisch darstellbar seien. Heinrich Ignaz Franz Biber war es, der nach der Mitte des 17. Jahrhunderts in die Bereiche des musikalisch bislang nicht Darstellbaren vordrang, indem er dermaßen geschickt musikalische Geste mit sprachlich-bildlich sinnfälliger Bedeutung zu verknüpfen wußte und damit die Stilhöhe der Programmmusik vorgab, so daß der in Prag residierende Graf Morzin zu Beginn der 1720er Jahre von seinem »Hofcompositeur« Antonio Vivaldi Verbesserungen bei den heute verlorenen Frühformen der »Vier Jahreszeiten« einklagen konnte.

Zweifellos kannte Rebel die »Quattro stagioni«: Als Opus 8 1725 in Amsterdam gedruckt, in den ersten Monaten des Jahres 1728 in Paris aufgeführt, blieben sie hier fortan ein »Renner«. 1739 – zu einer Zeit, als andernorts das Vivaldi-Fieber längst abgeklungen war – erschien gar noch ein Raubdruck.

Weit entfernt von einem stillosen Imitat streift Rebel jegliche formale Fesseln ab – nicht Concerto, nicht Ouverture, nicht Sonate oder Sinfonie, ist »Le Cahos« der erste freie Orchestersatz der Musikgeschichte: mehr Tondichtung als Programmusik.

Aber nicht nur formale Fesseln wurden hier abgestreift. Bezeichnend für das sich Bahn brechende Naturbild der französischen Aufklärung ist, daß der jüdisch-christliche Gott als Initiator der Schöpfung nicht in Erscheinung tritt! »Ein Gott« – wer immer es war – »und bessere Ordnung« schied die Elemente voneinander »und verband nun, was räumlich getrennt war, in Eintracht und Frieden miteinander«. ... Die »Le Cahos« folgende Suite »Les Élémens« beschreibt jenen glückhaften Zustand der Natur vor dem Auftreten des Menschen, der »edler als die Tiere und eher als sie befähigt zu hohen Gedanken und zur Herrschaft über alles« war.

Wie die Zeitgenossen diese Komposition aufnahmen, wissen wir nicht: Vermutlich erklang sie hinter verschlossenen Türen beim Prince de Carignan, dem die gegen 1737 publizierte Druckfassung gewidmet ist.

Das Publikum und die Musikszene der französischen Hauptstadt hatten in jenem Jahr weitaus Besseres zu tun, als den Extravaganzen des alternden Rebel Aufmerksamkeit zu schenken: Georg Philipp Telemann weilte vom Oktober 1737 an für acht Monate in der Stadt, bezog Logis bei dem aus Hannover stammenden Cembalobauer Vater und genoß die Ovationen, die ihm in den »Concerts spirituels« dargebracht wurden. Für die lange geplante Reise hatte Telemann sich einen Vorrat an Werken geschaffen, die speziell dem französischen *goût* verpflichtet waren: Die am 25. Marz 1738 aufgeführte Psalmvertonung »Deus judicium tuum«« sowie die in Paris gedruckten »Sechs Canon-Sonaten« und die »Nouveaux Quartuors« gelten als *gesicherte* Kompositionen jener Zeit.

Man geht kaum fehl, auch das Septett e-Moll dazuzurechnen. Telemanns Inklination für die *tendresse* und *simplicitée* des *goût français* ist bekannt, seine Rolle bei der Creation des *vermischten Geschmacks* immer gewürdigt worden. Nie aber hat er so dezidiert dem Geist des François Couperin »Le Grand« gehuldigt, selten so kompakt, Schnörkel und Tändelei vergessend geschrieben wie in diesem Stück.

Satztechnisch ist das Werk, das nur in einer Abschrift aus den 30er Jahren des 18. Jahrhunderts in der Hessischen Landes- und Hochschulbibliothek Darmstadt erhalten ist, ein Quintett: Nach Art der »Pièces de Symphonie« sind zwei Oboen und zwei Violinen in den Oberstimmen unisono zusammengefaßt, die beiden Violen allerdings – in französischen Druckwerken der Lully-Nachfolge als *parties* bezeichnet und nur in der Baßbezifferung erkennbar – obligat ausgeschrieben.

Kompositorisch ist es die Visitenkarte eines »vollkommenen Capellmeisters«: Mit einfachsten Mitteln größte Wirkung zu erzeugen und veritable Fugen nicht zu Lehrstücken verkommen zu lassen, auch die gängige Floskel eines Tanzsatzes als gerade erfühlt anzudienen und ein bezauberndes *tendrement* aus dem Nichts zu erfinden ... wer anders als Telemann konnte diese Vielfalt zur Einheit verschmelzen?

Beinahe drei Jahrzehnte später weilte ein anderer deutscher Musiker in der französischen Hauptstadt. Christoph Willibald Glucks erster Aufenthalt in Paris 1764 war turbulent und wenig erfolgreich: Nach zwei Wochen mußte er – ohne daß es zu nennenswerten Aufführungen irgendeines Werks gekommen wäre – Hals über Kopf zur Krönung Josephs II. nach Frankfurt zurückreisen. Seinen diplomatischen Auftrag, die Herzen der Franzosen mit einer Ballettmusik »Les Amours d'Alexandre et de Roxane« zu erobern, konnte Gluck jedoch nicht erfüllen.

Die geplante Heirat zwischen der Erzherzogin Marie-Antoinette und dem Dauphin war ein Problem besonders der »öffentlichen Meinung« in Frankreich – und es liegt nahe, in der Wahl gerade dieses »Alessandro«-Sujets einen diplomatischen Auftrag zu vermuten. Alexander und die asiatische Prinzessin Roxane treffen als Feinde aufeinander, Roxane vergiftet Alexander, erkennt aber, daß sie nur durch Unterwerfung ihr Volk retten kann, entbrennt zu dem Sterbenden in Liebe und verabreicht ein Gegengift; der wieder zum Leben zurückgekehrte Alexander nimmt Roxane zur Gattin: was liegt näher, als hinter »Alexander und Roxane« eine metaphorische Allegorie auf den Dauphin und die Erzherzogin zu sehen.

Nach den letzten Beutekriegen Friedrichs II. kam Europa vorläufig zur Ruhe, doch mit erstarkten Preußen als dem Zünglein an der Waage des europäischen Gleichgewichts mußten die Erzfeinde Bourbon und Habsburg ihr Verhältnis neu definieren.

Und so war es die 1755 geborene Erzherzogin Marie-Antoinette, die zur Stabilisierung dieses neuen Kräftespiels herzuhalten hatte und von früher Kindheit an zur kommenden Königin von Frankreich erzogen wurde. Es ist bezeichnend für den klugen Friedenswillen der Kaiserin, daß sie eine ihrer Töchter auf diesem politischen Altar opferte und zur Sondierung des emotionalen Terrains erst einmal ihren Hofkapellmeister nach Paris entsandte.

»Alessandro« ist »Staatsmusik« auf höchster Ebene von Auftrag, Anspruch und zeremonieller Distanz: heroisch im Hauptaffekt und klanglicher Hintergrund für Massenauftritte, durch das Zitat der abschließenden Chaconne mit der Tragédie lyrique verbunden als Kotau der Habsburger vor der Dynastie der »Allerchristlichsten Könige« zu verstehen.

Aber wie eine gelungene Ballettmusik generell nur Vorwand und Abbild der tänzerischen Aktionen (und niemals nur rein musikalischen Gesetzmäßigkeiten unterworfen) ist, so ist besonders Glucks Musik ein Abbild ihrer Zeit und der ihr lauschenden Gesellschaft, die im wesentlichen nicht mehr von kriegerischen Aktionen beunruhigt, sondern von einem aufgeklärten Absolutismus bestimmt wurde, der Glück und Zufriedenheit für seine Bürger zu erreichen suchte. Maria Theresias Herrschaft über die Donaumonarchie und ihre habsburgischen Erblande ist die wohl glücklichste Zeit für diese Länder gewesen: Noch heute ist ihr Andenken tief im Bewußtsein des ehemaligen Vielvölkerstaats verwurzelt. Zentraleuropas »Goldenes Zeitalter« waren die Jahrzehnte ihres Regiments. Aber …

Auf Erz folgt Eisen: Überwältigt liegt die Nächstenliebe am Boden, und Astraia, die jungfräuliche Göttin der Gerechtigkeit, verläßt die von Mord bluttriefende Erde. ... Marie-Antoinette, von den Pariser Fischweibern kurz: »L'autrichienne« genannt, die Erzherzogin, der dieses musikalische Plädoyer galt, starb unter der Guillotine. Das »Cahos« wurde einmal mehr Realität.

Christoph Willibald Glucks Musik war jeder fühlenden Seele des späteren 18. Jahrhunderts bekannt und auch Vorbild: Fraglos wurden seine Kompositionen als Beginn einer »Nationalmusik« rezipiert und gewürdigt. Johann Nikolaus Forkel aber war es, der mit seinem gallig-gehässigen, 150 Seiten langen Rundumschlag »Ueber die Musik des Ritters Christoph von Gluck« 1777 die Zeiger der Uhr zurückdrehte. Sein abschließendes Diktum »Was die Ballette betrifft, so hat man bemerkt, daß sie allgemein mißfallen haben«, hat offenbar auch die Herausgeber der ohnehin bemerkenswert schwerfälligen Gluck-Gesamtausgabe beeinflußt: Die Edition der Tanzdramen »Don Juan« und »Semiramis« verschweigt ganz einfach die Existenz des »Alessandro«.

Antonio Vivaldi: »Vier Jahreszeiten«

unveröffentlicht

Auf die Frage, wie ihre »Interpretationen« entstehen, antwortete eine junge Geigerin anno 1992: »Ich höre mir viele Aufnahmen des Stückes an und nehme aus jeder, was mir am besten gefällt.« Daß diese Antwort keine ironische Spielerei, sondern durchaus ernst gemeint war, bestätigte jene große Platten-Firma, für welche auch ich damals noch »tätig« war, auf ebenso vorsichtige wie ratlose Anfrage.

Nahezu deckungsgleich – ex negativo – ist eine im Jahr 1970, also zu Hochzeiten des Karajanismus und ganz zweifellos auf diesen Maestro gemünzte Aussage von H.-K. Metzger in »Musik-Konzepte 8«: »Die meisten berühmten Interpreten – und die obskuren machen es ihnen nach – verfahren in der Tat nach Kriterien, wie sie einzig der Unterhaltungsmusik angemessen wären [...]. Durch die vorwaltende Dummheit der approbierten Interpreten zwar bewußtlos, doch nichtsdestoweniger methodische Unterschlagung [...] konnte schließlich sogar Beethoven populär werden, wenn auch falsch.«

Gerade an Vivaldis Zyklus der »Vier Jahreszeiten« ließen sich die immer gleichbleibenden Irrwege der »Interpretation«, besser vielleicht: der myriadenfachen Imitationen und Übertreibungen, des ständigen Plagiats, des bedingungslosen Unter- wie Überbietens bestens belegen.

Der Notentext (ein Faksimile des Stimmen-Erstdrucks liegt vor – und übrigens seit Jahrzehnten bleischwer in den Regalen der Musikalienhandlungen liegend, inzwischen aber über »Rudis Reste-Rampe« entsorgt) ist kein Bilderbogen im Stile des Wilhelm Busch, kein Briefmarkenalbum, in dem jedes Motiv mit einem zackigen *accellerando* beginnt um kurz darauf in einem bedeutungsvoll-rührseligen *ritardando* zu ersterben, sondern spricht die deutliche Sprache des dreisätzigen venezianischen Ritornell-Konzerts: In drei bis allenfalls fünf Minuten eine einprägsame Motivgruppe auf Tonika, Dominante und Subdominante abzuhandeln, diese Stützpunkte mit ähnlichem oder antithetischem Material zu verbinden, war ein Wert an sich und erlöste die Komponisten von der Verpflichtung, sich stets und ständig neue Gedanken darüber zu machen, wie ein Stück zu beginnen sei, wie eine *captatio benevolentiae* – also die Erheischung des zuhörerlichen Wohlwollens – zu gestalten, welches Material überhaupt wie zu disponieren und zu verarbeiten sei.

Aber nach dem »Gefällt mir – Nehm' ich – Bringe ich auch noch unter«-Prinzip berühmter und obskurer Künstler ist die simple Architektur des Zyklus inzwischen völlig zusammengebrochen und hat sich in eine Halde ästhetischen Sondermülls verwandelt, sodaß man sich mit der simpelsten und dennoch spannendsten aller Fragen »Was steht denn eigentlich da?« dem Werk erneut zuwenden muß – um dann zur Beantwortung folgender Frage zu schreiten: »Wo bitteschön ist das Theorie-Gebäude, das all den Firlefanz, das dauernde stop-and-go, das Getriller, Gekratze, rechtfertigen, gar fordern würde?«

Tja, dieses Theorie-Gebäude kennen wir zwar nicht, aber die »Tradition« fordert, daß die »Interpretation« sich fortentwickelt, denn immer wieder nur »richtig« ist ja langweilig – oder wie Hanslick es einmal im Zusammenhang mit »musikalischer Langeweile« formulierte: »Wer nicht mit Ophikleiden und Kanonen anklopft, wird noch nicht einmal gehört!«.

Diskologen und Musikwissenschaftlern späterer Zeiten wird es obliegen, Stammbäume zu erstellen und ihrer Zeit zu erklären, welche Plagiate die klassisch-schöne Philips-Aufnahme von »I Musici« und Felix Ayo aus den frühen 1960er Jahren generierte, wie sich bei den mindestens 15 (es können auch 11 oder 17 sein, *it doesn't matter*) »Begleit«-Aufnahmen der Academy of St. Martin's geschmäcklerische Ästhetizismen fortsetzen und ballen und welche neuerlichen Erschütterungen dann der den rein handwerklichen Aufgaben kaum gewachsene frühe »Original-Instrumente«-Markt der 1980er Jahre mit seinen Aufnahmen auslöste.

Getoppt wird die Liste der »Historiker« zweifellos durch eine nach 2000 entstandene und eher wohl aus Versehen bejubelte Aufnahme einer pseudo-authentischen »Dresden-Version, wie Pisendel sie gespielt haben könnte« mit Flöten, Hörnern, Oboen und Fagotten, die den Klangstil der Concerti grossi von Heinichen nachahmt – deren Notentext aber den Dresdner Bibliothekaren und internationalen Vivaldi-Forschern gleichermaßen unbekannt ist. Lapidarer Kommentar des Bielefelder Katalogs: »zum Teil bearbeitet«.

Antonio Vivaldis »Vier Jahreszeiten« sind – trotz ihrer vermeintlichen, immer wieder aus Marketing-Gründen verbal aufgebürsteten »Aktualität« – erst einmal historische Musik: entstanden, erfassbar, deutbar nur in Kenntnis des Regelkanons ihrer Zeit. 1725 in Amsterdam als Opus 8 ediert, bezeugt der Zyklus von in toto zwölf Konzerten mit dem Titel »Il Cimento dell'armonia con inventione« – »Das Wagnis von Harmonie und Erfindung« –, daß der Komponist knapp 15 Jahre nach der Formulierung des klassischen venezianischen Konzerts sich auf die Suche nach neuer, erweiterter Sinngebung, ganz sicher auch Marktvorteilen begibt und die strikte Dreisätzigkeit seiner früheren Publikationen (Ausnahme: die viersätzigen Corelli-Hommages Op. 3, No. 4 und No. 11) als formale Gegebenheiten beibehaltend durch Vertonung außermusikalischer Vorgänge – nur dieses ist das Novum – aufzuwerten versucht.

Als Anreger für dieses im Italien des 17. Jahrhunderts völlig unbekannte Genre der Programmmusik dürfte der Widmungsträger der Sammlung, der böhmische Graf Wenzel Morzin in Anspruch genommen werden. Zum einen kannte er die in Prag und Wien hängenden Bilder Giuseppe Arcimboldos, die durch ihre Produkte und Emblemata gekennzeichneten Personifikationen der Jahreszeiten (am Neujahrstag 1569 wurde Kaiser Maximilian II. eine Serie dieser Bilder inklusive erklärender Gedichte von Giovanni Battista Fonteo überreicht), zum anderen dürften ihm aber auch noch die brisanten Programmmusiken von Biber, Schmelzer und ihren böhmischen Zeitgenossen bekannt gewesen sein, die in direkter Nachfolge des turbulenten »Capriccio stravagante« von Carlo Farina di Mantua entstanden waren.

Aber auch Dresden, die Stadt vielfältiger Huldigungen und Kotaus seitens Vivaldis, könnte bei der Invention des Zyklus in gewisser Weise Pate gestanden haben, war doch hier am 23. September 1719 der gesamte Hofstaat in einem riesigen vierteiligen Sing-Ballett nach Art des alten französischen Ballet de cour »Les quatre saisons« aus der Feder des evangelischen Hof-Compositeurs Johann Christoph Schmidt aufgetreten, das als »Venusfest« von August dem Starken zur Hochzeit des Kurprinzen inszeniert worden war.

Antonio Vivaldi ließ sich also auf etwas in seinem Kulturkreis völlig Neues, Unerprobtes und Unerhörtes ein – und die in der gleichen Edition publizierten Concerti »Il piacere«, »La tempesta di mare« und »La caccia« lesen sich wie eher monothematische Fingerübungen zu der gigantischen Herausforderung einer musikalisch-kompositorisch schlüssigen Darstellung der Jahreszeiten, die ja nun keinerlei dem Menschen erkennbare tonphysikalische Auswirkungen haben. Noch ein Jahrhundert zuvor hatte sich Claudio Monteverdi strikt geweigert, ein höfisches Huldigungsgedicht zu vertonen, »da Berge und Winde nun einmal nicht singen« – und mit diesem Dictum die allgemeine Position Italiens zu den transalpinen Versuchen programmatischer Kompositionen festgelegt.

Natürlich würden wir die vier Konzerte nicht als *imago* der Jahreszeiten verstehen können – und auch die Zeitgenossen hätten die Kompositionen nur als zusammenhanglosen Unsinn abgetan – gäbe es nicht die einleitenden Sonette, in denen das »Programm« festgeschrieben ist und an denen entlang – »Im Anfang war das Wort« – Antonio Vivaldi komponierte.

Nein: Nicht »Prima la musica, poi le parole« – sondern wie bei Monteverdi: Erst der Text, dann die Musik! Und genau hier schließt sich der Kreis. Wie dessen Opern aufgrund ihrer schlüssigen Abstraktionen, ihrer so ungeheuer dicht erfundenen Analogien zum menschlichen Affekt ein halbes Jahrhundert lang noch *locus inspirationis* waren, so wurden auch Vivaldis »Vier Jahreszeiten« zu einem Erinnerungspunkt ihres Saeculum: Berühmte und obskure Zeitgenossen folgten den genial erdachten Analogien des Venezianers mehr oder minder erfolgreich. Besonders in Paris, wo 1739, 1743 und erneut 1748 Nachdrucke der Amsterdamer Erstausgabe erschienen, blieb der »Frühling« stets präsent, insonderheit als Debut-Stück jugendlicher Geiger im »Concert Spirituel«, aber auch von Michel Corrette, einem erbarmungslosen Bewunderer Vivaldis, für Chor, Solisten und großes Orchester als »Grand Motet« »hochgefahren«. Und selbst ein so revolutionäres Werk wie »Le Cahos« von Jean-Féry Rebel ist ohne Vivaldis vor allem geistige »Vor-Arbeiten« kaum denkbar. Von hier ist es nur ein kleiner Schritt zu Carl Ditters von Dittersdorfs 12 Sinfonien nach Ovids »Metamorphosen«, die nicht nur in Wien sehr geläufig waren, sondern auch zum Repertoire der Bonner Hofkapelle gehörten und auf die sich beziehend Ludwig van Beethoven hinsichtlich seiner »Pastorale« verkündete: »Mehr Ausdruck der Empfindung als Malerei.«

So ins Blaue hinein über den strapazierten und eigentlich doch ungreifbaren Begriff der Programmmusik zu reden ist müßig; doch scheint mir manche Bach-Kantate fast programmatischer zu sein als Vivaldis »Quattro stagioni«. Oder ist es etwa »Empfindung«, wenn Bach die Kantaten »Nun komm der Heiden Heiland« und »Himmelskönig sei willkommen« mit französischen Ouverturen eröffnet, »Tönet ihr Pauken, erschallet Trompeten, klingende Saiten erfüllet die Luft« gar so eng an der Textvorlage entlang komponiert, daß die geistliche Parodie »Jauchzet frohlocket« eigentlich gar nicht zur Musik passen will? Große Musik des Barock – nicht die im Dutzend oder gar Doppeldutzend edierte Spielmusik für Laien – imitiert grundsätzlich: bisweilen den Menschen, seine Affekte und seine sozialen Interaktionen, bisweilen die Natur, mal mit allen Fußnoten und geistigen Verästelungen den Sinn und Gehalt einer oratorischen Textvorlage. Immer aber kommt sie – wie der barocke Garten – sublimiert, zivilisiert, distanziert und anständig daher, ergreift – wie jenes wundervolle Lamento des Johann Christoph Bach »Ach, daß ich waßers gnug hätte« – nicht durch blanken Naturalismus, sondern kunstvolle Überhöhung. Tonart, Taktart, Figurenwerk und Kompositionstechnik stehen im Dienste einer gezügelten Affektsprache, die überzeugen, nicht aber überwältigen will.

Auf Vivaldis »Jahreszeiten« bezogen heißt das, daß mit den tonalen Eckpunkten E-Dur und f-Moll für ausreichend Hell und Dunkel gesorgt ist, die Tempi der Kopfsätze mit Allegro 4/4 – Allegro non molto 3/8 – Allegro 4/4 und Allegro non molto 4/4 wie auch die Schlußsätze mit 12/8, 3/4 und zweimal 3/8 mäßig differenziert sind. Grotesker Tempowechsel ist nur in einem der langsamen Sätze festgeschrieben, und an violinistischen Sondertechniken ist nur das *pizzicato* verlangt.

Jedenfalls ist – nicht nur nach dieser äußerlichen Anamnese – der wie gesagt ominöse Begriff »Programmmusik« keinesfalls *carte blanche* für jede Art roulette-artiger Interpretenwillkür: denn auch die Publikationsform in fünf Stimmbüchern ohne Partitur legt nahe, daß die Darbietung wie bei jedem anderen Concerto auch in gleichbleibendem Tempo zu erfolgen hatte. Über chaotische Zustände auf barocken Musiktribünen gibt es lächerliche Berichte zuhauf, aber hinter ihrer amüsanten Fassade ist doch die Aussage erkennbar, daß das Ideal ein strukturierter Ablauf in eindeutigem, vielleicht auch rigidem Tempo war.

Zu diesem Thema nun noch der Lexikograph Jean-Jacques Rousseau: »Um die Wahrheit zu sagen, so ist Diderots Einwand (daß nicht zwei Viertel hintereinander im gleichen zeitlichen Abstand zueinander seien, R. G.) von großer Bedeutung für französische Musik, bedeutungslos hingegen für italienische Musik, die gnadenlos dem genauesten Takt unterworfen ist –, und nichts zeigt besser den völligen Gegensatz dieser beiden Stile, ist doch das, was dem einen Stil seine Schönheit verleiht, in dem anderen einer der größten Fehler. Wenn die italienische Musik also aus dieser Unterwerfung unter die strenge Herrschaft des Taktes ihre Energie bekommt, dann sucht die französische Musik ihre Wirkung dadurch zu erzielen, den Takt zu beherrschen, zu laufen und langsamer zu werden, wenn es der Geschmack oder aber die Geläufigkeit der sängerischen Kehlen erlauben […].«*

* Der letzte Absatz ist ein Addendum des Jahres 2023

Antonio Vivaldi: Opus 3 – Opus 4 – Concerti da Camera

Programmheft Universität Mozarteum Salzburg
Konzertprogramm von Reinhard Goebels Postgraduate-Klasse
Januar 2015

»Ein fabelhafter Geiger, ein mittelmäßiger Komponist«, schrieb Carlo Goldoni (*1707) um 1780 über seinen Landsmann Antonio Vivaldi, mit »Kompositionen allenfalls für Kinder« legte der Selbst-Biograph Dittersdorf um 1790 nach; Joseph von Wasielewski 1927 dann mit »Haydn machte in seinen ›Jahreszeiten‹ sehr schöne Musik, was man von Vivaldis gleichnamigem Werk nicht behaupten kann« – und mit Strawinskys Dictum, Vivaldi habe einfach nur 600-Mal das gleiche Konzert geschrieben, beenden wir auch diese Revue der wenig hilfreichen Kritiken. Für den heutigen Hörer ist Vivaldi der klingende Inbegriff des Venezianischen, dem italienischen Musikwissenschaftler ist er inzwischen das, was Bach, Beethoven und Brahms dem deutschen Kollegen seit hundert Jahren sind und der Schallplattenindustrie ein nie sterbender Goldesel: »Vier Jahreszeiten« gibt es mehr als viermal neu pro Jahr …

Johann Georg Pisendel, 1716/17 bereits erwachsener Schüler des *Prete Rosso* und später dann Konzertmeister des Dresdner Hoforchesters, dem nach Aussage der noch heute vorhandenen Notenbestände wichtigsten Zentrum der Vivaldi-Pflege außerhalb Venedigs, schrieb 1756 über die »Veränderung des Geschmacks seit den fünf und zwanzig letztvergangenen Jahren […] zum Schaden des wahrhaftig guten Geschmacks«: »Zweene berühmte lombardische Violinisten haben hierzu insonderheit viel beygetragen. Der erste war lebhaft, reich an Erfindung, und erfüllete fast die halbe Welt mit seinen Concerten. […] Zuletzt aber verfiel er, durch allzuvieles und tägliches Componieren […] in eine Leichtsinnigkeit und Frechheit, sowohl im Setzen als auch im Spielen, weshalb seine letztern Concerte nicht mehr so viel Beyfall verdieneten als die erstern.«

Als Pisendel diese Sätze seinem Ghostwriter Johann Friedrich Agricola in die Feder diktierte, war Vivaldi längst tot, völlig unbeachtet von der Kunstwelt am 28. Juli 1741 in Wien gestorben und sein früher Ruhm Makulatur.

1711, also genau drei Jahrzehnte früher, hatte das Amsterdamer Druckhaus Étienne Roger Vivaldis erste Konzert-Sammlung, zugleich dessen erste nordeuropäische Publikation, auf den Markt gebracht.

Vivaldi hatte sich von den völlig rückständigen Verlagen seiner Heimatstadt verabschiedet, deren Typendruck-Editionen noch genau so ausschauten wie um 1600: total unleserlich – und dem virtuosen Gestus seiner Musik äußerst hinderlich. Es waren übrigens die »pro Seite« bezahlten, handarbeitenden Kopisten, die die Modernisierung der Druckereien boykottierten und erfolgreich verhinderten!

Durch Mundpropaganda aber hatte Vivaldi schon vor der Präsentation des Opus 3 in fürstlichen Kreisen von Kennern und Liebhabern nördlich der Alpen einen beträchtlichen Ruf. Die Grafen Schönborn in Pommersfelden hatten ebenso wie der sächsische Hof in Dresden lange bereits Kontakt mit dem Komponisten und auch Aufsehen erregende Werke als Handschriften erhalten: Cello-Konzerte, zwei-orchestrige Concerti mit vier Solo-Flöten und vier Solo-Violinen sowie grandiose Triosonaten belegen diesen frühen Austausch.

Der großen Öffentlichkeit aber wurde der Komponist erst mit dem fabelhaften Druck des Opus 3, seiner ersten Konzert-Sammlung, bekannt – und man war hingerissen und fiel ins Vivaldi-Fieber: ganz zu Recht!! Denn eigentlich krebste man in Deutschland immer noch in einem verlängerten 17. Jahrhundert herum und suchte verzweifelt nach formal und organisatorisch logischen Lösungen für Beginn und Ende eines Instrumentalwerks, um die Probleme von Zeit und Raum und musikalischer Kohärenz in der Instrumentalmusik zu meistern – in der Vokalmusik hingegen war das Problem nicht so offensichtlich, denn hier vertonte man »am Text entlang«: neue Worte, neue musikalische Motive …

Und so heißt es bei Johann Nikolaus Forkel über den immerhin schon 25jährigen Bach: »Er fing bald an zu fühlen, daß es mit dem ewigen Laufen und Springen nicht ausgerichtet sey, daß Ordnung, Zusammenhang und Verhältniß in die Gedanken gebracht werden müsse und daß man zur Erreichung solcher Zwecke irgend eine Art von Anleitung bedürfe. Als eine solche Anleitung dienten ihm die damals neu herausgekommenen Violinconcerte von Vivaldi. […] Er studierte die Führung der Gedanken, das Verhältnis der selben unter einander, die Abwechselungen der Modulation und mancherley andere Dinge mehr. Die Umänderung der für die Violine eingerichteten, dem Clavier aber nicht angemessenen Gedanken und Passagen lehrte ihn auch musikalisch denken.«

Antonio Vivaldis Opus 3 muß für junge deutsche Komponisten, die diesen beinahe ausweglosen Stillstand wie Notstand am eigenen Leibe erfuhren, als die Lösung des gordischen Knoten erschienen sein: ein rythmisch packendes Motiv – Anapäst und Dactylus, Trochäus und Spondäus – in Tonika, Dominate, Subdominate darstellen und beleuchten und dann Rückkehr zur Tonika; Motiv-Beschränkung und nicht alle drei Takte etwas Neues – und vor allem gliedernde motivische Zusammenhänge!! Dennoch war das Opus 3 nun nicht *en total* das Non-plus-ultra an radikalster Modernität, denn Tomaso Albinoni und Giuseppe Torelli hatten bereits Konzert-Sammlungen publiziert – in denen moderne Konzerte aber eher wie Zufallstrouvaillen neben unbedeutendem Krimskrams standen. Zudem mußte Vivaldi sich erst einmal auch seine Erfahrungen »von der Seele« schreiben, die allfälligen Hommages an den venezianischen Übervater Giovanni Legrenzi und natürlich auch an den römischen Apoll Arcangelo Corelli austeilen, erhöhte doch die historische Legitimation durch die Vorväter den Wert ungemein: die Geschichte kennen, um die Gegenwart zu verstehen und die Zukunft zu gestalten! Nur dem gebildeten Kenner öffnen sich diese Fenster, durch die man ein wenig zurück ins 17. Jahrhundert blicken kann – und auch nur dieser Connaisseur erahnt die ungeheure Brisanz und Modernität des Opus 3 mit all seinen versteckten Konnotationen und Alliterationen.

Johann Sebastian Bach, 1711 geigender Konzertmeister und Hof-Organist in Weimar, erkannte genau, wo Vergangenheitsbewältigung und wo Moderne vorherschend waren: Die von ihm für Orgel und Cembalo bearbeiteten Werke sind die visionärsten Kompositionen des Zyklus, und Altmodisches ließ er eher unbeachtet. Selbst in den 1730er Jahren griff er noch – nun in Leipzig stolz seine Söhne und Schüler im Collegium musicum als Virtuosen präsentierend – auf das wohl schönste Werk der Sammlung, das rauschhaft-extatische h-Moll-Konzert Nr. 10 zurück und bearbeitete es für vier Cembali. Um das Fugato-Concerto Nr. 11 rankte sich ein zu eben gleichem Zeitpunkt initiierter Krimi: Wilhelm Friedemann Bach beanspruchte, der Komponist zu sein, aber man war sich da nicht so sicher – und schrieb es Johann Sebastian Bach, dem Vater zu ... und erst zu Beginn des 20.Jahrhunderts entdeckte man den wirklichen Komponisten, denn Vivaldi war schon zu Lebzeiten im kollektiven Gedächtnis völlig tot: Die Wellen der sich heute wie damals mit gleicher Schnelligkeit ablösenden »Modernen« waren über ihn hinweg gerollt, und lediglich der Franzose Jean-Marie Leclair erinnerte sich hörbar in seinen wunderbaren Konzerten der Werke des Venezianers, bereichert allerdings um unnachahmliche französische Eleganz.

»L'Estro Armonico« – »Geistreiche Harmonie« – ist für ein Ensemble von vier Violinen, zwei Violen, Cello, Cembalo (und Kontrabaß-Instrument) konzipiert, also für eine vor-orchestrale Gruppe von Solisten, denn das heute geläufige »Orchester« mit mehrfacher, chorischer Besetzung der Streicher war – Paris und Rom ausgenommen – immer noch die Ausnahme. Der besondere Reiz von Vivaldis Opus 3 lag für die Zeitgenossen also auch in dieser aparten Verbindung von Alt und Neu: Bisweilen verbünden sich die vier Violinen zu machtvoll-orchestralem Unisono – einer Neuigkeit schlechthin –, dann aber gehen sie auch wieder getrennte Wege und fideln eigenständig vor sich hin.

Die zwölf Konzerte des Opus 3 in vier Serien zu gliedern (viermal folgt einem Konzert für vier Violinen ein solches für zwei Violinen und dann eins für Solo-Violine), mag uns heute eher billig erscheinen – aber 1711 war genau dies schon mal ein wichtiger Schritt, es war eine faszinierende *captatio benevolentiae*: Denn das Werk-Dutzend war als Präsentationsform keineswegs etabliert, und in Sammlungen von sieben und auch acht Werken oder solchen, in denen die Kompositionen nach Besetzungsstärke geordnet waren, deutete meistens nichts auf zyklische Ordnung hin.

Die Tonarten-Folge D-g-G/e-A-a/ F-a-D/ h-d-E läßt auf den ersten Blick keine bemerkenswerten Symmetrieachsen erkennen – allerdings sind Dur- und Moll-Konzerte in gleicher Anzahl vorhanden.

Weitere Verfeinerung auf dem Weg, Serien von Kompositionen durch unhörbare, aus anderen Künsten abgeleitete Kriterien zu Zyklen zu verschmelzen, gelang lediglich Johann Sebastian Bach: In seiner durch Luthers Lehren geprägten Musikphilosophie wurden Concerti zu einem Fürstenspiegel zusammengefasst – so in den »Brandenbrugischen Konzerten« aus dem Jahr 1721 – und heterogene Kompositionen wie Canons, Ricercare und Sonata zu einer »Rede an den Fürsten« verschmolzen, wie im 1747 komponierten »Musicalischen Opfer«. Telemann kehrte mit der gigantischen »Musique de Table« 1733 noch einmal äußerlich zur seriell-zyklischen Stilisierung zurück: Die drei *Productions* sind formal und besetzungsrechnerisch absolut gleich, alle Einzelkompositionen sind jedoch in einem komplizierten Wertesystem des »vermischten Geschmacks« miteinander verknüpft.

Antonio Vivaldis Opus 3 hatte für Deutschland einen ungeheuren Reinigungseffekt: Man wußte plötzlich »wo's lang geht« – äußerlich zumindest! Innerlich verband, ja überhöhte man das Gelernte sofort mit dem Besten, was aus der nun *ad acta* zu legenden Musik des final beendeten und bewältigten 17. Jahrhunderts zu retten war und legte damit einen der Grundsteine für die überragende Rolle deutschsprachiger Komponisten im 18. und 19. Jahrhundert.

Das 1716 folgende Opus 4 – »La Stravaganza« – wurde kaum noch mit vergleichbar großer Begeisterung rezipiert: Die bescheidenen Protestanten Nordeuropas schmunzelten sicher über den aufgeblasenen Titel der Sammlung, rieben sich ansonsten aber verwundert und erstaunt die Augen darüber, daß jener Antonio Vivaldi, der gestern noch einen so dankbar angenommenen Ausweg aus der schöpferischen Krise gezeigt hatte, nun selbst jegliche eindeutige Klarheit vermissen ließ und ein Druckwerk von – so der erste Eindruck – äußerst rätselhafter Flatterhaftigkeit auf den Mark warf. Der wie immer dem Amsterdamer Erstdruck direkt folgende englische Raubdruck verkürzte die Sammlung dann auch gleich um die Hälfte auf nur sechs Konzerte!

Um diese erstaunliche Kurskorrektur zu verstehen, muß man sich Vivaldis Biographie, vielleicht doch auch seiner Person an sich, ganz sicher aber den Umständen in Venedig – dem Las Vegas des 18. Jahrhunderts – zuwenden.

Die durch die Entdeckung Amerikas vom früheren mittelmeerischen Handelszentrum der Welt nun an die denkbar ungünstigste Peripherie gedrängte Lagunenstadt entdeckte im späten 17. Jahrhundert bereits den monetären Wert des karnevalesken Tourismus: Vier, ja sechs von Patriziern betriebene Opernhäuser boten zwischen Oktober und März »Unterhaltung«, tausende von Prostituierten ihre Dienste an. Die inzwischen in Ausstellungen und dazugehörigen kiloschweren Katalogen gefeierte *Grand Tour* nordischer Reisender war im Grunde genommen nichts mehr als ein Hin und Her zwischen feinsinniger Betrachtung antik-marmorner und handfester Benutzung von der *terra ferma* herangekarrter lebender Frauenkörper. Man sollte indes nicht glauben, daß derartige Laszivitäten den Venezianern zugestanden wurden: »Tourists Only!« In Venedig wurde immer mit mindestens zweierlei Maß gemessen.

Für den gerade internationale Anerkennung erstrebenden Vivaldi muß es schon eine arge Zumutung gewesen sein, als die Signoria für das in der Frari-Kirche 1711 stattfindende Memorial-Konzert zur Krönung des Habsburgers Karl VI. zum römisch-deutschen Kaiser an seiner Statt dem Florentiner Konkurrenten Francesco Maria Veracini ein europaweit beachtetes Forum bot – und ausgerechnet diesen Geiger 1716 erneut einlud, um den Aufenthalt des sächsischen Kurprinzen mit sechs Ouverturen »im vermischten Geschmack« auszugestalten, während der mit Bürgerrechten ausgestattete Vivaldi, vom Kurprinzen ebenso wie von Pisendel, dem mitreisenden Geiger, äußerst geschätzt, ausgeschlossen wurde. Zudem wackelte sein Lehrstuhl am Ospedale stets und ständig, bisweilen holte man für zwei Jahre namenlosen Ersatz, dann wieder ihn, kündigte nach einem Jahr wieder, holte ihn aber nach zwei Wochen reumütig zurück. … Nein doch: Carlo Goldonis Komödien sind keine lustigen Fantasien, sonder verdichtete Wirklichkeit!

Der Opern-Amüsierbetrieb benötigte stets und ständig neue Werke – es ist der bedeutungslose Trash, der heute als »Barock-Oper« die Feuilletons füllt – und drängte jeden ernsthaften Instrumentalkomponisten an den Rand der Szene, wenn nicht gar aus dem Land heraus: Pietro Locatelli und Francesco Geminiani sind nur die wichtigsten derer, die sich dauerhaft ihrem *failed state* entzogen, nun ja: Giovanni Battista Tiepolo, Giovanni Benedetto Platti, Carlo Goldoni, Giacomo Casanova, Lorenzo da Ponte folgten ihnen. Die, die zurückblieben, amüsierten sich und die Touristen »zu Tode«, ruinierten durch gnadenlos-platte Massenproduktion den Markt und unterboten sich derartig an Niveau, daß das Land nach 1750 keinerlei Beitrag mehr zum europäischen Konzert leisten konnte und Entwicklung in Mannheim, London, Paris und Wien stattfand, aber nicht mehr und nie wieder in Rom oder Venedig!

Antonio Vivaldis Kompositionshandwerk wurde bereits 1722 von seinem Landsmann Benedetto Marcello in der Satire »Teatro alla Moda« gnadenlos ridikulisiert. Als Schüler von Francesco Gasparini und Antonio Lotti trat Marcello für eine Musik mit Ethos und Haltung ein – konnte folglich mit den fröhlich quietschenden Elaboraten des immer von mindestens drei Frauen und zwei Dienern umgebenen Vivaldi, der hüstelte und kränkelte und vielleicht auch ein wenig dümmelte, so gar nichts anfangen. »Im Übrigen lasse der moderne Komponist verlauten, er komponiere oberflächliches und ausgesprochen fehlerhaftes Zeug, um den Vorlieben der Zuhörer entgegenzukommen. Auf diese Weise verunglimpft er den Geschmack des Publikums, dem ja der Schund, den es zu hören bekommt, bisweilen in der Tat gefällt. Dies rührt jedoch daher, weil ihm einfach nichts Besseres geboten wird.«

Auf den Profilierungsdruck von außen reagierend, wandte sich Vivaldi mit der Publikation des Opus 4 völlig vom Ensemble-Konzert ab und ausschließlich dem Solo-Konzert zu, in dem er neben stilistischen Sonderheiten vor allem seine geigerischen Qualifikationen demonstrierte. Sämtliche gestalterischen Parameter sind nun dem bedingungslos Bizarren unterworfen: ausgedehnte Doppelgriff-Szenen, Bariolagen und exzessives Lagenspiel, querulante Bogentechniken auf der technischen Seite, im kompositorischen Tonfall hingegen deutliche Französismen, prezieuse und elegante Wendungen neben solch prallen Formulierungen und Aufsehen erregenden Harmonisierungen, wie man sie nur in Venedig zu Papier bringen konnte. Bisweilen sind die Ritornell-Strukturen aufgelöst, nur noch zu ahnen oder bereits ganz verschwunden: Die Form mäandert zwischen Bogen und Griffbrett hin und her – sozusagen das Gegenteil der aus dem Opus 3 zu ziehenden Lehren bzw. ihrer deutenden Weiterentwicklung durch Johann Sebastian Bach. Dennoch bietet auch das Opus 4 eine Menge von Motiven und Gedanken, die überformt, verfremdet und unkenntlich gemacht in Bachs Konzerten erneut aufscheinen.

Antonio Vivaldi war als Geiger-Komponist nur einer von fast unglaublich vielen italienischen Zeitgenossen, die bisweilen sogar Beachtlicheres geleistet haben, hatte aber mit den als Opus 8 publizierten Konzerten »Vier Jahreszeiten« das ungeheure Glück, problemloser als alle die anderen im 20. Jahrhundert »anzukommen« und nicht nur die Charts, sondern auch die öffentliche Meinung positiv besetzen zu können. Lange bevor die italienische Musikwissenschaft sich seiner erinnerte, war sein Œuvre zudem durch die Verbindung zu Johann Sebastian Bach und auch zum Repertoire des »L'orchestra di Dresda« bereits Forschungsgegenstand in Deutschland, durch erste Ausgaben um 1920 auch Spielmusik in Laien-Orchestern und später dann im Nachkriegs-Kammerorchester mit reiner Streicherbesetzung.

Seine Kompositionen *con molti strumenti* – wie sie vor allem in der Hofkapelle des augusteischen Dresden beliebt waren – blieben durch diese Begrenzung auf die Kammerorchesterkonditionen weitgehend unbekannt und wie auch jene kleinen pittoresk-turbulenten Concerti a quattro und a cinque an der Peripherie des Repertoires.

Genuin dürfte es sich bei diesen Concerti da Camera um Übungsmaterial für die musizierenden Mädchen des Ospedale handeln, die – bevor sie als Solistinnen mit Orchester auftreten durften – erst einmal diese diffizilen Petitessen im kleinen Kreis zu absolvieren hatten. In all diesen Kompositionen, die so sehr unter der Gefahr stehen, in belanglose »schwere Stellen« zu zerfallen, steht die scharf und klar zeichnende Blockflöte im Vordergrund, bisweilen ein ebenso heftig bewegtes Fagott und manchmal auch die bis ans Ende des Griffbretts ausgespielte Violine. Daß sich Vivaldis Verlag in Amsterdam nicht dazu entschließen konnte, diese Werke in einem eigenständigen Opus zu publizieren, und im Jahr 1728 ein eher ungeschickter französischer Bearbeiter ein Opus 10 mit sechs Concerti für Flauto (traverso) auf den Markt warf, liegt daran, daß man in der Grachtenstadt durchaus wußte, welches geistvolle Feuer Georg Philipp Telemann und Johann Friedrich Fasch aus den Funken, die Vivaldis Kammerkonzerte versprühten, zu entfachen imstande waren.

Wie in Marcellos ätzender Satire deutlich zu lesen ist, machte die Partei der *vieux partisans de la musique ancienne* Vivaldi für den rasanten Niedergang der venezianischen Musik verantwortlich – nein: sein Œuvre repräsentiert einen *failed state*, der angesichts des finalen Untergangs bedingungslos auf Karnevalisierung setzt. Das, was an Vivaldis vor allem frühen

Kompositionen visionär, neu, lebendig und ausbaufähig war, wurde in Leipzig, Dresden und Paris genommen und inkorporiert. Ohne ihn, ohne seine geistreichen Harmonien und *Stravaganzen* klänge die Musik zwischen 1710 und 1750 – und demzufolge auch heute – vermutlich ein ganz klein wenig anders!

Italienische Violinkonzerte

Giuseppe Torelli – Giovanni Mossi – Giuseppe Valentini – Pietro Antonio Locatelli – Leonardo Leo

Musica Antiqua Köln, Reinhard Goebel

Deutsche Grammophon GmbH, 1992

Hört man von Norden her nach Italien hinein, so zieht das linker Hand zwischen Meer und einem schmalen Streifen fruchtbaren Landes eingeklemmte Venedig alle Aufmerksamkeit auf sich: Bewußt und planmäßig hatten die Dogen und Patrizier in Zeiten des wirtschaftlichen Niedergangs der Stadt auf »Kultur« gesetzt. Waren es im 17. Jahrhunderts die prachtvollen Fest- und Staatsmusiken der »Serenissima«, die Bewunderung und Neugier auslösten, so waren es im 18. Jahrhundert der nicht enden wollende Karneval, die beinahe pausenlose Opernsaison und die weltberühmten Mädchenorchester, die nunmehr auch englische Bürgersöhne und inkognito reisenden Hochadel in ihren Bann zogen. Scheinbar ist in der kaum zu ermessenden Menge von Opern und Tausenden von virtuosen Concerti das Glitzern der Lagune eingefangen.

Und so ist es auch kaum verwunderlich, daß unser Ohr nicht weiterstreift! Mailands Musik ist in der Tat antiquiert, die von Bologna entweder großflächig-langweilig (was auf die akustischen Gegebenheiten der gigantischen Hauptkirche San Petronio zurückzuführen ist) oder aber artifiziös-spekulativen Inhalts. Genua war eindeutig und ausschließlich von merkantilen Interessen bestimmt, und Florenz besaß – trotz des grandiosen Einstiegs mit der »Wiederentdeckung« der Oper im frühen 17. Jahrhundert – zur Zeit des notorisch bettlägerigen letzten Medici Gian Gastone nicht einmal mehr für die einheimischen Kräfte genügend Attraktivität.

Bis Rom oder gar Neapel kommt das Ohr heute kaum mehr – zumindest sehr selten! Arcangelo Corellis Concerti grossi, jene Muster an klassischer Ausgewogenheit von Form und Inhalt, ergreifender Tiefe und bescheidener Freude, noch vor zwei Jahrzehnten im Repertoire eines jeden Kammerorchesters, verlieren gerade in unserer nach spektakulären Reizen verlangenden Zeit völlig an Aussagekraft und somit an Bedeutung.

Dabei – das muß man sagen – prägte die Persönlichkeit Corellis selbst ein Jahrhundert: Die Konzerte Antonio Vivaldis, des rothaarigen Priesters aus Venedig, gehörten schon längst zur Makulatur, als Neuauflagen der Violinsonaten und

Concerti grossi des Römers den Verlagshäusern in Amsterdam und London immer noch lohnend erschienen – und es waren seine Schüler, die dieses eigenartige Schönheitsideal, mit mehr oder minder Eigenständigem verbrämt, zumindest bis in die Mitte des 18. Jahrhunderts als lebendiges und verpflichtendes Erbe pflegten.

Und von den Werken dieser Schüler ist gerade hier die Klangrede: von dem aus Bergamo stammenden Pietro Antonio Locatelli, der nach seinen römischen Lehrjahren in Amsterdam, dem »Venedig des Nordens«, Fuß faßte und noch heute – neben Francesco Maria Veracini – als der virtuoseste Geiger vor Niccolò Paganini gilt; von dem Römer Giovanni Mossi, der sich offenbar nie über die Grenzen seiner Heimatstadt hinauswagte; aber auch von dem aus Florenz kommenden Giuseppe Valentini, der – gleich seinem bekannteren Landsmann Veracini – zu Bizarrerien und kuriosen Inventionen tendierte, offenbar auch malte und dichtete und ausgedehnte, von rhetorischer Kenntnis triefende Vorworte zu seinen Druckausgaben schrieb.

Was sie bei Arcangelo Corelli gelernt hatten, sie, die häufig Seite an Seite in den zeitweise überdimensionierten, für gemäßigte nordische Verhältnisse immer monströs-gigantischen Ensembles des römischen Adels, der Caetani, Ruspoli und Ottoboni, saßen? Eine so meisterhafte Beherrschung der Kompositionstechnik, daß selbst der Satz mit vier obligaten Violinen – und mehr oder minder sparsamem Ripieno-Beiwerk – ohne Quint-, Oktav- und Einklangsparallelen ablaufen konnte, was durchaus keine Alltäglichkeit war!

Zwar versuchte sich auch der venezianische *prete rosso* in seinem »L'Estro Armonico« Opus 3 in Konzerten für vier Violinen, aber diese Kompositionen waren doch konzeptionell ganz anders gearbeitet. Hier bilden die vier Sopranpartien in Unisono- oder zeitweise paariger Führung ihr eigenes Tutti, aus dem je einer bzw. wechselnde Solistenpaare ausscheren. Mehr noch: Vivaldi ging es wohl grundsätzlich um etwas Anderes – zumindest rezipiert man ihn heute so –, nämlich um die Lösung formaler Probleme, um die sich die Römer überhaupt nicht kümmerten, ja, die sie in selbstverliebter Klangsinnlichkeit wohl gar nicht wahrnahmen. Begrenzter Raum und ökonomische Form, Zeit und Maß waren typische Maßeinheiten des auf einer Lagune zusammengedrängten Venedigs, waren Probleme des Handels: Rom als *caput mundi* und »Ewige Stadt« kannte diese äußeren Begrenzungen auch im Inneren nicht.

Völlig unabhängig voneinander geführte Partien, wie wir sie bei Giovanni Mossi, mehr noch bei Giuseppe Valentini finden (denn hier erscheint neben dem den Baß ausführenden Violoncello concertato auch noch eine obligate Viola), sparsamer Einsatz von rein geigerischem Floskelwerk und umso mehr ökonomischer Umgang mit dem motivischen Material, zeitweise auch übergreifende motivische Verwandtschaft zwischen den Sätzen, all das also, was man ansonsten allenfalls deutschen Meistern um 1700 zutraut, verrät jedoch große kompositorische Meisterschaft und verleiht den Werken bei aller nur als »italienisch« zu bezeichnenden Süße einen merkwürdig ernsten Unterton. Mag sein, daß wir auch heute noch das letztlich Kolossale und Atemberaubende irgendwie spüren.

Für ausgeprägten Klangsinn und dennoch feinnerviges Balancegefühl in der Großform sprechen die satztechnisch aufgelockerten Einschubsätze sowie gleichsam chorisch instrumentierte Triosätze, bei denen dennoch jegliches echtes Unisono zwischen den vier konzertanten Partien durch Gegenbewegung vermieden wird.

Nein: Konzerte für vier obligate Violinen sind nicht die Regel! Fast dürfte man meinen, diese »Abart« des Concerto grosso sei eine Prüfungsaufgabe gewesen, vielleicht sogar das Meisterstück. Auffallend ist jedenfalls, daß kein Komponist – außer Antonio Vivaldi – sie in Massen produzierte, sondern lediglich ein Konzert in diesem seltsamen Besetzungstypus schrieb und es – meist eher versteckt – in ein Opus mit Concerti grossi einfügte.

Auch mag sein, daß die Corelli Schüler mit diesen Werken, mit der Lösung spezieller satztechnischer und klanglicher Probleme, eine Art von internem Konkurrenzkampf ausfochten. Bemerkenswert ist immerhin, daß die Minimalbesetzung des Mossi-Konzertes bei Valentini bereits um eine obligate Viola bereichert ist, bei Locatelli dann mit zwei obligaten Ripieno-Violinen und zwei Violen vollends überhöht erscheint.

Grandios, mit mutiger Geste, ja durchaus atemberaubender Kühnheit fegen Giovanni Mossi und Giuseppe Valentini alles bisher Dagewesene vom Tisch: keine formale Bürde, die es nicht abzuschütteln gälte, keinen Satztypus, den man nicht bis zum Bersten überfüllen und umdeuten könnte, nein: Diese Kunst kennt keine Mittelmäßigkeit. Die verinnerlichte Monumentalität Arcangelo Corellis wird hier um ihre adäquate zeitliche Dimension bereichert: Das unendlich Schöne wird ohne Rücksicht auf menschliche Aufnahmefähigkeit beinahe unendlich lange dargeboten.

Um die drei »römischen« Concerti (Locatelli, Valentini, Mossi) haben wir zwei Werke leichteren Gehalts, anderer Machart gelegt: ein formal straffes Konzert des Bologneser Meisters Giuseppe Torelli sowie eine Komposition des Neapolitaners Leonardo Leo, in der sich Fugales und Galantes geschickt die Waage halten.

Giuseppe Torellis Schaffen steht zu Unrecht hinter dem des jüngeren Antonio Vivaldi zurück; allenfalls gesteht man ihm die Entwicklung jener Konzertform zu, die dann durch die Genialität des Venezianers zu europäischer Bedeutung auflaufen sollte. Die Vermittlung der neuartigen Concerto-Form und die Anregung einer eigenständigen vor-vivaldischen Konzertproduktion besonders in Deutschland ist jedoch durch sein zeitweiliges Wirken in Ansbach, Berlin und Wien ganz Torellis Verdienst. So wurzeln auch Johann Sebastian Bachs Konzertkompositionen nur teilweise im Schaffen Vivaldis: Durch Kontakte zu Georg Philipp Telemann und Johann Georg Pisendel kam Bach schon im ersten Jahrzehnt des 18. Jahrhunderts mit der neuen Form in Kontakt. Telemann aber war der Konzertform Tomaso Albinonis, Pisendel hingegen durch persönliche Kontakte derjenigen Giuseppe Torellis verpflichtet.

Wie wir aus Inventaren der fürstlichen Hofkapellen wissen, waren auch die Werke Giuseppe Valentinis und Giovanni Mossis in Deutschland bekannt: Sehr früh schon lernten die Italiener den Aktionsradius, die geschäftliche Effizienz der Amsterdamer

Drucker kennen und schätzen, deren Stichdrucke zudem den antiquierten Typendrucken der Venezianer weit überlegen waren. Dennoch konnte man sich in Deutschland für diese Werke – wie überhaupt für den römischen Musik-Barock – nicht begeistern. Aber auch in England, wo Georg Friedrich Händel zumindest eine Abart des römischen Kolossalstils erfolgreich vermittelte und Arcangelo Corelli das Ideal schlechthin war, wurden die Kompositionen seiner Schüler Pietro Antonio Locatelli und Giuseppe Valentini eher mit Mißfallen kommentiert: »Musik, die eher Verwunderung als Freude erregt [...] der Vergessenheit anheimgefallen, ohne Verlust für das Publikum – oder gar Ungerechtigkeit gegenüber dem Komponisten«, so Charles Burney über Valentini.

Nicht alles, was glänzt, ist Gold – und zweifellos ist nicht alles, was erklingt, glänzend. Durchaus faszinierende Einzelsätze sind dabei – letztlich aber scheiterten die Komponisten an der instrumentalen Vorgabe: Mit vier gleichberechtigten Violinen kann man kuriose Einzelnummern, nicht aber durchgehend große Musik schreiben. Was aber ist »große« Musik, wer will und kann das beurteilen?

Andreas Holschneider

»Laudatio für Reinhard Goebel«
Verleihung des Telemann-Preises der Stadt Magdeburg, 13. März 2002

Ein ungewöhnlicher Musiker, kritisch, der Alten Musik verpflichtet, ein Forscher mit Forscherglück, vielen Interpreten ein Vorbild, für andere ein Enfant terrible, REINHARD GOEBEL, empfängt heute den Georg Philipp Telemann-Preis der Stadt Magdeburg. Wir gratulieren ihm zu dieser großen Auszeichnung und freuen uns mit ihm!

Der Weg des Erfolgreichen verläuft scheinbar gradlinig. In der Rückschau bilden die verschiedenen Lebensstationen die logische Konsequenz der vorausgegangenen. Ungerade Wegverläufe haben sich als sinnvolle Umgehung oder gar als Abkürzung auf das Ziel hin entpuppt. Definierte Absichten bestimmen scheinbar den Weg. Reinhard Goebel weiß selbst am besten um die Verschlingungen in seinem Lebenslabyrinth, weiß am besten, in welchen Situationen er fast gestrauchelt wäre. Diejenigen, die seinen Weg mitgegangen sind, haben bisweilen um ihn gebangt. Sicher: längst schon führt der Weg eines Dirigenten [...] nicht nur von Ulm über Aachen zu den Berliner Philharmonikern, sondern auch vom Concentus musicus zum Concertgebouw Orchestra oder von den English Baroque Soloists zu den Weltorchestern in Wien und London. Aber das persönliche Schicksal Goebels, das den Weg auch zum Dirigenten vorgab, ist doch von anderer Art als der Karriere-Wechsel bei den übrigen Kollegen, die aus der Alten Musik kommen. Als ich 1990 von Goebels Unglück erfuhr, nämlich von der plötzlichen Lähmung der linken Hand, und er mich informierte, daß er nun mit der rechten Hand die Saiten des Instruments zu greifen, mit der linken Hand den Bogen zu führen lernte, wurde mir ängstlich bewußt, wie fragil doch der Beruf des Musikers sei. Wie beschwerlich ist es allein schon, mit der anderen Hand schreiben zu lernen. Und hier nun die sensible Violine: Saiten und Bogen, die neue Körperhaltung!

Der Weg zum Dirigenten war in Goebels Karriere ein notwendiger Schritt. Doch Goebel blieb in erster Linie Streicher. Daß er damals nicht aufhörte, sich weiterhin auf der Geige bzw. der Bratsche auszudrücken, d.h. sein ureigenes Werkzeug zu benützen, das, meine Damen und Herren, verdient Hochachtung und Bewunderung.

Ich habe Reinhard Goebel und sein Ensemble 1977 in Bremen bei einer Rundfunkaufnahme kennen gelernt und gleich für die Schallplatte verpflichtet. Die Kompromißlosigkeit, das musikalische Feuer, die technische Qualität des Spiels haben mich hingerissen. Nur den Namen Musica Antiqua Köln, in der Verbindung von Lateinisch und Deutsch, fand ich wenig originell und wenig einprägsam. Gemessen an den holzschnitt artigen Werkstatt-Bezeichnungen, wie es sie damals für die Ensembles Alter Musik gab, Capella Coloniensis etwa, oder aber im Vergleich mit den malerischen, auf alte Vorbilder zurückgehenden Bezeichnungen, La Petite Bande, später Il Giardino Armonico, Les Arts Florissants, hielt ich den Namen Musica Antiqua Köln international nicht für durchsetzbar. Ich habe mich getäuscht und habe gelernt, daß es einzig und allein auf die Qualität ankommt. Andere Kollegen in meiner Firma, die vom Marketing mehr verstanden als ich, haben mich seinerzeit getröstet: die gelbe Kartusche der Deutschen Grammophon, jenes Altbarock mit Tulpenkrone sei ein Monstrum und doch sehr erfolgreich, eben weil sie Qualität bezeichnet. Warum also nicht Musica Antiqua Köln. Meine Kollegen haben recht behalten. Musica Antiqua Köln mit Reinhard Goebel als Prinzipal ist zu einem Qualitätsbegriff der Alten Musik geworden, ja zu einer Institution.

Das Ensemble, mit dem ich damals Bekanntschaft machte, bestand aus zwei Geigen, aus Blockflöte und dem Generalbaß; der wiederum setzte sich aus Cello bzw. Gambe, Violone und Cembalo zusammen. Diese Formation blieb gewissermaßen das »Kern-Ensemble«, wobei allerdings die Blockflöte durch die Querflöte ersetzt wurde. Doch Musica Antiqua Köln definierte sich - von Anfang an - nicht als Triosonaten-Besetzung, nicht als Quartett und auch nicht als Orchester. Goebels Ensemble spielt in verschiedenen, wechselnden Formationen, dies übrigens nicht immer zur Freude der Veranstalter, die bisweilen eine andere, meist stärkere Besetzung erwarten und dann mit einer kleineren Vorlieb nehmen müssen. Musikalisch enttäuscht werden sie - meine ich - nie.

Goebels Interessen sind weitgefächert. Sein Geschmack ist optimal, das Repertoire enorm. Natürlich gibt es Schwerpunkte. Ich nenne nur, kursorisch und großflächig, die französische Musik aus der Zeit Ludwigs XV. und XVI. - »Le parnasse français«, wie die betreffende erste Einspielung hieß -, sodann das italienische Settecento, natürlich Johann Sebastian Bach, Bachs Familie, Bachs deutsche Vorläufer sowie Bachs Zeitgenossen am Dresdner Hof. Einen besonderen Schwerpunkt der musikalischen Arbeit Goebels aber bildet die Musik von Georg Philipp Telemann.

Die Jugendmusikbewegung hatte dem Bild Telemanns geschadet. Die Verfälschung wirkt bisweilen bis heute nach. Das zynische Wort Adornos »Sie sagen Bach und meinen Telemann« zielt auf diesen Kern. Reinhard Goebel hat beigetragen, Telemann vom Nimbus des Spielmanns zu befreien und Telemann zurückzugeben, was ihm zukommt.

Telemann war ein universaler Komponist, ein Kosmopolit, ein musikalischer Enzyklopädist. Das Komponieren ging ihm rasch von der Hand. Sein Einfallsreichtum ist riesig. Die Musikstile seiner Zeitgenossen, vor allem die unterschiedlichen Nationalstile standen ihm zur Verfügung. Er hat sich ihrer bedient. Humor und Besinnlichkeit, stille Trauer und städtischer Pomp, weltliche Repräsentation und religiöse Kraft, große und kleine musikalische Form: Mir scheint, als habe gerade die kompositorische Unerschöpflichkeit die Sicht auf Telemann versperrt. Das klingt paradox. Aber Eindeutigkeit hat es in der Kunst leichter. Vielfalt gerät leicht in den Geruch des Eklektizismus. Telemann war es vergönnt, alt zu werden und dabei wach und produktiv zu bleiben. Seine bis zuletzt bestehende Neugier, seine Altersweisheit, haben die bunte Vielfalt seines Opus noch gesteigert.

Reinhard Goebel gehört zu den Künstlern, die das Bild Telemanns vom Staub befreit haben. Befreiung vom Staube: das meint zunächst einmal ahnen, was unter dem Staube steckt. Goebel hat einen Blick, hat ein Ohr für Qualität. Er ist ein Meister im Aufspüren und in der Beurteilung der Quellen. Wir alle haben gelernt, daß der Wille des Komponisten, wie er in der Partitur niedergelegt ist, zu respektieren sei. Je deutlicher, je lebendiger und überzeugender der Interpret den Willen des Komponisten erfüllt, desto größer ist seine eigene, des Interpreten Kunst. Die sogenannte »Alte Musik« macht es dem Interpreten scheinbar leicht. Manches ist dort unausgeschrieben und bleibt dem Ausführenden überlassen. Doch diese Freiheit richtig zu verstehen, wird für die Heutigen zur Kunst und zur Herausforderung. Es geht nämlich nicht an, die Partitur lediglich als Sprungbrett für die eigene Fantasie zu benützen. Die Partitur bleibt das Gesetz.

Allerdings müssen Gesetze ausgelegt werden. Auch darin ist Reinhard Goebel ein Meister. Ihm gelingt, einer alten Komposition Leben einzuhauchen, so als sei das Stück gerade jetzt entstanden. Dabei verläßt Goebel den historischen Boden nicht. In seinen Interpretationen kommt Unerwartetes, kommt Provozierendes zu Tage. Langeweile wäre der Tod der Musik.

Dem Vorwurf der Langeweile hat sich Reinhard Goebel niemals ausgesetzt. Reinhard Goebel ist konsequent; seinen Musikern gegenüber auch streng. Doch darf man diese Konsequenz nicht verwechseln mit Fanatismus oder mit missionarischem Eifer. Goebel ist kein Freund professoraler Belehrung. Obwohl mit dem historischen Instrumentarium vertraut, bleiben die Instrumente Werkzeuge im Sinne des Wortes. Sie schaffen, aber sie ersetzen nicht die künstlerische Vision. Goebel war nie der Meinung, daß etwa der Fund und Nachweis eines bestimmten historischen Mundstücks die Interpretation selbst schon sei.

Auf der Suche nach dem Alten findet der Künstler einen Ausdruck von sich selbst. Das war immer der Fall. Neue Musikstile sind auf diese Weise entstanden, denken wir etwa an die Geburt der Oper, wo aus dem Wunsch, den Aufführungsstil des antiken Dramas wieder herzustellen, die neue Kunstgattung erblühte. Auch in Goebels Interpretationen ist die Verbindung zur modernen Musik bisweilen frappierend. Seine Deutungen des Alten werden gewissermaßen zum Spiegel der Musik unserer eigenen Zeit. Gerade diese Spiegelbildlichkeit macht Goebels Musik aufregend, gerade diese Modernität bezeichnet, so meine ich, das Wesentliche seiner Kunst, nämlich: Alte Musik für neue Menschen neu zu schaffen.

»Georg Philipp Telemann: Ein Musiker auf der Höhe seiner Zeit«

»Sinfonia spirituosa«. Konzerte für Streicher

Musica Antiqua Köln, Reinhard Goebel

Deutsche Grammophon GmbH, 2002

Telemann und Bach: wie nah sie sich doch sind und zugleich wie fern. Im Ausloten, Bewerten und Umdeuten dessen, was ihnen die Welt zu bieten hatte, war der eine Sanguiniker, der andere Melancholiker. Während der eine die raue Oberfläche einer Nuss polieren konnte, bis sie golden glänzte, forschte der andere nach dem Kern, den es zu bearbeiten galt. Sie verhielten sich zueinander wie Dionysos und Apoll – doch beide waren sie Kinder des deutschen Protestantismus, der stets nach der innersten Bedeutung der Dinge fragte. Dass sie dabei zu völlig verschiedenen Ergebnissen gelangten, erklärt sich primär aus ihrer Herkunft: Der vier Jahre ältere Telemann, ein Einzelkind, stammte aus protestantischem Predigerhaushalt des großstädtischen Magdeburg; als Sohn eines kinderreichen Stadtmusikers aus der dörflichen Duodezresidenz Eisenach rangierte Bach in der sozialen Hierarchie mehrere Stufen unter seinem Kollegen.

Anders als Bach, der zeitlebens seiner sächsisch-thüringischen Heimat, den Kernlanden der Reformation, verbunden blieb, war Telemann weltgewandt und integrierte bis ins hohe Alter mit leichter Hand all das, was ihm begegnete, in seinen Personalstil, kannte keinen Generationenkonflikt und verbiss sich nicht in allfälliges Musikergezänk, sondern freute sich an der Welt und ihren Herrschern, an den Menschen und an der Natur – und genoss ganz zweifelsohne auch den Ruhm, der ihm zuwuchs. Seine Kompositionskunst war nie machtvoll autonom oder erschlagend in einem Anspruch, der noch nach Jahrhunderten »unerfüllbar« gewesen wäre, sondern passte sich stets der Gelegenheit an, nahm gleichermaßen Rücksicht auf Interpreten wie Publikum und wollte bei den Zeitgenossen eher Beifall als Stirnrunzeln ernten. Zweifellos waren auch Telemann extreme Wege nicht fremd, doch im Unterschied zu Bach beschritt er sie allein, in seiner Komponierstube, und ließ die Ausführenden nur selten, die Zuhörer aber nie an seinen Mühen teilhaben. Die menschenfreundliche Heiterkeit des *zoon politicon*, des sozial denkenden und handelnden Wesens, durchzieht Telemanns gesamtes Œuvre.

Als Beleg hierfür mögen die drei Konzerte für vier Violinen dienen, an denen sich die Grundzüge von Telemanns Denk- und Arbeitsweise exemplarisch aufzeigen lassen. Die außergewöhnliche, wirklich einzigartige Besetzung von vier Violinen ohne Basso continuo will kein historisches Vorbild aufgreifen und durch weitergehende Bereicherung überhöhen, sondern entspringt der praktisch-edukativen Überlegung, die geigenden Mitglieder einer Hofkapelle unter Führung eines erfahrenen Konzertmeisters (und vor allem ohne lustlos mitfiedelnde Bratschen und Celli) da camera in die Eigenarten des nach 1710 aufkommenden neuen italienischen Stils einzuarbeiten und den Tuttisten zur Stärkung und Prüfung ihrer Fähigkeiten solistische Aufgaben in diesem *stylo* zu übertragen.

Die Tonartenreihe C – G – D legt die Vermutung nahe, Telemann habe ursprünglich einen sechsteiligen Zyklus geplant, der nahtlos an seine Werke für ein und zwei Instrumente *senza basso* angeknüpft hätte. Dass er ihn jedoch nicht ausgeführt hat, zeigt, dass der Besetzungstypus für ihn kompositorisch ausgereizt war und er die Serie nicht um jeden Preis vervollständigen wollte. Nach Bach'scher Manier und dem Postulat der *réunion des goûts*, des vermischten Geschmacks, hätten den drei Dur-Concerti allenfalls drei Suiten in Moll-Tonarten folgen können. Dass diese aber nirgendwo belegt sind, beweist Telemanns Einsicht in die praktischen Gegebenheiten: Suiten für vier Violinen ohne Bass sind ein Ding der Unmöglichkeit. Im Gegensatz zum Köthener Hofkapellmeister – der die Unmöglichkeit der corellisierenden Sonate für Violine solo ad absurdum führte – brach Telemann niemals die Dinge, die sich nicht biegen ließen.

Telemann hat der Nachwelt keinerlei Aufgaben hinterlassen, die er nicht selbst bereits gelöst hätte – er ist so entwaffnend wenig rätselhaft, dass er zu Beginn des 20. Jahrhunderts, als man geradezu nach obskuren Geheimnissen gierte, allzu simpel erscheinen musste. Man kann also nur dankbar sein, dass das Violinkonzert A-Dur »Die Relinge« (TWV 51:A 4) erst vor wenigen Jahren wiederentdeckt wurde, hätten doch die früheren Bach-Hagiographen an einer so »platten« Programmmusik sicher ihren bösen Spaß gehabt.

Das Grimm'sche Wörterbuch beschreibt »Relinge« als eine Art Kröten, »so im frühling und sommer in unsauberen pfützen sitzen und singen […] gar unlustig anzusehen«. Die Geräusche und Klänge der Natur überhaupt zur Kenntnis zu nehmen, zeugt schon von einem weiten geistigen Horizont – sie aber dann noch in ein anspruchsvolles Violinkonzert zu integrieren (und nicht, wie es noch eine Generation früher geschehen wäre, verschämt-verbrämt als »musikalischen Spaß« in Form eines endlos quäkenden Einzelstücks darzubieten) ist nurmehr genial zu nennen. Ernsthafte Motivarbeit und romantisierende Harmonik à la Tartini machen dieses Konzert zusammen mit den *plaisirs champêtres* zu einem Schlüsselwerk des vermischten Geschmacks. Statt immer wieder dasselbe Ritornell in wechselnden Tonarten zu wiederholen, bringen die gliedernden Tutti ständig neue musikalische Gedanken, und auch die bisweilen ausufernde Virtuosität der Solovioline beschreitet Wege, auf denen Telemann nie wieder gehen sollte.

Vielleicht ein wenig zu hoch gegriffen ist es, wenn das A-Dur-Konzert (TWV 54:A 1) auf dem Titelblatt der leider unvollständig erhaltenen Partitur aus der Bibliothek der hessischen Landgrafen in Darmstadt als »Concerto a 4 violini soli, 2 Violini, Viola et Cembalo« firmiert: Im Grunde handelt es sich um ein Doppelkonzert für zwei Soloviolinen, zu denen zwei solistische Ripienopartien und dann noch echtes Fußvolk treten – im geigerischen Curriculum einer Hofkapelle übrigens das korrekte Folgestück zu den (ebenfalls nur in Darmstadt überlieferten) Concerti für 4 Violinen ohne Bass. Zumindest das erste Allegro weist dabei ähnliche innere Dynamik auf wie das »Relinge«-Konzert: Das Ritornell erscheint nicht mehr als vorgefertigter Baustein, der als Ganzes an jeden beliebigen Punkt der formalen Entwicklung transponierbar wäre, sondern erklingt erst ganz am Ende und nach einem lebhaften musikalischen Diskurs im vollstimmigen Satz – es wird also »erarbeitet«: eine geistvolle, der Wirklichkeit abgerungene Lösung und ein klingender Gegenentwurf zu Johann Matthesons steifer Theorie des Konzertsatzes.

»Regelmäßigkeit« war Telemanns Sache ohnehin nicht, hingegen war es typisch für seine Schreibart, vorgefundene Elemente in neue Zusammenhänge zu stellen, miteinander zu verbinden und dadurch zu dynamisieren. In der »Sinfonia spirtuosa« D-dur *con tromba se piace* (TWV 44:D 1) lässt sich beobachten, wie Telemann mit wenigen Kunstgriffen aus dem Modell der Chaconne einen Instrumentalsatz entwickelt, der das Suitengenre weit hinter sich lässt, wie er einen langsamen Satz mit nur drei kontrastierenden und einander gleichzeitig ideal ergänzenden Ideen zum Bersten füllt oder einen zweiteiligen Schluss-Satz durch die Einführung von Kontrastmotiven zum Ende hin vitalisiert.

Seit seiner Frankfurter Zeit (1712 – 1721) stand Telemann in engem Kontakt zu Musikern der Darmstädter Hofkapelle wie dem Oboisten Johann Michael Böhm und dem Geiger Johann Jakob Kress, weswegen er ihnen auch noch von Hamburg aus (wo er bis zu seinem Tod 1767 bleiben sollte) Werke »in die Finger« schrieb. Widmungsträger der Suite für Viola da gamba und Orchester (TWV 55:D 6) dürfte hingegen der Gambist Ernst Christian Hesse (1676 – 1762) gewesen sein, der auf Kosten der hessischen Landgrafen bei Forqueray und Marais in Paris studiert hatte und zudem seit 1713 mit der Sängerin Elisabeth Döbricht verheiratet war, die Telemann aus Leipzig kannte.

Die Gambe hatte zweifellos im musikalischen Fokus der Ära Ludwigs XIV. gestanden und wurde noch unter seinem Urenkel Ludwig XV. als Hommage an das *siècle d'or* gespielt, doch Telemann verlangt ihr eher straffe italienische Virtuosität ab und lässt die der französischen Spielweise eigene dekadente Larmoyanz nur in der Sarabande durchscheinen.

Eine Hommage an die Bedeutung, die das Instrument einst in der französischen Musik spielte, stellt jedoch die in der deutschen Ensemblemusik nach 1700 nur noch selten anzutreffende Courante dar, bei der es sich um den erklärten Lieblingstanz des Sonnenkönigs handelte. Mit ihren virtuosen Gebärden hatte der junge Monarch als leidenschaftlicher Tänzer 1660 die Herzen seines Volkes erobert – doch mit zunehmendem Alter des Herrschers wurde das Tempo dieses Tanzes, den offensichtlich darzubieten er sich nicht nehmen ließ, immer langsamer, so dass die Courante 1715 mit Ludwig XIV. als Tanzform starb und in zwei Tempovarianten, der schnellen italienischen und der langsamen französischen Version, in den Parnass der reinen Kunstmusik entschwebte.

Aber auch an Georg Philipp Telemanns Energie nagte die Zeit: Hatte er 1763 mit dem grandiosen Suitenband für den hessischen Landgrafen und 1765 mit der unübertrefflichen, offenbar für eine Aufführung in Berlin bestimmten »Ino«-Kantate (TWV 20:41) noch einmal seine Meisterschaft in allen Stilen bekundet, so verrät die »Symphonie Zur Serenate Auf Die Erste Hunderjährige Jubelfeier« (TWV Anh. 50:1) mit ihren unüberhörbaren Entlehnungen aus einem der 1763 entstandenen Divertimenti gewisse Ermüdungserscheinungen. Immerhin zeigt dieser ironisch-augenzwinkernde Überblick über die Musik der letzten einhundert Jahre (man feierte das hundertjährige Bestehen der Hamburgischen Handelsdeputation), dass die Gegenwart trotz all ihrer Macken und Meisen bis zuletzt immer auch Telemanns Zeit war.

»Hannover siegt, der Franzmann liegt ...«

NDR Radiophilharmonie, Kathrin Rabus (Violine), Christoph Marks (Violoncello), Wiebke Lehmkuhl (Alt), Reinhard Goebel

Programmheft, 5. Dezember 2008

Nichts gegen Hannover, aber mein Telemann-Bild kam anfänglich doch ein wenig ins Wanken: kurzzeitig nur! Denn schließlich kann man ja – und derart freigeistige Zeitgenossen soll es sogar auch heute noch in Gesinnungs-Germanien geben – von der Kultur eines Landes, auch der Kunst eines Komponisten, fasziniert sein, ohne die geringste weltanschaulich-politische Kongruenz feststellen zu müssen.

Nein: es waren ja auch nicht spießbewaffnete Bürger der Stadt Hannover, die das Königreich Frankreich in die Knie zwangen, sondern die geballte Macht der Briten, die durch ungeheuer verzwickte dynastische Erbfolge in den Genuß ihrer drei Hannoveraner *horny Georges* gekommen waren, aber lange vorher schon vornehmlich auf dem amerikanischen Kontinent jene Besitzstandskonflikte mit den französischen Bourbonen ausfochten ließen, die Madame Pompadour immer wieder – auch schriftlich – an den Rand einer Ohnmacht brachten, wenn sie nicht gerade damit beschäftigt war, den heute von der Chansonette Carla Bruni bewohnten Elysée-Palast mit teurem Schnickschnack auszustatten bzw. den Gemüsegarten dieser Immobilie zu vergrößern.

Im englisch-französischen Dauerkrieg gab es viele Schlachten – und eigentlich weiß man nicht genau, welcher der englischen Siege nun vom Hamburger Generalmusikdirektor auf – ganz sicherlich – Ordre der schutzbedürftigen Hansestadt-Regierung mit dieser Komposition *gefeiert* wird. Vor allem lokaliter naheliegend dürfte die Schlacht bei Minden im Jahr 1759 sein (sicher wurde der Sieg in London selbst mit einem »Te Deum« aus der Feder des *late Mr. Handel* gefeiert!) – zudem käme dieses Datum auch dem Schriftbefund des Kompositionsautographs entgegen, das im Duktus sehr den drei anderen Hannoveraner Huldigungskantaten »Bleibe, lieber König, leben«, »Lieber König, du bist tot« sowie »Großmächtigster Monarch der Briten« gleicht: höchst manierlich noch im Vergleich zu den wenig später verfaßten Werken *pour le Landgrave de Darmstadt*.

Der beinahe 80jährige Telemann war – im Gegensatz zu Johann Sebastian Bach – nie ein Kalligraph, ein Schönschreiber gewesen, aber gegen Ende seines Lebens ließ doch – wie er selbst einmal schreibt – die Sehkraft nach, während die zwischen 1740 und 1755 erlahmte Schaffenskraft ihn plötzlich wie der Johannistrieb überkommt: Die Feder kommt kaum nach, die überquellenden Gedanken auf's Papier zu bringen.

Bewundernswert, was er in seinem letzten Dezennium an großen Oratorien, hinreißenden Solo-Kantaten und weitsichtigen Orchesterwerken geschaffen hat; selbst vor Metastasio- und Klopstock-Vertonungen (»La Tempesta« vom ersteren, einzelne Gesänge aus dem »Messias« vom letzteren) schreckte er nicht zurück . Er war und blieb der Trendsetter – und trotz des Frankreich-feindlichen Textes des erklingenden »Oratoriums« immer auch der offensichtliche Bewunderer und auch geheime Botschafter französischer Lebensart, dem seit 1730 die Franzosen selbst zu Füßen lagen: Nicht etwa, weil er unverwechselbar »französisch« schrieb, sondern weil man in seinen Kompositionen genau das zu entdecken glaubte, was François Couperin *le grand* in seiner »Apotheose de Lully« schrieb: »daß die Wiedervereinigung des französischen und des italienischen Geschmacks die Vollkommenheit der Musik bringen müsse«.

Georg Philipp Telemann widerfuhr ganz Außergewöhnliches: Die Phalanx der jungen Komponisten Frankreichs, geboren um die Wende vom 17. zum 18. Jahrhundert und aufgewachsen in der bleiernen Schwere der letzten anderthalb Dezennien des Regnums von Louis XIV. (†1715), luden ihn – das Idol ihrer Jugend – zu Beginn der 1730er Jahre nach Paris ein. Die letzte Einladung an einen ausländischen Komponisten lag lange zurück: Zur Hochzeit des Sonnenkönigs hatte man 1660 Luigi Rossi mit der Vertonung eines »Ercole Amante« betraut – einer Oper, die (wen wundert's?) so gar nicht gefallen wollte. Hinreißend hingegen, Beginn einer ungeheuren Karriere, die Tanzeinlagen des jungen Jean-Baptiste Lully, nach dessen Geige – er selbst war zu dieser Zeit lange schon tot – der König, die Könige und Frankreich bis zur Revolution tanzten. ...

Telemann hatte um 1735 Wesentliches geleistet: gigantische Werkzyklen (u. a. die »Musique de Table«, sechs Konzerte für Cembalo und Traverse sowie ein Halbdutzend grandioser Quartette) lagen gedruckt vor, sieben Kinder waren »aus dem Gröbsten«, die spielsüchtige und leicht entflammbare (zweite) Frau aus dem Haus und die von ihr hinterlassenen Schulden abgezahlt. Er begab sich 1737 also auf die Reise nach Paris und erlebte hier – in Logis bei dem aus Hannover stammenden Cembalo-Bauer Vater – wahre Triumphe: Im »Concert Spirituel«, jener großen Konzertreihe der französischen Hauptstadt, mit der Mozart genau 40 Jahre später so üble Erfahrungen machen sollte, erklangen seither seine Werke. In seiner Selbstbiographie aus dem Jahr 1740 spricht Telemann – zur Zeit der Paris-Reise immerhin in der Mitte seiner 50er Jahre – dezidiert nur von jenem »Grand motet Deus Judicium tuum«, das in Frankreich beklatscht, in Deutschland hingegen mit Bewunderung betrachtet und häufig kopiert wurde, handelt die »anderen Werke« aber eher summarisch ab.

Vielleicht geht man nicht fehl, neben den ganz eindeutig für das Protagonistenensemble des *Style Palais Royal*, den Flötisten Michel Blavet, den Geiger Jean-Pierre Guignon, den Gambisten Antoine

Forqueray, den Cellisten Edouard und den Cembalisten Armand-Louis Couperin komponierten »Nouveaux Quatuors« auch das e-Moll-Sextett für zwei Oboen/ Violinen, zwei Violen und Basso Continuo (TWV 50: 4) (kein Franzose hat je »französischer« geschrieben), insonderheit aber das Quartett-Konzert D-Dur (*pour Paris*) (TWV 54:D 1) zu reklamieren.

Die in Frankreich *flute allemande* genannte Querflöte – in Deutschland übrigens bestens repräsentiert durch den in Dresden wirkenden marseillaisen Pierre-Gabriel Buffardin und seinen Schüler Johann Joachim Quantz – war neben der Viola da gamba das Instrument schlechthin, das für höfische Tradition und *Anciennität* stand: Die Violine und das Violoncello waren den Franzosen irgendwie »verdächtig«, man konnte sie nur in gewisser Weise »unschädlich« machen – hier treffen sich moderne Physik (Flöten fressen Geigen auf!!) und alte *Klang-Regie* – indem man ihre »Spitzen« brach.

Durch die Instrumentation allein also – eine spezifisch Dresdnerische wäre die, den Violinen wiederum *colla parte* spielende Oboen zuzuordnen, wie es in dem Sextett e-Moll realisiert ist – werden schon französisches *flair* und *Aura* erreicht. Aber es ist mehr und eher noch Inhaltliches, was das »Französische« dieses Konzerts ausmacht: Die vier Protagonisten stehen nicht beziehungslos neben- oder hintereinander, sondern »unterhalten« das Publikum, in dem sie »miteinander sprechen«, sich auf einander beziehen, sich kommentieren – und eine technisch höchst anspruchsvolle *conversation galante* absolvieren. Der Vergleich mit Bachs 2. »Brandenburgischen Konzert« – jeder hat´s im Kopf!! – tut not und gut: In dessen schnellen Rahmensätzen steht eindeutig der bravuröse Solo-Auftritt der gleichen Zahl von Solisten und dann die kompositorische *ars combinatoria* im Vordergrund, während hier der Mittelsatz die *conversation*, das kunstvolle Zerstückeln und Fragmentieren der Hauptrede zeigt. Telemanns Mittelsatz hier im D-Dur-Konzert besteht aus der Folge vier unkommentiert hintereinander gesetzter Solo-Auftritte, deren letzter allein durch unerwarteten Eintritt eines anderen Solisten und Rückleitung in das Ritornello ironisiert wird.

Um dem dann doch in »italiänischen gusto« abdriftenden dritten Satz – in Bogen und Saiten zersprengende »Luftspringungen«, wie später Beethoven das Spiel des Protagonisten Clement seines »Violinkonzerts« Op. 61 abkanzeln sollte – ein Gegengewicht *à la française* zu geben, läßt Telemann eine riesige Gavotte *en conversation* folgen: eine Kaskade von Fragen und Antworten – die aber u. a. lehrt, daß das »Zeitalter des Generalbaß« auch gerne mal auf diese ubiquitäre Zutat verzichtete.

Ungefähr gleichzeitig mit diesem Quadro-Konzert dürfte das F-Dur-Suiten-Konzert (TWV 51:F 4) für den Geiger Johann Georg Pisendel und das seinerzeit weltberühmte Virtuosenorchester August des Starken »L'Orchestra di Dresda« entstanden sein. Es folgt einem kleineren, nur von Streichern accompagnierten B-Dur-Konzert (TWV 51:B 2), an dessen Ende Telemann – wie Georg Friedrich Händel war er 1719 zur Hochzeit des einzigen legitimen Sohnes August des Starken mit der Erzherzogin Maria Josepha der exorbitanten Musiken wegen in Dresden als »Zaungast« anwesend – bereits geschrieben hatte: »demnächst ein Beßeres«.

Man darf sich also nun auf der Zunge zergehen lassen, mit welchen Kunstfertigkeiten in allen stilistisch-kompositorischen Bereichen Telemann sein Versprechen in die Tat umsetzt. Man bewundert die Instrumentationskunst (wer wann was spielt – oder auch nicht!), den Erfindungsreichtum an violinistischem Figurenwerk, die bestechende Charakteristik der Sätze, besonders aber auch, daß die Gesamtform so fabelhaft beherrscht ist: In dem Augenblick, wo die Tanzfolge und die nun sattsam bekannten Kunstgriffe ins Beliebige abzurutschen drohen, tritt die Pauke erstmals ins akustische Bild … und *pomposamente grazioso* dekliniert der kunstvolle Auftritt des Virtuosenorchesters in die aktive Teilnahme der Hofgesellschaft. Man sollte sich durchaus vorstellen, daß bei der Polacca – einer für Dresden unvermeidlichen Pathosfigur, war doch der Kurfürst von Sachsen seit 1697 auch und in erster Linie »König von Polen« – eventuell vorhandene Stühle (Orchester spielten bis 1770 ohnehin nur stehend!) beiseite geschoben wurden und »man« das Tanzbein zu schwingen begann. Nach dem finalen Minuetto gab es dann in einem Nebenraum von Moritzburg »Schwan in Zimt-Sauce«, »Bärentatzen in Aspik« und Hirsch-Braten. …

Der moribunde Telemann – aus bürgerlichem Prinzip hatte er nach »Sorau 1705 – 1712« dem Hofleben für immer »die kalte Schulter« gezeigt, kannte er doch vermutlich das Sprichwort »Bey Hofe, bey Höll'« aus eigenem Erleben – erinnerte sich um 1765 der courtoisen Usancen und komponierte für den Darmstädter Landgrafen drei Divertimenti, deren erstes in Es-Dur (TWV 50:21) in seinen Satzüberschriften ein fernes Echo jener Zeit ist: »Sinfonia Gratiosament pomposa« – »La reveille« – »La Conversation à la table« – »La Chasse« – »Retraite« und »Repas«.*

* Hinsichtlich der Reihenfolge und der Bezeichnung der Sätze besteht Unklarheit. In den Skizzen ist vermerkt: Sinfonie gratiosamente pomposa – La Reveil. Gigue – La Chasse. Forlane allegrette – La Cour. Gavotte – La Dance. Menuet – A English Country Dance – La Retraite. Branle. In der Partitur: Allegro – La reveille. Vivement (forlane) – La conversation à la table. Gavotte – Reveille. La Chasse. Repas. Danse. Retraite (gigue) – Repas (menuet) – (untitled dance) – Repas (menuet) – Retraite (branle). Und im Werkverzeichnis: Ouverture – Réveille. Vivement – La conversation à la table. Gavotte – Réveille à Chasse – Repas – Retraite.

Georg Philipp Telemann: »Musique de Table« Vorwort zur Faksimile-Ausgabe

Magdeburger Telemann Edition. Edition Walhall. 2009

Im Jahr 1733 – genau zwölf Jahre nach der Übergabe des später »Brandenburgische Konzerte« genannten Zyklus von *Six concerts avec plusieurs instruments* aus der Feder des Köthener Hofkapellmeisters Johann Sebastian Bach an den Markgrafen Christian Ludwig von Brandenburg – publizierte Georg Philipp Telemann in Hamburg seine »Musique de Table«. Mit den 1739 vollendeten »Zwölf Concerti Grossi« (publiziert als Opus 6) Georg Friedrich Händels lag somit zu Beginn des fünften Dezenniums des 18. Jahrhunderts die krönende Trias der deutschen Instrumentalmusik des Spätbarocks vor.

Durch Bachs Zyklus erfuhr das venezianische Konzert, erst seit Beginn des Jahrhunderts in ernstzunehmender, auf Antonio Vivaldis Leistungen basierender Ausprägung vorliegend, eine kaum zu übertreffende Überhöhung. Zugleich fand das römische Concerto grosso durch Händels Serie an dem von Arcangelo Corelli inaugurierten Genre den finalen Abschluss. Telemanns Werk, Serie und Zyklus zugleich, offeriert den »vermischten Geschmack« und überdies einen unschätzbaren, ungeheuer facettenreichen Einblick in die Festkultur des ausgehenden Barock. Denn anders als die »Concerti grossi« Händels, die innerhalb von zwei Monaten im Herbst des Jahres 1739 entstanden und die seit Henry Purcells Tod in England herrschende Mode für das Italienische schlechthin befriedigten, anders auch als die »Brandenburgischen Konzerte«, die wohl eine bewusste Kompilation von höchst verschiedenartigen Kompositionen teils sehr viel früherer Entstehung sind und deren *raison d'être* in erster Linie wohl der höfische Virtuosenauftritt gewesen sein wird, dürfen wir in Telemanns »Musique de Table« die gleichwohl mit höchster Sorgfalt komponierte »Gelegenheitsmusik« für hamburgische Feste und Feiern der frühen 1730er Jahre sehen – und hören.

Dass die drei Komponisten schon früh im kollektiven Gedächtnis der Deutschen einen Platz hatten und gar in einem Atemzug genannt wurden, belegt das folgende Zitat aus Johann Christoph Gottscheds »Biedermann« aus dem Jahre 1728: »Wie viel edler könnten sie [die Kunst der Komposition; Anm. des Herausgebers], nicht dieselbe anwenden, wenn sie, wie der berühmte Hamburgische Künstler Telemann, in geistlichen und andern erbaren Stücken, ihr Talent wiesen. Dieser berühmte Mann ist einer von den dreyen musicalischen Meistern, die heute zu Tage unserm Vaterlande Ehre machen. Hendel wird in London von allen Kennern bewundert, und der Herr Capellmeister Bach ist in Sachsen das Haupt unter seines gleichen. [...] Sonderlich höre ich von dem obgedachten Hrn. Telemann rühmen, daß er sich nach dem Geschmacke aller Liebhaber zu richten weiß. Er folget zuweilen der Welschen, zuweilen der Französischen, offtmahls auch einer vermischten Art im Setzen seiner Stücke. Er vermeidet alle ausschweifende Schwierigkeiten, die nur Meistern gefallen könnten, und ziehet die lieblichen Abwechselungen der Thöne allezeit den weitgesuchten vor [...].«[1]

Kaum ist anzunehmen, dass sich der rastlos tätige hamburgische Musikdirektor von seinen Amtsgeschäften hätte zurückziehen können, um – wie Georg Friedrich Händel im September 1739 – sein instrumentales Hauptwerk zu entwerfen und zu vollenden, oder wie Johann Sebastian Bach 1720/21 eine kalligraphische Reinschrift seiner *Six Concerts avec plusieurs instruments* zu liefern. Allerdings lässt der von E. Kleßmann[2] publizierte und von A. Clostermann[3] präzisierte Kalender des seit 1721 im Dienste der Hansestadt stehenden Telemann erahnen, dass der seit Jahresbeginn 1732 doch immer geringer werdende Zuspruch des Hamburger Publikums zur lokalen Gänsemarkt-Oper dem Komponisten *nolens volens* eine Menge Freizeit zuwachsen ließ. Zudem musste er sich auch nach neuen Einnahmequellen umschauen: Zum einen hatte er eine Schar von sieben Kindern und drei Dienstboten zu versorgen, zum anderen die Schulden seiner 1717 in Frankfurt angetrauten zweiten Ehefrau, eines eher »turbulenten subjects«, zu begleichen.[4] Mit den »Zwölf Fantasien für Traverso« (TWV 40:2-13) aus dem Jahr 1733, den »Fantasien für Violine« (TWV 40:14-25)[5] aus dem Jahr 1734, den zwölf leider verlorenen »Fantasien für Viola da gamba solo« (TWV 40:26-37), ebenfalls datiert 1734, den sechs »Quartetten« für zwei Violinen und zwei Fagotte resp. zwei Flöten und zwei Violoncelli (Gesamtübersicht unter TWV 43:D2), den in toto zwölf »Konzerten« und »Suiten« für Flöte, Violine und Basso continuo (Gesamtübersicht unter TWV 42:D6), der allein schon 320 Druckseiten umfassenden »Musique de Table« und weiteren teils verschollenen Druckwerken waren die Jahre 1733/34 jedenfalls ungeheuer produktiv.

Nach ihrem Stimmen-Erstdruck aus dem Jahr 1733 wurde die »Musique de Table« zweimal als Partiturdruck vorgelegt: zum

1 Johann Christoph Gottsched: Der Biedermann. 1727 – 1729. Stuttgart 1975. S. 140.

2 Eckart Kleßmann: Telemann in Hamburg. Hamburg 1980.

3 Annemarie Clostermann: Das Hamburger Musikleben und Georg Philipp Telemanns Wirken in den Jahren 1721 – 1730. Reinbek 2000.

4 »Mein Noten-Kram kann mir, bey vielen Kindern, / Für deren Auferziehn ich manchen Thaler gebe, / Die Sorgen guten Theils vermindern; / Er ist mein Acker und mein Pflug, / Wovon ich lebe: Das ist genug.« Zit. nach Georg Philipp Telemann: Briefwechsel. Leipzig 1972. S. 181.

5 Faksimile-Druck. Hg. von Brit Reipsch. Edition Walhall, EW 265.

ersten Mal 1927 in der Reihe der »Denkmäler deutscher Tonkunst«[6], erneut dann Anfang der 1960er Jahre in drei Bänden[7] innerhalb der im Bärenreiter-Verlag erscheinenden Telemann-Auswahlausgabe »Musikalische Werke«.[8] Zu erwähnen ist auch der Druck der *Troisième Production* als Eulenburg-Taschenpartitur.[9] Gemeinsam jedoch ist allen drei Partitur-Neudrucken, dass die ihnen folgenden praktischen Materialien jeweils nur unvollständig zur Verfügung standen. Dies ist umso mehr verwunderlich, da gerade die Ouverture der *Troisième Production* für zwei Oboen, Streicher und Basso continuo zumindest in der »großen« Zeit der Kammerorchester als Standardwerk gehandelt wurde.

Die »Musique de Table« als Standardwerk? Wohl kaum: Zwar nicht zu Zeiten ihrer Entstehung, freilich heutzutage, aber auch schon genau zu Zeiten ihrer Publikation begannen sich die Rezeptionsbedingungen für dieses Riesenwerk zu verändern, wie auch in der Reproduktion gewisse Voraussetzungen wegfielen. 1744 ist in Johann Heinrich Zedlers Universal-Lexikon noch zu lesen:

»Taffel-Music, diese ist taeglich an Fuerstlichen Höfen, in so lange keine grosse Trauer einfaellt, zu hoeren, wenn nehmlich die Hof- und Kammer-Musici, Mittags und Abends, in dem naechsten Zimmer bey dem Tafel-Gemach aufwarten, und annehmliche Symphonien und Concerten zur Belustigung der hohen Herrschafften, auf allerhand Instrumenten machen muessen. Dergleichen Tafel-Musiquen hoert man auch auf oeffentlichen Hochzeiten, Kindtauffen und andern Festivitaeten, die unter buergerlichen Personen vorgehen.«[10]

Was die Rezeption betrifft, so lehnten die »jungen«, aufgeklärt-absolutistischen Herrscher Europas (Louis XV., Friedrich II. von Preußen, Friedrich August II. von Sachsen, Maria Theresia von Habsburg) die höfisch-zeremoniellen Schauessen zunehmend ab und schlossen die Flügeltüren der Säle vor den Nasen des Publikums.

Änderungen der Reproduktionsbedingungen hingegen bedeutet ganz konkret: Die »Instrumentisten« beherrschten nicht mehr wie vordem eine Vielzahl verschiedener Instrumente. Hatten Violinisten ganz fraglos auch die Viola und die Viola d'amore gespielt, Violoncellisten auch die Gamba, Oboisten den Traverso, Hornisten auch die Viola, so sang der Fagottist sehr brauchbar auch den Alt, und wie auch jeder Bläser mit einem Streichinstrument zu Ripieno-Zwecken umzugehen hatte, spielte sowieso

6 Georg Philipp Telemann: Tafelmusik. Hamburg 1733. Partitur. Hg. von Max Seiffert. Leipzig 1927 (= Denkmäler deutscher Tonkunst. Folge 1, 61/62)

7 Die »Tafelmusik I–III« wurde in drei Bänden in den Jahren 1959, 1962 und 1963 im Rahmen der Auswahl-Ausgabe veröffentlicht.

8 Auf Probleme, Tatsachen und Fragen zum Text der »Musique de Table« gingen diverse Publikationen ein, u.a. Max Seiffert: Georg Philipp Telemann: Musique de table. Denkmäler deutscher Tonkunst: Beihefte 2, Nachdruck Wiesbaden 1960; Dieter Gutknecht: Aufführungspraktische Probleme in Telemanns »Musique de Table«. In: Georg Philipp Telemann – Werküberlieferung, Editions- und Interpretationsfragen. Konferenzbericht 9. Telemann-Festtage Magdeburg 1987. Teil 3. Köln 1991. S. 45.

9 Georg Philipp Telemann: »Musique de Table«. *3me Production* (1733). Hg. von Walter Bergmann. London u. a. 1956/1990 (ETP 879).

10 Johann Heinrich Zedler: Grosses vollständiges Universal-Lexikon. Bd. 41. Nachdruck Graz 1997. Sp. 1436.

jeder die Blockflöte. Dagegen begannen sich nunmehr die Instrumentalisten nach dem Vorbild der großen Virtuosen des 17. Jahrhunderts zu spezialisieren.

In kleineren Städten ist noch bis zur Mitte des 18. Jahrhunderts die zunftmäßige Erlernung des Handwerks und die Abnahme einer Prüfung belegt, in der der Prüfling Folgendes abzulegen hatte:

»1. ein Satz vor die Trompete
2. ein Satz vor die Alt-Posaune
3. ein Satz vor den Zink oder Cornetto (dabey ist eine Stimme doppelt C oder D)
4. zwei Sätze vor Violine (Concert: Molto Adagio und Presto)
5. zwei Sätze vor die Hautbois oblig. (ein Andante u. ein Vivace)
6. ein Satz vor das Waldhorn auß F.
Zu diesen 6 obligaten Instrumenten accompagnieren Violino primo, Secundo, Viola und Violon.«[11]

Und auch von Joseph Haydns Orchester in Esterházy[12] wissen wir, dass die Herrscher auch zur Viola fähig waren; aber insgesamt mögen dies Ausnahmen in der sich immer weiter spezialisierenden Musikergesellschaft des späten 18. Jahrhunderts gewesen sein.

Wie Johann Sebastian Bachs *Six Concerts avec plusieurs instruments* repräsentiert eben auch die »Musique de Table« die Vielseitigkeit der Musiker des frühen 18. Jahrhunderts: Waren zur Entstehungszeit der Werke etwa zwölf bis fünfzehn Musiker zur Darbietung solch grandioser Zyklen vonnöten, so mutieren heutige Konzertaufführungen zum fast unbezahlbaren Gipfeltreffen der Spezialisten für barocke Sonderinstrumente. Was aber für die »Brandenburgischen Konzerte« um 1720 die Regel war – oder gewesen ein könnte –, hatte sich bereits 1730 in gewisser Weise »erledigt«. So schreibt Johann Sebastian Bach in seiner »Eingabe« mit dem Hinweis auf den Dresdener Hof: »[...] auch überdem iede Persohn nur ein eintziges Instrument zu excolieren hat, es muß was trefliches und excellentes zu hören seyn.«[13]

Mag also sein, dass die Wahrheit in der Mitte liegt und die authentischen Stimmhefte der »Musique de Table« nicht den genauen personellen Sachverhalt reflektieren: Der Spieler des 1. Stimmheftes müsste in der *I. Production* Traversflöte, Oboe und Solovioline spielen, in der *II. Production* neben der Solovioline im anspruchsvollen »Konzert« für drei Violinen gar die Tromba-Partie von »Ouverture« und »Conclusion«. Vielmehr scheinen die Stimmhefte im Hinblick auf Sparsamkeit von Raum (und dem Papier), Aufbewahrung und Erhaltung, aber auch disziplinierter Darbietung angelegt zu sein: Die Stimmbücher bleiben auf den Pulten liegen, und die Musiker wechseln die Position von Stück zu Stück. Lediglich Viola, Violoncello und Fondamento bleiben am gleichen Ort.

Zur Darbietung der »Musique de Table» werden benötigt: 1 Tromba, 1 Blockflöte (ossia Fagotto), 2 Oboen, 2 Traversflöten,

11 Siehe Dieter Gutknecht: a.a.O. S. 47.

12 Siehe Sonja Gerlach: Joseph Haydns Sinfonien bis 1774. Haydn-Studien 7. München 1996, besonders S. 51ff sowie 101ff.

13 Bach-Dokumente Bd. 1. Kassel 1963. Dokument 22, Zeile 139.

2 Tromba selvatica, 4 Violinen, 2 Violen[14], 1 Violoncello, 1 Continuo-Instrument.[15]

Der hier vorgelegte Faksimile-Druck befriedigt diverse Desiderate der musikalischen Praxis: ganz primär die Vollständigkeit, nachgeordnet – aber kaum unwichtiger – die wirklich praktische Verwendbarkeit. Denn Stimmenmaterial zur »Musique de Table« ist bisher in keiner befriedigenden Weise greifbar.

Bemerkenswert ist das großartige Druckbild der »Musique de Table«: Es unterscheidet sich von den eingangs erwähnten Editionen Telemanns aus den Jahren 1733/34 durch äußerste, weder vorher noch nachher wieder erreichte Klarheit. Es ist anzunehmen, dass der Komponist sich für die Drucklegung dieses Werkes eines professionellen Stechers bediente, der mit einer Vielzahl vorgefertigter Stempel – ganz sicher unter ständiger Aufsicht des Komponisten – die Platten so gut wie fehlerfrei bearbeitete. Auffällig ist, dass Telemanns »krakelichte«[16] eigene Handschrift – wie wir sie von den »Singe-, Spiel- und General-Bass-Übungen« (1733/34)[17] sowie anderen Druckwerken nach 1720 kennen – so gut wie nie sichtbar wird: Einziger Wermutstropfen im Schriftbild sind die gegenüber der attraktiven Schrifttype der Werk- und Instrumentenbezeichnungen doch arg kümmerlich ausgefallenen Satzbezeichnungen, deren Stempel in fast allen Publikationen nach 1730 benutzt wurden.

Gedruckt ist das Werk auf Papier im Quartformat (19 x 25 cm). Und das [im Rahmen der Magdeburger Telemann Edition; Anm. des Herausgebers] faksimilierte Exemplar aus dem Musikalienbesitz des Hauses Rheda-Wiedenbrück, deponiert in der Universitätsbibliothek Münster, ist jenes, das auch zur Drucklegung im Rahmen der Werkausgabe sowie von seinem damaligen Herausgeber auch bei »Schloss-Konzerten« in der Mitte des 20. Jahrhunderts benutzt wurde: Handschriftliche Eintragungen mit rotem und blauem Kugelschreiber und die mit kräftigem Teppichklebeband erfolgte »Bindung« kündeten – vor der umfassenden Restaurierung aus Anlass dieser Edition – von »handfester« Arbeit und Inbesitznahme. Dieser fast ausschließlich die »Ouverture« zur *III. Production* betreffende Vandalismus ließ sich leider nicht vollständig entfernen.

Am Ende des ersten Stimmheftes – es enthält fortlaufend die jeweils wichtigste Stimme einer Komposition und bleibt während der Darbietung auf dem

14 Der Solo-Tutti-Vermerk in der »Ouverture« zur *II. Production* lässt auf Doppelbesetzung schließen.

15 Bei der Partie Fondamento kommt die Frage auf, ob das Cembalo links oder rechts von zwei weiteren Continuo-Intrumenten (Violoncello, Fagott oder Violone) flankiert war oder notwendigerweise zu flankieren ist. Dies kann verneint werden: Zum einen hätte Telemann dann den Abdruck der »Trios« und »Quartette« in der Violoncello-Stimme ersparen können – der Violoncellist könnte dieses Stück aus der Fondamento-Stimme lesen –, zum anderen stellt er das Fagott im »Quatuor II« lediglich zur *ossia*-Disposition. Letztlich aber ist die Fondamento-Partie doch für eine Lektüre aus mindestens einem Meter Entfernung der seitlich vom Cembalisten sitzenden Bassinstrumente entschieden zu klein und durch die Bezifferung zu undeutlich. Heute spricht nichts gegen den Einsatz eines 16-Fuß-Instruments, aber notwendiger Teil des ursprünglichen Konzepts war es keinesfalls.

16 Telemanns autographer Kommentar zum »Violinkonzert« B-Dur TWV 51:B1, 1719 in Dresden für Johann Georg Pisendel komponiert: »das letzte allegro ein wenig Krakelicht, demnächst ein Besserss.«

17 Neuausgabe. Hg. von Wolf Hobohm, Edition Walhall (EW 301).

vordersten, prominentesten Notenständer stehen – befindet sich die Liste der 206 Subskribenten.[18] Sie ist eine Blütenlese aus eher niederem Adel in bisweilen hoher Funktion, Melomanen »all over Europe«, persönlichen Freunden Telemanns und natürlich Fachkollegen: Johann Georg Pisendel, der »Dresdener Hertzensfreund« subskribierte auf sechs Exemplare, Michel Blavet, der französische Flötenvirtuose und vielleicht auch »Kopf« jener musikalischen »Vierer-Bande« des jungen *Style Palais Royal*, die Telemann 1737 nach Paris nötigte, war mit zwölf Exemplaren dabei, Händel nahm eines[19], Bach keins[20]. Man sollte davon ausgehen, dass in toto 250 Exemplare gedruckt wurden – von denen fünf bis heute intakt überliefert sind.[21]

Die Subskribenten wurden im Laufe des Jahres 1732 durch Presse, persönliche Anschreiben und Mundpropaganda geworben.

»Von der Praenumeration werden alle Viertel-Jahr 2. Rthl. Hamburger Werth / und zwar die erste um Neu-Jahr 1733 / dem Verfasser überliefert; Man kann sie aber auch auf einmahl mit 8. Rthl. Entrichten / und werden dagegen die behörigen [sic!] Quittungen ausgehändiget. Die Ausgabe der Music geschieht auf Himmelfahrt / Michaelis und Weihnachten selbigen Jahres / jedesmahl mit einer vollständigen. Man wird sich des besten Frantzösischen Papieres dabey bedienen / und die Noten / so auf metallenen Platten befindlich / weitläufig und rein darstellen. Wann das Werk fertig ist / wird es biß auf 12. Rthl. zu stehen kommen.«[22]

Über Sinn und Zweck der Subskription ist in Zedlers Universal-Lexikon zu lesen:

»Subscription auf Buecher, Praenumeration auf Buecher, ist eine Erfindung der Buchhaendler, da sie durch oeffentliche Anzeigen bekannt machen, wie sie Vorhabens waeren, dieses oder jenes Werck zu verlegen, und von den Liebhabern solches sich ausbitten, den Preiß eines Exemplars entweder gantz oder zum Theil zum voraus zu bezahlen, dagegen sie einen Schein und nachdem das Werck aus der Presse gehoben, gegen Zurueckgebung des Scheines und Nachzahlung des Restes vom Preiße, wenn solcher nicht so gleich voellig bezahlet worden ist, das Exemplar empfangen. [...] Zuweilen geschiehet die Subscription ohne Vorauszahlung des Geldes, um damit der Buchhaendler zum voraus erfahren kann, ob sich auch zu dem vorhabenden Verlags-Buche so viele Liebhaber finden, als zu Bestreitung der Verlags-Kosten erforderlich [...]. Jezuweilen pfleget solchen

18 In der vorliegenden Ausgabe wurde die Subskribentenliste aus praktischen Gründen in das Textbuch aufgenommen.

19 Über Händels Entlehnungen thematischen Materials aus der »Musique de Table« siehe Max Seiffert (vgl. Fußnote 6) sowie Ellwood Derr: Handel's Procedures for Composing with Materials from Telemann's »Harmonischer Gottes-Dienst« in »Solomon«. In: Göttinger Händel-Beiträge I. Göttingen 1984. S. 116ff wie auch John H. Robert: Handel's Borrowings from Telemann: An Inventory. In: ebenda S. 147ff.

20 Bach konnte allerdings eines der beiden vom Leipziger Buchhändler Gleditsch subskribierten Exemplaren kaufen.

21 Fundorte siehe RISM, Einzeldrucke vor 1800. Bd. 8. Kassel 1980. S. 332.

22 Wolf Hobohm: Neues aus dem Telemannischen Verlag. In: Telemanniana et alia Musicologica. Festschrift für Günter Fleischbauer zum 65. Geburtstag (= Michaelsteiner Forschungsbeiträge 17). Hg. von Dieter Gutknecht, Hartmut Krones und Frieder Zschoch. Oschersleben 1995. S. 83-91, hier S. 84.

Buechern das Verzeichnis der Subscribenten vorgedrucket zu werden [...].«[23]

Angesichts der ungeheuren Kosten für das umfangreiche Werk, vor allem aber der großen Anzahl an Metalldruckplatten, war die Subskription mit Vorausbezahlung eine *conditio sine qua non* für das Gelingen des Unternehmens.[24] Die andere Bedingung war die strikte Rationalisierung der Logistik: Der im Gesamtzyklus vorgegebenen Dreiteilung folgten die Auslieferung einer fertiggestellten *Production* »auf Himmelfahrt / Michaelis und Weihnachten selbigen Jahres« sowie der Beginn der Arbeit am nächsten Teil. Mag sein dass sich so auch die Kosten der Druckplatten dritteln ließen; zu wenig aber ist darüber bekannt, ob man diese Platten wiederverwenden konnte, ob sie gar beidseitig benutzbar waren.

Abgegeben wurden die fertigen Erzeugnisse als ungebundener, noch nicht aufgeschnittener Buchblock. Der Empfänger konnte ihn bei seinem Buchbinder in einen Deckel seiner persönlichen Wahl einbinden lassen. Dass dies selbst in fürstlichen Häusern bei so umfänglichem Material wie der »Musique de Table« nicht immer geschah, beweist das Exemplar aus Rheda, das – bevor man dann mit Teppichklebeband der Nachkriegszeit vollendete Tatsachen schuf – lediglich durch Fadenheftung zusammengehalten wurde.

Könnte man über den biographisch-historischen Ort der »Musique de Table« mit all ihren Facetten und Querverbindungen in Telemanns Leben dann auch die physische Realität des Werkes beinahe endlos raisonieren, so bliebe dennoch das Wichtigste unberührt: die wahrlich hinreißende Musik, die der Komponist zu Beginn seines fünften Lebensjahrzehntes schrieb! Unbedingt ist auch der doch tiefstapelnde Titel anzusprechen und sicher auch dessen höfisch-elegante Umkehrung in »Table de Musique« in Erwägung zu ziehen, auf der der Komponist charmant lächelnd ganz fraglos die Spitzenerzeugnisse seiner *cuisine* darbietet.

In der Tat arbeitet der Komponist mit »Gewachsenem«, das er vorfindet und erntet: der französischen Ouverture und Suite, dem dreisätzigen italienischen Concerto und der ebenfalls transalpinen viersätzigen Sonata da camera. Nur vereinzelt erlaubt er sich einen bescheidenen Rückblick auf deutsches Ideengut: Den Rahmen, um die einzelne *Production* mittels einer in gleicher Besetzung und Tonart wie die jeweilige »Ouverture« gehaltenen »Conclusion« zu bilden, entnahm Telemann einem 1678 publizierten Sonatendruck des Johann Christoph Pezel, die eigenartige Satzfolge des »Quatuor I« den 1682 erschienenen »Sonatae da camera« Johann Rosenmüllers und die Reihung einfach nur »Air« betitelter Sätze in der »Ouverture II« den 1693 veröffentlichten »VI. Ouvertures, Begleitet mit ihren darzu schicklichen Airs, nach französischer Art und Manier« des Philipp Heinrich Erlebach.

Die aber wesentlichen, doch »lateinischen« Früchte werden – nach Matthesons Ermahnung, »das geborgte mit Zinsen

23 Zedler: Grosses vollständiges Universal-Lexikon. Bd. 40. Sp. 1572.

24 Carl Philipp Emanuel Bach, Telemanns Patensohn, vor allem aber Nachfolger im Hamburger Amt, musste bisweilen seine Editionsvorhaben aufgrund fehlender Subskribenten »abblasen«.

zurück zu erstatten«[25] – mit vielfach polnischen Gewürzen und immer aber deutscher Gründlichkeit dargereicht. Der gesamte Zyklus erscheint in allen Facetten und Phänomenen vorausgeplant und durchgestaltet. In der Serie der einzelnen *Productions* tritt nie einer der Stile, eines der Gewürze gar, überdeutlich in Erscheinung, in der Vernetzung der gleichnamigen Werke über die Grenzen der *Productions* erlebt man ungeheure Sensationen: Das »Concerto I« in A-Dur (die Geburt der Sinfonia concertante), das »Concerto II« in F-Dur (glitzernde *Italianità*) und das »Concerto III« in Es-Dur (entschieden deutsch in seiner Kompaktheit) bilden nur eines dieser unübertrefflichen Dreigestirne, die das Wesen der »Musique de Table« im horizontalen wie vertikalen Vergleich bestimmen.

Man kann jedes Einzelwerk herauslösen, es ist an sich schon ein Meisterwerk, man wird aber im Vertikalvergleich noch mehr Schönheiten und Eigenarten entdecken. Diese vielfache Vernetzung und Überlagerung von Bedeutungsträgern macht die »Musique de Table« zum »Zyklus«, zudem letztlich aber auch humaner, eleganter und ziviler als die »Brandenburgischen Konzerte«, wo seitens des Komponisten die Parameter hinter dichtester Komposition versteckt sind, sodass die Zugrundelegung eines nicht-musikalischen Zyklusgedankens hier nach wie vor auf breite Ablehnung stößt. Noch problematischer sind diese – ganz sicher völlig anders gearteten – »Erinnerungspunkte« in Händels »Concerti grossi« Op. 6 zu eruieren bzw. für den Hörer zu memorieren, da in diesem Zyklus zwölf Werke in gleicher Besetzung zusammengestellt sind.

Neben der überaus heterogenen Instrumentation, die sich im Gesamtverlauf der drei *Productions* nirgends »wörtlich« wiederholt, aber dennoch feinsinnige Selbstzitate[26] enthält und einmal mehr Einheit durch Vielfalt provoziert, vor allem aber »an sich« schon metaphorisch-allegorisch zu lesen ist (das Flötenpaar steht für »Frankreich«, das Violinpaar für »Italien«, Oboe und Blockflöte sowie »das Blech« für »Deutschland«), ist auch die Folge der Tonarten in Hinsicht auf die Herausbildung zyklischen Empfindens zu betrachten:

Production I	e-G-A-Es-h-e
Production II	D-d-F-e-A-D
Production III	B-e-Es-D-g-B

Man sieht, dass es in *Production I* einen tonikalen »Absturz« aus den #-Tonarten in das weit entfernte Es-Dur gibt, die *Production II* über den Farbwechsel von D-Dur nach d-Moll eher logisch F-Dur erreicht und in der kurzen *Production III* zwei Werke in #-Tonart in einen ♭-Tonarten-Rahmen interpoliert sind.

Diverse andere Synopsen lassen sich bilden: die der verwendeten Taktarten oder der Satzformen gar (durchkomponiert, zweiteilig mit Wiederholungen und Da-capo-Form). Angesichts des

25 Johann Mattheson: Der vollkommene Capellmeister. 1739. Faksimile-Nachdruck Kassel 1969, darin § 81 »Von der Erfindung«. S. 131.

26 Das Flöten-Paar der »Ouverture I« erscheint erneut in »Quartett II« und »Trio II«, das Solistentrio aus »Concert I« erneut im »Quatuor III«, je einem der Hauptsolisten der »Ouverture« fällt auch das entsprechende Solo zu: »Solo I« der Flöte, »Solo II« der Violine, »Solo III« der Oboe.

unerschöpflichen Reichtums wird man dann die sich geradezu aufdrängende »Sinnfrage« stellen müssen. Dies umso mehr, da die Einzelwerke der »Musique de Table« von so hoher Qualität sind, dass ihnen aus dem übrigen Schaffen des Komponisten – die 1730er Jahre als Angelpunkt genommen – kaum eines als gleichwertig an die Seite gestellt werden kann.

Die Idee, den zündenden Gedanken zur »Musique de Table« verdankt Telemann möglicherweise François Couperin. In einem Zwischentext der »L'Apothéose de Lulli«, publiziert 1725 – am Ende der Régence also, jenem tumultösen Dezennium, das auf die 72 Jahre lange und zuletzt bleiern-schwere Herrschaft des Sonnenkönigs folgte – schrieb Couperin: »Apoll überzeugt Lulli und Corelli, daß die Wiedervereinigung des französischen und italienischen Geschmacks die Perfektion der Musik bringen müsse.« Georg Philipp Telemann wird als genuiner Bewunderer der französischen Kultur diesen Druck vermutlich gekannt, vielleicht sogar besessen haben.[27] Wie zeitlich nahe nach der Vollendung der »Musique de Table«, ja wie gerade durch dieses Meisterwerk eine Art Vergöttlichung, zumindest Idealisierung Telemanns eingesetzt hat, beweist der auf die Biographie des Meisters in Matthesons »Ehrenpforte« aus dem Jahr 1740 folgende Zweizeiler, in dem erneut die beiden großen Protagonisten der lateinischen Stile auftreten:

»Ein Lulli wird gerühmt; Corelli läßt sich loben;
Nur Telemann allein ist über Lob erhoben.«

Cicero sagte einmal, dass man zur Gewinnung allgemeinen und augenblicklichen Beifalls das Urteil der Zeitgenossen zu berücksichtigen habe, wolle man hingegen ein Werk von dauerndem Wert, zeitloser Gültigkeit schaffen, müsse man schon die Gedanken weit schweifen lassen! Telemann, 1681 in die Upperclass der protestantischen Oligarchie hineingeboren, bestens erzogen und gebildet, werden diese klassischen Maximen nicht unbekannt gewesen sein: Das Couperin'sche Dictum aufgreifend, hat er es – schon aus gebotenem Selbstrespekt – um deutsche und vor allem die ihm seit seiner Zeit in Sorau lieb gewordenen polnischen Elemente bereichert und überhöht. Mit der »Musique de Table« streift er die Robe des »getreuen Musikmeisters« seiner Nation ab und zeigt sich seinen Zeitgenossen von seiner genialen Seite.

Man wird sich heute nur schwer vorstellen können, was die »Musique de Table« an Basisarbeit für das Entstehen eines bürgerlichen Konzertwesens leistete, denn der überwiegenden Mehrheit der Subskribenten bot sie zum ersten Mal Teilhabe an gedruckter, deutscher Orchestermusik – in Besetzungen, die von den Amsterdamer Druckern bisher noch nicht angeboten wurden und an fürstlichen Höfen hinter Schloss und Riegel verwahrt wurden. Vermutlich sind hinter

27 Telemanns Bibliothek ist nicht erhalten, eine Übersicht über die in seinen öffentlichen Konzerten aufgeführten Werke fremder Komponisten nicht greifbar. Immerhin gelang es dem Herausgeber, »ein fremdes, prächtiges Instrumentalstück mit Trompeten und Pauken, le caractere de Guerre genannt«, das in einem Konzert am 27. Oktober 1735 im Hamburger Drillhaus gespielt wurde, als Komposition des französischen Organisten Dandrieu zu identifizieren.

den Subskribenten »Mrs. J.M.F. Berlin« und »Mrs. K.A.H. Berlin« dergleichen »musikalische Akademien« verborgen, die gerade für die preußische Hauptstadt belegt sind, und in deren Satzungsprogramm die »Musique de Table« nahtlos passt. Es heißt dort: »So soll […] ein gemeinschaftlicher Vorrat, und zwar nur von den neuesten und auserlesensten Ouverturen, Sinfonien und Trios gesamlet [sic!] werden.«[28] Die »Musique de Table« jedenfalls lieferte drei in sich abgeschlossene, perfekt durchstilisierte Konzertprogramme.

Dass Telemanns etwa gleichaltrige deutsche Zeitgenossen weder zugleich noch überhaupt jemals diesem ersten großen Schritt in die musikalische Öffentlichkeit folgten, hängt damit zusammen, dass den meisten von ihnen als Hofbedienstete diese, die Standesgrenzen überschreitende Tätigkeit streng untersagt war. Johann Sebastian Bach, der als einziger der fähigen Zeitgenossen in städtischem Amt war, profilierte sich zwar »Kennern und Liebhabern« gegenüber als Klavierkomponist, nahm aber von Publikationen seiner Konzertmusik Abstand, da er seine Werke nicht von geigenden Baronen und blasenden Beamten verhunzt sehen wollte, sich zudem nach dem Scheibe-Birnbaum-Disput[29] gerade nicht dem Urteil einer breiten Öffentlichkeit zu stellen, zu unterwerfen gar, gewillt war.

Die »Musique de Table« wird lange »aktuell« geblieben sein – in Berlin sicher so lange, wie die traditionsbewusste Phalanx der Gebrüder Graun und Quantz »am Ruder« war, in Dresden bis zum Tode des Konzertmeisters Johann Georg Pisendel im Jahr 1756 und der auf die Niederlage im Siebenjährigen Krieg folgenden drastischen Reduktion der Ausgaben für Kunst und Kultur, im hessischen Darmstadt sicher bis zum Tode des dort residierenden Landgrafen Ludwig VIII. 1768. Die katholischen Höfe des Reichs – in deren Konzert das bereits erwähnte Dresden zweifellos eine Sonderrolle spielte – hatten zum Schaffen Telemanns konfessionell bedingt nur wenig Affinität.

Im Walhall der deutschen Kunst war jedoch nach 1770 kein Platz mehr für Georg Philipp Telemann: Nichts ist so alt und unmodern wie die Mode von gestern. Und anders als Bach – der in seiner Zeit so unsäglich Unmoderne – hatte Telemann keinen wortgewaltigen Anwalt wie Johann Nikolaus Forkel auf seiner Seite. In Berlin, wo analog zur politisch-militärischen Macht der deutsche Parnass erbaut wurde, fand man zwar erst einmal auch Haydn und Mozart albern und überflüssig, entdeckte aber dann mit ihrer beider Nachfolger Beethoven als einen unbedingt würdigen Komponisten.

Niemand anders aber als der mit dem »offiziellen« Berlin, dem protestantischen Norden des Alten Reiches so unschöne Erfahrungen gemacht habende Joseph Haydn setzte Telemann das berückendste Denkmal, in dem er in seiner 1765 entstandenen Sinfonie »Le Midi« fast hemmungslos Telemanns »Musique de Table« zitiert: in der Adagio-Einleitung das Klangbild des

28 Fr. W. Marpurg: Historisch-kritische Beiträge zur Aufnahme der Musik (1754 – 1755). Bd. 1. Nachdruck Hildesheim 1970. S. 385ff.

29 Siehe hierzu Bach-Dokumente Bd. 2. Kassel 1969. Dokumente 400, 409, 413, 417 u. a. m.

»Concert III«, im nachfolgenden Allegro die aufgewühlte Atmosphäre des zweiten Satzes vom »Concert I«, im Adagio das Flötenduo der »Ouverture I« und erneut Violine und Violoncello aus dem »Concert I« miteinander kombinierend. Dass er auch im letzten Satz des zur gleichen Zeit entstandenen »Violinkonzerts« C-Dur *per Luigi Tommasini* auf die Thematik des »Concert II« zurückgreift, setzt, wenn nicht Wertschätzung, so doch genaue Kenntnis der »Musique de Table« voraus.[30]

Verlag und Herausgeber danken Herrn Burkhard Rosenberger von der Universitätsbibliothek Münster für die freundliche Unterstützung und die Druckerlaubnis.

30 Vgl. Elisabeth Eleonore Bauer: Wie Beethoven auf den Sockel kam. Stuttgart 1992.

Georg Philipp Telemann: »Letzte Werke 1766«

Folkwang Kammerorchester Essen, Reinhard Goebel

Programmheft Konzert 17./18. April 2015

Letzte Werke eines Künstlers sind immer von besonderer Aura umflort: Es wird gerne geglaubt, daß der Schnitter Tod mit der Sense in der Hand an die Bettstatt von Apolls und der Musen Liebling getreten sei und ihm die Feder, den Pinsel, den Meißel aus der Hand genommen habe. Vorzugsweise nennt man solche letzten Werke im musikalischen Bereich »Schwanengesang« und vermutet in ihnen ein besonders komprimiertes, verdichtetes Erbe, ein *summum opus*. Verführerisch in der Tat ist das Zusammentreffen von Geburt eines Werkes und Tod seines Schöpfers in einem unvollendeten autographen Manuskript, einer nur in Umrissen erkennbaren Figur im Marmor-Block oder den nur grundierten Freiflächen auf einem Gemälde. …

Aber es wundert uns nicht, daß Telemann, der Inbegriff des *honnête homme* des 18. Jahrhunderts, uns keine derartigen Reliquien hinterlassen hat. So wie die Oper des Barock nie den Tod des Helden auf der Bühne zeigte, in Versailles die Leiche des soeben gestorbenen Herrschers in höchster Eile fortgeschafft wurde und die allfälligen Requiem-Vertonungen sich nie hemmungsloser Trauer hingeben, sondern immer und besonders den Aspekt der christlichen Erlösung aus dem irdischen Jammertal beleuchten (vorzugsweise in weichem Es-Dur), so verboten die guten Sitten des 18. Jahrhunderts ganz besonders, den absehbaren eigenen Tod *mors certa, tempus incerta* in irgendeiner Weise zu thematisieren.

Und fast möchte man hinter dem Erstdruck von Johann Sebastian Bachs »Kunst der Fuge« – dem Paradebeispiel für den bereits erwähnten »Schwanengesang« – eine erhebliche Indiskretion vermuten, zumindest einen Vorboten jenes Toten- und Todeskultes des 19. Jahrhunderts. Inzwischen ahnt man übrigens, daß genau dieses Opus mit aller Wahrscheinlichkeit vollendet war und sein Verfasser eben nicht »unter währender Arbeit« vom physischen Ende überrascht wurde, sondern – unglaublich prosaisch eigentlich! – beim Druckprozess die letzten Seiten des Manuskripts verloren gingen.

Was genau den in der Mitte seiner 80er Jahre stehenden Georg Philipp Telemann bewogen hat, *en passant* und ungebeten

Ludwig VIII. von Hessen-Darmstadt ein riesiges Konvolut mit zehn Kompositionen zu dedizieren, erfahren wir weiter unten im Originalton. Sicher ist, daß Telemann vom Naturell her polykinetisch veranlagt, komponieren mußte, daß der Kopf und die Feder ganz einfach nicht ruhen konnten, daß er aber auch einen völlig anderen Typus des Komponisten repräsentierte als die Zeitgenossen Johann Sebastian Bach und Antonio Vivaldi: Letzterer kopierte sich (nachdem er einmal seinen zumindest zeitweise hinreißend modieusen Stil gefunden hatte) immer wieder und realisierte gar nicht, daß Stil und Geschmack um ihn herum sich bemerkenswert wandelten; Bach hingegen vertiefte sich (damit ebenfalls den Anschluß an die Moderne verlierend) zunehmend in »gelehrte Sachen«, deren »Geistigkeit« bis heute unvermindert fasziniert, aber die zeitgenössische Öffentlichkeit im negativen Sinne sprachlos machte. Telemann hingegen »ging« mit der Zeit, erfasste die Stimmungen und Wünsche des, ja seines Publikums, was nicht nur aus Hamburger Konzert- und Kirchgängern bestand, sondern in der ganzen Welt zuhause war.

Dem in der Staatsbibliothek zu Berlin Preußischer Kulturbesitz erhaltenen Partitur- und Kompositionsautograph »Bds, Mus.ms.autograph Telemann 6« liegt ein autographer Zettel mit folgendem Text bei:

»Ich war willens, meine Feder eine zeitlang ruhen zu lassen, weil ich bei der Verfertigung der letztens überschickten Music, deren ersten Theil ich einem hiesigen Kaufmann, Hn. Schmidt, mitgegeben habe, eine gar merckliche Abnahme meines Gesichts verspürete; es fiel mir aber ein Zeitungsblatt in die Hände, wo ich las: Der Durchl.Landgraf von Darmstadt, Ludwig VIII, würde am 25.August Ihr Namensfest feyerlichst begehen. Ich geriet fast sofort in eine Begeisterung und machte den Entwurf zu hierbey kommenden Stücken, die« … hier bricht der Text, der Entwurf für die Dedikation, leider ab.

Das Konvolut umfaßt auf 77 schwer zu entziffernden Seiten insgesamt fünf Ouverturen, eine »Sinfonia Melodica« und drei Divertimenti. Offenbar hat die Werksammlung ihren Widmungsträger Ludwig VIII. (1691 – 1768) nie erreicht, denn aus dem Nachlaß des Enkels Georg Michael Telemann (1748 – 1831) gelangte der Sammelband in die Königliche Bibliothek zu Berlin und wurde also nicht mit jenem riesigen Bestand an Telemann-Kompositionen vereinigt, den die Landgrafen von Hessen-Darmstadt seit den 1710er Jahren gesammelt hatten. Telemann war von 1712 bis 1721 städtischer Musikdirektor im nahen Frankfurt und den Musikern des Hofs in inniger Freundschaft und höchster fachlicher Wertschätzung verbunden. Wann immer die reichsstädtischen Repräsentationspflichten Frankfurts große musikalische Dekoration verlangten, reisten die Darmstädter Fürsten und ihre Kapelle an.

Diese Beteiligung an der Inszenierung der Feste ist als *captatio benevolentiae*, als Kotau vor dem Kaiserhaus und als »Kunst im Dienste der Politik« zu verstehen: Ludwig VIII. (von Kaiserin Maria Theresia (1717 – 1780) als »treuster Freund und Vasalle und letzter Grandseigneur« bezeichnet) war zugleich auch ihr größtes Sorgenkind im Reiche. Bei seinem Regierungsantritt im Jahr 1739 betrug das Staatsdefizit von Hessen-Darmstadt satte

2 Millionen Gulden, die sich im Lauf seiner Regierungszeit auf noch sattere 4 Millionen verdoppelten, sodaß das Ländchen eigentlich unter die Kuratel des Wiener Reichshofrats hätte gestellt werden müssen.

Einer der Hauptgründe für die unfaßbare Geldverschwendung des Hofes war das, was Telemann so nolens-volens mit den prächtigen Horn-Ouverturen des Konvoluts unverhohlen »feiert«: die von Ludwig VIII. gleichsam süchtig betriebene Parforce-Jagd, die das gesamte Land lahmlegte. Das Wild – Hirsche, Rehe, Wildschweine – war Eigentum des Herrschers und durfte von der Landbevölkerung in keiner Weise berührt werden. Hatten sich die Tiere im Frühjahr und Frühsommer auf den Äckern und Feldern gesättigt und waren sie zu stattlicher Größe herangewachsen, kamen der Fürst und sein Männerbund und jagten die Tiere zu Tode – unter Inkaufnahme von erneut größtem Vandalismus auf den Feldern. Noch einmal für alle, die es nicht begriffen haben: Die Tiere wurden nicht geschossen, sondern so lange von Menschen auf Pferden, sekundiert von hungrigen Hundemeuten, gejagt, bis sie völlig ermattet mit Hirschfängern und Sau-Spießen getötet werden konnten. Nur am Rande sei noch vermerkt, daß die ledernen Peitschen und Gerten für die gleichfalls ermüdenden Reitpferde mit Draht überzogen waren. ... Statt Navi und Handy waren 24 Parforce-Hornisten im Einsatz: Ihr schmetternder Ton war kilometerweit zu hören und diente der Orientierung wie auch der Nachrichtenvermittlung. Profunde Kenner der Horn-Signale verstehen auch heute noch die Botschaften aus Bachs 1. »Brandenburgischen Konzert«. Ja doch: »Jagen ist die Lust der Götter«, so die an diese ursprüngliche »Jagd-Sinfonia« anschließende Kantate!

Die letzte große Gunst übrigens, die Ludwig VIII. seitens des Kaiserhauses widerfuhr – anno 1764 – hat Johann Wolfgang von Goethe in »Dichtung und Wahheit« beschrieben: ein inszeniertes *rencontre imprévue* mit Kaiser Franz Stephan und dem jungen Joseph II.

»Es war nämlich verabredet worden, daß unterwegs, zwischen Heusenstamm und jenem großen Gezelte, Kaiser und König den Landgrafen von Darmstadt im Wald antreffen sollten. Dieser alte, dem Grabe sich nähernde Fürst wollte noch einmal den Herrn sehen, dem er in früherer Zeit sich gewidmet. Beide mochten sich jenen Tages erinnern, als der Landgraf das Dekret der Kurfürsten, das Franzen zum Kaiser erwählte, nach Heidelberg überbrachte, und die erhaltenen kostbaren Geschenke mit Beteuerung einer unverbrüchlichen Anhänglichkeit erwiderte. Diese hohen Personen standen in einem Tannicht, und der Landgraf, vor Alter schwach, hielt sich an eine Fichte, um das Gespräch noch länger fortsetzen zu können, das von beiden Teilen nicht ohne Rührung geschah. Der Platz ward nachher auf unschuldige Weise bezeichnet, und wir jungen Leute sind einigemale hingewandert.«

Der nun 86 Jahre alte Telemann, der von allen jungen Komponisten schon aus Respekt vor »dem Alter« an sich bewunderte Nestor, dedizierte dem zehn Jahre jüngeren Landgrafen »aus heiterem Himmel« jenes umfängliche Opus in jenem »vermischten Geschmack«, den er selbst nach 1710 entwickelt hatte und für den man ihn in ganz Europa liebte: weg mit allen erdachten harmonischen Geschraubtheiten und fingerbrechenden Extravaganzen hin zu einer »Musik, die die Herzen bewegt ohne die Ohren zu verstopfen« – wie es Voltaire einmal sagte; einer Musik, die italienische Brillanz, deutschen Tiefsinn und französische Eleganz gleichermaßen in sich vereinigte.

Inhaltlich umwerfend Neues ist natürlich von einem Greis kaum zu erwarten: Sein *summum opus* sollte die »Ino«-Kantate sein/bleiben. (Leider ist die Chronologie von Suiten-Band und Kantate nicht exakt zu ermitteln.) Immerhin erschließt er sich das noch völlig neue Divertimento – »Zerstreuung« – und subsumiert unter diesem Titel Instrumentalmusik, für die es bislang weder Rahmen noch Anlaß gab. Hier nun ließ Telemann ein letztes Mal seiner Liebe für die polnische Volksmusik freien Raum – jenen hinreißend-rauhen Klängen, die er gleich zu Anfang seiner Bilderbuchkarriere in Sorau hatte kennenlernen dürfen und mit denen er bisweilen auch seine italienisierenden Konzerte zu würzen pflegte.

In den Ouverturen der Sammlung hingegen huldigt er mit Chaconne, Passacaille, Plainte, Menuet und Bourrée Frankreich, jenem Land, das ihm den größten persönlichen Triumph bereitet hatte: Von September 1737 bis Mai 1738 weilte Telemann in Paris. Eine von seinen im Druck publizierten Kompositionen begeisterte Schar junger Musiker – Michel Blavet, Pierre Guignon, Antoine Forqueray, Armand Louis Couperin und der Cellist Edouard – hatte ihn in die französische Hauptstadt eingeladen und ihm als erstem *compositeur étranger* gar einen Auftritt im »Concert Spirituel« ermöglichte. Ganz Gentleman, bedankte er sich für diese ihm so *en passant* zuteil gewordene Ehre (40 Jahre später mußte der junge Mozart wochenlang »Klinken putzen«) mit »Deus Judicium tuum«, einem eigens für den Konzertsaal in den Tuilerien komponierten »Grand Motet«, in dem er eindrucksvoll seine unübertreffliche Kenntnis des *goût français* unter Beweis stellte. Den jungen Musikern hingegen dedizierte er später von Hamburg aus seine »Nouveaux Quatuors«, hierzulande »Pariser Quartette« genannt.

1767 – also im der gigantischen Werksammlung folgenden Jahr – starb Telemann. Sein Nachfolger als Hamburgischer Musikdirektor wurde sein Patensohn Carl Philipp Emanuel Bach, den er 1714 eigenhändig in Weimar über die Taufschale gehalten hatte.

Reinhard Goebel

»Laudatio für Nikolaus Harnoncourt« Verleihung des Telemann-Preises der Stadt Magdeburg, 11. März 2004

Sehr geehrte Damen und Herren, Eminenzen, Magnifizenzen –
Nikolaus Harnoncourt wird hier und heute – nach gehaltener Rede – mit dem Telemann-Preis der Stadt Magdeburg ausgezeichnet: eine paradoxe Situation, da in den Kreis der bislang Geehrten und mit diesem Preis ausgezeichneten Musiker und Wissenschaftler erst jetzt mit doch erheblicher Verspätung derjenige aufgenommen wird, ohne den Alte Musik im vergangenen 20. Jahrhundert kaum denkbar war und auch im angebrochenen 21. wohl kaum sein wird, eine Musiker-Persönlichkeit von solchem Rang und solcher Ausstrahlung, daß man geneigt sein könnte, ernsthaft über den Spruch Finis Coronat Opus nachzudenken.
Nur vordergründig noch paradoxer mag es erscheinen, daß einem Kollegen aus der Musikanten-Zunft – Johann Adolf Scheibe war es, der Johann Sebastian Bach in eindeutiger Beleidigungs-Absicht so bezeichnet hat – und dann auch noch ausgerechnet mir (der ich als spitzfindig, scharfzüngig, sarkastisch, kritisch und boshaft berüchtigt und entsprechend beliebt bin) die Aufgabe zufällt, Nikolaus Harnoncourt im Kreis der Telemann-Preisträger nicht nur eventuell und beiläufig zu begrüßen, sondern hier vor Ihnen allen diese Laudatio zu halten.
In der Tat ist es nicht herkömmlicher Brauch, daß ein Musiker über den anderen etwas anderes als nur Schmäh-Reden im Koffer hat – und reichlich ungewohnt ist es in Zeiten des Generationen-Konflikts zudem auch, daß der Jüngere den Älteren lobt: aber es ist nur die vermeintlich öffentliche Meinung der Kultur-Zaungäste, die die Welt in schwarz-weiß, richtig-falsch teilt, Lob und Tadel nach Gut-Dünken, bisweilen nur Dünken, meistens aber nur nach Dünkeln austeilt … und Gräben aushebt, wo keine sind, sein können und dürfen. Das zu erkennen, ist für den immer unter Profilierungs-Druck stehenden, vor allem aber dem jungen Musiker nicht immer leicht …
Eine weitere Dimension in dieser ohnehin schon der Quadratur des Kreises gleichenden Rede tritt hinzu durch die Umstände des Ortes und der Zeit, die Gottsched in seiner Abhandlung über die Laudatio als unbedingt zu berücksichtigende Achse der Rede-Inventio, der Erfindung also, nennt. Zweifellos bezieht Gottsched diese »Erfindungsorte« auf den zu Lobenden. Ich aber werde Ort und Zeit umdeuten müssen und Ihnen hier Anwesenden eine besondere Facette

in der Leistung des zu Lobenden herauszustellen versuchen, die vielen insofern unbekannt sein dürfte, da das bis 1989 hier in den östlichen Bundesländern herrschende Regime auch künstlerisch wasserdichte Grenzen zu ziehen wußte und das Land erst in verspäteter Gütigkeit - als eigentlich schon alles gelaufen war - an dem teilhaben ließ, was Nikolaus Harnoncourt initiiert hatte.

Nikolaus Harnoncourt hat den Bereich der Alten Musik nicht geschaffen, nicht erfunden - aber er hat ihn durch seine Leistungen überaus hoffähig gemacht und dessen erst noch enge Grenzen ausgeweitet - und ihn inzwischen auch längst verlassen. Er ist mit seiner in den 1970ern als eher provokant empfundenen, dennoch so rundherum wahren Definition, daß jede Musik von vorgestern oder gestern gar per definitionem schon Alte Musik sei, in die Bereiche der Sinfonik, der Oper und der Operette gar des 19. Jahrhunderts vorgestoßen. Nikolaus Harnoncourt hat die Türen aufgestoßen und Anlaß gegeben zu so ungemein vielfältiger praktischer und wissenschaftlicher Beschäftigung mit dem musikalischen Erbe - sodaß erst in der Retrospektive klar werden wird, welchem musikalischen Genius hier und jetzt der Telemann-Preis verliehen wird.

Erst der distant mirror, die Betrachtung aus der Ferne, wird zeigen, was Nikolaus Harnoncourt angerichtet hat - denn in der Tat ist unser zeitgenössischer Blick viel zu beengt. Karajans Wohlklangorgien und Böhms Konsensmusizieren (auf sie fällt ja bereits der Blick zurück) haben jedenfalls weder zu ihrer Zeit noch danach in irgendeiner Form die Musikwissenschaft beunruhigt oder gar in Musikerkreisen für molto discutabile gesorgt - Im Gegenteil: Sie verbreiteten gepflegte Langeweile und Duldungsstarre.

Nikolaus Harnoncourt war es, der durch seine Art des Musizierens und durch seine Art, Musik auf die Bühne zu bringen, die Anschauung, Musik sei vor allem erst einmal gut, wahr und schön, arg ins Wanken brachte - vor allem aber jener Nachkriegsmentalität arg zusetzte, derzufolge nur Bach, Mozart, Beethoven und Brahms gut, wahr und schön und der aktiven Pflege wert seien.

Nikolaus Harnoncourt bot vor allem in den frühen Jahren mit seinem Ensemble Concentus Musicus erst einmal Musik, von der man angenommen hatte, daß sie kaum für´s studentische Collegium Musicum taugte: Peurl, Posch, Scheidt, Biber, Muffat und auch Telemann - und brachte allein mit dieser Repertoire-Auswahl schon ein Weltbild ins Wanken: ein Weltbild, das vom Adorno'schen Fortschrittsglauben und jenem Dictum »Sie sagen Bach -aber sie meinen Telemann« geprägt war.

Mit Bedauern ist festzustellen, daß die frühen Aufnahmen des Concentus Musicus beim österreichischen Label Amadeo schon seit Jahrzehnten nicht mehr greifbar sind, belegen diese Aufnahmen doch gerade die schroffe Abkehr vom bräsigen, breiigen Klang, mit dem andernorts in den 1950er und 1960er Jahre so manche Rosenmüller-Sonate fertiggemacht und plattgewalzt wurde. Daß sich unter diesen stilbildenden Aufnahmen bereits der 3. Teil von Telemanns »Musique de Table« befand, sei nur am Rande bemerkt.

Heute, wo die alte Musik etabliert ist und sich fast jedes Sinfonieorchester mit alten Bögen bewaffnet über Triller auf der leeren e-Saite hermacht, doppelt punktiert, wo's ein einfacher Punkt auch täte (wenn er denn zusammen wäre!!), musikalische Gestik zum bisweilen fast unerträglichen Gestikulieren, sicher aber zum ubiquitären Gemeinplatz verkommen ist, machen wir uns kein Bild mehr davon, wie boshaft meistens, sachfremd aber immer, die öffentliche Meinung auf den frühen Harnoncourt reagierte - denn man erkannte nicht, was er gab, umso mehr aber, was er nahm: den Instrumentalisten nahm er den klebrigen Bach-Strich obere Hälfte, dem Kirchenchor sein Repertoire, ja die Kirchenmusik als wiedergefundene Mitte - und vielen anderen liebgewonnene Feindbilder: Es war Nikolaus Harnoncourt, der durch sein vitales, energiereiches, hörbar bedingungslos dem Werk verpflichtetes Musizieren den Kleinmeister zu Grabe trug und dafür (Strafe muß sein!!) zum Feindbild stilisiert wurde ... dürr, blutleer, blaß, manieriert, museal nannte man sein Musizieren ... vor allem in offiziösen Kreisen.

Der fachfremde Literat Wolfgang Hildesheimer (seiner wird in der neuen MGG, kaum verwunderlich für unsere Zeit, die ja so bemerkenswert dem Crossover verpflichtet ist, mit kaum weniger Zeilen als Nikolaus Harnoncourt gedacht) hielt den Concentus Musicus für ein veritables Abbild der Hölle, und das Fachorgan »Musik und Kirche« erging sich heftweise in erschreckenden Verbalinjurien gegen Nikolaus Harnoncourt und sein Ensemble. Ein Präsident des Deutschen Tonkünstlerverbandes fragte sich 1962 vermutlich eher rhetorisch, aber immerhin öffentlich, im Hinblick auf Bach und sein Instrumentarium: »was konnten und mochten damalige Instrumentalisten auf damaligen Instrumenten (ohne Kammerton, ohne Kenntnis präziser Intonation) in damaligen Räumen (ohne Lüftung und mit Kerzenhitze) an Klängen hervorgebracht haben??« - und hielt es für eine »von Bach selbst autorisierte Praxis«, im 3.»Brandenburgischen Konzert« anstelle der beiden überleitenden Akkorde zwischen erstem und zweitem Satz einen langsamen Chorsatz einzufügen, um aus dem zweisätzigen Werk ein Norm-Konzert zu machen.

Aber es gab auch Menschen, vornehmlich jüngere, die hingerissen waren von den Farben des Barockorchesters, überhaupt dem Neuland, was Nikolaus Harnoncourt physisch wie psychisch zugänglich machte. Und so spalteten er und der Concentus Musicus Familien, Blockflöten-Quartette, Kirchenchöre, Abitur- und Hochschulklassen.

Tiefes, offenbar unbändiges Interesse an Musik und nur Musik ist Nikolaus Harnoncourt zu bescheinigen: Und so verlief ein 1978 in Marburg inszeniertes Gipfeltreffen mit dem als Zeuge der Anklage mächtig in Szene gesetzten Helmuth Rilling und dem als Großinquisitor auftretenden, ja agierenden Professor von Dadelsen gänzlich unspektakulär, frei jeglicher persönlichen Eitelkeit seitens Nikolaus Harnoncourts und - man muß schon im Sinne der auf Konfrontation erpichten Zaungäste sagen - leider vollkommen uneklatant.

Nikolaus Harnoncourt hatte der gerade in Blüte geratenen Urtext-Euphorie einen schweren Schlag dadurch versetzt, daß er den wohlgemerkt gebildeten und in der Sache erfahrenen Praktiker über den mit dem Zentimetermaß bewaffneten und operierenden Herausgeber stellte und zudem klar machte, daß zwischen der Edition einer Konzeptpartitur und einer bewegenden Werkdarbietung doch wohl ein himmelweiter Unterschied sei und Gleichförmigkeit - »von Takt 4 bis 18 bitte mezzo piano, dann zwei Takte mezzo forte, dann bitte zwei Takte decrescendo ...« - der Tod jeglicher musikalischen Rede-Charakteristik, ja charaktervollen Musik sei.

Sieger nach Punkten, nach Argumenten und Besonnenheit bei diesem Schlachtfest (es ist genau 25 Jahre her!!), diesem intendierten Tag des Gerichts, in dem sich insonderheit die deutsche Musikwissenschaft gegen den vehement ihre alleinige Deutungshoheit bestreitenden Musiker in Szene setzte und in dem sämtliche Parameter seines Musizierens - Tempo, Dynamik, Artikulation, Ornamentik, ja selbst der Männer-Alt und der Knabenchor - in bisweilen hinterfotziger, immer aber pharisäerhafter Art auf's Korn genommen wurden, blieb ganz eindeutig Nikolaus Harnoncourt. Nur ein einziges Mal erwehrt er sich mit einem Machtwort »so gerichtlich möchte ich eigentlich nicht gefragt werden« der von allen Seiten heranstürmenden Meute, deren Bißlaune auch Christoph Wolff, der Moderator des Gesprächs und damals wie heute aktive Sympathisant Harnoncourts, kaum zu zügeln wußte.

Man muß sich fragen, warum aus der Schar der etwa gleichaltrigen Musiker, die sich in den 1950ern mehr oder minder mit alter Musik befassten und in den 1960ern den aufblühenden Schallplattenmarkt eroberten, einer Schar, zu denen auch viele meiner physisch veritablen Lehrer gehörten, Nikolaus Harnoncourt nicht übrig blieb, sondern wie ein Phoenix aufsteigend alle Konkurrenten vergessen machend hinter sich ließ.

Könnte es der Wahlspruch »Chi dura la vince« - »Wer ausharrt siegt« - sein, den Nikolaus Harnoncourt der Oper des von ihm in so glühenden Aufnahmen beschworenen und dadurch wieder ins Publikumsbewußtsein gebrachten Heinrich Ignaz Franz Biber entnommen haben könnte??

Nein: Es ist das unbändige Interesse an Gestaltung und Ausdruck, an unmißverständlicher Klarheit und undeutbarer Eigentlichkeit, an charismatischem Engagement, das in beinahe jedem Ton, sicher in jedem Takt, in jeder musikalisch-motivischen Geste des Nikolaus Harnoncourt hörbar ist und sich fesselnd bemerkbar macht. Heißt es am Ende eines Bach'schen Rezitativs, das von der Verdammung des Christenmenschen angesichts falscher, verblendender Lehren spricht: »Drum hast Du auch den Leuchter umgestoßen«, so übersetzt der Cellist Harnoncourt diese Aussage mit zwei ruppigen non-vibrato-Dominante-Tonika-Tönen in die Wirklichkeit: Hier werden keine Kerzen ausgeblasen, hier fällt der Leuchter zu Boden!

Als ich vor kurzem das mir naheliegende Kulturradio einschaltete und unter währender Musik in eine hinreißende Wiedergabe von Mozarts »Linzer Sinfonie« eintauchte, hätte ich vor Zeugen schwören wollen, daß das nur Nikolaus Harnoncourt sein konnte, der dem Orchester Beine machte - ich hatte Recht, die Absage bestätigte es. Wenige Tage zuvor noch saß ich in Dresden über Fux- und Zelenka-Manuskripte der Hofkapelle gebeugt und fand heraus, daß der letzte (!!!) Benutzer dieser Quellen vor fast fünf Jahrzehnten der junge Nikolaus Harnoncourt gewesen war - und es war mir eine hohe Ehre, meine Benutzerunterschrift unter die seinige zu setzen. Nikolaus Harnoncourt hat eine ganze Generation von Musikern gelehrt, daß Fach- wie Sachwissen und Quellenkenntnis einem sinnvollen Musizieren nicht abträglich, sondern geradezu conditio sine qua non sind. Er hat damit das alte Ideal vom musicus doctus, dem auch durch sein Wissen um die Musik, um das Werk wissenden und deshalb selbstbewußten Musiker wiederbelebt.

Nikolaus Harnoncourt wird mit dem Telemann-Preis der Stadt Magdeburg nicht ausgezeichnet, weil er bereits 1967, zum 300.Todestag des Komponisten, eine Aufnahme jenes Oratoriums vorlegte, das Sie gleich im Anschluß hören werden, nicht für seine Aufnahme der »Musique

de Table«, nicht für die Aufnahme der »Ino«-Kantate, der »Darmstädter Ouverturen« oder ausgewählter Doppelkonzerte, sondern dafür, daß er das Bild der musikalischen Welt so überaus bemerkenswert und nachhaltig verändert hat.
Nikolaus Harnoncourt bekommt diesen Preis spät, sehr spät - aber daß er ihn im Jahr 2004 erhält, in dem sich der Todestag von sowohl Biber als auch Muffat, zwei erst durch ihn - und nur ihn !! - wieder ins öffentliche Bewußtsein zurückgerufenen Komponisten, zum 300ten Mal jährt, mag ihn trösten.
Wir sind hier, sehr verehrte Damen und Herren, im Sendegebiet des MDR, des Mitteldeutschen Rundfunks. Schon im November bringt diese ARD-Anstalt eine CD mit den Nachrichten-Highlights des eigentlich noch laufenden, aber dennoch ganz offenbar bereits ad acta gelegten Jahres heraus: Als ich im vergangenen Dezember die brandneue, Anno 2003 beinhaltende CD im Auto hörte, stutzte ich nicht, sondern bekam momentan einen Lachanfall über folgender Nachricht: »Die Welt verneigt sich vor Michael Schuhmacher, der zum dritten Mal in Folge Weltmeister in Monza geworden ist«.
Neineinein, ganz sicher nein - und nochmals nein: abgesehen davon, daß sich nicht die Welt, never ever, sondern allenfalls der Leser der Boulevardpresse vor Michael Schumacher verneigt, täte sie - die Welt - besser daran, sich vor Nikolaus Harnoncourt zu verneigen.
Ergreifen wir die Gelegenheit beim Schopfe und geben dem Künstler Nikolaus Harnoncourt tosenden Applaus für sein grandioses, uns alle bewegendes Lebenswerk!!!!

Johann David Heinichen: »Dresden Concerti«

Musica Antiqua Köln, Reinhard Goebel

Deutsche Grammophon GmbH, 1993

Um den Beinamen »Venedig des Nordens« streiten viele Städte: Immer dort, wo Wasser und dementsprechend viele Brücken sind, vermutet man es, wird das Attribut beansprucht. Florenz hingegen ist ein innerer Wert, der wenig mit Wasser und Brücken zu schaffen hat – und da gibt es auch keinen ernsthaften Streit um das »Florenz des Nordens«, es gibt keine Bewerbungen um dieses Attribut: Es gibt nur noch »Elbflorenz« – Dresden, die grandiose deutsche Hauptstadt der Künste, die Residenz der sächsischen Kurfürsten, jener einstigen Schutzherren der deutschen Reformation, die 1697 aus verständlicher Machtbegierde plötzlich zum katholischen Glauben konvertiert waren und so in den Besitz der polnischen Wahlkrone und – zwei Herrschergenerationen lang – eines gigantischen Reiches gelangten.

Als Johann Gottfried Herder das inhaltsreiche Schlagwort »Elbflorenz« prägte, war Dresdens politische und wirtschaftliche Hoch-Zeit bereits vorüber: Brandenburg-Preußen hatte sich mit Waffengewalt an die Spitze der Deutschen Kurfürstentümer gekämpft, und man verwaltete in Dresden nur mehr jene Schätze, die in der Zeit der kurfürstlich-sächsisch-königlich-polnischen Personalunion angehäuft worden waren – diese großartigen Schätze, die Dresdens Anspruch auf kulturelle Ebenbürtigkeit zu Wien bis in die aktuelle Zeit untermauern und auch den abschätzigen Blick auf Berlin als Parvenu-Polis allemal rechtfertigen.

August der Starke, als Zweitgeborener durch den Tod seines älteren Bruders 1694 zur Kurfürstenwürde gekommen, wusste von der Wichtigkeit wirtschaftlicher Prosperität für sein ererbtes Land und verzichtete bei seiner Konversion bewusst auf das verbriefte Recht *cuius regio, eius religio*: Sachsen, Land und Leute, selbst die Kurfürstin Christiane Eberhardine – auf deren Tod Johann Sebastian Bach später das Tombeau »Laß, Fürstin, laß noch einen Strahl« BWV 198 schrieb – blieben lutherisch, während ansonsten die gesamte Herrscherdynastie in den Schoß der alleinseligmachenden Kirche zurückkehrte. Toleranz wurde nicht durch wortreiche Edikte verkündet und vorgeschrieben, sie wurde in bewundernswert einfacher Weise gelebt;

in durchaus pragmatischer Art wurde die Rückkehr des kurfürstlichen Hauses zum Katholizismus noch lange Zeit als Privatvergnügen behandelt: Bei der Planung der katholischen Hofkirche wurde die Prozession im Kircheninnern berücksichtigt, da Freiluftdemonstrationen des katholischen Ritus der protestantischen Bevölkerung Dresdens nicht zuzumuten waren.

August der Starke wusste auch um den einzigartigen Rang der kulturellen Werte: Verschanzten sich vergleichbare Herrscher *privatissime* in ihren Bildgalerien und Kunstkammern oder sammelten gar so Unsinniges wie große, hochgewachsene Männer – dies das Hobby des »dicken Vetters« in Berlin –, so entwarf August eigenhändig Galerien und Museumsbauten, in denen sein, also der staatliche, Kunstbesitz ausgestellt und zugänglich gemacht werden sollte; und selbst bei den intimsten höfischen Kammerkonzerten in den Räumen der Kurfürstin konnten interessierte Bürger, in einer Loge verborgen, lauschen – vorausgesetzt, sie waren ordentlich angezogen.

August der Starke und sein Sohn und Nachfolger Kurfürst Friedrich August II. (bzw. König August III. von Polen), der durch seine Heirat mit Maria Josepha, der ältesten Tochter des Kaisers Joseph I., legitimen Anspruch auf die (1740 frei gewordene) kaiserliche Karlskrone anmelden konnte, sammelten nicht nur Raffael und Tizian, alte Meistern also, sondern gerade auch zeitgenössische Kunst – und Werke begnadeter Kunsthandwerker. Die Schaukästen der Dresdner und weiterer Museen quellen über von jenen Kunstwerken in Elfenbein, Gold, Marmor und Porzellan, die die Hofkünstler im direkten Auftrag und auch freiwillig zur zeitlosen Ehre ihres Herrschers schufen.

Mit ebenso bemerkenswertem Spürsinn wurde am Dresdner Hof ein Orchester zusammengestellt, dessen instrumentale Qualitäten nördlich der Alpen unübertroffen waren und für das die Zeitgenossen nur allzu gern komponierten: Mehr oder minder ungebeten, dienten sich den Dresdner »Hertzens-Freunden« Tomaso Albinoni, Antonio Vivaldi, Johann Friedrich Fasch, Georg Philipp Telemann – um nur die bedeutendsten zu nennen – mit »Concerti per l'orchestra di Dresda« oder hochvirtuoser Kammermusik an. Und selbst Johann Sebastian Bach erbot sich 1733 in der Widmung zu »Kyrie und Gloria«, dem Kernstück der späteren h-Moll-Messe, »in schuldigstem Gehorsam, iedesmahl auf Ew. Königlichen Hoheit gnädigstes Verlangen, in Componierung der Kirchen Musique sowohl als zum Orchestre meinen unermüdeten Fleiß zu erweisen [...]«.

Dresden war zweifellos das Ziel von Johann Sebastian Bachs geheimsten Wünschen. Aber man entschied sich für eine modernere Richtung: Mit dem in Italien trainierten Johann Adolf Hasse, der zudem noch die Sängerin Faustina Bordoni im ehelichen Schlepptau dem Dresdner Hof zuführte, sicherte August III. sich einen Künstler von europäischem Rang, der besonders dem königlichen Bedürfnis nach Opern vollauf Genüge leisten konnte. Die bislang führende Instrumentalmusik trat in der Ära Hasse-August III. merklich in den Hintergrund – und in der zweiten Hälfte des Jahrhunderts bezeugen dann die rührenden Briefe Johann Georg Pisendels an Telemann den Niedergang des Ensembles, die »Armee von Generälen« trat – wenn auch nur für eine kurze Generation – die Nachfolge des Dresdner Ensembles an.

1733 und auch früher bedurfte man in Dresden kaum eines Johann Sebastian Bach: Mitglieder der Kapelle, allen voran, als Dienstältester, Kapellmeister Johann Christoph Schmidt, dann die Geiger Pantaleon Hebenstreit, Johann Georg Pisendel und zeitweise Francesco Veracini, die Flötisten Pierre-Gabriel Buffardin und sein Schüler Johann Joachim Quantz, der Organist Giovanni Alberto Ristori, der überaus gelehrte Violonespieler Jan Dismas Zelenka, Konzertmeister Jan Baptiste Woulmyer (Volumier), der Lautenist Silvius Leopold Weiß und bis zu seinem Tode 1729 der große Theoretiker Johann David Heinichen – sie alle komponierten selbst und bedachten »ihr« Ensemble mit bisweilen unerhört virtuosen Werken.

Als besondere Spielart, als geradezu typische Dresdner Variante des gängigen italienischen Konzerts, wurde – die reichen instrumentalen Möglichkeiten der Kapelle bestens ausnutzend – das »Concerto per molti strumenti« entwickelt und gepflegt: Kammerkonzerte und grandios überhöhte Sonaten für bis zu zehn Solisten, Solokonzerte für bis zu fünf Solisten und Ripieno sowie großangelegte Suiten-Konzerte mit von Satz zu Satz wechselnden Solisten; Werke allemal, die die üblichen Form- und Gattungsbegriffe sprengen, sind in den Beständen der heutigen Sächsischen Landesbibliothek trotz der Kriegsverluste reichlich vorhanden.

Erstaunlich ist, dass bei allen Versuchen, die Bach-Zeit transparent zu machen, niemand bislang dem Schaffen Johann David Heinichens mehr als nur eine akustische Fußnote widmete. Persönliche Vorlieben mögen entscheidend dafür gewesen sein, dass man seit den frühen 70er Jahren des 20. Jahrhunderts in den Kompositionen des Tschechen Jan Dismas Zelenka einen gewichtigen Gegenpart zum Schaffen Bachs gesehen hat. Zweifellos großartig – aber kaum repräsentativ für den Dresdner Stil – sind seine Instrumentalwerke, deren immer gesucht wirkende grüblerische Genialität wie ein Ausdruck tiefster persönlicher Krisen anmutet: Dass der pragmatische starke August den Rangerhöhungsgesuchen des Jesuitenzöglings Zelenka nie nachgab, wundert kaum; auch Maria Josepha, die nach ihrer Übersiedlung von Wien in häuslich-höfisch-kulturellen Dingen das Heft in die Hand nahm, war Zelenka wohl in gewisser Weise abhold.

Der Protestant Heinichen hingegen war ein vollkommener Diener seines katholischen Herrn; niemand hätte dem Sohn eines evangelischen Pastors an der Wiege gesungen, dass er einmal über die Stationen Thomasschule, Studium bei Johann Kuhnau und Studium der Rechte an der Universität Leipzig zum Hofkapellmeister in Dresden aufrücken sollte. 1706 zog sich Heinichen – nach vielversprechenden Opernerfolgen im bürgerlichen Leipziger Musikleben — auf eine Anwaltspraxis in Weißenfels, der Residenz einer sächsischen Nebenlinie, zurück, fand sich aber für die Opernsaison 1709/10 wieder in Leipzig ein. Ein erneuter Rückzieher führte ihn nach Italien, wo er zeitweise in Diensten des sich auf *Grand Tour* befindenden Leopold von Anhalt-Köthen stand, letztlich aber dessen Angebot eines Hofamtes in Köthen ablehnte und 1716 in Venedig vom sächsischen Kurprinzen für den Dresdner Hof engagiert wurde.

Heinichen trat sein Hofamt 1717 an. In den zwölf Jahren bis zu seinem Tod schrieb er eine Oper, fünf Serenaten (das sind ausgedehnte, mit personifizierten Allegorien ausgestattete Huldigungskantaten, die als Festmusik zu bestimmten höfischen Ereignissen fungierten), 50 katholische Kirchenmusiken, 60 italienische Kantaten und die »Concerti per l'orchestra di Dresda« – man kann sie augenblicklich nur so bezeichnen, da jeder herkömmliche Gattungsbegriff unzutreffend ist.

Ein Großteil dieser Konzerte erklang hinter streng verschlossenen Türen (das unverkennbare Jagdkolorit deutet auf das bei Dresden gelegene Wasserschloss Moritzburg) und verschwand nach Heinichens Tod hinter ebensolchen: Schon der äußerst mitteilsame Heinichen-Artikel in Ernst Ludwig Gerbers »Historisch-Biographischem Lexicon der Tonkünstler« von 1790 erwähnt die »Concerti« mit keinem Wort.

Wie wir aus späterer Korrespondenz zwischen Georg Phlipp Telemann und Johann Georg Pisendel erahnen können, betrachten höfische Auftraggeber, besonders aber die sächsischen Kurfürsten, die Arbeiten ihrer Komponisten als Privatbesitz; das kompositorische Vermächtnis eines Jan Dismas Zelenka jedenfalls wurde wie ein Augapfel und auch mit Argusaugen gehütet. Wurden solche »geschützten« Kompositionen unter der Hand zwischen Interessenten weitergereicht und verbreitet, so bemühte man sich durch Veränderung des Satzbestands oder durch Einfügung gravierender, sinnentstellender Fehler (mit denen wir heute bisweilen unsere liebe Last haben), die Provenienz zu verschleiern.

Zwar befinden sich die Orchesterwerke Johann David Heinichens nach wie vor zum überwiegenden Teil in Form verkürzter Konzeptpartituren in der Sächsischen Landesbibliothek Dresden, doch gerieten durch den freundschaftlichen Umgang des Komponisten mit Christoph Graupner auch einige Werke in die Bibliothek der hessischen Landgrafen zu Darmstadt. Das dort erhaltene Konzert für vier Blockflöten – wohl eines von den frühen Werken Heinichens – ist nur sinnvoll in einer rekonstruierten Version für drei Blockflöten, wie sie namentlich aus dem Inventar der »Zerbster Conzert-Stube« bekannt ist. Ähnlich kompliziert – aber letztlich doch durchschaubar – ist die Quellenlage bei zwei G-Dur-Konzerten, die für die »ärmlicheren« Bedingungen Darmstadts in vielfältiger Art verändert wurden. Merkwürdig erscheint hingegen, dass die gewaltige, in der Quelle selbst »Concerto grosso« genannte Komposition für zwei Traversen, zwei Violinen, zwei Fagotte, zwei Violoncelli und Streicher in authentischer Form nur in Darmstadt überliefert ist.

Was Zelenka bisweilen zuviel an Kopf hat, mag Heinichen manchmal an Gefühl zuviel haben – erstaunlich bleibt immerhin, dass es möglich ist, in der beinahe restlos durchgeforsteten und hinlänglich bekannten Musikwelt des Spätbarocks, gar innerhalb des deutschen Dreiecks Bach-Telemann-Händel, noch einen deutschen Komponisten mit bedeutenden, bemerkenswerten Eigenarten zu entdecken.

Heinichens Kompositionen sind nach den auch heute noch gültigen Regeln des Tonsatzes Meisterstücke; die strenge Schule des 17. Jahrhunderts findet ihren Niederschlag in meistens zwei Violenpartien, an denen Heinichen auch dann festhält, wenn er – neuerem Geschmack huldigend – die Violinen nach venezianischer Art *unisono* führt. Die Themen der schnellen Kopfsätze entstehen bisweilen durch Reihung kontrastierender Kleinmotive oder aber auch durch rastloses Umdrehen und Spiegeln lediglich eines Motives. In den Ritornellen der ersten Art schafft Heinichen zusätzliche Belebung durch komplizierte Harmonik und teilweise äußerst virtuose Behandlung der Basspartie, den moderneren Ritornellen der zweiten gibt er zusätzlich übergreifenden Zusammenhang und stürmischen Impetus durch einfache Trommelbässe. Eigentliche Meisterstücke von klanglicher Variabilität sind die langsamen Sätze. Hier reicht die Bandbreite von glückseligen Tuttisätzen mit Hörnern und Flöten und schwermütigen Quartettsätzen über schwingende Siciliani bis hin zu mittelschnellen Virtuoso-Sätzen und Piècen eindeutig deskriptiven Inhalts: Wirklichkeit durch kunstvollen Einsatz fremder – aber geeigneter – Mittel zu suggerieren, war der gehobenen Kultur des Barocks nahezu ein Grundanliegen.

Kaum, dass der Komponist sich hierbei auch nur andeutungsweise wiederholt; in der formalen Anlage der Konzerte gibt es ebenfalls wenig Übereinstimmung. Jedes Werk trägt eine durchaus eigene Handschrift. Dreisätzige, viersätzige, fünfsätzige Konzerte, solche mit Suitenanhang oder -innenleben: Heinichen setzte seiner Erfindungslust weder inhaltlich noch formal oder gar klanglich irgendwelche Grenzen.

Zu den reinen »Concerti per l'orchestra di Dresda« und dem venezianischen Festkonzert von 1717 – aufgrund dessen Heinichen möglicherweise vom Kurprinzen in Venedig für Dresden unter Vertrag genommen wurde – haben wir auch die spärlicher besetzte Darmstädter Sekundärfassung aufgenommen; mit der Ouvertüre zur »Serenata di Moritzburg« und der dem Hofkirchen-Repertoire entstammenden »Sonata A-Dur« zeigen wir, wie nah sich doch die weltliche Festmusik und kirchliche Alltagsdekoration gestanden haben. Das fragmentarisch überlieferte Doppelkonzert für Violine und Oboe in c-Moll hingegen, das wir aufgrund seiner hohen kompositorischen Qualität als *amuse-oreille* mit eingespielt haben, steht letztlich nicht nur aufgrund seiner Tonart außerhalb der Reihe. Es zeigt, dass Heinichen auch die besondere »Stilhöhe« des rhetorisch begründbaren deutschen Konzerts beherrschte, die sich selbst und ihren eigenen Regeln genügende und verpflichtende Kunst, aus dem Nichts ein Spannungsfeld aufzubauen, durchzuführen und sinnvoll abzuschließen.

Auffallend im vermutlich ohne nennenswerte Verluste überlieferten Bestand der Dresdner Festkonzerte ist, dass der überwiegende Teil der Werke in simpel-wohlklingendem G-Dur und F-Dur steht und dass auch in den Mittelsätzen Molltrübungen vermieden werden. In fast allen diesen Konzerten erklingt das gesamte Orchester: Neben den solistisch agierenden Paaren von Oboen und Flöten, in den F-Dur-Konzerten auch von Hörnern, geben die immer mit den Violinen *colla parte* geführten Orchesteroboen und die bisweilen hinzugefügten Traversen dem Klang eine unverwechselbare Charakteristik. Als Pendant dazu treten in einigen Konzerten zwei Fagotte zur Continuogruppe, mitunter auch als konzertante Instrumente gegenüber einem Violoncello-Paar gefordert. Daneben wird die Theorbe, nur in einem Konzert als Soloinstrument *expressis verbis* verlangt, regulärer Bestandteil des Dresdner Orchesters gewesen sein. Ein so luxuriös besetztes Ensemble – dieses bereits ein Wert an sich – hinterlässt prächtige Wirkungen auch durch die malerisch-romantische Qualität des gelegentlichen Nicht-Zusammenseins, durch die Mischung der sich eigentlich nicht verbindenden Klangfarben von Flöten, Oboe und Violinen.

Diese reinen Festkonzerte sprechen eine eindeutige Sprache: Der zeitgenössische Hörer – der von der Jagd zurückgekehrte Höfling – verstand den nach verstimmten Mandolinen klingenden Barcarolensatz als klanggewordene Wirklichkeit, hatte man doch gerade noch von Booten aus im Moritzburger Teich nach Enten geschossen. So wie der Besucher des Schlosses heute noch von zwei hörnerblasenden Skulpturen empfangen wird, so waren die Signalmotive der Hörner, die kraftvoll zulangenden Streicherakkorde, die tändelnden Traversen, die bukolischen Blockflöten in ihrer Bildhaftigkeit auf überaus mannigfache Weise mit den Realitäten verknüpft: Drinnen und draußen, Götter und Geliebte, Natur und Nachahmung verwoben sich in barocker Theorie und Wirklichkeit zu einem vieldimensionalen Theaterstück. Die über das Auge wirkende Bildlichkeit eines Porzellan-Stücks ist uns noch sinnfällig-geläufig – die über das Ohr wirkende Bildhaftigkeit des musikalischen Kunst-Stücks müssen wir wieder erlernen, um die Klangstücke vergangener Zeiten in ihrer brisanten Realität zu verstehen.

Wie sehr bisweilen diese »Wirklichkeit der Töne« in außermusikalischen Bereichen zu suchen ist, zeigt sich in dem Quintett-Konzert D-Dur. Kaum in Beziehung zueinander stehende kurze Episoden der fünf Solisten, für die Bläser zudem technisch äußerst unbequem, weil unidiomatisch, dazu ein *unisono* und *con sordino* geführtes Ripieno: All das zeugt nicht gerade von formaler Beherrschung, kompositorischer Meisterschaft oder gar Klangsinn – gibt aber zu denken.

Kompositorische Virtuosität zu zeigen, war allerdings auch nicht Sinn und Zweck dieser Komposition. Von alters her war es Usus, dass ausgewählte Künstler ihre Fürsten auf Reisen begleiteten. In zweifacher Weise wurden so Bedürfnisse befriedigt: Der Herrscher konnte nach eigenem Gusto »hofhalten«, und die Musiker hatten die Möglichkeit, Novitäten und fremde Geschmäcker kennenzulernen durch die Begegnungen mit Kollegen, die neben eigenen Kompositionen dieses oder jenes Werk aus Wien, Paris oder Venedig in ihrem Reisegepäck mit sich führten.

Die Dresdner Virtuosen begleiteten ihren Kurfürst-König auf Reisen nach Paris und Berlin; auch dem Kurprinzen Friedrich August wurde für die Hauptsaison seiner *Grand Tour* – Venedig und Wien – eine Auswahl der Hofmusiker voraus- oder nachgeschickt. Und so war offenbar das Quintett-Konzert ein »Reisekonzert«, in dem die führenden Solisten des Dresdner Hoforchesters ihre unerreichten Qualitäten unter Beweis stellen konnten. Welch ungeheure Freude muss es für den starken August gewesen sein, seine musikalischen Brillanten dem kulturell verarmten »dicken Vetter« in Berlin auf diese Weise vorzustellen! Mit einiger Sicherheit können wir sogar die Solisten dieses Konzertes benennen: Es waren der Geiger Johann Georg

Pisendel, Pierre-Gabriel Buffardin als Flötisten und Hautbois-Spieler, Francesco Maria Cattaneo am Violoncello und Silvius Leopold Weiß an der Laute. Begleitet wurden sie — *unisono* und *con sordino* – von einem Ripieno, das im Bedarfsfalle auch aus *zur Violine capablen* Lakaien rekrutiert werden konnte.

»Reisekonzerte« zu besitzen, war für jeden Virtuosen des 18. Jahrhunderts eine Notwendigkeit, da man sich im Voraus nie genau über die Qualität eines höfischen oder bürgerlich-studentischen Begleitensembles informieren konnte: Johann Sebastian Bachs Konzert C-Dur BWV 1064 für zwei Cembali – mit oder ohne Streicher spielbar – und auch Paganinis Violinkonzerte sind veritable »Reisekonzerte«.

Will man die Festkultur des augusteischen Dresden, jene ungemein friedfertige deutsche Art des Absolutismus, verstehen, so muss man die Konzerte Johann David Heinichens hören: Realistisch geradeaus, ungemein energisch und prachtvoll, bisweilen lieblich, aber gebrochen oder selbstverliebt den repräsentativen Zweck aus dem Auge verlierend, sind sie ein Abbild jener Zeit, auch jenes selbstbewusst-grandiosen Lebensgefühls, das August den Starken und seinen Sohn beseelte und auch auf ihre Untertanen ausstrahlte — und selbst heute noch ein gewisses Überlegenheitsgefühl der kunstverständigen Sachsen gegenüber den Corpsgeist verpflichteten Preußen begründet.

Dieses großartige Flair des sächsischen Hofes unter August dem Starken, jene dem Herrscher nachgesagte überschäumende Vitalität und Grenzenlosigkeit, fasste Johann David Heinichen in Töne. Seine für Dresden bestimmten Kompositionen sind klangliche Apotheosen des Absolutismus: turbulente Jagdszenen, amouröse Zwischenspiele, zitatenreiche Festdekorationen mit sich nie selbstsüchtig aufdrängendem Eigenleben – höfische Musik *par excellence* und *par élégance*.

Dies ist kaum der Platz, die Besonderheiten einzelner Kompositionen herauszustreichen, sie gar bestimmten höfischen Ereignissen zuzuordnen, sie zu datieren, zu platzieren und zu werten: Mein Bestreben war es in erster Linie, die Dresdner Festmusiken Johann David Heinichens vollständig vorzulegen.

Allerdings ist dies der Platz, der heutigen Sächsischen Landesbibliothek – Staats- und Universitätsbibliothek Dresdens, jenes Tresors von ungeahnten Schätzen, zu gedenken und ihr zu danken; ganz besonders jedoch Frau Dr. Ortrun Landmann, die uns als überragende Kennerin der Dresdner Musikalien auch in politisch komplizierten Zeiten nicht nur immer wieder fachlich beraten hat, sondern auch direkten Kontakt mit den Schätzen des Hauses ermöglichte – und somit die eigentliche Anerkennung für das Zustandekommen und Gelingen dieser Aufnahmen verdient. Ganz besonders ihr, die in ihren Vorträgen und Aufsätzen in den Jahrzehnten des »Kalten Krieges«, unbeirrt von politischer Augenblicklichkeit, mit großer Zivilcourage auf die überragende kulturelle Bedeutung Dresdens und den immensen Wert der ihr anvertrauten Manuskripte hingewiesen hat, aber auch dem Andenken an das geliebte Vorkriegs-Dresden, jenes barocke »Elbflorenz«, das am 13. Februar 1945 zumindest physisch ausgelöscht wurde, ist diese Aufnahme gewidmet.

»Johann Georg Pisendel und die Dresdner Geigenschule«

Internationales Symposium »Komponist, Violinist, Orchestererzieher und Musikaliensammler der Dresdner Hofkapelle – Johann Georg Pisendels Dresdner Amt und seine europäische Ausstrahlung.« Dresden, 23.–25. Mai 2005 (unveröffentlicht)

Wohl kaum eine Zeit der Musikgeschichte ist so reich an Umbrüchen, Wechseln, an mühsam erarbeiteten Inventionen und unerwarteten Ergebnissen wie das frühe 18. Jahrhundert. Es ließe sich lang und trefflich darüber streiten, ob sie als zyklische Reaktionen aufeinander oder nur als eine Serie von Zufällen zu interpretieren sind. …

Erst einmal ist festzustellen, daß in dem Jahrzehnt zwischen 1695 und 1705 (beginnend mit Henry Purcell, über Johann Christoph Bach, »den großen, ausdrückenden Komponisten«, und endend bei Heinrich Ignaz Franz Biber, Georg Muffat und Marc-Antoine Charpentier, letztlich aber 1706 bei Pachelbel) eine ganze Phalanx »tonangebender« Komponisten abtritt und einer bislang eher argwöhnisch beäugten Internationalität des Stils Raum gibt, die exemplarisch in den Italien-Reisen Georg Friedrich Händels, Johann David Heinichens und Johann Adolf Hasses belegt ist.

Sodann ist ein beachtliches Anwachsen des Musikschrifttums zu bemerken: Nicht nur wird das Wissen über Musik zum ersten Male in Lexika festgehalten, nicht nur die Musikerbiographie zum ersten Male beleuchtet, sondern werden auch – von Frankreich ausgehend – die Probleme der Ästhetik zum Gegenstand öffentlicher Diskussionen gemacht. Das gleichzeitige Erblühen von praktischer und theoretischer *Musikmeister*-Literatur, von *Vademecums* für den gehobenen Anspruch auch, wäre allerdings ohne die Menge der um 1680 geborenen und vor allem im protestantischen Deutschland mit einer regulären Schulbildung ausgestatteten Komponisten kaum zu erklären.

Zu bemerken ist ferner, daß das öffentliche Konzert, mangels nach heutiger Ansicht geeigneter Räume bisweilen noch im Kaffeehaus stattfindend, in Mode kommt und das Laienmusizieren ungeheuren Zulauf findet – vor allem aber sich »das Orchester« formiert hat: An die Stelle jener polymorphen Ensembles des 17. Jahrhunderts, die auf der Versalität, der Erfahrenheit der Musiker im Umgang mit diversen Instrumenten basierten, tritt der nur noch auf einem Instrument tätige Spezialist in jener von Streichern gebildeten Basisgruppe mit vorzugsweise zwei Oboen als Bläser-Kolorit.

Das Laienmusizieren ist insofern von Wichtigkeit, als daß es die bislang weitestgehend eingehaltenen Zunftgrenzen überschreitet: Kann man im 17. Jahrhundert noch davon ausgehen, daß des Vaters »Handwerk« auch das des Sohnes werden würde, so wurde gerade durch das ausgerechnet in Adelskreisen zunehmend gepflegte Musizieren auch die allgemeine Akzeptanz der »brotlosen« Kunst gefördert. Wenn zwei Schönborn-Sprößlinge (einer später Bischof von Trier) gar aushäusig bei Heinrich Ignaz Franz Biber im Violinspiel Unterweisung genossen, kann »es« ja so schlecht nicht sein.

Was für den 1644 geborenen Jägersohn Biber noch ein beachtlicher Schritt war – nämlich nicht den väterlichen Beruf zu ergreifen, sondern nach Lust, Laune, vor allem aber früh offensichtlicher Begabung auf der Geige zu kratzen –, war ein für den Kantorensohn Johann Georg Pisendel aus Cadolzburg präfigurierter Lebenslauf mit allerdings ebenso bemerkenswertem *crescendo*. Brachten gleichzeitige italienische Väter ihre Söhne vorzugsweise zur Kastration nach Neapel (»Man weiß ja nie: vielleicht wird einmal ein großer Sänger aus ihm [...]«.), so gab Vater Pisendel seinen Sohn ins Gymnasium des benachbarten Ansbach und unter die musikalische *tutelage* des Kapellmeisters Francesco Antonio Pistocchi, der den Knaben wohl zum Erlernen oder Perfektionieren des Violinspiels an Giuseppe Torelli weiterreichte. Torellis Aufenthalt in Ansbach wird kaum länger als ein Jahr gedauert haben, war aber eine offenbar ausreichende Zeit für den elfjährigen Pisendel, lebenslange Eindrücke und ausreichend Wissen für selbstständige Weiterarbeit zu empfangen.

Was Pisendels Werdegang und Wirken so exemplarisch machte und ihn wert erscheinen ließ, neben Georg Friedrich Händel, Johann Sebastian Bach, Johann Joachim Quantz, Johann David Heinichen und Johann Friedrich Fasch 1784 in Johann Adam Hillers »Lebensbeschreibungen berühmter Musikgelehrten und Tonkünstler neuerer Zeit« mit einem 18 Seiten langen Text gewürdigt zu werden, war das absolut Neuartige, die Modernität seiner Biographie. Nicht im Elfenbeinturm von *harmonia mundi*, in endlosen Diskussionen von Stimmungsmodellen und biblischen Zitaten zur Notwendigkeit von Kirchenmusik erschöpfte sich Pisendels Wirken – wie leider manches Künstlerleben, das in Matthesons »Ehrenpforte« gewürdigt wurde –, sondern im ungeheuer aktiven *carpe diem*, in der Verbindung von Ingenium und Eifer, Bildungshunger und pädagogischem »Eros«.

In der Tat war es so, daß das augusteische »Orchestra di Dresda« ohne Johann Georg Pisendel nie zu jenem Ruhm gekommen wäre, der ihm seit jenen Tagen anhaftet. Obgleich der moderne Begriff der »Menschenführung« in der Biographie (noch) nicht erscheint, eher schon in den wenigen erhaltenen Briefen durchscheint, muß es doch »das« gewesen sein, was Pisendel auszeichnete: mit bestem Beispiel vorangehen und hart in der Sache, aber mäßig und angemessen im Urteil sein. Obgleich ein anerkannter Virtuose auf seinem Instrument, hören wir nie von jenen Exzessen, die das Auftreten der Geigenkünstler des 17. Jahrhunderts, aber auch Francesco Maria Veracinis und Pietro Locatellis so unangenehm erscheinen lassen: keine Mätzchen, keine Macken und Meisen, keine sorgsam inszenierten Auftritte mit chaotischem Ausgang, sondern nur »Dienst an der Sache«.

Betreffend des »Orchestra di Dresda« bestand dieser Dienst darin, nach seiner Ernennung zum Konzertmeister des Ensembles (nicht unerwähnt soll bleiben, daß er von 1712 bis immerhin 1728 »auf Platz Zwei« neben dem Konzertmeister Jean-Baptiste Volumier [Woulmijer] ausharrte) zeitraubendes eigenes Komponieren einzustellen und sich nur noch der Formation des Ensembles durch Erziehung der jüngeren Streicher zu widmen. Seine riesige Musiksammlung – auf den Reisen im Gefolge des Kurprinzen nach Rom, Paris, Wien und Venedig angelegt und reich an sowohl aus kompositorisch-formalen Gründen wie der Violintechnik wegen exemplarischen Werken – stand ihm dabei ebenso zu Gebote wie seine gerade hieraus erwachsende hohe Beurteilungskraft.

Können, Kennerschaft wie auch sympathische Persönlichkeit mögen dazu beigetragen haben, daß Pisendel und sein »Orchestra di Dresda« europaweit höchste Wertschätzung genossen: Nicht nur Georg Philipp Telemann und Johann Friedrich Fasch dedizierten dem Geiger Konzerte und Sonaten, sondern auch Antonio Vivaldi und Tomaso Albinoni trugen zum Repertoire der Hofkapelle bei –, und der französische Lexikograph Jean-Jacques Rousseau bezeichnete 1758 das Orchester »du Roi de Pologne a Drèsde« als »l'ensemble le plus parfait«.

Neben der schier unglaublichen Kopierarbeit von Stimmen und Partituren, die Pisendel für die Hofkapelle erledigte, sind seine eigenen Werke eine *quantitée négligeable*: Es sind eine Handvoll von Konzerten, drei Violinsonaten mit Basso continuo sowie eine »Sonata à Violino solo«, die aufgrund ihrer Machart die immer vorsichtig geäußerte Behauptung, Pisendel sei der (nicht genannte) Widmungsträger der sechs Bach'schen Violinsoli, zu verifizieren scheint. Letztlich ist es uninteressant, nach nicht gelegten Eiern zu suchen – viel wichtiger erscheint es, nach musikalischen und violinistisch-handgreiflichen Eigenarten zu suchen, die diese Bach-Nähe (die beiden Musiker kannten sich seit 1709 und kopierten gemeinsam ein heute noch in Dresden liegendes Violinkonzert Telemanns) belegen oder *ad absurdum* führen können.

Man muß etwas weiter ausholen! Ein Wesensmerkmal des italienischen Konzerts war neben der formalen Griffigkeit und Allgemeinverständlichkeit die in gewisser Weise den jeweiligen Personalstil kennzeichnende Figuration. Diese dem unbedarften Zuhörer wie endloses Gedudel, euphemistischer ausgedrückt: etüdenhaft, erscheinenden Figurenketten haben sehr differenzierte violintechnische Gesichter, die sich der junge deutsche Komponist, erfahren in der eher wortbezogenen, fast schon kantablen Schreibweise des 17. Jahrhunderts am Anfang des neuen Saeculums neu erarbeiten mußte. Die Art, wie der dem Geiger sozusagen in der Griffhand liegende Tonraum von einer Oktave figurativ behandelt wird, ob gegebenenfalls nach oben und/oder unten erweitert wird, sind Entscheidungen auf dem Weg zu einer persönlichen Schreibart. Entschieden sich die meisten italienischen Violinkomponisten in den *primi frutti* des neuen Concerto nach 1700 für eine Art der akkordauffächernden Figuration, die vermutlich ihrer eigenen Handkondition entsprach und die sie als Visitenkarte gleichsam lebenslang beibehielten, so ersannen geniale Geister der zweiten Generation – gemäß der Devise, »das Geliehene mit Zinsen zurückzuerstatten« – zur Camouflage der letztlich ja doch gleichbleibenden harmonischen Vorgänge ein den Einzelakkord neu und andersartig darzulegendes hochkompliziertes Figurenwerk. Der angewandte Grad dieses letztlich als »Kunst der Verzierung« deutbaren Verfahrens ist ganz zweifellos Teil der angestrebten Gesamtwirkung eines Kunstwerks – aber je künstlicher, überraschender, je mehr der Beurteilbarkeit einer amorphen Zuhörerschaft entzogen eine Komposition sein soll, umso weniger muß darauf Wert gelegt werden, die einzelnen Formteile figurativ zu normieren. Einzelsätze der Bach'schen Soli (so die Courante und das Double der Sarabande aus der Partita in h-Moll) weisen diese Technik auf – bei Pisendel aber ist eine dreiteilige Solo-Sonate nach diesem für Spieler wie Hörer gleichermaßen extrem diffizilen Prinzip gestaltet. Hinter den immer wieder mit Acciacaturen (akkordfremden Nebennoten) versehenen Akkordbrechungen das Substrat in der von oben nach unten den harmonisch letztlich gleichen Vorgang wie in einer gleichartigen, nun aber von unten nach oben laufenden Bewegung zu erkennen, erfordert sämtliche Geisteskräfte.

Quaerendo invenietis – »Suchet, und ihr werdet finden«: Auf einem Einzelblatt notiert hat sich in den Dresdner Manuskriptbeständen eine Violin-Etüde von Francesco Geminiani erhalten, die uns nicht nur dieses doch so »un-italienische« Gestaltungsprinzip *in toto* studieren läßt, sondern insgesamt zum Bereich des »Übens im Barock« führt. Die ersten gedruckten Etüden-Sammlungen stammen aus dem England des ausgehenden 17. Jahrhunderts: Sie enthalten Ausschnitte aus Violinsonaten und offenbar frei erfundene Imitate »im Stile von« – Heinrich Ignaz Franz Biber, Giuseppe Torelli, Arcangelo Corelli, Carlo Ambrogio Lonati, John Banister, Giovanni Battista Vitali und »Bärenclauw« werden als Komponisten genannt, und der immer auch musikalisch-gestalterische Anspruch ist klar durch die Verschiedenheit der Notenwerte: Kaum ein Stück läuft in etüdenhafter Gleichheit durch.

Anders eben jene C-Dur-Etüde des Corelli-Schülers: 64 Takte in 16teln notiert, aber mit bisweilen von Takt zu Takt wechselnden Figurationen, deren Konstruktions-Merkmale klar definiert sind, formal dennoch geschlossen und als konzipiertes Einzel-Werk und nicht *Ausschnitt* deutlich erkennbar. Ein solches »Blatt« war – und hierin dem berühmten »Blatt des Porpora«, das alle wichtigen Gesangsübungen enthielt, vergleichbar – das, was der wissende Geiger mit auf die »einsame Insel« nehmen konnte. Nach Tartinis späterer Anweisung – er bezieht sich in einem Brief an die Schülerin Magdalena Lombardini-Sirmen auf die inhaltsgleichen *Perpetuum-mobile*-Sätze der Corelli-Sonaten – übte man einen solchen Satz am Frosch, an der Spitze, in der zweiten, der dritten, vierten ... Lage, machte Ton-Studien, begann mal im Aufstrich, dann im Abstrich, fügte Bindungen ein ... und wenn man das beherrschte, konnte man sich mit einem Co-Geiger zusammentun, um das Erlernte anzuwenden. Auch diesbezüglich wieder eine Trouvaille aus Dresden. Das edukative Anliegen der dreisätzigen

Duo-Sonate aus gleichfalls Geminianis Feder ist klar erkennbar: Neben der Intonation (der genauen Definition der Schritte im Oktav-Raum zu einem Halte-Ton) und der durch Stimmtausch angestrebten Gleichwertigkeit beider Stimmen dürfte vor allem die Gestaltung des *mezza di voce*, also das *crescendo* hin zur Dissonanz und ihr logisches Auslaufen, *raison d'être* für diese Werk sein: Es ist unübersehbar, daß kaum ein Takt ohne Überbindung auf die auf schwerer Taktzeit stehende Dissonanz verzichtet.

Erst nach derlei Vorübungen – für die C-Dur-Etüde gilt übrigens auch heute noch »lebenslänglich« – war man für die Triosonate zugelassen. Daß Pisendels Sammlung auch diesbezüglich mit Trouvaillen von einzigartigem Wert aufwartet, ist insofern erstaunlich, als die Triosonate am Jahrhundertwechsel rein zahlenmäßig die Solo-Sonate mit Continuo immer noch weit übertraf und römische, venezianische, Londoner und Amsterdamer Drucker eine schier unüberschaubare Menge von Sammlungen auf den Markt warfen. Pisendel erwarb auf seinen Reisen wohl auch Sonatendrucke »von der Stange« oder ließ einzelne Werke daraus kopieren, kam aber auch – auf welchem Wege, bedarf noch der Klärung – an nicht in Drucken zu findende Kompositionen, die von weitaus höherem Rang als die Konfektionsware sind. Die Sammlung der Dresdner Torelliana weist alle drei Provenienzen auf, aber ihr Nukleus ist eine Zahl durchgehend nummerierter Stimmensätze, die erst später den standardisierten sog. »Kapellumschlag« erhielten und im berühmten »Schranck II« der Hofkirche abgelegt wurden. Es ist anzunehmen, daß diese Sammlung in erster Linie *Pièc*en von durchaus unterschiedlichem Charakter und differenzierter Machart enthalten sollte – und bedenkenswert sind ihre Überschneidungen mit den Orgeltranskriptionen von Johann Gottfried Walther, Johann Sebastian Bachs Weimarer Vetter.

Als eher alltäglich mag der 1709 publizierte Sonatendruck des Venezianers Giovanni Reali eingeschätzt werden, begegnet man ihm doch nur im Katalogeintrag der Bibliothek. In der handgreiflichen Auseinandersetzung mit dem Fast-Unikat (lediglich ein weiteres Exemplar ist bekannt) gerät man jedoch ins Staunen: Der auf extrem fadenscheinigem Papier produzierte Typendruck (im winzigen DIN-A-5-Format mit völlig konfusen Blätterstellen in den vier Stimmbüchern) wird vermutlich nie zur Aufführung gekommen sein, da die beiden Stimmbücher Violoncello und Organo zusammengebunden sind. Die Doppelgriffpassagen des prominenten Violino-Primo wurden – in Ermangelung von adäquaten Drucktypen – handschriftlich auf kleine Papierstreifen notiert und an die vom Layouter freigelassenen Stellen im Stimmheft aufgeklebt. Eine wirkungsvolle Darbietung dieses Werks setzte – der unordentlichen Wendestellen und des Bindefehlers wegen – eine Kopiatur voraus. Zur Klärung zeitgenössischer Usancen und einiger Textfragen wurde der wenig später erfolgte Amsterdamer Nachdruck konsultiert: Ausgerechnet die »Folia«, das wohl interessanteste Stück der Sammlung, wurde – man hätte ja eine vierte Separatstimme anlegen müssen – holländischer Sparsamkeit geopfert!!

Warum Pisendel – vermutlich – auf eine Kopiatur der Sammlung, insonderheit aber der »Folia« verzichtete, wird bei der Analyse der modernen Partitur sehr schnell klar: Der sich als Corelli-Schüler outende Giovanni Reali hat durchaus eigenständige Ansätze in der Erfindung des für den italienischen Personalstil so wichtigen Figurenwerks, allein die Dominanz des Violino-Primo über den -Secondo und die sich anbahnende, aber dennoch nicht ausgeführte Emanzipation des Violoncello solo lassen vermuten, daß die Komposition kaum irgendeinem Dresdner Maßstab der Pisendel-Ära gerecht wurde.

Kurz nach 1750 zogen düstere Wolken am Dresdner Musikhimmel auf. Faustina Bordoni, Johann Adolf Hasses Gemahlin und *prima donna assoluta,* verließ aus Altersgründen das Ensemble, und ihre Nachfolgerin Caterina (Regina) Mingotti tanzte derartig auf dem Kopf Hasses herum, daß selbst das bislang eiserne Bündnis zwischen dem Kapellmeister und dem Konzertmeister zu zerspringen drohte. Viele jüngere Kräfte – die Bendas, Grauns und selbst Quantz – waren übrigens dem Werben Friedrich II. erlegen und um 1740 nach Berlin gegangen, und so recht hatten weder der Hof noch Pisendel an Nachfolger gedacht. Als Johann Georg Pisendel am 27. November 1755 starb, hievte man den altgedienten Francesco Maria Cattaneo an das erste Pult, aber schon 1758 verstarb auch er. Letztlich hatte man auch nach Pisendels Tod Wichtigeres zu tun, denn man befand sich am Vorabend des Siebenjährigen Krieges.

Inter armas silent Musae – »Mars läßt die Musen verstummen« – und so geschah wieder einmal das, was schon im 17. Jahrhundert an der Tagesordnung war und Heinrich Schütz immer wieder zu verzweifelten Eingaben bewegte: Die Kapelle dämmerte vor sich hin, und die qualitative Kontinuität zerbrach. Die trotz des 1756 ausgebrochenen Kriegs Dresden nicht verlassende Königin Maria Josepha, ganz zweifellos die Schutzherrin der Musik, starb schon 1757 an gebrochenem Herzen. Ihr folgten im Oktober 1763 erst der Kurfürst-König Friedrich August II., im Dezember des gleichen Jahres aber bereits sein Nachfolger Friedrich Christian. Kein Wunder, daß man bei derartigen dynastischen Unsicherheiten die Künste hintan stellt: Man entließ Hasse – den einzigen überlebenden Garanten für Kontinuität.

Gravierender aber noch für die musikalische Nachwelt war ein Ereignis, das sich mit Dresdens desaströser jüngerer Stadtgeschichte vergleichen läßt: Friedrich II. – der flammende Bewunderer Hasses und ein erklärter Hasser Dresdens und seiner Kultur – ließ die Stadt 1760 bombardieren. In den Flammen, die der »Philosoph von Sanssouci« der Stadt schenkte, verglühte nicht nur das sämtliche Manuskripte seines musikalischen Idols Hasse bergende Wohnhaus, sondern auch ein Palais, in dem die ausgeschiedenen Materialien der Hofkapelle des 17. Jahrhunderts lagerten.

Der der deutschen Sprache kaum mächtigen Identifikationsfigur »für das Deutsche schlechthin« – mit des Königs von Anton Graff gemaltem Portrait hielt gerade deshalb Reichskanzler Adolf Hitler in den letzten Tagen im Bunker intime Konversation – mag es vermutlich völlig egal gewesen sein, daß mit diesem strategisch unnützen Bombardement anderthalb Jahrhunderte deutscher Musik ausradiert wurden. Alles, was Dresden zwischen 1550 und 1700 an Musik erlebte und der Nachwelt zu bieten hätte, wurde ein Raub der Flammen – und nur mühsam lassen sich

Bruchstücke in anderen Bibliotheken des Kontinents zurück finden.

»Dafne« – die erste deutsche Oper aus der Feder des Heinrich Schütz – führt den langen Reigen der unersetzlichen Verluste an. Es folgen die Handschriften seiner Druckwerke, sodann die vermutlich unermeßlich reichen Bestände der Kirchenmusik seiner Schüler und Nachfolger wie auch die gesamte instrumentale Kammermusik der Konzertmeister. Die rheinisch-französischen Sammler wie der Abbé Rost und sein Nachfolger Sébastien de Brossard waren zu weit von Dresden weg, als daß sie auf die Musikpflege der Wettinischen Residenz an der Ostgrenze des Reiches hätten aufmerksam werden können, aber dem aus Mitteldeutschland gebürtigen und in Stockholm tätigen Organisten Gustav Düben und seinem Sohn Andreas wurden zumindest Teile der Dresdner Musiksammlung zugängig – auf welchem Wege, ist noch ungeklärt: Vokalmusik der Schütz-Zeitgenossen Vincenzo Albrici und Marco Giuseppe Peranda wie Instrumentalmusik von Johann Wilhelm Furchheim fanden jedenfalls ihren Weg in die Privatsammlung der Düben-Familie und im 18. Jahrhundert dann in den Schutz der königlichen Bibliothek. In Furchheims Zeit (von 1655 bis zu seinem Tode 1682 unter drei Herrschern dienend) überrascht das vergleichsweise massenhafte Auftreten »großer« Geiger – die dennoch den Regierungswechsel zu Johann Georg III. nicht »überlebten«: Johann Jacob Walther, der nach 1674 zur Hofkapelle gehörte und seine Dankesschuld – nicht für die Anstellung, sondern vermutlich eher doch für einen der üblichen Studienaufenthalte in Italien – 1676 mit seinen »Scherzi da Violino solo« abträgt, wie auch Paul von Westhoff, der gleichfalls mit Solo- aber auch Solissimo-Sonaten hervortrat, verließen Dresden um 1680. Den vermutlich durchsetzungsfähigen Furchheim aber raffte 1682 der Tod dahin – sodaß in Dresden plötzlich und wie aus heiterem Himmel für vier Jahrzehnte tonangebende Geiger fehlten.

Daß sich der Kurfürst Johann Georg III. aus gutem Grund für Johann Wilhelm Furchheim als Vize-Kapellmeister entschied, ist erklärlich, wenn man die – vermutlich sehr lückenhafte – Werkliste des älteren Furchheim mit den – vermutlich eher vollständigen – seiner beiden jungen Konkurrenten betrachtet: Schrieben sie ausschließlich virtuose Musik für Violine solo, die man bisweilen zwar »gut« gebrauchen konnte, wollte man durchreisende Kollegen von anderen Thronen beeindrucken, so waren sie für den »Alltag« wenig geeignet. Größer besetzte Kammer- und auch Kirchenmusik scheint ihr Ding nicht gewesen zu sein.

Furchheim hingegen war in vielen Stilen und Genres bewandert. Die sich nach 1660 in Frankreich vollziehende »Geburt des Orchesters« – die völlig neuartige Besetzung der Einzelstimme mit mehreren gleichartigen Instrumenten, vorzugsweise Violinen und Violen – erfasste er als einer der ersten deutschen Komponisten und inkorporierte sie seinen Ensemblewerken; darüber hinaus schrieb er Kantaten und war somit eine multifunktionale Bereicherung des noch nicht spezialisierten Ensembles: zu Recht also ein »Capell«- und nicht ein »Konzert«-Meister neuesten Zuschnitts.

Einen solchen hatte das Ensemble zu Beginn des zweiten Viertels des 17. Jahrhunderts in der Person des visionären

Carlo Farina »di Mantua« bereits gehabt, der wohl nur von 1625 bis 1628 Mitglied der Kapelle war, dennoch in seinen Dresdner Jahren jene fünf Bücher mit Violinmusik – Tänzen, Solo-und Trio-Sonaten sowie dem Schlüsselwerk »Capriccio stravagante« – publizierte. Farina brachte unter der Ägide des Heinrich Schütz nicht nur den »stäten, ausgedehnten musicalischen strich auff dem Violin« nach Deutschland, sondern hinterließ sowohl in Dresden als auch auf seinen anschließenden Reisen besonders im norddeutschen Raum so bleibende Eindrücke, daß der Violinmusik hier trotz der Kriegswirren bis 1648 und auch darüber hinaus ein Eigenleben garantiert wurde.

Lassen wir einmal das berühmte »Capriccio stravagante« beiseite – es ist keineswegs ein »lustiges« Werk, sondern ein »philosophisches«, führt es doch *in medias res* der Diskussion, was Musik, insonderheit textlose Musik, soll und kann –, so offerieren seine Sonaten nicht nur der unerhörten Länge wegen Aufsehen erregende Tatsachen im kompositorischen, expressiven und formalen Bereich, die erst zu Beginn des 18. Jahrhunderts allgemein werden – dann zweifellos auf einem andersartigen allgemeinen Bewußtsein aufbauend.

In gewisser Weise aber beginnt der geistige Bogen zum Pisendelschen »vermischten Geschmack« des 18. Jahrhunderts bei Carlo Farina – als hätte er es geahnt, visionär eben!!, inkorporiert er seinen Sonatendrucken neben Espressivo-Pièces wie einer »Desperata« und einer »Franzosina« auch eine »Polaca«; eine frühe Zeugin dafür, daß der rätselhafte Osten schon vor Georg Philipp Telemanns und August des Starken Zeiten als vor Dresdens Türen liegend wahrgenommen wurde.

»Francesco Maria Veracini: Ouvertüren für den Dresdner Hof«

Musica Antiqua Köln, Reinhard Goebel

Deutsche Grammophon GmbH, 1994

Francesco Maria Veracini – ein neuer Stern am ohnehin dichtbevölkerten Barockhimmel? Sicher: zu seiner Zeit einer der gesuchten, begehrten, gefeierten, mit extravaganten Kompositionen und ebensolchen Allüren Aufsehen erregender Star; ein hochmütiger Florentiner, der seine beiden Stainer-Violinen »Petrus & Paulus« nannte; dessen Violinkünste den jungen Tartini verzweifeln ließen und für einige Zeit in die Studierstube exilierten; der vor Wut – nach anderen Berichten in geistiger Umnachtung – aus einem Fenster im zweiten Stock sprang und seitdem hinkte; der sein Kompositions-Vademecum »Il trionfo della pratica musicale« nannte; der nicht davor zurückschreckte, Arcangelo Corellis Violinsonaten Opus V zu »verbessern« und in Form von »Dissertazioni« der Nachwelt zu überlassen. ... Kurzum: ein Mensch, der schon in der weniger auf Anpassung angelegten Künstlerwelt des 18. Jahrhunderts Aufsehen erregte, dessen (Un-)Taten immer wieder für druckens- und lesenswert gehalten wurden. Aber schon früh ging den Schreibern und Lesern gleichermaßen das Unterscheidungsvermögen für Antonio Vivaldi, Francesco Maria Veracini, Giuseppe Tartini, Pietro Locatelli, Gaetano Pugnani und Niccolò Paganini verloren; auch die bildlichen Darstellungen ähneln sich auffallend: Herren mit großen Hakennasen, wirrem Haar und exzentrisch verrenkten Körpern signalisieren, daß »Die Kunst des Violinspiels« offensichtlich keine Frage von ökonomisch-funktionaler Körperbeherrschung, sondern eher etwas Diabolisches ist. Ach, man weiß viele Anekdötchen über dieses turbulente Subjekt, aber kaum etwas Richtiges, kaum etwas Wichtiges. Opernaufführungen in London, Konzertreisen durch Europa – aber wer hatte das nicht? Manches ist auch nur als »Wandererzählung« bzw. als mal schlichte, mal aufgeblasene üble Nachrede erkennbar und deshalb ad acta zu legen.

Francesco Maria Veracinis Auftritte in Venedig allerdings waren Ereignisse von höchster staatspolitischer Wichtigkeit, zu denen man offensichtlich den eben zu europäischem Ruhm aufsteigenden städtischen Geigenlehrer Antonio Vivaldi nicht laden wollte: 1712 konnte Veracini während einer prunkvollen Festmesse in der Frari-Kirche sein Krönungskonzert für Kaiser Karl VI., ein von Trompeten, Pauken, Oboen und Streichern begleitetes Violinkonzert, in Anwesenheit des österreichischen Botschafters zum Besten geben; 1716 dann eine Serie von Festkonzerten für den sächsischen Kurprinzen, dem zu Ehren die Republik Venedig, die »Serenissima«, noch einmal sämtliche Register ihrer jahrhundertealten Festkultur zog.

Bei Angioletta Bianchi, einer singenden Kaufmannsgattin, machte Kurprinz Friedrich August, der Sohn Augusts des Starken, die folgenreiche Bekanntschaft Johann David Heinichens, der sogleich als Hofkapellmeister nach Dresden engagiert wurde; bei der Dame Pisana Mocenigo die des Francesco Maria Veracini, der ebenfalls nach Dresden »verschrieben« wurde. Offenbar aber war Veracinis schlechter Ruf bereits nach Dresden gedrungen, so daß August der Starke den virtuosen Exzentriker vorerst vom Orchester fernhalten und der Kammermusik des Kurprinzen zuordnen ließ. Antonio Vivaldi dagegen erlangte – wie Johann Sebastian Bach – trotz aller Arten von Dedikationen und Widmungskompositionen bis in seine letzten Lebensjahre keinen Ruf an diesen Hof, der in seiner Hochblüte zwischen 1720 und 1750 den Zeitgenossen zweifellos wie ein Abbild des Parnaß erschienen sein muß.

Veracini dedizierte dem Kurprinzen in der Jahresmitte 1716 zwölf Sonaten für Blockflöte und Basso continuo, 1721 und 1744 noch einmal je ein Dutzend virtuoser Violinsonaten, was auf ein doch sehr besonderes Verhältnis zwischen dem späteren Kurfürsten und dem Künstler schließen läßt, der offenbar bei der allgemeinen Vertreibung der sündhaft teuren italienischen Opern-»Mafia« – nach einem 1719 inszenierten Streit zwischen Heinichen und dem Kastraten Senesino – übersehen wurde, Dresden dann aber 1722, nach seinem berühmten Sprung aus dem Fenster, verließ.

Zwölf Blockflötensonaten allerdings können kaum ein Grund für den mit gigantischer Gage verbundenen Ruf Veracinis nach Dresden gewesen sein: Zweifellos hören wir mit den Ouvertüren Francesco Maria Veracinis den wahren Grund für den Ruf des Künstlers an den Dresdner Hof.

John Walter Hill gab mit seiner 1979 publizierten Harvard-Dissertation eine umfassende Dokumentation über »The Life and Works of Francesco Maria Veracini«; umso erstaunter waren wir, als anstatt der erwähnten fünf plötzlich acht Stimmbücher im Conservatorio Benedetto Marcello zu Venedig auftauchten: Der Forscher hatte die Stimmbücher für zwei Oboen und Fagott übersehen. Immerhin aber hatte er auf der Suche nach Veracinis Handschrift und beim Datieren der verwendeten Papiere bereits festgestellt, daß die Ouvertüren teilautograph und 1716 geschrieben sind. Und kaum geht man fehl, in diesen Werken die Festkompositionen des Jahres 1716 zu sehen.

Veracini mußte – einem einmal gefällten und seitdem tradierten Fehlurteil zufolge – bislang stets den Vergleich mit Antonio Vivaldi aushalten, insofern merkwürdig, als man bekanntlich Äpfel nun einmal nur bedingt mit Birnen vergleichen kann. Genauso kann man die überaus anmaßenden 300 Takte des Kopfsatzes von Veracinis »Concerto grande da chiesa« nur schwer wertend neben die 40–80 Takte eines Vivaldischen Konzertsatzes um 1712 stellen: Strebte der eine nachvollziehbare Dimensionierung, Einheit, Maß und formale Glätte an – vitale Tugenden des auf der Lagune zusammengedrängt lebenden venezianischen Händlervolkes –, so war dem anderen gerade das rhapsodisch-grenzenlose Ausufern Anlaß, Trieb und Endzweck seiner Kunst.

Der sächsische Kurprinz mag geschmunzelt haben, wenn sich in einem der gigantischen Allegros oder der Menuets Veracinis ein Motiv ausklinkte, sich ebenso selbstverliebt wie selbstverständlich durch zehn Takte einmal rauf-, einmal runterschraubte und so, als sei nichts gewesen, an seinen Ausgangspunkt zurückkehrend den verloren geglaubten Faden wieder aufnahm. Wahrhaft atemberaubend muß die Dichte der thematischen Arbeit manch schnellen Satzes gewirkt haben, der anfänglich unverständlich-beiläufig Motive reiht, die im Satzverlauf immer komplexer und komplizierter miteinander verbunden werden. Man staunt darüber, daß das, was so *alla maniera italiana* hingeworfen scheint, doch sorgfältigst geplant und für einen Endzweck bestimmt war, ein Satz am genau berechneten Höhepunkt seiner Dichte abbrechen mag – den Hörer nicht in »Aha«, sondern in ein »Oho« entläßt –, daß die eher unscheinbaren Themen der Ouvertüren-Fugen viele Möglichkeiten kunstvoller Engführungen und Spiegelungen erlauben.

Die dem Fürsten angemessene Virtuosität auf allen Ebenen, bezaubernde Vielfalt der Ideen, kunstvolle Einzigartigkeit in der Verarbeitung, Meisterschaft in jeder Hinsicht, ohne die Anstrengung fühlen zu lassen: Das ist es, was höfische Kunst ausmacht. Gleichsam *en passant* ein Kompendium seiner Vielfältigkeit, seiner Erfahrungen in jedem *gusto* zu geben, gehörte für den Künstler, der auf der höfischen Tonleiter weiterkommen wollte, dazu: Francesco Maria Veracini bedient diese Klaviatur bestens.

Seine französischen Ouvertüren (die ersten vier der sechs Werke werden von solchen zwei- bzw. dreiteiligen Sätzen eröffnet) überragen alles bisher (in Italien) Dagewesene: Ohne die streng definierte Form durch konzertante Formelemente oder ablenkende Trioeinschübe zu verwässern – wie es bei den deutschen Zeitgenossen Usus wurde – gelingen ihm Sätze, die Regel und Ausnahme, bekannten Tonfall und aufregend Individuelles miteinander kombinieren. Seine venezianischen Concerto-Ripieno-Sätze bersten von gedanklicher Fülle, seine römischen Giguen sind so regulär und geradeaus, wie es die Locken auf Arcangelo Corellis Perücke waren. Aber auch in ihnen erlebt man bisweilen genüßlich, wie der Virtuose die Wonnen der Gewöhnlichkeit durch borstige Akkorde und mutiges Kontrapunktieren zum Überschwappen bringt.

Auch den nordischen *gusto barbarico*, den er eigentlich erst in seinen Dresdner Jahren kennenlernen und in »Polonoises« von herber Virtuosität seinen Violinsonaten inkorporieren sollte, trifft er mit griffiger Thematik, groben Unisoni und glitzernder Musizierlaune nicht nur erstaunlich charakteristisch: Manches erscheint geradezu wie eine Vorwegnahme der Telemannschen »Musique de Table« von 1733.

Bedingungslos als Zyklus in wirklich allen Parametern (so, wie wir es von Johann Sebastian Bach kennen) sind die sechs

Ouvertüren nicht ausgeführt – mag sein, daß die noch eher mittelmäßigen Künste italienischer Oboisten Veracini zu einer Beschränkung auf die Tonarten B-Dur, F-Dur und g-Moll zwangen. Allenfalls kann man die Tonartenfolge der gleichartig besetzten Werke in drei Paare B-F, B-F und B-g ordnen. In der Tat aber ist auffallend, daß die letzten beiden Kompositionen dem zumindest formal bedingungslos französischen *gusto* der ersten vier Ouvertüren-Einleitungssätze einen doch sehr dezidierten venezianisch-römisch-neapolitanischen Stil gegenüberstellen; daß auch analog zu den großen Trio-Passagen der Ouvertüre I im letzten Werk wieder den Solo-Oboen mehr Freizügigkeit zugestanden ist; und schließlich, daß die Sammlung mit einem Unisono-Satz des gesamten Ensembles endet; einem Satz, der gerade durch seine Simplizität all das Voraufgegangene zumindest in der Erinnerung des Hörers als enorm kunstvoll und originell ersonnen herausstellt.

Gleichzeitig ist dieses letzte, fast vulgäre Menuett aber auch noch einmal die verbindliche Adresse an den Kurprinzen. Auch Vivaldi bedient sich in seinem Concerto »La Sassonia« der beeindruckenden Wirkung des orchestralen Unisono, das gleichsam zweifach bedeutsam ist: Zum einen scheint man die magnifike Wirkung des Unisono gerade in Dresden geschätzt zu haben, zum anderen allegorisierte sich darin Einmütigkeit der Untertanen angesichts des glücklichen Regiments der Fürsten.

Georg Friedrich Händel: Concerti Grossi Opus 3

Berliner Barock Solisten,
Reinhard Goebel
hänssler CLASSIC, 2019

Georg Friedrich Händels Concerti Grossi Opus 3 sind (anders als Johann Sebastian Bachs »Brandenburgische Konzerte« aus dem Jahr 1721, Georg Philipp Telemanns 1733 entstandene »Musique de Table« und Händels sechs Jahre später innerhalb weniger Wochen komponierte »Twelve Concerti Grossi Opus 6«) kein sorgfältig geplanter und durchstrukturierter Zyklus, sondern eine vom Londoner Verleger Walsh hastig auf den Markt geworfene Werksammlung, eine Kompilation von teilweise bereits 20 Jahre alten Kompositionen. Dennoch wurde das Opus 3 zu einem andauernden Erfolg, erlebte im Laufe des 18. Jahrhunderts bereits zahlreiche Neuauflagen – und wurde zur Unterscheidung von den 1739 für reine Streicherbesetzung komponierten Schwesterwerken Opus 6 als »Oboen-Concerti« bezeichnet.

In der bald schon notwendigen zweiten Auflage verschwand – neben der Notiz auf dem Titelblatt, daß diese Concerti im März 1734 zur Hochzeit der Princess Royal Anne, einer Schülerin Händels, erklungen waren – vor allem jenes prachtvolle Concerto Nr. 4a und wurde ersetzt durch die Ouverture zu »Amadigi di Gaula« aus dem Jahr 1716, heute Opus 3, Nr. 4b genannt. Es wäre euphemistisch zu sagen, daß die Musikwissenschaft nach dem Autor von 4a sucht: Diese Komposition ist aus dem kollektiven Bewußtsein verschwunden, umso wichtiger also, sie hier einmal wieder zu präsentieren. Concerto Nr. 5 hingegen bestand ursprünglich aus lediglich den beiden Kopfsätzen, wurde aber in der dritten Auflage dann in der fünfsätzigen Version publiziert. Das Ergebnis dieses Revisionsprozesses *work in progress* war eine dann doch austarierte Sammlung der »Einheit durch Vielfalt« von Sommeil, Tanzsätzen, Fugen, Ouverturen, Ariosi sowie Concerto-Ripieno- und Concerto-Grosso-Sätzen.

Händel bedient sich in den Concerti Opus 3 des spätbarocken Normorchesters von zwei Oboen, Streichern und einer Continuo-Gruppe. Daß das Ensemble aber durchaus reicher und polyphoner besetzt war, als uns der original einfache Stimmensatz und die ihm folgende moderne Partitur suggerieren, erfahren wir aus den Solo-Tutti-Beischriften handschriftlicher Stimmensätze sowie den höfischen

Rechnungsbüchern: Bisweilen war die Anzahl der Fagotte so hoch wie die der Violoncelli, bekamen Einzelstimmen aber nur dann, wenn sie solistisch aus der Baßgruppe hervortraten. Häufig spielten auch – sicher nicht in Köthen und Hamburg, ganz sicher aber in Dresden, Paris und London – mindestens zwei, wenn nicht sogar drei Oboisten pro Stimme, die bei Bedarf auch die Sonderinstrumente wie die alte Block- und die neue Traversflöte, nach 1750 dann auch die Clarinette bedienen mußten. Das (*in toto*) sechs obligate Blasinstrumente (zwei Oboen, zwei Blockflöten und zwei Fagotte) verlangende Concerto Opus 3, Nr. 1 ist demnach kein »Ausreißer«, sondern bildet den Mindestumfang des Händel zur Verfügung stehenden Orchesterapparats einigermaßen verläßlich ab: Zwei Ripieno-Oboisten greifen im Mittelsatz dieses Konzerts zu den Blockflöten und kehren danach als Oboisten ins Grosso zurück.

Durch Arcangelo Corellis epochal tonangebende Concerti grossi Opus 6 definiert – publiziert im Todesjahr des Komponisten 1713, dokumentarisch aber schon durch Georg Muffat 1681 belegt –, gab es im Concerto Grosso so gut wie keinerlei Norm: unvorhersehbar die Satz-Folge, stets wechselnd die Organisation zwischen Concertino und Ripieno, zunehmend auch die Untermischung von Tanzsätzen. Alles, was im Solo-Konzert und der Ouverturen-Suite deplatziert gewirkt hätte, wurde ins Concerto Grosso »ausgelagert«, allem voran die strenge, ernsthafte Ensemble-Fuge, die in der Sinfonie, der Orchestermusik der galanten Ära 1730 – 1780 keinerlei Rolle mehr spielte, sondern erst mit Wolfgang Amadeus Mozarts »Jupiter-Sinfonie« – von den Zeitgenossen noch die »Sinfonie mit der Fuge« genannt – erneute Bühnen-Aktualität bekam.

Daß Mozart hier bewußt an das Grandiose und Erhabene der Concerti Grossi Händels anknüpfte, kann kaum in Zweifel gezogen werden, hatte er doch in Baron Gottfried van Swieten den flamboyantesten Verteidiger des alten Stils als Mentor zur Seite: »Baron van suiten, zu dem ich alle Sonntage gehe, hat mir alle Werke des händls und Sebastian Bach nachdem ich sie ihm durchgespiellt nach hause gegeben.«

In der *splendid isolation* Britanniens bedurfte es solcher persönlichen Interessen nicht, gab es doch allerorten konservative Musikzirkel, die sich allein der Pflege der *Ancient Musick* verpflichtet sahen und bei deren wöchentlichen Meetings »man nur lauter alte Musik aufführen will: das jüngste Stück, was sich da hören lassen darf, muß fünf und zwanzig Jahr alt seyn.« (Mozart) Hier wurde – an jeglicher durch Johann Christian Bach und Carl Friedrich Abel, François Hippolyte Barthélemon und Thomas Linley, Stephen Storace und Felice Giardini in London selbst repräsentierten Moderne vorbei – Händel zur musikalischen Integrationsfigur der britischen Nation: Wer das grandiose Grabmal des Komponisten in Westminster Abbey verpasste, konnte im South-Bank-Vergnügungspark Vauxhall an einer Statue Händels als *Orpheus Blandius* – »verzaubernder als Orpheus selbst« – vorbei flanieren. Händel wurde und blieb das Maß der Dinge, in ihm war präfiguriert, was Johann Nikolaus Forkel nach 1800 aus Bach und wenig später dann Berlin aus Beethoven machte: Sie wurden zu den nationalen Musikheroen.

Seine Werke waren ubiquitär und gehörten zum »stehenden Repertoire« der Insel: Aus den immer wieder aufgeführten großen Staatsmusiken »Dettinger Te Deum» und »Coronation Anthems«, ja selbst aus den Concerti Grossi bezog man »historische Legitimation«. »Alle die sechs vortrefflichen Concerte [...] machten mir in meiner Jugend so viel Vergnügen« schrieb Charles Burney 1784 anläßlich eines der vier Gedenkkonzerte in Westminster Abbey, eine hinreißende Beschreibung des Concerto Nr. 4b einleitend: »[...] weil es eins von den meisterhaftesten und gefälligsten Händelischen Instrumentalstücken ist. Es war bey seinen Lebzeiten gewöhnlich, seine Kompositionen für die Violine für weit unbeträchtlicher zu halten, als die von Corelli und Geminiani; aber, meiner Meynung nach, sehr mit Unrecht. Wenn diese beyden großen Meister das Griffbrett und das Genie ihres Instruments besser kannten, als Händel, so muß man doch auch dagegen einräumen, daß er unendlich mehr Feuer und Erfindung hatte, als einer von ihnen.«

Feuer ja, Erfindung nicht immer! Den in die Dutzende gehenden Entlehnungen aus dem Œuvre Georg Philipp Telemanns, Gottlieb Muffats, Francesco Urios und der Brüder Krieger läßt sich das Vivaldi-Zitat im Vivace-Kopfsatz des Concerto Nr. 2 zur Seite stellen: Händel kopierte hier die Einleitung des Vivaldi-Konzerts Opus 3, Nr. 7, erkannte zugleich aber auch, daß Tutti-Ritornell und Solo-Fortspinnung der Vorlage mit ein paar kompositorischen Handgriffen kombinierbar gemacht werden können – und dann praller, idiomatisch-feuriger Händel erklingt! Daß Vivaldi 1711 den »L'Estro Armonico« – seine erste Konzertpublikation überhaupt – dem toskanischen Thronfolger Ferdinando (†1713) dedizierte, der auch ein Förderer des jungen Händel war, und Händels Londoner Verleger einen eigenen Nachdruck dieser Sammlung in seinem Katalog hatte, sei nur am Rande bemerkt.

Hatte Charles Burney in den ausführlichen Berichten über »Händels Gedächtnißfeyer« auch das am 27. Mai 1784 »als eine Ouverture« aufgeführte Concerto Nr. 2 mit einer Eloge gefeiert, so dient dieses Werk 1792/93 im »Berlinischen Wochenblatt« von Johann Friedrich Reichardt als Folie weit ausholender Diskussionen, vor allem über die Gefahr, diese Stücke ins Rokoko hinüber zu fiedeln: »[...] Indess setzt diese Art von Instrumentalmusik eine eigene sehr große Schwierigkeit in der Ausführung voraus, die unsere itzigen Instrumentalisten sehr zu vernachlässigen anfangen und die Grundlage zu allem Übrigen seyn sollte. Vollkommene Intonation und großer Ton. Nur dadurch, daß der Ton jedesmahl seine vollkommene Reinigkeit und Kraft hat, wirkt Musik ganz bestimmt und ohnfehlbar auf alle Nerven. Und ein Stück von der Klarheit in der Melodie und dem Reichthum und Fülle an Harmonie, wie die Händel'schen Concerto's, mit vollkommener Intonation und kräftigem Ton von allen Instrumenten vorgetragen, müßten eine weit stärkere und allgemeinere Wirkung auf den Zuhörer thun, als die größten Schwierigkeiten und Mannigfaltigkeiten in Melodie und Figuren je thun können [...]«.

Georg Friedrich Händel: »Marien-Kantaten und -Arien«

Anne Sofie von Otter, Musica Antiqua Köln, Reinhard Goebel

Deutsche Grammophon GmbH, 1994

Immer wieder zog die durch die Gegenreformation erstarkte katholische Kirche nordisch-protestantische Gläubige in ihren Bann: Die *ecclesia* war einmal mehr *triumphans*, als Königin Christine von Schweden 1654 nach zehnjähriger Regentschaft dem Thron entsagte, im folgenden Jahr zum Katholizismus konvertierte und sich – von Kunst und Musik umgeben – in Sichtweite des Vatikans niederließ. Die *ecclesia triumphans* dankte ihr diesen zeichensetzenden Schritt: Als (bislang) einzige Frau wurde Christine im Petersdom zur letzten Ruhe gebettet. Ihr folgten – zurück in den Schoß der allein selig machenden Kirche – Mitglieder aus zahlreichen protestantischen Herrscherdynastien, 1697 sogar das gesamte sächsische Kurfürstenhaus; auch der Komponist Johann Adolf Hasse und später sogar ein Sohn Johann Sebastian Bachs, der 1735 geborene Johann Christian, taten diesen Schritt. Das sensualistisch-emotionale Element der römisch-katholischen Lehre, sicher das auf uralte Rituale zurückgehende Auftreten der Dogen und Päpste, vielleicht auch die ungeheuren Eindrücke jener Antike und Moderne verbindenden Stadträume verzauberten offenbar beinahe jedes fühlende Herz. Die Inbrunst, mit der Georg Friedrich Händel nicht nur die hier zu behandelnden Marienkompositionen vertonte, läßt an der bisweilen geäußerten Gleichgültigkeit des Komponisten gegenüber religiösen Dingen zumindest zweifeln: Immerhin war die Gottesmutter ikonologisch – in der bildlichen Darstellungsweise der Zeit – mit der *ecclesia triumphans* weitgehend identisch; ein Faktum, das sich Händel in beinahe jeder italienischen Kirche, ob an der Decke oder im Altarbild, erschließen mußte.

Wann genau Händel Hamburg in Richtung Italien verließ, wer ihn dazu verleitete (wahrscheinlich folgte er einer Einladung von Ferdinando de' Medici 1706 nach Florenz), und wie Händels Italienaufenthalt genau verlief, ist bis heute noch nicht restlos geklärt. Allem Anschein nach hielt er sich überwiegend in Rom bzw. auf den umliegenden Landgütern der Adelsfamilien Pamphili, Ottoboni, Colonna und Ruspoli auf und kam hier mit den Mitgliedern der neugegründeten Künstlervereinigungen, Zirkeln von hochgebildeten und inspirierenden Kirchenfürsten, Komponisten, Dichtern und Denkern in Kontakt: Als *caro sassone* – der geliebte Sachse – wurde er mit offenen Armen in die »Accademia degli Arcadi« aufgenommen, lernte Arcangelo Corelli, Antonio Caldara, Alessandro und Domenico Scarlatti kennen und entwickelte jenen Stil, jene »persönliche Schreibarth«, die für den unter enormen Produktionszwängen stehenden Komponisten des Spätbarock lebenswichtig war, um sich von den Konkurrenten abzusetzen. Mit unglaublicher Schnelligkeit eignete Händel sich die dramatische Griffigkeit der Scarlattischen Opernschreibweise an, lernte Libretti auf ihren musikalisch-rhetorischen Gehalt hin zu prüfen, virtuose Fähigkeiten der Sänger auszuschöpfen und übernahm von Corelli jenen »schönen Stil«, der Anmut und Weichheit mit Würde und Sinn für grandiose Wirkungen verknüpfte.

Diese »Ingredienzien« verbanden sich mit Händels künstlerischem Temperament und seiner protestantischen Ernsthaftigkeit – seiner Beharrlichkeit hinsichtlich des musikalischen Motivs – gleichermaßen; mitunter sticht in diesen frühen Werken das eine oder andere »Gewürz« deutlicher hervor, denn es sind Gelegenheitskompositionen für kirchliche Ereignisse und Feiern, die morgen schon »Schnee von gestern« sein konnten …

Wie die hier vorgestellten Kompositionen zeigen, fassen wir unter dem Thema »Mariengesänge« Werke unterschiedlicher Art zusammen. Die ruhig-betrachtende Antiphon »Haec est Regina virginum« war vermutlich für das Fest der »Madonna del Carmine« am 16. Juli 1707 bestimmt; sie ist ein Beispiel für Händels Adaption des Corelli-Stils: unprätentiös, wahrhaftig und in ihrer grandiosen Einfachheit überzeugend und ergreifend.

Rezitativ und Arie »Ah! che troppo ineguali / O del ciel Maria Regina« sind, obgleich in dieser Form autograph (1708) erhalten, vermutlich nur Fragment einer größeren Kantate, in der die Mutter Gottes – wohl im Zusammenhang mit den kriegerischen Auseinandersetzungen während des Spanischen Erbfolgekrieges, in den auch der Kirchenstaat verwickelt war – um Frieden angefleht wird. Händel schlägt hier schon einen deutlich ernsteren Ton an: Dichte, motivisch anspruchsvolle Satztechnik mit endlosen Dissonanzenketten im Arienritornell, die Wahl der ansonsten bei ihm nur selten auftretenden Tonart h-Moll – der »französischen« Trauer-Tonart par excellence –, aber auch die zahllosen Korrekturen im Autograph deuten darauf hin, daß ihm diese Komposition nicht gerade aus der Feder »geflossen« ist.

In der Kantate »Donna, che in ciel« gibt es keine autographen Quellen mehr. Wie viele andere Kompositionen des erlauchten Herrenzirkels um Kardinal Ottoboni, ist auch dieses Werk einzig als Kopie in der Bischöflichen Santini-Bibliothek Münster überliefert. An Händels Autorschaft kann aber insofern kein Zweifel bestehen, als fast alle Nummern der Komposition gleichzeitig oder später in anderen authentischen Werken Händels auftauchen.
Die großangelegte Kantate – sie beginnt mit einer Französischen Ouverture und schließt mit zwei Chorsätzen ab – wurde vermutlich am 2. Februar 1708 aufgeführt, zum »Jahrestag der Befreiung Roms vom Erdbeben am Tag Mariä Lichtmeß« (»Anniversario della liberazione di Roma dal terremoto nel giorno della Purificazione della

Beatissima Vergine«), das die Stadt 1703 dank des Schutzes der Gottesmutter unversehrt überstanden hatte (während im umliegenden Latium kein Stein auf dem anderen geblieben war). Die Schrecken der Naturkatastrophe, vor allem aber die auf einem Regenbogen erscheinende Madonna beschreibt Händel in einem großartigen Accompagnato.

»Il pianto di Maria«, das eigentliche Hauptwerk unserer Veröffentlichung, kann, obgleich als Nr. 234 im »Händel-Werk-Verzeichnis« geführt, keinerlei Anspruch auf Authentizität erheben. Zwar besitzen mehrere Bibliotheken Abschriften, die die Komposition Händel zuweisen, doch lassen sich diese Quellen, wie ein deutsch-italienisches Forscherteam (Riepe-Vitali-Furnari-Poensgen) jüngst vermutet, im frühesten Falle auf etwa 1790 datieren.* In einer schlüssigen Beweiskette benennen die Verfasser den Münchener Hofkomponisten Giovanni Battista Ferrandini (1710 – 1791) als wirklichen Autor der wohl um 1735 (mit Sicherheit nicht 1709) entstandenen Komposition – für mich schwer nachvollziehbar insofern, als andere Werke dieses Meisters kaum Mittelmaß erreichen. Immerhin aber wurde 1753 mit Ferrandinis Opera seria »Catone in Utica« das Münchener Cuvilliés-Theater eröffnet, was für die außerordentliche Wertschätzung des Komponisten am Münchener Hof sprechen mag.

Das Libretto – der Textdichter ist, was für alle dieser Einspielung gilt, unbekannt – besteht aus einer äußerst freien Paraphrase des »Stabat Mater«, bereichert um Szenen der Kreuzigung und der nachfolgenden Ereignisse sowie moralisierende Betrachtungen. Die Wahl der weich-düsteren Tonarten Es-Dur und f-Moll entspricht gängiger süddeutsch-italienischer Praxis; Ferrandini aber erweitert den Tonartenplan bis hin zu es-Moll. Greift er zur Vertonung der dramatischen Szene beinahe vordergründige Techniken der Programmmusik auf, so sind das Melodiezitat des gregorianischen »Magnificat« in der Cavatina wie auch das Ende des ersten Accompagnato-Rezitativs, wenn die Erniedrigung des göttlichen Namens sinngemäßen Ausdruck in einer langsam fallenden Tonleiter findet, rhetorisch-raffinierte Kunstgriffe, die man kaum bei einem italienischen Komponisten des 18. Jahrhunderts vermuten möchte.

Herz- und Kernstück der Komposition ist die Arie »Sventurati miei sospiri« – instrumental verschwenderisch ausgestattet mit vier Soloviolinen, Soloviola und Basso continuo und somit bereits im Partiturbild ein Abbild der »Sieben Schmerzen Mariä«. Die nicht enden wollenden *ligature e durezze* (Vorhaltsketten) der obligaten Instrumente über dem gnadenlosen Trommelbaß zeichnen ein ergreifendes Bild der von Schmerzen überwältigten *Gran Madre*, die sich nur unter Aufbietung ihrer letzten Kräfte Gehör verschaffen kann und ohnmächtig zu Boden fällt. Dramaturgisch durchaus verständlich, tritt nun ein Erzähler in Erscheinung, der das Erdbeben beschreibt, Leiden und Liebe einander gegenüberstellt und, mit einem virtuosen Gedankensprung, das Jüngste Gericht

* Juliane Riepe, Carlo Vitali, Antonello Furnari, Benedikt Poensgen: »Il pianto di Maria« HWV 234: Rezeption, Überlieferung und musikwissenschaftliche Fiktion. In: Göttinger Händel-Beiträge V, hg. von H.J. Marx, Kassel 1994

ankündigt. Daß das Werk mit einem Accompagnato endet, mag als ungewöhnlich empfunden werden, aber gerade das bringt die Komposition wieder sehr in die Nähe Händels, der nicht nur seine Kantate »La Lucrezia« (1706/07), sondern auch das nachkomponierte Finale einer Pasticcio-Oper »Didone abbandonata« (1737) mit einem Accompagnato beendete und das Publikum in angemessener Ratlosigkeit und Bestürzung entließ.

Einige Worte noch zu den »Sachlichkeiten« unserer Aufnahme: Römische Orchester der Corelli-Händel-Zeit waren etwa doppelt bis dreifach so groß wie das, was wir in dieser Aufnahme auf die Beine stellten. Seit dem Heiligen Jahr 1681 war es Usus, veritable Heere auf den Musiktribünen römischer Kirchen zu versammeln. Dafür fehlen uns heute die Mittel. Aber auch ein anderes Mittel der *ecclesia triumphans* – nämlich der Kastrat – fehlt heute: Ohne große Diskussion hat heute der falsettierende Männer-Alt die Position jener »Engel wider Willen« erobert, was an sich nicht richtig ist, da der Kastrat nie *falsettierend* (sich selbst verfälschend) sang, sondern im Vollbesitz seiner kurzgebliebenen Stimmbänder war und vermutlich nicht nur enorm laut, sondern auch unvorstellbar virtuos an die Musik heranging. So ist es mehr als anachronistisch, Sopranistinnen zu knabenhafter Verstellung ihrer Stimme aufzufordern oder aus Männer-Alten emotional überbordende Marien machen zu wollen. Grundsätzlich ist die Existenzberechtigung dieser falsettierenden Stimmen im Opern- und Oratorienfach in Frage zu stellen: Es gibt mehr als nur gewisse Rädchen, die wir auf der »Suche nach der verlorenen Zeit« nicht mehr zurückdrehen können – letztlich ist ja die Frage, ob es »so war«, völlig unbedeutend, denn nur das, was emotional wirklich bewegt, ist »künstlerische Gegenwart«.

Christoph Wolff
»Laudatio für Reinhard Goebel«
Verleihung der Bach-Medaille der Stadt Leipzig, 17. Juni 2017

Sehr geehrter Herr Oberbürgermeister, verehrte Ehrengäste, meine Damen und Herren, lieber Maestro Goebel (oder einfacher und ehrlicher) lieber Reinhard:
Es ist kaum zu glauben, aber wir kennen uns seit mehr als 35 Jahren. Erstmals trafen wir uns im Anschluss an ein Konzert deiner noch jungen Musica Antiqua Köln, die damals bereits so renommiert war, dass ihr zum Hauptkonzert des musikwissenschaftlichen Kongresses 1981 in Bayreuth, d. h. im unmittelbaren Umfeld des Wagnerschen Festspiel-Hügels, eingeladen wurdet. Nach dem Konzert saßen wir dann noch ganz privat am Biertisch zusammen und diskutierten bis in die frühen Morgenstunden. Wenig später spieltet ihr in Boston, du wohntest bei uns, die Diskussion wurde fortgesetzt und - was keineswegs selbstverständlich ist - verwandelte sich in Freundschaft.
Ich fand unsere zahlreichen Gespräche, die sich bis heute fortsetzen, auch wenn die Abstände größer geworden sind, immer spannend (gelegentliches »Anpflaumen« eingeschlossen), weil es immer um zentrale Fragen ging - keineswegs nur der Aufführungspraxis, sondern vor allem um die historischen (und nicht nur musikgeschichtlichen) Zusammenhänge der verschiedenen Repertoires, die dich interessierten. Und die Grenzen waren hier weit gesteckt, vom frühen 17. Jahrhundert bis über die Schwelle des 19. hinaus - Kammermusik, Kirchenmusik und Oper umfassend. In dieser Hinsicht warst du (und bist immer noch) nicht nur der neugierigste, sondern zugleich auch belesenste Musiker, den ich kenne. Und unsere Unterhaltungen waren darum für mich so anregend, weil ich selbst immer etwas lernen konnte.
Meine Damen und Herren, Reinhard Goebel war kein Wunderkind, das im Alter von fünf oder sechs Jahren konzertierend auf der Bühne stand. Er begann mit dem Geigenspiel relativ spät, konnte somit aber die naive Phase, die selbst Wunderkindern nicht erspart bleibt, überspringen. Er kombinierte fast von Anbeginn das Geige-Üben mit dem Lesen musikgeschichtlicher Literatur, bald auch der historischen aufführungspraktischen Traktate von Leopold Mozart, Johann Joachim Quantz, Carl Philipp Emanuel Bach usw. Sein wichtigster Mentor wurde Franzjosef Maier, Lehrer an der Kölner Musikhochschule, dazu prominenter Konzertmeister und Leiter des

Collegium Aureum, einem seinerzeit in Köln stationierten, angesehenen Barockorchester. Für die geigentechnische Vervollkommnung ging Reinhard Goebel zu Saschko Gawriloff nach Essen. In einem Alter, wo sich die meisten Musikstudenten auf eine Diplomprüfung vorbereiten, um ins Berufsleben einsteigen zu können, gründete der 21jährige Reinhard das Ensemble Musica Antiqua Köln. Ein gewagtes Risiko, dazu gehörte Mut, vor allem aber der unbändige Wille, die Dinge selbst in die Hand zu nehmen. Wie gesagt kein musikalisches Wunderkind, aber dennoch der Wunderknabe der Alten Musik, baute er doch eine kleine Elitetruppe auf, die immerhin mit den um mehr als eine Generation älteren Gruppierungen um Nikolaus Harnoncourt oder Gustav Leonhardt durchaus konkurrieren konnte, ja hier und dort eine regelrechte Herausforderung bildete.

Musica Antiqua Köln schuf sich sehr bald ihren eigenen Raum neben den vergleichbaren vor allem niederländischen, englischen oder französischen Early Music Ensembles. Die kleine Truppe um Reinhard Goebel spielte sich erstaunlich schnell an die Spitze, erhielt sehr bald Preise, wurde durch regelmäßige Aufnahmen vor allem beim WDR Köln immer bekannter und errang schließlich einen Exklusivvertrag mit der Deutschen Grammophon. Das Personal der Gruppe wechselte zwar immer mal wieder, wurde auch größer – zumindest für bestimmte Projekte, die eine Orchesterbesetzung verlangten. Nach gut einem Jahrzehnt war Musica Antiqua Köln praktisch konkurrenzlos, und zwar vor allem, weil sie sich Repertoires zuwandte, das die anderen unbeachtet ließen. Ich nenne hier stellvertretend für das 17. Jahrhundert die norddeutschen Meister um Matthias Weckmann, für das frühe 18. die weitgehend unbeachtet gebliebenen Werke des Dresdner Hofkapellmeisters Johann David Heinichen oder für die Musikerfamilie Bach etwa die Beschäftigung mit dem Alt-Bachischen Archiv. Diese musikalischen Erfahrungen mussten sich zwangsläufig auf die Wiedergabe der Musik Johann Sebastian Bachs auswirken und durch den Umgang mit solch einem Kontext zu einem Alleinstellungsmerkmal der betreffenden Interpretationen führen. Zahlreiche CD-Aufnahmen, die auf diese Weise Referenzwert bekommen sollten, belegen dies.

Zu Reinhard Goebels Lebensphilosophie gehört es, sich ebenso spontan wie radikal unerwarteten Herausforderungen zu stellen. So löste er das Erfolgsensemble Musica Antiqua Köln nach mehr als 30 Jahren auf, als ihm eine irreversible Dystonie der linken Hand deutlich machte, weder mit dem Links- noch Rechtshalten der Violine als energischer Mitspieler ein Ensemble leiten zu können. So kam er nach 2006 ans Dirigieren und an eine erneute Repertoire-Erweiterung, die ihn auch in die Orchestergräben der Opernhäuser bringen sollte. Seither profitiert die Musikszene weltweit und deutlich über die engere Alte-Musik-Szenerie hinausgehend von einem nach wie vor sprühenden, erfahrenen, kenntnisreichen und keiner Polemik ausweichenden Maestro, der zudem in der Nachfolge Nikolaus Harnoncourts am Salzburger Mozarteum ein prominentes akademisches Ausstrahlungszentrum gefunden hat.

Die angesehene Journalistin Eleonore Büning nannte kürzlich Reinhard Goebel einen »Musikpionier«, der mit »feurig exemplarischen Einspielung[en] von unbekanntem Repertoire [...]neue Maßstäbe« gesetzt hat. Besonders passend an diesem Ausspruch finde ich das Wort »feurig«, weil es eine gute Metapher liefert und etwas Charakteristisches erklären hilft.

Reinhard Goebel kann mit musikalischen Partituren, die er nicht verbrennen will, und mit Musikern, die er nicht am liebsten auf den Scheiterhaufen stellen möchte, in besonderer Weise arbeiten. Er studiert bekannte wie unbekannte Musikwerke nicht unter ebenmäßiger Beleuchtung, sondern sozusagen im flackernden und lebendig züngelnden Feuerschein, der mal dies und mal jenes Detail der Komposition erkennen lässt - dies als Voraussetzung für eine wahrhaft zündende und knisternde Wiedergabe, die im musikalischen Gedächtnis von Reinhard Goebels Hörern nicht selten eine unauslöschliche Brandmarke hinterlässt.
Dafür treten wir heute zur Gratulation an.

Johann Sebastian Bach: »Brandenburgische Konzerte«

Berliner Barock Solisten,
Reinhard Goebel
Sony Classical, 2017

»Six Concerts Avec plusieurs Instruments« nannte Johann Sebastian Bach die mit einer »Cöthen.d. 24 Mar 1721« datierten Vorrede ausgestattete Dedikationspartitur jener Sammlung, die seit Philipp Spittas Bach-Biographie aus dem Jahre 1873 unter dem Titel »Brandenburgische Konzerte« bekannt ist. Christian Ludwig von Brandenburg-Schwedt (1677–1734) – der Widmungsträger dieser sechs unterschiedlich umfänglichen, immer aber bizarr besetzten Konzerte – war der jüngste Sohn des Großen Kurfürsten aus zweiter Ehe, somit Halbbruder bzw. Onkel der preußischen Könige Friedrich I. und Friedrich Wilhelm I.

Wann und wo der Markgraf und Johann Sebastian Bach sich begegneten, ist nicht sicher belegt: Es könnte nach 1717 im böhmischen Badeort Karlsbad, einem kleinen Las Vegas für weniger betuchte Mitglieder des deutschen Adels, aber auch 1718/19 anlässlich Bachs Besuch in der Werkstatt des Berliner Cembalobauers Michael Mietke gewesen sein – mit dem der Köthener Kapellmeister über das vom Hof bestellte Cembalo zu verhandeln hatte. Markgraf Christian Ludwig war nach dem Tod seiner Schwägerin Sophie Charlotte von Hannover (†1705) bis zum Amtsantritt Friedrich II. 1740 der einzige musikalische Lichtblick im Berlin der beiden frühen Könige. Friedrich Wilhelm I. hatte bei seinem Regierungsantritt 1713 sofort die Hofkapelle aufgelöst und damit Musiker »freigestellt«, die bei der sich in Reorganisation befindlichen Kapelle Dresdens bzw. der sich im Aufbau befindlichen Köthener Kapelle mit offenen Armen empfangen wurden.

Abseits der kunstfeindlichen preußischen Hauspolitik hielt der Markgraf eine kleine Schar namentlich bekannter Musiker in Diensten. Bei der nach seinem Tod 1734 erfolgten Katalogisierung und anschließenden Teilung des Erbes unter fünf Mitgliedern der Schwedter Nebenlinien fielen Berge von Noten an, gedruckte Partituren fast sämtlicher Lully-Opern, handschriftliche Materialien einer Menge italienischer Oper – teilweise vermutlich Mitbringsel von seiner *Grand Tour*, die ihn inkognito bis Neapel geführt hatte –, gedruckte Stimmensätze aller wichtigen

Instrumentalzyklen des frühen 18. Jahrhunderts, mehrere *paquets* an ungenannten Instrumentalwerken (einmal 77, dann sogar »100 Concerte von diversen Meistern von verschiedenen Instrumenten«), »ein Flügel, eine Baß-Geige und ein Dudel-Sack« (zusammen 79 Gulden) sowie »ein blau mit silber laquierter Flügel, von Mitcken, mit zwey Claviere« im Wert von 130 Gulden.

Dieses letztgenannte Instrument dürfte einer der Schlüssel zur Deutung und zum Verständnis der Konzertsammlung sein. Die im Querformat geschriebene Dedikationspartitur war als Direktionsstimme für den Cembalisten bestimmt, dessen bewegte, aber keinesfalls unspielbar schwere Solo-Partie im Concerto V in größeren Notenzeilen notiert, Bachs tiefster Kotau vor dem Markgrafen ist, den wir uns durchaus als musikalischen *Primus inter Pares* hinter seinem sündhaft teuren Mietke-Flügel vorstellen sollten.

Wie das Partiturautograph selbst, bestätigt durch den Vergleich mit einem auf frühere Überlieferung zurückgehenden Stimmensatz, deutlich zeigt, unterzog Bach dieses jüngste der sechs Konzerte – was zu einem späteren Zeitpunkt durchaus den Tatbestand eines »Reisekonzerts« für ihn selbst am Cembalo, Wilhelm Friedemann mit der Violine und Carl Philipp Emanuel mit der Flöte erfüllen wird – unter währender Schreibarbeit ständiger Präzisierung. So wurde nicht nur die Violoncello-Stimme neu gefasst, sondern vor allem aus der ursprünglich 18taktigen Kadenz jene 64taktige geformt, die unter dem Vorwand, den musizierenden Fürsten einmal prominenter als alle anderen Solisten herauszustellen, als »Stück im Stück« nicht unbedingt überzeugt – zumindest problematisch bleibt!

Auffällige, beweisbare Revisionsarbeiten an den älteren Vorlagen, auf die Bach nach heutigem Erkenntnisstand zurückgriff, sind nur für das Concerto I zu belegen: Das ursprünglich 1713 als dreisätzige Sinfonia (Allegro-Adagio-Menuet) zur Jagdkantate »Was mir behagt, ist nur die muntre Jagd« komponierte Werk wurde mit einer solistischen Piccolo-Violine »überhöht«, für deren Auftritt im eingeschobenen dritten Satz er eine bereits bestehende Sopran-Arie »instrumentalisierte«, die er 1735 dann wieder als vierstimmigen Chor-Orchester-Satz mit dem Text »Auf schmetternde Töne«, re-vokalisierte.

Was genau Bach dazu bewog, den auf b-f-c-g gestimmten und grifftechnisch in D-Dur spielenden Außenseiter der Violinfamilie so auffällig zu würdigen, warum aber auch das bereits bestehende Menuett-Rondo um eine Polacca vergrößert wurde, in der nun ausgerechnet die Piccolo-Violine schweigt, werden zukünftige Untersuchungen über Panegyrik, Emblematik und Allegorie als Bedeutungsträger in der Hofkultur des Spätbarock zeigen müssen.

Legen wir den augenblicklichen Wissensstand über derlei Dinge zugrunde und wagen auf dieser Basis eine Deutung der »Brandenburgischen Konzerte«, so mag es scheinen, als huldige Bach mit dieser speziellen Werkzusammenstellung dem von Privilegien und Prärogativen bestimmten Selbstbild des Fürsten. Der Komponist und der mit der Partitur Beschenkte treten dabei in ein komplexes Beziehungsgeflecht: Durch die *probatio artificialis*, den Beweis der höchsten Kunstfertigkeit – wer wollte den »Brandenburgischen Konzerten« diesen Aspekt absprechen – wird der Markgraf in seiner auch inspirierenden, ja sogar zu

Recht höchsten Einsatz fordernden gesellschaftlichen Position bestätigt.

Nein, das ist – obwohl ein Programm zugrunde liegt – keine Programmmusik, denn die Inspirationsquellen sind derartig im Bereich potenzierter Fußnoten zu suchen, dass von dort aus auch Bedeutungsfelder *ex negativo* erschließbar sind. Derartige sich auf Respekt, auf codierte soziale Distinktion und *Anciennität* berufende Programme bestimmten die Selbstdarstellung der höfischen Gesellschaft und deren Wahrnehmung durch den eher einfachen Zeitgenossen. Sie wurden von Hofhistoriographen erarbeitet, die auch die Aufstellung von Figurenschmuck im Garten, die Hängung der Gemälde in der Galerie wie auch die Verkleidungen und Masken bei einer »Bauern-Wirtschaft« bestimmten. Nichts ist dem Zufall überlassen. …

So ist im Kontext der »Brandenburgischen Konzerte« das Concerto I durch seine Besetzung mit den im ersten Satz veritable Jagdhorn-Motive schmetternden Blechbläsern eindeutig als Darstellung des fürstlichen Jagdprivilegs erkennbar: Textlos lautet die Botschaft: »Was mir behagt, ist nur die muntre Jagd«. In seiner dritten Verwendung, nun als Kantaten-Sinfonie in BWV 52 »Falsche Welt, dir trau ich nicht«, ist der Kopfsatz des Konzerts *ex negativo* eine Allusion auf die Verwerflichkeit weltlicher Vergnügungen. Das aus der frühen Sinfonia ins Concerto übernommene schmerzlich-dissonante Adagio – Oboe und Violine wechselweise im strikten Unisono-Kanon im Viertelabstand – ist Hofkritik auf höchstem Niveau: Hege und Pflege des Wilds, der späteren »Strecke«, geschah überall auf Kosten der Bauern, die sich zur Rettung ihrer Ernte noch nicht einmal zur Wehr setzen durften. Noch größeres Leid wurde den zu Tode gehetzten Tieren angetan. Wer – wie Bach es in Takt 14 und Takt 25 schafft – deren Fuga in selige Terzen aufzulösen vermag, darf dem fürstlichen Ohr auch eigentlich Unliebsames *piano sempre* zuflüstern!

Im Concerto II kündet Fama, mit Tromba in der Hand und in Stein gemeißelt auf vielen Mittelrisaliten barocker Schlösser thronend, über ornamentiertem Naturtondreiklang vom Ruhm des Fürsten. Im Mittelsatz schweigt Fama, aber sie ist anwesend, denn die seufzende Konversation der Untertanen geschieht über einem von F-Dur nach d-Moll gewendeten Basso Ostinato aus Dreiklängen.

Jüngst wurde die These vorgebracht, dieses Konzert sei lediglich ein für die Widmungspartitur aufgebauschtes Concerto da Camera für ursprünglich vier Solisten und Basso Continuo. In der Tat ist das (hinzugefügte) Ripieno in diesem Werk kompositorisch eine *quantité négligeable*, klanglich hingegen eine enorme Belastung, weil – wenn wir alle Befunde der Forschung ernst zu nehmen gewillt sind – drei solistisch agierende Continuo-Instrumente und eine Viola mindestens sechs im bisweilen höchsten Sopran-Bereich dominant agierende Partner zu fundieren haben.

Concerto III ist in exegetischer Ausrichtung für das Fürstenleben das vermeintlich kleinste Problem. Leicht möchte man glauben, dass die Dreizahl obligat eingesetzter Violinen, Violen und Violoncelli wie auch die Wiederverwendung des turbulenten Kopfsatzes in der Pfingstkantate BWV 174 auf die Gottähnlichkeit des Fürsten anspiele. Bedenkenswert aber ist immerhin ein Text des Düsseldorfer

Hofstilisten Rapparini, der »Eifersucht«, nicht das kleinliche Laster, sondern das »reine Streben nach Ehre« als Abzeichen wahrer Fürstlichkeit bezeichnet. Die göttliche Dreizahl mag das Eine sein, das vielfache Konzertieren »der Ehre wegen« der Gruppen in-, um- und gegeneinander ist das Andere in diesem Konzert, das diskussionslos in seiner Zweisätzigkeit zu akzeptieren ist! Glaubt irgendjemand ernsthaft, dass Bach – im ersten, im zweiten, im vierten, beeindruckend final dann im fünften Konzert Kadenzen ausschreibend – hier die Wahl eines Mittelsatzes *à la carte* offengelassen habe?

Blockflöten evozieren in Bachs emblematisch ausgerichtetem Instrumenteneinsatz das Bild vom guten Hirten (seiner Untertanen), dessen charakteristische Tonart zudem das leichte G-Dur ist. Ungewöhnlich, aber den Grundaffekt der Freude zusätzlich unterstreichend, ist der Kopfsatz im schnellen 3/8-Takt. Der nicht enden wollende Taumel der Solo-Violine beinhaltet zwei *probationes artificialis*: zum einen das rauschhafte Abheben in 32teln und wenige Takte später dann das Hyperbaton, die ganz maßlose Übertreibung, in der die Solo-Violine beide Blockflöten in Doppelgriffen und vor allem ohne Atempausen nachspielt! Der Mittelsatz – wie in Concerto II ein Moll-Andante im 3/4-Takt – ist inhaltlich ein Konversationsstück über ein aus dem Kopfsatz bezogenes Motiv, der Schlusssatz eine Fuge über *ligature e durezze*.

War im Kopfsatz des vorhergehenden Konzerts erstmals jenes von Claudio Monteverdi erdachte instrumentale Concitato zu hören – erregte 16tel-Anschläge auf gleicher Tonhöhe –, so wird diese Technik nun im Ritornello des Concerto V übergreifend sinnstiftend: das Exordium des gebrochenen Dreiklangs (unüberhörbar die Ähnlichkeit zu »Der Held aus Juda siegt mit Macht« aus der späteren »Johannes-Passion«) und das Seufzermotiv der anschließenden *Narratio* werden gleichermaßen im kriegerischen Gusto dargestellt – und insofern selten auch als dramaturgisches Gegensatzpaar erkannt und aufgefasst. Es ist dies das einzige Ritornell im ganzen Zyklus, in dem ein später prominentes Soloinstrument schweigt und sich zudem auch nie der Concitato-Technik bedient. Vielleicht ist des Rätsels Lösung – vorausgesetzt, man begreift diesen Befund überhaupt als Rätsel! – in der Bildunterschrift zum Kupferstich »Travers-Flaute« des Nürnberger Verlegers Weigel zu finden: »Manch großen Cavalier kann ich nach Wunsch ergötzen, wann Mars vor Blut und Wuth bisweilen Friede gibt: so kann den freyen Geist mein Schall in Ruhe setzen, ja fast bey jedermann bin ich allzeit beliebt […]«. Bach spielt also auf das fürstliche *jus belli gerendi* an.

Mit dem Concerto VI berührt der Komponist ein heikles Thema: In Bachs emblematisch-symbolischem Einsatz des Instrumentariums stehen die Viole da gamba für »Tod« (siehe dazu die Kantaten »Gottes Zeit ist die allerbeste Zeit« BWV 106 sowie »Laß, Fürstin, laß noch einen Strahl« BWV 198) – dem auch der Fürst am Ende seines privilegierten Erdenlebens nicht entrinnen kann. Die Erkenntnis dieser bedingungslosen Wahrheit, dieses untrennbaren Verflochtenseins von Leben und Tod bewog Bach dazu, das Kopfsatzritornell als Canon in unisono im Achtelabstand zu komponieren: ein ungeheurer, kaum hörbarer, sondern nur lesbarer kompositorischer

Kunstgriff, der schon im 18. Jahrhundert Aufsehen erregte und in Johann Philipp Kirnbergers »Kunst des reinen Satzes in der Musik« von 1771 auf Seite 57 zitiert wurde. Der Mittelsatz – im 3/2-Adagio der langsamste des Zyklus – verzichtet auf das imaginierte Gamben-Ripieno und führt die Violen in komplizierten Fugen- und Canon-Künsten über modulierendem Chaconne-Bass. Bezeichnend für den hier herrschenden Konversationston ist der eröffnende Septimen-*Saltus duriusculus*, der später motivisch abgespalten in den Bass verlegt wird und Anlass zu allerhand aufbegehrender Unruhe gibt. Im Ritornell des letzten Satzes hat die Verfolgungsjagd dann ein Ende gefunden, und in unisoner Einmütigkeit taumeln die Violen freudetrunken über die Taktstriche, werfen sich die zerfetzten Motive zu, ja bringen sogar noch zum Murky-Bass ein wenig östliches Flair zu Gehör ...

Dreißig Jahre nach einer doch in gewisser Weise *tonangebend* gewordenen Aufnahme erneut mit den »Brandenburgischen Konzerten« vor das Mikrofon zu treten, ist schon eine besondere Herausforderung. Immerhin aber hat sich nicht nur mein Werkzeug – nun der Baton anstelle der Violine –, haben sich nicht nur »Personal« und »Instrumentarium« verändert: vor allem sind es die Perspektiven, Zugänge und Einblicke in dieses unübertreffliche Meisterwerk, die sich in den letzten drei Jahrzehnten doch gründlich geändert haben. Weg vom Dauerespressivo des spätest-romantischen Streicherspiels, weg vom in Achteln daher knirschenden Allegro moderato, mit der Betonung deutlich auf *moderato*. Mein Gefühl 1985 inmitten all dieser merkwürdigen, auch von meinen Kollegen damals kaum hinterfragten, ja sogar sanktionierten habituellen Ge- und offenkundiger Missbräuche: ich als Laokoon, Schlangen allerorten und von überall her ...

... Heute nun liegen derartig viele Neuerkenntnise zu *tempo ordinario*, zur »Methode des Spielens«, zu Besetzungsfragen und Textexegese des frühen 18. Jahrhunderts vor, und meine eigene Textkritik ist aufgrund all dieser Kenntnisse so viel verfeinerter ... sodass die Probleme nun überhaupt gar nicht weniger werden, sondern sich aufgrund eben dieser Erkenntnisfülle vermehrt und verschoben haben – und noch größere Fragezeichen evozieren. Wenn man nicht alles weiß, weiß man auch nicht, ob das, was man weiß, überhaupt von Bedeutung ist ... alte Sicherheiten sind neuen Unsicherheiten gewichen!

Es war eines der größten musikalischen Komplimente in meinem künstlerischen Lebenslauf, von ausgerechnet den Berliner Barock Solisten für diese Aufnahme gefragt worden zu sein. Die Verve, die mich im Umgang mit diesem Zyklus immer ergriff, wurde seitens der Musiker grandios beantwortet: Es waren nahezu orgiastische Aufnahmesitzungen, immer wieder sprühten die Funken und verglühten die Probleme ... Möge diese Hitze für die nächsten 30 Jahre ausreichen, um Menschen von der alles überstrahlenden Kraft dieser einzigartigen Konzerte zu überzeugen!

Johann Sebastian Bach: Ouvertüren BWV 1066 – 1069

Musica Antiqua Köln, Reinhard Goebel

Polydor International GmbH, 1986

Im Schaffen Johann Sebastian Bachs nimmt die Orchestersuite – im 18. Jahrhundert nach ihrem überaus gewichtigen Kopfsatz »Ouvertüre« genannt – nur einen untergeordneten Rang ein. Es ist zwar nicht auszuschließen, daß besonders durch den sorglosen Umgang Wilhelm Friedemann Bachs mit dem väterlichen Erbe größere Verluste eingetreten sind, doch läßt die eher traditionelle Anlage der erhaltenen Werke vermuten, daß Bach dieser Gattung schlechthin nicht allzu viel Reiz abzugewinnen vermochte. »Traditionell« will sagen, daß Bach grundsätzlich an der Tonarteneinheit aller Sätze festhielt, der Ouvertüre fast ausnahmslos Tänze oder tanzartige zweiteilige Sätze folgen ließ und auf die – besonders im Umkreis des Dresdner Hofs übliche – Verfremdung zu jenen monströs-großartigen Suitenkonzerten, wie wir sie von Georg Philipp Telemann kennen, verzichtete.

Die Suite (auch Partie, Sonata da camera oder Balletto bezeichnet) gehörte bereits um 1600 zum bürgerlichen Musikrepertoire. Im Laufe des Jahrhunderts entfernte sie sich durch die kompositorische Verkleidung des rhythmischen Elements und durch die Festlegung auf eine bestimmte Satzfolge (Allemande – Courante – Sarabande – Gigue) immer mehr von ihrem realen Gebrauchswert der »Tanzbarkeit« und wurde so in die Sphäre der Kunstmusik erhoben. In der zweiten Hälfte des 17. Jahrhunderts verstärkte sich dann die Tendenz, die zur Folge von Affektdarstellungen gewordene Suite durch einen freien Einleitungssatz zu eröffnen. Mit Johann Sigismund Kussers »Composition de Musique suivant la méthode françoise« (Stuttgart 1682) war erstmalig die dreiteilige Ouvertüre, wie Jean-Baptiste Lully sie entwickelt hatte, in einem deutschen Druck vorgestellt worden, und schon bald bürgerte sie sich als Normkopfsatz für die Suite ein, die besonders in Mitteldeutschland mit seinen zahlreichen kleineren Höfen gepflegt wurde.

Als Johann Sebastian Bach im Frühjahr 1729 die Leitung des von Telemann gegründeten Leipziger Collegium musicum übernahm – er hatte dieses Amt mit zweijähriger Unterbrechung bis 1741 inne –, begann für ihn eine neuerliche Tätigkeit auf dem Gebiet der weltlichen Musik. Zum Aufführungsrepertoire dieses Ensembles gehörten klein- wie großbesetzte Kammer- und Orchestermusik, weltliche Kantaten, Huldigungsmusik für das sächsische Fürstenhaus und für die Rektoren der Universität. Vermutlich griff Bach vielfach auf seine Instrumentalwerke der Köthener Zeit (1717 – 1723) zurück und revidierte sie für die Leipziger Aufführungen. So entstanden in diesen Jahren die Cembalo-Transkriptionen von (inzwischen verlorenen) Violin- oder anderen Instrumentalkonzerten, tiefgreifende Umarbeitungen wie das Tripelkonzert für Flöte, Violine und Cembalo BWV 1044, das auf ein Cembalo- und ein Orgelwerk zurückgeht; es entstanden aber auch Neukompositionen, wie ein Teil der Ouvertüren sowie der Kammermusik mit obligatem Cembalo und einem Melodieinstrument.

Johann Nikolaus Forkels Bemerkung in seiner 1802 erschienenen Bach-Biographie, »Er legte nämlich, so wie alle wirklichen großen Genies, niemals die kritische Feile aus der Hand, um seine schönen Werke schöner, und die schöneren zu den schönsten zu machen«, finden wir gerade in den beiden D-Dur-Ouvertüren bestätigt. Beide haben offenbar Vorläufer, die sich von den erhaltenen Leipziger Versionen nicht nur in Details unterscheiden. Die Ouvertüre BWV 1068 basiert allem Anschein nach auf einem Werk mit konzertierender Violine; möglicherweise wurde auch der Bläserdekor erst später hinzugefügt, denn die beiden Oboen dienen lediglich zur Verstärkung der 1. Violine, und die Trompetengruppe unterstreicht formstabilisierend Anfänge, wichtige Kadenzen und Schlüsse. Die Existenz einer Frühfassung belegt die nach Bachs Tod entstandene Abschrift des Thomas-Schülers Christian Friedrich Penzel; ihm ist auch die Abschrift der fälschlich Johann Sebastian Bach zugeschriebenen Ouvertüre g-Moll BWV 1070 zu verdanken, als deren Urheber eher Wilhelm Friedemann Bach in Frage kommt. Die Ouvertüre BWV 1069 geht offenbar auf ein zweichöriges, für drei Oboen und Streicher bestimmtes Werk zurück, dessen ersten Satz Bach für die Einleitung der Kantate »Unser Mund sei voll Lachens« BWV 110 mit Trompeten und Pauken zur Dreichörigkeit ausgeweitet hat. Die Einstufung der C-Dur-Ouvertüre als Werk der späten Köthener oder frühen Leipziger Zeit (1720 – 1725) ergibt sich durch Schriftbefunde und Wasserzeichen. Die h-Moll-Ouvertüre als reifste der erhaltenen dürfte dagegen etwa um 1738/39 entstanden sein. Ihr Einleitungssatz schließt – was als Unikum in der spätbarocken Ouvertürenliteratur gelten muß – mit einem Lentement im 3/4-Takt, das den beiden vorausgehenden geradtaktigen Teilen in zweifacher Weise verbunden ist: Vom ersten Teil wird die spezielle Lamento-Thematik übernommen, aus dem Fugato die Art der Verarbeitung. Die imitative Führung von Flöte, 1. Violine und Basso continuo im Abstand einer Duodezime mag durchaus als Zeichen kammermusikalischer Vergeistigung zu sehen sein.

Die Aufnahme der Bach'schen Ouvertüren entstand in den Jahren 1982 und 1985: Im ersten Jahr wurden die solistisch besetzten Ouvertüren II und V aufgenommen, im zweiten Jahr die großbesetzten Ouvertüren I, III und IV. Die solistische Besetzung für die Ouvertüren II und V stellt, unserer Überzeugung nach, mehr als nur eine reizvolle Alternative dar. In einer weitaus wichtigeren (als der Besetzungs-) Frage sind wir zu neuen Erkenntnissen gekommen: Angeregt durch eine Serie von Artikeln des amerikanischen Musikwissenschaftlers Frederick Neumann haben wir uns vor dem zweiten Teil der Aufnahme noch einmal intensiv mit dem Ouvertüren-Problem auseinandergesetzt.

Neumanns These ist, daß die heutige Pflege Alter Musik nicht dort ansetzt, wo Monteverdi, Biber, Bach, Telemann oder Mozart aufhörten, sondern sich inzwischen (u.a. durch eine Kette verhängnisvoller Fehlübersetzungen in der Sekundärliteratur) verselbständigt hat, einer Eigengesetzlichkeit und Eigendynamik unterliegt und als stilistisches Phänomen des 20. Jahrhunderts anzusehen ist, das sich von historischer Wahrheit manchmal denkbar weit entfernt.

Am »modernen« Ouvertürenstil, der sich durch scharfe Überpunktierung auszeichnet (die jeweils kürzeste angehängte Note bei gleichzeitig erklingenden Achtel- und Sechzehntel-Punktierungen bestimmt den Rhythmus), demonstriert Neumann, wie pauschal den klanglichen Romantizismen aus den Anfängen der Kammerorchester-Ära ein gleichermaßen unreflektierter, aber »authentisch« genannter Stil gegenüber gesetzt wird. Diese Auffassung von den synchronisierten Überpunktierungen basiert eindeutig auf Fehlübersetzungen und -interpretationen der Flötenschule von Quantz (XVII. Hauptstück, VII. Abschnitt, § 58). Das Problem jedoch liegt tiefer, ist grundsätzlicher Natur, es ist nicht nur die eine oder andere Fehlübersetzung. Nie gab es vor der »Moderne« – die ja doch so historisch ausgerichtet ist, man lese nur die Ausstellungskalender in den Intelligenzblättern – eine Epoche, deren Bestreben es war, Kunstwerke vergangener Zeiten in Form und Farbe, die der Künstler ihnen gab und in der die Zeitgenossen sie sahen und hörten, den Nachgeborenen zu Auge und Ohr zu führen. Die Zeiten sind vorbei, da man den nackten Gestalten eines Michelangelo kunstvolle Lendenschurze umlegte, schlichte Continuo-Sonaten mit wuchtigem Pianoforte-Donner spielte und störende Bauwerke kurzerhand abriß.

Der »authentische« Stil überrascht mit Anachronismen jeder Art: Die Violine von Jacobus Stainer – sicher das »Originalinstrument« par excellence für Heinrich Ignaz Franz Biber, Johann Sebastian Bach und Wolfgang Amadeus Mozart – ist nun mal nicht das Originalinstrument für Claudio Monteverdi, das Dulcken-Cembalo (zwar in sich ein »Originalinstrument«) ist nicht das richtige Instrument für Johann Jakob Froberger; die Quellenzitate von Johann Joachim Quantz und Carl Philipp Emanuel Bach besitzen keinerlei *a-priori*-Gültigkeit für Musik außerhalb des Berliner-Dresdner Kreises zwischen 1700 und 1750. Der Artikel »Ouverture« in Johann Georg Sulzers »Allgemeiner Theorie der Schönen Künste« von 1793 spricht zwar von Punkten, die über »ihre Geltung ausgehalten« werden, auch darüber, daß nach diesen Hauptnoten »mehr oder weniger kleine« folgen, »die in der äußersten Geschwindigkeit [...] gespielt werden«. Aber was besagt das? Es besagt nur etwas über den Ouvertüren-Stil um 1790 – hat aber keinerlei Bedeutung für frühere Zeiten, da sich der Autor nicht ausdrücklich auf ältere Autoritäten beruft.

Für den Tuttisten um 1720 galt genau die gleiche Regel wie für den Tuttisten des 20. Jahrhunderts: Kein rhythmischer Wert wird verändert. Wenn Quantz dennoch von scharfen Punktierungen redet, so im Zusammenhang mit Tanzsätzen nach französischer Manier – aber die Ouvertüre ist nun einmal kein Tanzsatz. *Quod licet Jovi, non licet bovi* – was dem Solisten aus augenblicklicher Caprice erlaubt ist, nämlich die Veränderung des vorgegebenen Notentextes, ist dem Tuttisten schlichtweg verboten. Zeitgenössische Kritiker Johann Sebastian Bachs heben hervor, daß er selbst die »willkürlichen Verzierungen« keineswegs dem Interpreten überließ, sondern alles klar und eindeutig niederschrieb – was *de facto* bedeutet, daß er es »seinem« gestalterischen Vermögen unterwarf. Es kann somit überhaupt kein Zweifel darüber bestehen, daß die rhythmische Ordnung, die Bach in seinen Ensemblewerken schrieb, die beabsichtigte ist. »Prächtig, majestätisch, würdig, gravitätisch, grandios«, so die zeitgenössische Literatur über die Ouvertüren, kann nicht unbedingt gleichbedeutend sein mit doppelpunktiert und synchronisiert. Wir denken heute gern in Ordnungsfächern und Schublädchen – aber man bräuchte tausend Regeln, um eine Bach'sche Ouvertüre so ordentlich zu machen, wie wir sie gerne wollen – und im »authentischen« Stil zu hören gewohnt sind. Unserer Meinung nach jedoch hat die Ouvertüre eine gewisse Eigendynamik, nämlich die, daß das rhythmisch-bewegte Gegeneinander der Stimmen in den Rahmenteilen (den Gravements) erst im Vite-Teil zu einer regelmäßigen, der Gesamtbewegung untergeordneten Balance findet. Auf die Problematik des rechten Ouvertüren-Tempos wies bereits Johann David Heinichen, ein Zeitgenosse Bachs, im Jahr 1728 hin. Obgleich in den zu einer Überlieferungsschicht gehörenden Stimmen auch keine Übereinstimmung in der Taktvorzeichnung anzutreffen ist, haben wir uns dennoch für die wohl angemessenere C-Tempo-Wahl entschieden und die Alla-breve-Vorzeichnung einiger Stimmen negiert.

Der Einsatz von zwei Cembali in den Ouvertüren I, III und IV rechtfertigt sich einerseits durch allgemeine zeitgenössische Quellen, in denen sowohl der Kapellmeister als auch ein offenbar durchgängig beschäftigter Cembalist dem Ensemble klangliche und rhythmische Stütze gaben, andererseits durch die sinnfällige Übernahme Bach'scher Praktiken: Wie Christoph Wolff durch jüngere Funde in den Materialien der Deutschen Staatsbibliothek Berlin bestätigt fand, ließ Bach sogar die Konzerte für Solo-Cembalo von einem Continuo-Cembalo begleiten.

Wenn in der vorliegenden Veröffentlichung neben unseren Neuaufnahmen aus dem Bach-Jahr 1985 auch unsere unverbesserten »Jugendsünden« aus dem Jahre 1982 erscheinen, so nehme man das als unser Eingeständnis, daß die »Suche nach der verlorenen Zeit« ein schwieriges Unternehmen ist und man zeitweilig als Interpret näher an dem ist, »wie es sicher nicht war«, als an dem, »wie es hätte sein können«; man nehme es aber auch als erleichtertes Aufatmen darüber, daß noch Leben drin ist – in der »Alten Musik«.

Johann Sebastian Bach: Ensemblekompositionen

unveröffentlicht

Johann Sebastian Bachs Ensemblekompositionen sind nur fragmentarisch überliefert. Während sich die wohl für den Unterricht bestimmte, zumindest hier benutzte Musik für Tasteninstrumente in Autographen und zahlreichen Abschriften aus dem Schülerkreis erhalten hat, sind große Verluste auf dem Gebiet der Orchester- und der Ensemble-Kammermusik wahrscheinlich.

Der 1754, vier Jahre nach Bachs Tod, von seinem Sohn Carl Philipp Emanuel entworfene und publizierte Nekrolog führt als letzten Punkt der ungedruckten Werke »eine Menge anderer Instrumentalsachen von allerley Art und für allerley Instrumente« auf – wobei die Formulierung »eine Menge« mehr Fragen auslöst, als sie zu klären vorgibt: Die 1790 im gedruckten Nachlassverzeichnis des C. P. E. Bach als »Instrumental=Sachen von Johann Sebastian Bach« genannten 37 Einzeltitel, also das ganz sicher verlustfrei überlieferte Erbe des zweiten Bach-Sohnes, weist so charakteristische Fehlstellen auf (u.a. die solissimo-Werke für Violine bzw. Violoncello, die »Brandenburgischen Konzerte« sowie den Sammelband mit den Cembalo-Konzerten), dass von mehreren Wegen der Vermittlung ausgegangen werden muss – aber eben auch von diversen Wegen des Verlustes.

Es gibt augenblicklich keine plausible Diskussionsbasis über die Menge der »ehemals vorhandenen« Instrumentalwerke, sondern nur eine Menge sich widersprechender Hypothesen: z. B. die, Bach habe schon vor seinem Tode und somit an der späteren Erbteilung vorbei, den beiden älteren Söhnen eigene Werke zukommen lassen. Sie hatten aufgrund ihrer bereits erreichten Positionen in Berlin, Dresden oder Halle Verwendung dafür, während die beiden jüngeren Brüder Johann Christoph Friedrich, seit Beginn des Jahres 1750 noch einfacher Hofmusikus in Bückeburg, und Johann Christian, gerade mal 15 Jahre alt, ziemlich unbeschriebene Blätter waren und keinen Anlass zu großartigen Karriere-Vermutungen gaben. Gerade eben rückt nun auch Anna Magdalena als Besitzerin von Werken ihres Ehegatten vermehrt in den Fokus ... also: *Work in progress.*

Eine andere Hypothese zählt das allenfalls Doppelte des Erhaltenen: immer noch »eine Menge«, aber eben nicht jene vermeintlich erdrückende Masse, wie sie aus Telemanns Feder floss, ja geradezu quoll – und die immer noch Maß und Muss für einen »barocken« Komponisten zu bilden scheint. Zu wohlgemerkt beider, Bachs und Telemanns »Entschuldigung« muss gesagt werden, dass ihre Zielsetzung, natürlich auch ihre merkantilen Zielgruppen, sich diametral gegenüberstanden: hier das mit leichter Hand elegant hingeworfene *n'importe quoi*, die galant nur angedeutete Idee für den Augenblick, das aufgegriffene Zitat charmant verfremdet und hingebogen, Musik für den frühen Kunstbürger; dort die tief ausgeleuchteten Räume der Harmonie, die großen Affekte in E-Dur und c-Moll, das insistierende, ja irritierende Festhalten am Motiv, Musik für Musiker.

Zudem kennt das Zeitalter des Barock auch andere »große« Komponisten mit einem sehr überschaubaren Gesamt-Œuvre: Heinrich Ignaz Franz Biber mit kaum 50 der Öffentlichkeit bekannten Kompositionen, Arcangelo Corelli mit sechs publizierten Instrumental-Sammlungen, 72 Einzelwerke enthaltend, Jean-Marie Leclair mit 79 Sonaten und einer Oper … es ist eine ebenso fixe wie absurde Idee, dem Meister von 200 erhaltenen geistlichen Kantaten auch noch ein paar Dutzend Violinkonzerte und Ouverturen abzuverlangen!

Entgegen früherer Auffassungen (Friedrich Smends Hagiographie aus dem Jahr 1951 »Bach in Köthen« versteigt sich zu solchen Sätzen wie »Wenn man einen Hofkapellmeister wie J. S. Bach in Diensten hat, so ist der Ankauf von Musikalien in der Tat nicht notwendig.«), die allein Bachs Köthener Jahre (1717 – 1723) als Entstehungszeit von Orchesterwerken und klein besetzter Kammermusik bezeichneten, hat sich inzwischen bewiesen, dass bereits in der zweiten Weimarer Zeit (1708 – 1717) Instrumental- und Vokalwerke entstanden sind, die sich auf höchstem Niveau mit der neuartigen *Italianità* auseinandersetzen: Nein, nicht Antonio Vivaldis kompaktes Schema blindlings nachzuvollziehen, sondern immer wieder neu und vor allem mit älteren Fremdeinflüssen und eigenfamiliärer Tradition als historischer Legitimation sozusagen individuell zu erfüllen, das war Bachs Chance, in der reichlich belebten mitteldeutschen Komponistenlandschaft nach 1700 zu reüssieren.

Korrekturbedürftig ist das Bild von Bach, dem Kantor und auch von Bach, dem Kapellmeister: letzterer eine DDR-Personalie, ersterer spirituelles Sonntagszentrum der öffentlich-rechtlichen Sendeanstalten der Bonner Republik. Dringend hinzuzufügen ist das völlig vergessene Bild von Bach, dem Geiger. Immerhin wurde im März 1714 »dem bisherigen Hof-Organisten Bachen, uf sein unther.thstes Ansuchen, das praedicat eines Concert-Meisters mit angezeigtem Rang nach dem ViceKapellmeister Dreßen, gndst conferiret.«

Die geigerischen Kompetenzen, ein Hof-Orchester als Konzertmeister zu führen, hatte sich Bach – aufbauend auf dem, was ihn der 1695 gestorbene Vater Johann Ambrosius, vielleicht auch der seinerzeit in Eisenach irrlichternde schillernde Virtuose Daniel Eberlin gelehrt hatten – in jenen fünf Monaten von Januar bis Mai 1703 in Weimar erarbeiten können, traf doch der »Laquay Baach« hier auf Paul von Westhoff, einen der großen deutschen Geiger seiner Zeit, der ihm ganz sicher seine Kompositionen gezeigt haben wird, darunter sechs gedruckte Suiten für »Violino Solo sonder Passo Continuo« aus dem Jahr 1696, sozusagen die Präfiguration der Violin-Partiten aus dem Jahr 1720. Kurz nach der Begegnung mit Westhoff aber legte Bach den Geigenbogen zumindest öffentlich für ein Jahrzehnt beiseite und wurde Organist erst in Arnstadt, dann in Mühlhausen und ab 1708 dann in Weimar, wo er 1709 den Torelli-Schüler und späteren Konzertmeister der Dresdner Hofkapelle Johann Georg Pisendel kennenlernte.

Johann Sebastian Bach wird seine Söhne vermutlich so erzogen haben, wie es die Tradition der musikalisch-bachischen Familie gebot: Der 1710 geborene Sohn Wilhelm Friedemann muss den Vater noch mit der Geige in der Hand erlebt und seinen Unterricht genossen haben, denn 1727 wurde er für ein halbes Jahr zu dem Tartini-Schüler Graun nach Merseburg geschickt. Carl Philipp Emanuels extreme Linkshändigkeit hingegen machte das Violinspiel zur Tortur, Johann Christoph Friedrich wurde ein experter Violinist (er war offenbar der Erbe des kalligraphischen Manuskripts der Sonaten und Partiten BWV 1001–1006) – aber lediglich Johann Christian, das schwarze Schaf der Familie, trat früh mit einer Violinsonate (Warb YB 38) und einem Violinkonzert (Warb C 76) in die väterlichen Fußstapfen, profilierte sich dann aber wie seine Brüder doch auch nur noch als Clavierist.

1774 erst erinnerte sich C. P. E. Bach auf Drängen des Göttinger Gelehrten Johann Nikolaus Forkel der geigerischen Aktivitäten seines Vaters: »In seiner Jugend bis zum ziemlich herannahenden Alter spielte er die Violine rein u. durchdringend u. hielt dadurch das Orchester in einer größeren Ordnung, als er mit dem Flügel hätte ausrichten können. Er verstand die Möglichkeiten aller Geigeninstrumente vollkommen. Dies zeugen seine Soli für die Violine und für das Violoncello ohne Baß. Einer der größten Geiger sagte mir einmahl, daß er nichts vollkommneres, um ein Geiger zu werden, gesehen hätte und nichts beßeres den Lehrbegierigen anrathen könnte.«

Johann Nikolaus Forkels Bach-Biographie – nach langen Vorarbeiten 1802 mit einer Dedikation an den Baron van Swieten in Wien publiziert – war die deutsche Antwort auf die in England erfolgte Heiligsprechung Georg Friedrich Händels, dessen Oratorien auch in seiner Heimat zunehmend klassisches Repertoire wurden (und es in deutscher Textierung solange blieben, bis die Schallplattenindustrie um 1970 aus Kostengründen den »Originaltext« propagierte. »Halleluja« wird vermutlich auch in Esperanto noch erkennbar sein, but: *Who of any german or even worse: italian listener really knows, what a »redeemer« is, how this word should be translated properly?*

Soweit ersichtlich, sind seit Forkels Bestandsaufnahme der Bach'schen Kompositionen keine Verluste mehr festzustellen, eher schon ein zufälliger Quellenzuwachs im Bereich der Kammermusik, der Bach selbst vielleicht gar nicht recht sein mag, widerspricht er doch der um 1720 schon zu beobachtenden Tendenz, der Nachwelt ein klar in Zyklen oder Serien gegliedertes, überschaubares Œuvre zu hinterlassen. Das biblische Dictum »Bestelle Dein Haus« war Verpflichtung zu einem geordneten

Decrescendo am Lebensende – und so wird Bach vermutlich selbst sämtliche Materialien eines Werks vernichtet haben, sobald sich der Aggregatzustand verändert hatte: Periphere Triosonaten in vielleicht bizarren Besetzungen waren bedeutungslos, als sie in Orgel-Triosonaten aufgegangen waren, die Violinkonzert-Vorlagen wurden zum Ballast, als die Cembalo-Versionen erstellt waren, Bach selbst benutzte den Druck der »Goldberg-Variationen« als sein Handexemplar, das Kompositionsmanuskript vernichtete er vermutlich. Auch fehlte Platz für die Aufbewahrung der Druckvorlagen des »Musicalischen Opfers« (all dies schwer verständlich in einem Zeitalter, dessen wesentliche Aufgabe die vollständige Musealisierung seiner selbst zu sein scheint!) – und vielleicht nahm er selbst mit müdem Lächeln anno 1745 eine alte Orchesterouverture in die Hand und fragte sich: »Wen interessiert das noch?«. Er selbst hatte früh und mehrfach schon derart zeitgebundene Werke durch Metamorphose in geistliche Kantaten beatifiziert: So sind die Eröffnungssätze der Kantaten BWV 61, 110, 119 und 194 unverkennbar Ouverturen *à la française*, die Bach mit seiner unerreichten *Ars Combinatoria* in den geistlichen Bereich transponierte, translozierte und transzendierte.

Forkel hatte durch seine Kontakte zu den beiden älteren Söhnen Bachs viele, aber dennoch nicht alle Werke Bachs gesehen. Schreibt er über die »Concerte für den Flügel, mit Begleitung vieler Instrumente. Sie sind ohngeachtet des darin liegenden Kunstreichthums in Rücksicht auf Form und übrige Einrichtung veraltet.«, so glossiert Carl Friedrich Zelter zutreffend in seinem Handexemplar der Biographie »Ja, veraltet! ohngefehr wie die Ilias und Pindars Oden. [...] Forkel muß diese Sachen garnicht kennen indem er so drüber hinsiehet und sich Geschmacksstücke darunter vorstellt. Wir haben sie [...] sehr oft gehört und können ihnen einen sogenannten schönen Geschmack nicht zugeben, aber es giebt einen großen Geschmack und den haben diese Concerte unbestritten.« Und weiter: »Seine Violinkonzerte sind hier nicht genannt. Aus einigen hat er nachher Flügelkonzerte gemacht. Sie sind voll Geist, Empfindung, Erfindung und Gefälligkeit.«

In der Reihe der drei in ihrer originalen und primären Violinfassung erhaltenen Konzerte ist das Doppelkonzert in d-Moll BWV 1043 vermutlich das älteste, steht es doch ohne die geringste Konzession an irgendeinen galanten Geschmack mit drei (pseudo-)fugierten Sätzen einzigartig dar. Ein Blick in die unbedeutenden Ripieno-Einzelstimmen verrät, dass es sich um eine vorsichtig aufgehübschte Triosonate für zwei Violinen und Basso Continuo handelt – wobei das größte Problem der Orchestrierung die fehlerfreie Integration einer neu zu erfindenden Viola-Partie in das dreistimmige Fugen-Ritornello des ersten Satzes war: Das Ergebnis ist nicht Bachs beste Viola-Stimme, ganz sicher aber die bewegteste!

Die Mittelsatz-Lösungen sind bei allen drei Konzerten passacaglienartig gleichbleibende, aber modulierende Bausteine mit strengen Symmetrieachsen, im Doppelkonzert absolute Gleichwertigkeit beider Solisten demonstrierend, in den beiden Solokonzerten in reichlich mäandernden Ornamenten von der Struktur ablenkend, sie geradezu überwuchernd.

Die Rahmensätze vollführen Balanceakte um die Mittelsatzachse, weniger gelungen im Doppelkonzert, dessen Kopfsatz im Vergleich zum recht langen Finale eindeutig zu kurz ausgefallen ist, fabelhaft austariert aber in den beiden Solo-Konzerten: Im E-Dur Konzert (BWV 1042) steht dem überaus ausladenden heroischen Kopfsatz in Da-Capo-Arien-Form ein spritziges Menuet-Rondeau mit vier Couplets (das letzte in doppelter Länge von 32 Takten) gegenüber, während beim Finale des insgesamt bescheidener dimensionierten, auch durch die verwendete Tonart schon weniger exaltiert wirkenden a-Moll-Konzerts (BWV 1041) ein vierstimmig fugiertes Giguen-Thema Bachs ungeheure Meisterschaft in der Lösung komplexester Aufgaben zeigt.

Johann Sebastian Bachs Kompositionsstil bekam nicht nur den Beifall jener, »deren musicalisches gehör, durch ich weiß nicht was vor einen neumodischen geschmack, nicht verderbt ist«, sondern ab Mitte der 1730er Jahre auch die Ablehnung derer zu spüren, die fanden, »daß der Herr HofCompositeur die schönheiten seiner stücken durch allzugrose kunst verdunckele« und »sich nach den Zeiten der Musik vor 20 und 25 Jahren gerichtet«. Johann Adolf Hasses Musik wurde ihm als brandaktuelles, galantes Modell vorgehalten: Bach bezeichnete sie als »dresdener Liedgens«.

»Mona Lisa« Eine Etude zur »Ciacona« von Johann Sebastian Bach (Achtung: Scharf gewürzt)

unveröffentlicht

Bevor es gleich ernst wird, eine Anekdote vorweg: Bach-Wettbewerb Leipzig 2015, Finalrunde »Drei aus Sechs«. Auftritt einer jungen Geigerin mit dem Bach'schen Kronjuwel: »OMG, she started the Chaconne with upbow« ächzte die Kollegin, neben die mich die Aufstellung der Namensschildchen befohlen hatte – und ich raunte ihr zu »O yes, Honey: the piece starts with a half-note up-beat« ... »No, does it really??« ... Dem sofortigen Nachblättern in der vor uns liegenden Partitur folgte verwirrtes Erstaunen der Kollegin – und dann ein sich über Tage hinziehendes Gespräch über das »Woher« und »Wohin« von Chaconnen und Passacaglien, über historische Trends und moderne Moden – Monate später dann ein Anruf aus den USA: »Listen Reinhard, I told everything you told me to NN, former concertmaster of the NNN – and you know what he said: What Goebel told you is all nonsense, crap, bullshit.« Weit davon entfernt, beleidigt zu sein, entgegnete ich: »Mr. NN verwaltet möglicherweise seine *Chaconne* von 1965 bis 2015, aber ich die Geschichte der Ciacona von 1600 bis 1720! That's the difference.« ... (Dementieren, denunzieren, demolieren, ridicülisieren: All die sattsam aus der Alten-Musik-Szene bekannten Abwehrreaktionen alles Neuen, Un-Mythischen, Beleg- und Diskutierbaren gegenüber also auch hier, wenn man sich dem von jedem Geiger mit je weniger sachlicher Ahnung umso mehr aber profunder Meinung verwalteten Kronjuwel des Repertoires nähert.)

Irgendwie ist es an der Zeit, das von Mythisierung, Mystifikationen, *on-dits* und *chiaroscuren* Euphemisierungen, vom ständigen Mißbrauch als Vehikel von allerhand befremdlichen Befindlichkeiten förmlich erdrückte Stück einmal von all den Ablagerungen zu befreien, die es während der letzten zwei Jahrhunderte »Interpretationsgeschichte« als Endlager jeder Menge ästhetischen Sondermülls aufnehmen mußte – und es auf den Boden seiner zeitgenössischen Tatsachen zu stellen. Historische Musik kann heute nur noch mit einem Grundbestand an Kenntnissen jener historischen Konditionen gespielt werden, die sie generierten, auf denen sie basiert – alles andere ist barer Unfug. Dazu aber später mehr!

Der neueste Trend: die Mystifizierung als »Lamento auf Maria Barbara«, versteckte Choralbearbeitung und Zahlenrätsel ist so populär*wissenschaftlich*, so offensichtlich Projektion moderner Erwartungen an Verhaltensweisen des Komponisten – in diesem Fall der Trauer: Bach MUSS doch genauso gefühlt haben wie ICH, ich kenne ihn doch soo gut!! – daß die seriöse Bachforschung eisern dazu schweigt.

Das feuilletonistische Getratsche auf vermeintlicher Metaebene, die so beängstigend leicht zu bewerkstelligende Verführung junger – und auch älterer – Musiker ist die logische Folge der Verachtung und Verdrängung jeglichen Faktenwissens um Musik. In der Tat labert es sich ja erheblich leichter im Pseudobereich, als sich einen historischen Text zu erarbeiten. Oder anders: Mit leerem Kopf nickt es sich leichter!

Tatsache ist, daß kein Komponist jemals Botschaften in die Welt schickte, die nicht mit den zeitgenössischen Erklärungscodices übereinstimmten und mit den Begriffen der eigenen Jetzt-Zeit verstanden werden konnten, erklärbar gewesen wären – sondern die zu enträtseln erst das 21. Jahrhundert mit seinen supertollen hochintelligenten Dechiffrierungsköpfen und vor allem fachfremden Querdenkern imstande sein sollte.

»Was ist ›galante‹ Musik?«

unveröffentlicht

Leipzig im Mai 1737: ganz dicke Luft im Hause Bach. Zu den erbitterten Streitigkeiten um die Einsetzung eines Musikpräfekten an der Thomaskirche, zu der bereits 1733 erlittenen Demütigung durch die Ablehnung seiner Bewerbung um das höchste Musikamt des Dresdner Hofes kam nun noch ein anonym publiziertes Pamphlet, dass nach einer kurzen gutmütigen *captatio benevolentiae* sozusagen Kleinholz aus der Kunst Johann Sebastian Bachs macht: schwer, schwülstig, überladen, undurchhörbar, dunkel, unnatürlich … Bach antwortete auf diesen ungeheuerlichen Affront, als dessen Verfasser reichlich schnell sein ehemaliger Schüler Johann Adolf Scheibe als »der critische Musicus« namhaft gemacht werden konnte, nicht selbst, sondern ließ den Rhetorik-Professor der Universität Johann Abraham Birnbaum zur Feder greifen – und so wurde aus dem dämlichen kleinen Anwurf, in dem Bachs Name noch nicht einmal *expressis verbis* genannt wurde (zweifellos wusste aber jeder Leser, wer gemeint war) ein mit Akribie geführter Feder-Krieg, der für Bach selbst schrecklich gewesen sein muss, aber uns heutigen, hoffentlich unparteiischen Lesern unglaubliche Einblicke in die hinter den Kulissen tobenden ästhetischen Diskussionen, Auseinandersetzungen und Animositäten ermöglicht. Absolut neu, ja geradezu schockierend war es, dass so etwas in der Öffentlichkeit stattfand, publiziert und vor Lesern ausgebreitet und zelebriert wurde – aber dieses Opfer war nun einmal der neuen Zeit zu bringen: Wenn Kunst und Musik im öffentlichen Raum stattfinden, dann muss auch ein öffentliches Gespräch darüber möglich sein!

Zu vermuten ist, dass es höchst problematisch, ja überaus verwirrend für den 52-jährigen Komponisten war, der bislang Tradition, Anciennität, hohe Rhetorik, vor allem aber seinem von Gott gegebenen Genius und mit der eigenen Arbeit sich wiederum auf diesen Gott beziehend verpflichtet war, sich plötzlich in einem öffentlichen Verfahren nicht über Kunst, sondern über Ästhetik gar zu befinden. Die ihn einholende neue Zeit urteilte nicht darüber, ob er nur gut oder gar meisterhaft komponierte, sondern ob er angenehm, unterhaltsam – galant – zu komponieren verstand, ob er das allgemeine Lebensgefühl seiner Zeit adäquat in Tönen auszudrücken wusste. Seine Zeitgenossen lebten seit Leibniz »in der besten aller möglichen Welten« und waren vornehmlich auf der Suche nach Glück, nicht nach Heil!

Es wird heute generell und gerne behauptet, gerade im Augenblick verändere sich die Welt ganz besonders schnell – aber letztlich hat sie das von Zeitgenossen »gefühlt« schon immer getan: Generationenkonflikte hat es immer gegeben, für die einen war der zunehmende Sittenverfall stets mit Händen greifbar, auch waren die Bäume früher höher – den anderen war nichts so alt, so unerträglich wie die Mode »von gestern«, und immer schon wurde vermutet, das Gras sei hinter dem Hügel doch viel grüner.

Gehen wir einmal mit der Lupe an die Rezeptionsgeschichte gewisser »Ikonen der Musik«, so stellt man fest, dass Wolfgang Amadeus Mozarts Violinkonzerte der 1770er Jahre bereits in den 1780ern den Zeitgenossen so asbach-uralt erschienen, dass niemand sie mehr haben, geschweige denn drucken wollte. Carl Ditters von Dittersdorf schrieb, dass Vivaldi-Konzerte allenfalls dazu taugen könnten, Kindern das Spiel auf der Violine zu lehren, und dem Wiener Kritiker Eduard Hanslick erschienen selbst die vier großen Sinfonien Mozarts so belanglos wie »weiße Wölkchen auf blauem Himmel«. Aus gleicher Feder stammt die Bemerkung hinsichtlich Gustav Mahlers 1. Sinfonie: »Einer von uns beiden muss verrückt sein – ich bin es nicht!«.

Die Musikmode, die um 1730 begann und 1780 endete, ist der »Galante Stil« – nein: Spätbarock und Vorklassik sind nur euphemistische Worte für die Ratlosigkeit einer Musikwissenschaft, die den Blick über den Tellerrand in die Sozial- und Geisteswissenschaften scheut, es aber auch nicht wagt, den musikalischen Artefakten Namen zu geben, die in der Kunstgeschichte ungebräuchlich oder gar unbekannt sind. Man hat diesen Stil immer als Nachbeben des Barock und Vorbereitung zur Klassik gesehen – aber kann man ernsthaft fünf Dekaden Geschichte, die große Zeit der Opera Seria, als *quantité négligeable* behandeln?

Der galante Stil ist der modiöse Hofstil in der auch heute noch höchst präsenten europäischen »Blauen Banane«, die von London ausgehend in einem gelängten Halbkreis die Niederlande, das Rhein-Main-Gebiet und Oberitalien mit Mailand und Turin umfasst. In ihm vereinigten sich Stilelemente vor allem Italiens und Frankreichs, und ohne bewusst als Anti-Barockprogramm geplant zu sein, denn die meisten der tonangebenden Komponisten der ersten Generation beherrschten doch noch beide Stile, eroberte der neue Stil um 1720 von Neapel ausgehend wie ein Lauffeuer ganz Europa.

Es ist der Stil, der mit der Aufklärung zeitlich übereinstimmt, ja sie bestens repräsentiert, denn Aufklärung begann zwar über den Literaturweg, zeigte aber ihre Erfolge in sämtlichen Lebensbereichen – also auch dem Reich der Tonkunst!

Wer immer im höfischen Kontext des folgenden Halbjahrhunderts reüssieren wollte, war gewissermaßen gezwungen, diesen Stil an der Quelle zu studieren. Georg Friedrich Händel und Johann David Heinichen, Deutschlands erste italienreisende Komponisten des 18. Jahrhunderts

(1705 bzw. 1709), waren noch von einer unbestimmten Sehnsucht nach *Italianità* geleitet und kamen über Venedig und Florenz bis nach Rom; der ihnen 1720 folgende Johann Adolf Hasse hingegen begab sich schnurstracks nach Neapel, »der Welthauptstadt der Musik«, wie es der Franzose Charles de Brosses 1739 formulierte. Auch die Mozarts reisten in die Stadt am Vesuv, deren wirkliche Bedeutung aber um 1770 bereits deutlich gesunken war. Immerhin nobilitierte es jeglichen Komponisten, eine *Scrittura*, einen Auftrag, für das Opernhaus San Carlo im Portefeuille vorweisen zu können. Bald aber sollte sich Santa Cecilia in Frau Musika verwandelt haben.

Weniger musiktheoretisch als vielmehr kompositionspraktisch wurden im galanten Stil Fugen-und Kanontechniken sowie der komplizierte Schreitbass obsolet, anstelle der geistvollen barocken Fortspinnungstechnik kam die sinnstiftende Wiederholung in Gebrauch. Bestimmte Tonarten verschwanden, aus dem Moll-Bereich überlebte nur das furiose g-Moll; und auch die aufführungspraktischen Extreme von Vivacissimo und Adagissimo, ja selbst das Adagio, wurden zunehmend unbeliebt: Schlichte Liedformen, zunehmend verbrämt mit Fiorituren und Broderies, traten an deren Stelle.

Der harmonischen und motivischen Beruhigung des Basso Continuo – seitenweise nun Trommelbässe auf C, G und D – folgte die Säuberung der Oberstimmen von quirligen Daktylus-und Anapäst-Spielfiguren, vor allem aber war die Motivtrennung von Vokal- und Instrumental-Stimmen neu: Die instrumentale Arien-Devise, das einleitende Vorspiel also, wurde nun nicht mehr wörtlich Ton für Ton nachgesungen, sondern dem *sonabile* des Orchesters wurde das temporeduzierte *cantabile* gegenübergestellt. Auch im Orchester wurde Arbeitsteilung die Regel: Aus dem bisherigen Bewegungsunisono wurden die Blasinstrumente ausgegliedert. Ging es glitzernd und virtuos in den Violinen »zur Sache«, so schrieb man für Flöten, Oboen und Fagotte nun Haltetöne – ein leichtes sozusagen, denn die Harmoniesequenz hatte sich ja ungeheuer beruhigt. Hörner und Trompeten holte man aus ihren schneebedeckten und immer auch gefährlichen Höhen ein paar Oktaven nach unten und verschrieb ihnen Haltenoten bzw. zustimmende Stützakkorde an den formalen Hauptpunkten. Im figurativen Inneren mag sich die Musik ungeheuer verschnellt haben, im harmonischen Gesamteindruck wurde sie sehr viel langsamer und großflächiger.

Die Musik erlebte – wie alle anderen Künste auch – zudem eine Feminisierung. Der kämpferischen, rhetorisch überhöht und maskulin auftrumpfenden Repräsentationsmusik des Absolutismus wie auch ihrem Gegenstück, der die Abhängigkeit des Menschen vom grausamen Gottesurteil thematisierenden religiösen Musik, folgte eine Musik mittlerer, weniger konfrontativer Werte, Sprache und Umgang wohlerzogener – galanter – Menschen nachzeichnend und diesen neuen, zivilisierten Menschentypus gleichermaßen auch adressierend. Der Beruhigung auf dem Schlachtfeld folgte kultureller Hegemoniekampf : Kaiserin Maria Theresia, Madame Pompadour, die englischen Königinnen Anne und Mary, die Zarinnen Elisabeth und Katharina gaben den Ton an. Frauen lagen sehr im Trend!

Gleichwohl favorisierten nicht alle Höfe und kulturellen Zentren von Beginn an diesen neuen Stil. In Paris jubelte das Publikum früh dem bereits 1736 gestorbenen Halbgott Giovanni Battista Pergolesi zu, aber der Hof in Versailles huldigte nach wie vor dem Prunkstil der Louis-XIV.-Zeit. Zwei andere europäische Hauptstädte lagen an der stilistischen Peripherie und brachten trotz des Engagements Johann Adolf Hasses durch den Hof reichlich Widerstand auf: In Wien war Selbstmarginalisierung durch Verwahrlosung der Hofkapelle zu konstatieren, in Berlin beobachtete man die Atomisierung des Barock ins Berliner Rokoko und zugleich die unerträgliche Disziplinierung der Künste durch Friedrich II., derartig bedrückend jedenfalls, dass der 20jährige Johann Christian Bach 1755 seinen älteren Bruder Carl Philipp Emanuel, den königlichen Hofcembalisten, im Streit verließ und nach Mailand ging.

Johann Sebastian Bachs jüngster Sohn war gerade einmal zwei Jahre alt gewesen, als der Vater brüllend und tobend vor Wut über das Scheibe-Pamphlet die ganze Thomasschule in Angst und Schrecken versetzt hatte. Er konnte nicht ahnen, dass sein Jüngster einmal der berühmteste Repräsentant, ja der Vollender jenes gerade aufkommenden neuen Stils werden würde – ja der mit seiner Kunst wohl die meisten Menschen erreichende Bach des 18. Jahrhunderts.

Der in Deutschland klangvolle Name wird ihm in italienischen Fachkreisen nicht viele Türen geöffnet haben, Italiener waren traditionell ungebildet, und den Namen eines lutherischen Ketzers musste man sich nun schon gar nicht merken. Immerhin aber schätze der neue väterliche Ratgeber und profunde *Konnässör* Padre Martini in Bologna die Kunst des Johann Sebastian Bach außerordentlich – und wenn man sich nicht täuscht, dann kannte der italienische Abbate mehr davon als der Sohn, denn bislang hatte es keinen Bach gegeben, der so wenig bachisch war, dem die Familientradition so wenig bedeutete, dem der Vater so fremd war!

Johann Christian Bachs kometenhafter Aufstieg führte über Turin, Neapel, Mailand direkt in die englische Hauptstadt, die seit Händels Tod im Jahr 1759 musikalisch nicht gerade verwaist war, aber doch ein großes Genie entbehrte. Die riesige Gemeinde von in London etablierten italienischen Exilkünstlern – unter ihnen Felice Giardini, Giovanni Battista Cirri, Giusto Fernando Tenducci (»Il Senesino«), Carlo Graziani, Tomaso Giordani – nahm den noch nicht einmal Dreißigjährigen 1762 unmittelbar in ihre Mitte, und bis zu seinem *untimely dead* blieb nun London sein Hauptwohnsitz. Mit dem bereits seit 1759 in London ansässigen Carl Friedrich Abel – er war 1723 in Köthen als Sohn des dortigen Hofcellisten geboren worden – initiierte Bach 1764 die berühmten »Bach-Abel-Concerts«, in deren zeitlich gewaltig überdimensionierten Programmen regelmäßig alle ortsansässigen, aber auch speziell eingeladene Virtuosen auftraten. 1768 ließ sich noch der Oboist Johann Christian Fischer in London nieder – und ohne Übertreibung kann man sagen, dass London mit diesem Florilegium von Künstlern im Konzert der Nationen bestens dastand.

Die englische Hauptstadt war im 18. Jahrhundert unzweifelhaft die größte Stadt der Welt, das Parlament regierte hinter einem Hannoveraner Scheinkönigtum,

Oper, Konzert, Theater waren jedermann zugänglich, Zeitungen versorgten eine aufgeklärte und über Freizeit verfügende Öffentlichkeit mit Nachrichten, und die Musik erfuhr eine in jeder Hinsicht ungeheure Popularisierung. Selbst in Vauxhall, einem an der Themse gelegenen Vergnügungspark, stand eine bewunderte Händel-Büste, und von der Tribüne des Orchestersaals dort erschollen »Vauxhall-Songs« von Johann Christian Bach, populäre Musik mit hohem Wiedererkennungs-Effekt.

Aber auch Mannheim mauserte sich – zum Magneten: Das kulturell bislang führende Dresden war 1760 (erstmals) in Schutt und Asche versunken, der große Konzertmeister Johann Georg Pisendel war gestorben, Johann Adolf Hasse und Faustina Bordoni hatten die Koffer gepackt und waren zwischen Wien und Venedig in Altersteilzeit gegangen. Nun baute der friedliche und kunstliebende Kurfürst Carl Theodor von der Pfalz – Friedrich II. von Preußen nannte ihn »das Glücks-Schwein« – seine Residenz zum Musenhof aus. »Eine Armee von Generälen« nannte der englische Musikhistoriker Charles Burney 1772 die gigantische Hofkapelle mit allein 20 Violinisten, die nach dem Tode seines ersten Konzertmeisters Johann Stamitz 1757 unter die Leitung des auch bei Giovanni Battista Sammartini in Mailand ausgebildeten Christian Cannabich kam, voll besetzt mit tatkräftigen Exil-Böhmen, die fast allesamt selbst komponierten – und mehr noch als das Londoner Konkurrenzunternehmen auch durch familiäre Bindungen untereinander stabilisiert waren. Den riesigen personalen Überhang an wunderbar ausgebildeten jungen Virtuosen entsorgte Mannheim nach Berlin, Paris und eben auch nach London.

War ehedem das grandiose »Concerto per molti 'strumenti« die geeignete Form, die musikalischen Brillanten August des Starken, den Reichtum genau dieser Hofkapelle im besten Licht erscheinen zu lassen (Johann Sebastian Bachs »Brandenburgische Konzerte« aus dem Jahr 1721 sind kluger Aufgriff und raffinierte Überhöhung genau dieser Idee), so wählte das galante Zeitalter die »Sinfonia Concertante« – bisweilen auch »Concertone« genannt –, um möglichst vielen Solisten Platz für Selbstdarstellung zu bieten, gleichzeitig aber auch ein wesentliches Anliegen der Zeit, nämlich das Miteinander in geglückter und beglückender Konversation zu formulieren.

Dieser Rückgriff auf das verpönte Barock erfolgte erst, als man ein wenig vergessen hatte, warum man das Barock vergessen wollte, als eine Generation von Komponisten nachrückte, die die eigentlichen Beweggründe der galanten Musik nicht mehr wirklich internalisiert hatte. Denn die Anfänge muss man sich ähnlich abrupt und schockierend vorstellen wie die Reaktion von »Wandervogel« und »Zupfgeigenhansel« auf die Sinfonien von Johannes Brahms und Gustav Mahler um 1900, wie das Aufeinandertreffen von Claudio Monteverdis *Seconda prattica* und der kunstvoll-ziselierten Polyphonie der Spätrenaissance.

Auch muss man sich in eine Situation wie vor allem die der beiden ältesten Bach-Söhne (*1710/1714) hineinversetzen: Pfiffen vor der Haustüre die Leipziger Studenten die neuesten Hasse-Schlager, Melodien von Giovanni Battista Pergolesi und Leonardo Vinci, so saßen die beiden Burschen zuhause, kopierten Musik für ihren Vater und setzten himmelwärts orientierte Choräle vierstimmig aus: eine gewisse Schrulligkeit war hier vorprogrammiert!

Ein ganz anderer, völlig neuer Vatertypus hingegen war Leopold Mozart: Repräsentant der katholischen Frühaufklärung, bemüht um hochdeutsche Schriftsprache und dialektfreie Konversation mit Zeitgenossen, gerne auch in Fremdsprachen, interessiert an Blitzableitern und Toilettenrohren, flotten Kutschen und öffentlichen Parks: kurzum an allem, was die große neue Welt außerhalb Salzburgs so zu bieten hatte. Er war das Musterbeispiel eines *Homme Galant* – und wusste somit auch, dass die erfolgreiche Zukunft des Sohnes nur durch die Beherrschung des galanten Stils garantiert würde. Also raus aus Salzburg, so früh und vor allem so viel wie möglich!

Nein, nicht Berlin, nicht Hamburg und widerwillig auch nur Wien: München, Mailand, Turin, Parma, Mannheim, Paris – vor allem aber London war sein Ziel. Sinn und Zweck dieser endlosen Reisen war nicht das Geldverdienen mit der Zurschaustellung des Wunderkinds und seiner älteren Schwester (das wurde es erst in der nächsten Generation, als die »kleinen Mozarts« wie Pilze aus dem Boden schossen), sondern – ja, man möchte es kaum glauben – die Erfahrung der Welt. Während das Fräulein Tochter brav niederschrieb, was sie so gesehen hatte: »ein jungen Elephanten, einen esel, der hat weis und cafebraune striche und so gleich, das man es nicht beser mahlen könnte« – ein Zebra also –, wurden dem Sohn die *Fortes* und *Faiblessen* der Kompositionen eines Gaetano Pugnani, Pietro Nardini, Giovanni Battista Sammartini, Josef Mysliveček, Johann Adolf Hasse und Nicola Porpora, die Stimmen eines Giusto Ferdinando Tenducci, Giovanni Manzuoli, einer Regina (Caterina) Mingotti oder Anna Lucia De Amicis erklärt; Orgeln wurden gespielt, vor allem aber examinierte man begierig die vielfältigen neuen Versuche auf dem Gebiet des Clavierbaus.

Dem jungen Mozart wurde nach 1762 durch eigenes Erleben also genau das vermittelt, was der englische Musikhistoriograph Charles Burney im 1772 publizierten »Tagebuch einer Musikalischen Reise« für all die Daheimgebliebenen beschrieb: die galante Musik mit all ihren Facetten, Gebräuchen und auch Missbräuchen auf ihrem Höhepunkt.

In seiner ganzen Fülle präsentierte sich der Stil in London –, und sei es raffinerte Taktik oder psychosomatische Reaktion gewesen: Leopold Mozart wurde hier derartig krank, dass sich der Aufenthalt vom April 1764 bis zum September 1765 hinzog, der Sohn zwischenzeitlich bei Johann Christian Bach »geparkt« wurde und in dessen riesigem Freundes- und Kollegenkreis Anregungen für Jahre empfing. Aus Nebenquellen erfahren wir, dass Wolfgang mit Bach vor Königin Charlotte vierhändig spielte und Gesangsunterricht bei Giovanni Manzuoli bekam. War im Mai 1764 bereits »eine Opera im Kopf«, so konnte der Vater im Februar 1765 stolz mitteilen: »Die Synfonien im Concert werden alle vom Wolfg:Mozart seyn. Ich must sie selbst copieren.« In der Tat beginnt mit der in London entstandenen Sinfonie KV 16 Mozarts ernsthaftes Komponieren im galanten Stil.

Johann Christian Bach und Mozart sollten sich noch einmal *in personam* begegnen: »Seine freüde, und meine freüde als wir uns wieder sahen, können sie sich leicht vorstellen.« schrieb er dem Vater im August 1778 aus Paris; »vielleicht ist seine freüde nicht so wahrhaft – doch muß man ihm dieses lassen, daß er ein Ehrlicher Mann ist, und den leüten gerechtigkeit wiederfahren läst; ich liebe ihn / wie sie wohl wissen / von ganzem herzen – und habe hochachtung für ihn, und er – das ist ein mahl gewis, daß er mich sowohl zu mir selbst, als bey andern leüten ... wahrhaft, gelobt hat – Tenduci ist auch hier ... der hat die gröste freüde gehabt mich wieder zu sehen.«*

Bach hatte guten Grund, Mozart zu loben, war er doch sein einziger und zugleich auch sein bester Schüler: Die große Geste, den prachtvoll instrumentierten Klang und den eleganten Fluss der Gedanken, das dekorative Zelebrieren eigentlich einfacher Tatbestände konnte man nicht bei Vater Leopold lernen.

Aber Wolfgang Amadeus Mozart wurde weder der Testamentsvollstrecker Johann Christian Bach noch der Vollender des galanten Stils, der seit Mitte der 1770er Jahre deutliche Ermüdungserscheinungen erkennen ließ. Der Serenadengeist, die Menuet-Rondeau-Finales und die süffig geteilten Bratschen waren belanglose Zitate geworden. »Gewaltig viele Noten« – Joseph II. hatte völlig recht: der junge Herrscher (seinetwegen war Mozart nach Wien »geflohen«) und das final von jeglichem Ornament befreite Regiment – kontemplative Orden aufgelöst, kirchliche Feiertage ersatzlos gestrichen, Särge überflüssig, Leibeigenschaft aufgehoben, weg mit den Metastasio-Texten, Gluck *tacet* – verlangten nach einer adäquaten Musik. Schlicht, einfach und in vielem anknüpfend an den Geist der vorvergangenen Zeit sollte sie sein: klassisch also!

* Brief Nr. 479. In: Mozart: Briefe und Aufzeichnungen, Gesamtausgabe. Bd. 3, 1777–1779. Hg von der Internationalen Stiftung Salzburg. Gesammelt und erläutert von Wilhelm A. Bauer und Otto Erich Deutsch, auf Grund deren Vorarbeiten erläutert von Joseph Heinz Eibl. Erweiterte Ausgabe mit einer Einführung und Ergänzungen herausgegeben von Ulrich Konrad. Kassel 2005

»Kantaten der Bach-Familie«

Benjamin Appl, Berliner Barock Solisten, Reinhard Goebel
hänssler CLASSIC, 2020

Allzu leicht gerät bei der Reflexion über Johann Sebastian Bach und seine Söhne aus dem Blickfeld, daß es sechs Söhne aus zwei Ehen waren, die »zur Music inclinirten«. Jedoch verschwand der dritte Sohn der Maria Barbara, der 1715 in Weimar geborene Johann Gottfried Bernhard im Jahr 1737 relativ spurlos, und Anna Magdalenas erster Sohn, der 1724 geborene Gottfried Heinrich war offenbar geistig behindert: »War ein großes Genie, welches aber nicht entwickelt wurde.« notierte sein Halbbruder Carl Philipp Emanuel in der Familienchronik.

Bei den vier verbleibenden Söhnen ist zu vermerken, daß die älteren Söhne aus der ersten Ehe bei der Geburt ihrer jüngeren Brüder aus der zweiten Ehe des Vaters bereits so alt waren, daß sie leichtlich deren Väter hätten sein können und daß jeder der Söhne mit dem Vater in einer jeweils veränderten Familiensituation zu kommunizieren begann – und die Welt draußen auch nicht still stand.

War Johann Sebastian im Jahr 1710, als Wilhelm Friedemann geboren wurde, ein agiler 25-Jähriger, so müssen wir ihn uns 1735, als mit Johann Christian der letzte Sohn das Licht der Welt erblickte, schon deutlich korpulenter, schwerfälliger, desillusionierter – insgesamt »mitgenommener« vorstellen. 30 Jahre lang hatte er durch sein Wirken und Schaffen *nolens volens* bestimmt, wo in Sachsen und Thüringen musikalisch Vorne zu lokalisieren war: immer genau dort, wo er war, in seinen Händen und auf seinem Schreibtisch. Nun aber drängten 20-Jährige und ein wenig verspätete 30er auf den Markt und zeigten Bach, wo das neue Vorne war: im galanten Stil, der sich ab 1715 von Neapel aus nach Norden verbreitete und der flamboyanten, unter der Last der emblematischen Konnotationen und religiösen Bedeutungsträger und immer reicherer Bezifferung zusammenbrechenden Musik des Spätbarock jenen einfachen, von Menschen für Menschen erdachten Stil entgegensetzte – mit langsamer, leicht verstehbarer Harmonik, im weitesten Sinne singbaren Melodien in allenfalls ausgebauter Zweistimmigkeit.

Erste Anzeichen krisenhafter Veränderung zeigten sich für Johann Sebastian Bach im Jahr 1729, als der Dresdner Hof die durch den Tod Heinichens frei gewordene Stelle des Hofkapellmeisters erst einmal nicht, 1733 aber dann mit dem selbst in Neapel mit Lob überschütteten Johann Adolf Hasse besetzte.

»Der Zeiten stetige Veränderung« erreichte Bach mit voller Wucht aber im Mai 1737, als er von Johann Adolf Scheibe, dem komponierenden Sohn eines Leipziger Orgelbauers, in dessen Periodicum »Der Critische Musicus« in derartig unerhörten Worten als *démodé* attackiert worden war, daß nicht nur in der Wohnung in der Thomas-Schule oben links die Wände wackelten, sondern sofort auch eine Verschlechterung der Außenbeziehungen des alternden Komponisten festzustellen war: Er zog sich in sein Arbeitszimmer zurück und ergründete – noch tiefer als er es bisher getan hatte – die »verstecktesten Geheimnisse«, die wundersamen Gesetze der von Gott gegebenen harmonischen Ordnung.

Andere Komponisten und ausübende Musiker gingen »mit der Mode«, ja prägten diese sogar wesentlich mit, wie an vorderster Front Georg Philipp Telemann, der »im 86sten Jahr seines Alters« noch selbstbewußt »da me: Telemann« über seine Werke schrieb – dort, wo Bach mit »J.J.” – »Jesu Juva« – zu signieren pflegte.

Wenn Telemanns Patensohn und Nachfolger im Amt des Hamburgischen Musikdirektors Carl Philipp Emanuel Bach in der für Charles Burneys »Tagebuch einer musikalischen Reise« 1772/73 verfassten Autobiographie schreibt: »In der Komposition und im Clavierspielen hab ich nie einen anderen Lehrmeister gehabt, als meinen Vater«, so bedeutet das nicht, daß er lebenslang weiter in der erlernten Manier komponiert und gespielt habe.

Spätestens von dem Augenblick an, wo er als 20-Jähriger 1734 den Taubenschlag der väterlichen Dienstwohnung in Leipzig verließ, war er den vielfältigen musikalischen Einflüssen der Welt um ihn herum ausgesetzt – und reagierte auch darauf.

Stolz berichtete er 1786: »habe ich vor kurzem ein Ries u. mehr alte Arbeiten von mir verbrannt u. freue mich, daß sie nicht mehr sind.« De facto bedeutet das, daß wir den Emanzipationsprozeß von den ästhetischen Vorgaben des Vaters nicht in autograph überlieferten Werken nachvollziehen können, sondern ihn allenfalls in mit äußerster Vorsicht gedeuteten Semi-Anonyma, wie der Sinfonie F-Dur von »Mons. Bach de Berlin« insinuieren können.

Umso mehr muß es als Glücksfall bezeichnet werden, daß Peter Wollny in den Beständen der Johanniskirche in Mügeln die autographe Partitur einer dreisätzigen Solo-Kantate Carls – so wurde sein Name in der Familie apostrophiert – aus dem Jahr 1733/34 identifizieren konnte.

In gewissen Aspekten zeigt sich hier – entschieden mehr noch aber in der ebenfalls von Peter Wollny wiederentdeckten Sinfonie B-Dur des Wilhelm Friedemann (die Satz-Incipits waren seit ihrer Erwähnung bei Falck 1913 bekannt) aus dessen Dresdner Jahren 1733-46 – ein verhängnisvoller Zug der beiden älteren Bach-Söhne: die Kunst des Vaters durch noch mehr eigene Kunst zu überhöhen und im freien Flug der Gedanken bisweilen auch Dinge zu Papier zu bringen, die harmonisch eher spekulativ und technisch letztlich unspielbar sind – wie der Mini-Finalsatz besagter Sinfonie.

Dabei hätte Wilhelm Friedemann wissen sollen, was das Wesen der noch jungen

Sinfonie ausmacht: Johann Sebastian hatte ihn, seinen eindeutigen Liebling, 1727 eben nicht zu Johann Georg Pisendel nach Dresden, sondern zu Johann Gottlieb Graun, dem vermutlich ersten deutschen Tartini-Schüler in das nicht weit von Leipzig entfernte Merseburg zum Violinstudium geschickt, um ihn dort durch Kennenlernen der modernsten italienischen Methode auf eine – der eigenen gleiche – Karriere als Konzert- und Kapellmeister vorzubereiten.

Derlei ausgefeilte Erziehungsmaßnahmen, gar ein »Clavierbüchlein vor ...« gab es für die in den 1730ern nachgeborenen Söhne Johann Christoph Friedrich *1732 – vulgo: Fritz – und Johann Christian *1735 offenbar nicht. Für sie war allenfalls *Learning by doing* angesagt, vielleicht auch stilles Dabeisitzen, wenn der Vater seine späten Schüler Johann Gottfried Müthel, Johann Gottlieb Goldberg, Gottfried August Homilius, Johann Friedrich Agricola, Johann Ludwig Krebs oder Johann Philipp Kirnberger unterrichtete.

Johann Christian, der nach 1760 international gefeierte Großmeister des galanten Stils, jedenfalls gab lachend zu Protokoll, die Werke seines Vaters nicht spielen zu können, seien sie doch für ihn viel zu schwer.

Der »familiäre Auftrag« des stillen, bescheidenen Fritz – zu Jahresbeginn 1750 als gerade einmal 18-Jähriger mit einer von der Mutter Anna Magdalena signierten Bibel »zum steten Andencken und Christlicher erbauung« sowie dem Autograph der väterlichen »Sei Solo a Violino senza Basso« – der Sonaten und Partiten für Violine solo BWV 1001 – 1006 – als Konzertmeister an den schaumburgischen Hof in Bückeburg entsandt – war, den Zusammenhalt der Brüder nach dem Tode des Vaters zu garantieren. In der Tat unterhielt er gute Kontakte zu sowohl Carl in Hamburg als auch Christian in London, die nach dem Konfessionswechsel des »großen Bach« – so nannte man »in jetzigen galanten Zeiten« den Dandy – kein Wort mehr wechselten.

Carl jedenfalls setzte in der öffentlichen Konzertreihe, die er von seinem Paten Georg Philipp Telemann in Hamburg übernommen hatte, nicht nur Christoph Willibald Glucks »Orphée« und Niccolò Jommellis »Requiem«, die bedeutendste Vertonung dieses Textes vor Mozart, sondern auch die »Pygmalion«-Kantate seines Stiefbruders auf's Programm. Der einzige bearbeitende Eingriff bestand darin, das ursprünglich für Alt-Solo konzipierte Werk nun einem – für einen Hammer und Meißel beherrschenden Mann eher wahrhaftig wirkenden – Basso anzuvertrauen.

Hatte Fritzens »Ino«-Vertonung des Textes aus der Feder Karl Wilhelm Ramlers von den Zeitgenossen durchaus berechtigt harsche Kritik als lediglich schwaches Derivat des brillanten Spätwerks von Telemann bekommen, so muß man »Pygmalion« als ein Meisterwerk des »empfindsamen Stils« bezeichnen.

Formal zugrunde liegt der Dichtung ein dreisätziger Concerto-Plan (mit interpolierten Rezitativen und imaginiertem Schlußchoral), wobei die mittlere Arie in ein riesiges, aktions- und affektreiches Accompagnato (die ureigentliche *raison d'être* des Werks) mit Cavatine umgewandelt ist. Zauberhaft unbeantwortet bleibt die Frage: »Hat er nun, hat er nicht?«

Seiner Sache weitaus sicherer und gewisser ist der im 3/8-Menuett-Finale vor

Todesfreude trunken in den Himmel tanzende Greis Simeon in der 1727 komponierten Kantate von Johann Sebastian Bach.

Vermutlich war für Bach *docere, movere & delectare*, die ursprüngliche Ordnung der öffentlichen Rede also, Richtschnur bei der *inventio* und *dispositio* des musikalisch-kompositorischen Materials, das wie im Historienbild – der erhabensten und wichtigsten malerischen Disziplin – die biblische Begebenheit so wahrhaftig wie auch vielschichtig konnotiert erfassen und wiedergeben mußte.

Die Eingangsarie ist dieser Kunsttheorie zufolge – nicht zu verschweigen auch die umgekehrte Reihung, z.B. im »Brandenburgischen Konzert« Nr. 4: *delectare, movere & docere* – die größte kreative Herausforderung, wird hier doch erst einmal die dem Ereignis angemessene Stilhöhe geschaffen: Über allem der heilige Geist in Gestalt einer Taube (die sinnverwirrenden, kaum auf Anhieb taktisch zu ordnenden Melismen der Oboe) im Mittelgrund – *sempre piano* – die im Tempel wogende Menschenmenge und als Basis der durch sein Alter historische Legitimation liefernde Passacaglia-Baß – soweit erst einmal die grundlegende Bilderfindung im 3/8-Andante.

Desweiteren symbolisieren die Taktstrich übergreifenden Bindungen in den Violinstimmen die Jesus umfassenden Arme (ein von Claudio Monteverdi auf dem Synonym von »braccie« für sowohl Arm als auch Bindung kreiertes Bild), und die prachtvollen aufsteigenden Noemen (sie erscheinen erstmalig unter dem Wort »Heiland«) sind das (durch Trompetenallegorie wirklich weit, aus der mindestens dritten Fußnote hergeholte) Emblem des Herrschers.

In all diesen verwirrenden Erfindungen ist dann, motivisch meistens zwischen Ober- und Mittelgrund changierend und nur in den Finalworten mit dem Basso continuo unisono formulierend, die Stimme des greisen Simeon interpoliert.

Für das *movere* des Mittelsatzes hat Bach warmes Es-Dur in tiefer Tessitur der Streicher gewählt: nur peripher berühren die Violinen ihre höchste Saite. Zur affektiven Textillustration der kurz und bündig zusammenfassenden *conclusio* »fallet sanft und selig zu« – im A-Teil der Arie sind lediglich diese zwei Takte Singstimme solo ohne Orchester – zitiert Bach einen Takt aus dem Oboen-Solo des ersten Satzes, in der Tat eine Oktave nach unten »fallend«, schwingt sich aber dann für »sanft und selig zu« über einen Oktavschritt in einen Pleonasmus von seriösen italienischen Appoggiaturen und einem eher affektierten französischen Accent.

Der delektierende Schlußsatz ist mit dem Eingangssatz durch identische Ton- und Taktart (bei etwas erhöhtem Tempo: das Vivace des frühen 18. Jahrhunderts war zwischen Andante und Allegro positioniert!), ansonsten aber nur durch die Verwendung des jetzt ins Deftige gewendeten Noema im Themenkopf (Takt 4-6-8) verbunden. Und so, als würden sämtliche Heilsversprechen augenblicklich wahr, so, als würde sich der Himmel über uns öffnen, endet das Stück völlig unerwartet in gleißendem C-Dur! Es sind diese letztlich aus der an der Antike geschulten virtuos-verfeinerten Hofkultur kommenden Allusionen, Konnotationen und Fußnoten in der dritten Potenz, diese rhetorischen Kunstgriffe, im denkenden Kopf und in den schreibenden Händen Bachs zum zweifellos brillantesten Feuerwerk des ausgehenden Barock formuliert, die nicht nur die sonntäglichen Kirchgänger in Leipzig heftig überforderten, sondern auch die entschiedene Opposition junger Wilder – »Herr, vergib' ihnen, denn sie wußten nicht, wie zahm sie waren« – provozierte. Und dies auch zu Recht: Nach Ovid, Rembrandt, Molière, Peter Paul Rubens, Johann Sebastian Bach und Jean-Philippe Rameau gab es in deren Künsten kein »weiter so«, es gab keine Möglichkeit des *plus ultra*, sondern nur noch die des Neuanfangs ...

Carl Philipp Emanuel Bach: Konzerte und Symphonien

Berliner Barock Solisten, Reinhard Goebel

deutsche harmonia mundi / Sony Music, 2015

Carl Philipp Emanuel Bach war der 1714 geborene zweite Sohn des Weimarischen Hoforganisten und Konzertmeisters Johann Sebastian Bach und seiner ersten Frau Maria Barbara, der Tochter des Komponisten Johann Michael Bach. Wie sein älterer Bruder Wilhelm Friedemann (*1710) trug Carl – so sein Rufname – die Bach'schen Gene seitens beider Eltern in sich, aber der Vater wendete sich – wenn wir die wenigen überlieferten Fakten über Kindheit und Adoleszenz der beiden Brüder kritisch deuten – dem strahlenden Kronprinzen zu, während der schwarzhaarige, pummelige und vermutlich auch schielende Carl in dessen Windschatten aufwuchs, was ihm aber letztlich weniger schadete, als man erst einmal vermuten möchte.

Auch war Carl ein krasser Linkshänder, so dass es mit dem Violinspielen gar nicht klappen wollte – und konnte –, und er somit nie das gängige Figurenrepertoire des orchestral tonangebenden Instruments erlernte – auch dies nicht zum Schaden für seine Kompositionen, ganz im Gegenteil! Als gegen Anfang der 1730er Jahre dann durch die wachsende Kinderschar der Stiefmutter Anna Magdalena Raumnot in der Kantorenwohnung am Leipziger Thomaskirchhof zu konstatieren war, waren Carls Tage in der (vermeintlichen) Obhut der Familie und in Sachsen gezählt, und er inskribierte sich 1734 an der brandenburgischen Universität in Frankfurt/Oder – gute 200 Kilometer von Leipzig entfernt.

Zwar schrieb er später einmal: »In der Komposition und im Clavierspielen habe ich nie einen anderen Lehrmeister gehabt, als meinen Vater.«, aber das ist liebevoll-euphemistische Übertreibung, denn zum einen war der »familiäre Auftrag« des übermächtigen Vaters eindeutig nicht ihm zugefallen, ja, es gehen sogar Gerüchte, dass Johann Sebastian mit dem mangelnden Talent Carls Frieden schloss, da »sein Emanuel die Kunst ja nur als Liebhaber treiben würde«. Aber dies mag eine der typisch Rochlitzschen Erfindungen sein, in denen bisweilen nur ein bis kein Fünkchen Wahrheit steckt.

Zum anderen unterschätzte Carl die Wohltaten der Luft- und Milieuveränderung, denn im Kreise der Frankfurter

Kommilitonen sezierte man nicht nur staunend die kopfigen Kompositionen seines Vaters, sondern dudelte sich vor allem durch Werke jenes Mannes, der ihn, Carl, 1714 über die Taufschale gehalten und ihm den zweiten Vornamen gegeben hatte und dessen Position in Hamburg er 1767 übernehmen sollte: Georg Philipp Telemann.

Es mag zwar durchaus sein, dass Carl sich als Meisterschüler und auch Apologet der väterlichen Lehrmeinung sah, aber der Leipziger Gott-Vater *himself* sah das entschieden anders und äußerte einmal humorig-brummig: »'s ist Berliner Blau, es verschießt leicht«. In der Tat erfolgte 1740 – Carl hatte die Nähe des Thronfolgers bereits 1738 in Ruppin gesucht – die Anstellung als wohlgemerkt zweiter Cembalist hinter Christoph Nichelmann am Musenhof des preußischen Anti-Machiavell Friedrich II. Während der unsäglich arrogante Wilhelm Friedemann zum eher erfolglosen Sorgenkind des Vaters mutierte, schloss dieser mit dem inzwischen verheirateten und Enkel produzierenden »Schwarzen« – wir kennen diesen väterlichen »Kosenamen« selbst nur zu gut – Frieden und besuchte ihn bereits 1741 und 1744 in Berlin.

Und er instrumentalisierte ihn auch: Anno 1747, als die aktuelle Musikwelt sich sicher hinter vorgehaltener Hand bereits gefragt hatte: »Mon Dieu, lebt der alte Bach denn überhaupt noch?«, wurde der Auftritt des Vaters vor dem preußischen König – Raison für den prominenten Schwanengesang »Musicalisches Opfer« – zu einer von den Gazetten hochgejubelten Haupt- und Staatsaktion des Vaters. Der private Besuch wurde zu einem gigantischen Affront gegenüber dem familiär wie auch bei Hof in Berlin und Potsdam marginalisierten Carl, der noch nie verstanden hatte, warum seinen Werken das Gedudel von Johannes Colizzi und vor allem Johann Adolf Hasse vorgezogen wurde; jetzt aber spielte der eigene Vater den Sohn vor dessen königlichem Dienstherrn »an die Wand«: Johann Sebastian Bach als *primo uomo*!

Carl Philipp Emanuels Schaffen durchzieht jene unbequeme *un-easyness*, jene für das 18. Jahrhundert so untypische und andauernde Beweislast, doch gut, originell und schockierend modern zu sein, eine Komposition auch erst dann aus der Hand zu legen, wenn das Material überaus erschöpfend ausgequetscht ist, und die insbesondere den unerfahrenen Hörer – die gab's damals wie heute zuhauf! – schon lange langweilt!

Der Schrei »Warum um Gottes Willen werden mir immer andere vorgezogen? Was nur mache ich falsch?« war laut und eigentlich unüberhörbar – aber einer der ersten, der ihn hörte und aktiv eingriff, war Gottfried Baron van Swieten, Botschafter Österreichs am preußischen Hof von 1770 bis 1777. Er war einer der Apologeten, der das Visionäre wie auch die Tiefe von Carl Philipp Emanuel Bachs Kompositionen wenigstens essentiell erahnte.

Der Baron (der im Übrigen auch ein großer Verehrer Händels war) bestellte bei Bach – den er nie *in persona* kennenlernte, hatte der preußische König den Komponisten doch 1767 vom Regen in die Traufe nach Hamburg gehen lassen (kannte C.P.E. Bach etwa nicht Telemanns Aufschrei »Gott behüte meine Nachfolger für dergleichen zur Verzweiflung leitenden Geschäften!«?) –, dieser Baron bestellte als Privatmann 1773 die sechs heute so genannten »Hamburger

Sinfonien«, die erst 1937 publiziert wurden, vermutlich aber auch die vier 1776 komponierten »Orchester-Sinfonien mit zwölf obligaten Stimmen«, die 1780 mit einer Dedikation an den preußischen Thronfolger Friedrich Wilhelm gedruckt erscheinen – vielleicht eine *captatio benevolentiae*, ein diplomatisches Geschenk an den designierten König!

In seinen Sonntagsmatineen – 1777 war Gottfried van Swieten nach Wien zurückgerufen worden und hatte als Hofbibliothekar die grandiosen Räume der Hofburg zur Verfügung – vermittelte er den Gästen aus dem mittleren Adel (einem Zirkel, der der Nucleus der späteren »Gesellschaft der Musikfreunde« war), darunter aber auch Joseph Haydn und Wolfgang Amadeus Mozart, die Kenntnis dieser Musik, die sie sonst im katholisch-xenophoben Wien, wo die »Gluck-Salieri-Clique« die öffentliche Meinung bestimmte und repräsentierte, nie hätten hören können.

Es mag sein, dass Haydn und Mozart – ohne das allerdings so klar formulieren zu können, waren doch auch sie letztlich nur Kinder ihrer Zeit und dienten mit ihren Kompositionen immer noch den Unterhaltungsbedürfnissen von Hof und Adel – insbesondere Carl Philipp Emanuel Bachs schroffe Clavierwerke als einen wichtigen Schritt zu einer absoluten Musik empfanden; sagte doch Bach über diese Piècen selbst: »Weil ich meine meisten Arbeiten für gewisse Personen und fürs Publikum habe machen müssen, so bin ich dadurch allezeit mehr gebunden gewesen, als bey den wenigen Stücken, welche ich bloß für mich verfertiget habe.«

Ganz sicher bewunderten der selbst redlich komponierende van Swieten und seine kundigen Liebhaber Bachs Techniken der kühl-rationalen Motivzerlegung, der Verkleinerung und Vergrößerung, der faszinierenden Reihung, Neuordnung und Stauchung der Ereignisse, der thematischen Alliterationen mit jeweils neuartiger Fortführung, der rabiaten Diskussion zwischen Solo und Tutti – Dinge also, die den schlichten Hörer heute wie damals allenfalls emotional-affirmativ erreich(t)en, ohne dass er wusste oder weiß, warum sich – bei aller zunächst einmal abstoßenden Bizarrerie – doch letztlich Wohlgefühl einstellt (vorausgesetzt, Kopf und Herz sind störungsfrei ans Ohr angeschlossen): Carl Philipp Emanuel Bachs Musik ist keinesfalls *easy-listening*-Schmusemusik, sondern emotional-intellektuelles Vergnügen im »Höchstpreissektor«; und übrigens – wie wir aus zahlreichen Kommentaren aus dem 18. Jahrhundert wissen – »nur für Virtuosen« geschrieben!

Ludwig van Beethoven, der 1792 Wolfgang Amadeus Mozarts nun verwaiste Stelle in der Gunst Gottfried van Swietens einnahm (»Wenn Sie künftigen Mittwoch nicht verhindert sind, so wünsche ich Sie um halb neun Uhr abends mit der Schlafhaube im Sack bey mir zu sehen [...]«.), war durch seinen Lehrer Christian Gottlob Neefe bereits in Bonn ganz in der »bachischen Methode« aufgewachsen – und emanzipierte sich, nachdem er mit seiner ersten Sinfonie den Kotau vor Joseph Haydn (dieser repräsentierte nun Wiens öffentliche Meinung, weil und nachdem Paris und London ihm applaudiert hatten; Haydn fand die Komposition übrigens ganz furchtbar – wen wundert's?) gemacht hatte, mit der »Eroica« vollends von jenem Stil, den Eduard Hanslick mit Blick auf

Mozart – hier verkürzt – »weiße Wölkchen vor blauem Himmel, fast langweilig« nannte, und bekannte sich zu seinem norddeutsch-protestantischen Erbgut, das er sich wahlverwandtschaftlich von Carl Philipp Emanuel Bach gegriffen hatte.

Und so ist letztlich auch jenes Beethovensche Dictum »Nicht Bach, sondern Meer sollte er heißen, wegen seines unendlichen, unerschöpflichen Reichtums an Tonkombinationen und Harmonien.« hinsichtlich seines Bezugs ernstlich in Frage zu stellen, zumindest zu überdenken: Könnte nicht eher als Johann Sebastian der Sohn Carl Philipp Emanuel Bach damit gemeint sein? *Nescimus* …

Neben dem vermutlich auch ein wenig selbstsüchtigen Freiherren van Swieten – übergriffig-prominenten-geile Charity-Ladies sind keine Erfindung des 20. Jahrhunderts! – war der englische Musikhistoriker Charles Burney der wirklich große Apologet von C.P.E. Bachs Kunst: Keinem Zeitgenossen widmet er sich in seinem zweiten »Tagebuch einer musikalischen Reise« mit derartiger Bewunderung. Burney hatte wenige Jahre zuvor den kometenhaften Aufstieg des 1735 geborenen Johann Christian Bach – er der musikalische Chefdekorateur der spätgalanten europäischen Hofszene – sozusagen live beobachten können und traf nun 1772 in Hamburg den 20 Jahre älteren Halbbruder, der ein völlig anderes Idiom sprach. »Man hat seine Stücke beschuldigt, daß sie lang, schwer, tiefsinnig und weit hergesucht wären«, schreibt Burney – und dann, nachdem er »leicht und schwer« als relative Ausdrücke vom Tisch gefegt hat, fortfahrend: »Bey genauer Untersuchung also wird man finden, daß seine Kompositionen so reichhaltig an Erfindung, Geschmack und Gelehrsamkeit sind, daß […] jede Zeile, die man einzeln herauspickt, mehr neue Ideen an die Hand geben kann, als man in ganzen Seiten mancher Komponisten vergebens suchen würde, welche doch mit Beyfall aufgenommen wird.« Wie wahr!

Neben den drei Hauptwerken – den beiden großen Concerti und der grandiosen Es-Dur-Sinfonie aus den 50er Jahren des 18. Jahrhunderts – erklingt als Einleitung auf der vorliegenden CD eines jener vielen Bach-Incerta, ein Werk also, das nicht genau einem der zahlreichen komponierenden Mitglieder der Bach-Familie zugeschrieben werden kann. Das Titelblatt des ungelenk geschriebenen Stimmensatzes nennt »Monsieur Bach de Berlin« als Autor … – und stilistisch kann die Komposition durchaus als ein Frühwerk Carl Philipp Emanuel Bachs gelten.

Es mag Ironie des Schicksals sein, dass auch hinter den »zweifelhaften« Flötensonaten Johann Sebastian Bachs immer Carl als Autor vermutet wird. Vielleicht sind zweitgeborene Söhne ja doch nicht so schlecht, wie Väter – warum auch immer – vermuten!

Hélène Mercier Arnault
»Der Dirigent und der Solist«

aus: »Ton für Ton, Jahr für Jahr«
Göttingen 2011

J. klagt, er habe nicht genug proben können, weil G., der Dirigent, es vorgezogen habe, sich auf die Symphonie zu konzentrieren.
Meist proben Solisten, Dirigenten und Orchester vor einem Konzert nur zweimal gemeinsam: am Vorabend und am Morgen des Konzerts in der Generalprobe, bei der man sich damit begnügt, das Werk durchzuspielen. Und oft wartet der Pianist an seinem Instrument, dass der Dirigent die tutti mit dem Orchester abstimmt.
Im Prinzip passt sich der Dirigent dem Solisten an. In Wirklichkeit sieht das manchmal anders aus, und die Missstimmungen zwischen dem Dirigenten und dem Konzertierenden können aufsehenerregend werden, wie in New York, als Glenn Gould Brahms' 1. Klavierkonzert spielte und Leonard Bernstein dirigierte. Bevor er zu dirigieren anfing, warnte Bernstein damals das Publikum und teilte ihm mit, er sei nicht einverstanden mit Goulds Interpretation und seiner Anlage des Werks, insbesondere wegen seiner überaus langsamen Tempi! Die Geschichte wurde legendär …
Meine Beziehungen zu den Maestri sind weniger turbulente. So erinnere ich mich an die liebevolle Fürsorge Zubin Mehtas, als ich bei der UNESCO in Paris zusammen mit dem Israel Philharmonic Orchestra ein Friedenskonzert spielte. Ich war übrigens stark beeindruckt während der Proben, als ich hörte, wie sich all die Grüppchen im Orchester in verschiedenen Sprachen unterhielten: Hebräisch, Russisch, Englisch, Italienisch, Französisch … In keinem anderen Ensemble hatte ich je wieder dieses einzigartige Gefühl, hier habe sich die ganze Welt versammelt. Es war ein perfektes Bild für die Universalität der Musik.
Obwohl er mit meinen Eltern befreundet ist und ich seit meiner Kindheit von ihm reden höre (in den 1960er Jahren dirigierte er das Montreal Symphony Orchestra), schüchterte mich Zubin Mehta ein. Am Anfang unserer Begegnung war ich sehr angespannt, und seine distanzierte Miene ließ mich erstarren. Verzweifelt versuchte ich, mir nichts anmerken zu lassen, doch er muss es gespürt haben. Wie alle großen Dirigenten hat Mehta Respekt vor dem Solisten. Als echter Profi ließ er mich zuerst ohne Orchester spielen, um sich mit meinen Tempi vertraut zu machen. Nur wenige Dirigenten nehmen sich die Zeit dafür. Und unmittelbar vor dem Auftritt,

bei dem wir das 27. Klavierkonzert von Mozart aufführten und ich das peinigende Gefühl hatte, ins Leere zu fallen, beugte sich Zubin mit ernstem Gesicht zu mir und murmelte mir in reinstem Quebecois einen Scherz zu, der mich in ein befreiendes Lachen ausbrechen ließ!
Mit manchen Dirigenten geht alles wie von selbst. Charles Dutoit ist bekannt dafür, dass er der ideale Begleiter ist. Welche Freiheiten auch immer sich der Solist nimmt, er hört es stets und setzt genau richtig ein. Doch Dutoit probt nicht gern: Unter seiner Leitung ist es für die Orchestermusiker unabdingbar, sich außerhalb der Proben vorzubereiten.
Da einen die Arbeit an einem Werk das ganze Leben lang begleiten kann, wäre es das Nirwana, wenn man immer dieselben Konzerte mit denselben Dirigenten gäbe …
Meine Erfahrung mit Reinhard Goebel war eine völlig andere. Brigitte und ich haben unter seiner Leitung das Konzert Nr. 10 Es-Dur für zwei Klaviere von Mozart interpretiert. Sie hatte mich davor gewarnt, dass Goebel gerne seine Tempi durchsetzt und alle Verzierungen und Appoggiatura überprüft … Man müsse sich darauf gefasst machen, jahrelang erworbene Automatismen in letzter Minute über Bord zu werfen. Der Spezialist für Barockmusik hatte einen sehr dogmatischen Eindruck auf sie gemacht. Letztendlich habe ich einen humorvollen Mann kennengelernt, von seltener Lebensfreude und sehr mitteilsam - alles andere als einen starren Menschen, sondern jemanden, dem man gerne bis ins Detail folgt, weil man von seinen Ausführungen, seinem Wissen, seiner Erfahrung, seinen Herangehensweisen und seinem Charisma mitgerissen und überzeugt wird.
Es ist schwer, nach der Arbeit mit Goebel zu einer früheren Auffassung von einem Werk zurückzukehren. Seine Sichtweise gibt dieser Musik ihren ganzen Sinn: Man ist sofort hingerissen von seiner Interpretation. So sehr, dass man ganz selbstverständlich alle Gewohnheiten aufgibt. Ich fühlte mich sehr wohl im schnellen Tempo des zweiten Satzes, in dem man sich nicht zu sehr ergehen sollte. Am schwierigsten war anfangs, sich das Werk anzueignen, das richtige Gefühl zu finden und daraus eine runde, überzeugende Interpretation zu entwickeln.*

* Hélène Mercier bezieht sich auf ein Konzert in der Pariser Salle Gaveau am 31. Oktober 2008: Reinhard Goebel leitete das Orchestre National d'Île de France; auf dem Programm stand u.a. Wolfgang Amadeus Mozarts Konzert für zwei Klaviere in Es-Dur KV 316a mit Hélène Mercier und Brigitte Engerer als Solistinnen.

Wolfgang Amadeus Mozart: »Sei Concerti per il violino«

Mirijam Contzen (Violine), Bayerische Kammerphilharmonie, Reinhard Goebel

Oehms Classics, 2011

Als die Mozarts im Oktober 1773 aus der kleinen Wohnung in der Salzburger Getreidegasse in das weitaus geräumigere Tanzmeisterhaus am heutigen Markartplatz übersiedelten, war dies ein äußeres Zeichen: der sichtbare Endpunkt nämlich für die mehr als zehnjährigen Reise-Aktivitäten, im Laufe derer die Familie Europa von London bis Neapel, von Wien bis Paris durchquert hatte. Lediglich einige Monate der Jahre 1767 und 1769 hatte man gemeinsam in Salzburg verbracht – aber schon die drei Italienreisen der Jahre 1769 bis 1773 hatten nur noch Vater und Sohn gemeinsam unternommen, derweil die beiden Damen in das von Klatsch und Tratsch bestimmte »soziale Netz« der Kleinstadt Salzburg zurückfanden.

Bereits im August 1772 hatte Fürstbischof Colloredo dem »unterthänigst supplicierenden hoch-fürstl. Concertmeister Wolfgang Amadé Mozart dermahlen Jährlich hundert und funfzig gulden zur besoldung« dekretiert und somit den jungen Mozart – Vater Leopold konnte sich glücklich schätzen – als Konzertmeister neben Michael Haydn gestellt. Die Kündigung dieses Arbeitsverhältnisses erfolgte in der Planungsphase der Pariser Reise, und der ebenso dreiste wie süffisante Brief, den der junge Mozart am 1. September 1777 dem Fürsten vorlegte, brachte diesen derartig in Rage, dass er Vater und Sohn »nach dem Evangelio« gleichermaßen auf die Straße setzte. Als am Abend des 6. September 1777 Herr von Schiedenhofen, ein Freund der Familie, bei den Mozarts reinschaute, fand er Leopold »kranck [...] weil er und sein Sohn des Dienstes entsetzet worden«. Man kann sich vorstellen, dass Leopold vor Zorn kochte, aber das sollte von nun an bis zum Lebensende 1787 ohnehin eine Art Dauerzustand für ihn werden ...

Lediglich von zwei kurzen Reisen nach Wien und München unterbrochen, begannen 1773 also vier ruhige Jahre in Salzburg, in denen der junge Mozart all das, was er bislang unter väterlicher Führung und Erklärung gehört, gesehen und im weitesten Sinne in der großen weiten Welt »erfahren« hatte, verarbeiten konnte. Gleichzeitig erlaubte ihm seine neue Stellung das Experiment, war doch der Musikbedarf des sacro-profanen Hofes riesig; und obwohl die Lieferung aktueller Kompositionen gar nicht Thema seines persönlichen Arbeitsvertrags war, wird der dafür eine Woche pro Monat zuständige Hofkomponist Leopold Mozart ganz sicher mit Stolz immer wieder die noch tintenfeuchten Kompositionen seines Filius auf die Notenpulte gelegt haben.

Zudem bildete sich der Sohn zum Geiger heran. Schon das Wunderkind hatte sich nicht nur mit gekreuzten Händen auf verdeckten Tastaturen auf dem Cembalo unter Beweis gestellt, sondern auch als Geiger. Im August 1763, zu Beginn der großen Westeuropa-Reise also, hatte der Vater die Frankfurter Konzertauftritte der Kinder folgendermaßen angekündigt: »ein Concert wird aufgeführet werden, wobey man 2. Kinder, nemlich ein Mädgen von 12. Und einen Knaben von 7. Jahren Concerten Trio und Sonaten, dann den Knaben das nemliche auf der Violin mit unglaublicher Fertigkeit wegspielen hören wird [...] der Knab wird auch ein Concert auf der Violin spielen.« Die international herrschenden Standards waren den Mozarts allerdings erst am Ende ihrer langen Reise geläufig, nachdem sie in Turin Gaetano Pugnani und seinen *arco magno*, in Florenz den als Wunderkind gehandelten, ebenfalls 1756 geborenen Nardini-Schüler Thomas Linley und in Neapel den vier Jahre älteren Franz Lamotte kennengelernt hatten.

Von deren »Spezialitäten« – den zeigefreudiger Zirkusmentalität entspringenden rasenden Staccati im Ab- und Aufstrich, den Tonleitern in Terzen und Oktaven sowie exzessivem Una-corda-Spiel – war man anfangs zwar weit entfernt, aber ein Überblick über die Techniken in den Violinsoli dieser Jahre (es handelt sich um die Werke mit den KV-Ziffern 166 – 280) zeigt, mit welcher Leichtigkeit die Eroberung des Griffbretts voranschritt: Keine Orchesterserenade dieser Zeit, in der nicht die Mittelsätze einer konzertanten Violine anvertraut sind, kein gemischt besetztes Divertimento, in dem die führende Violine nicht mit immer waghalsigeren Techniken herausgefordert und präsentiert würde.

Erstaunlich ist, dass sich der junge Mozart dabei wohl auf kaum mehr als das väterliche Urteil verlassen konnte, denn obgleich Leopold als »der regelmessigste Violinist« seiner Zeit galt und sich selbst sicherlich als modernen Komponisten sah, war er weder in jenem luxuriösen galanten Geschmack gebildet, den Johann Adolf Hasse, Johann Christian Bach und Niccolò Jommelli an den großen europäischen Höfen etabliert hatten, noch hatte er irgendeinen nennenswerten praktischen Beitrag zur *L'Arte del Violino* beigesteuert. In einem vermutlich von ihm selbst verfassten, vom Herausgeber Friedrich Wilhelm Marpurg allenfalls redigierten Beitrag »[...] von dem gegenwärtigen Zustande der Musik [...] zu Salzburg« heißt es 1757: »Er hat ausserdem viele Concerte, sonderlich für die Flöttraversiere, Oboe, das Fagott, Waldhorn, die Trompete etc. [...] und besonders gewisse Gelegenheitsmusiken verfertigt, als: eine Soldatenmusik mit Trompeten, Paucken, Trommeln und Pfeiffen [...] eine türkische Musik; eine Musik mit einem stählernen Clavier; und endlich eine Schlittenfahrtsmusik mit fünf Schlittengeläuth [...]« – aber wohl kein Violinkonzert!

Leopold Mozart war als Musiker allenfalls Empfänger, nie Sender; als Komponist des süddeutschen Kloster-Rokoko überdurchschnittlich, aber kein Genie. Er vertraute in gewisser Weise darauf, dass das »Wunder [...] welches Gott in Salzburg hat lassen geboren werden« sich unter vor allem behutsamer Führung wohl am besten entwickeln werde. Und so erhob er auch keinen Einspruch, als der Junge sich 1764 in London Johann Christian Bach zum kompositorischen Idol nahm und dessen Stil erst einmal bis hin zur Bearbeitung von drei Klaviersonaten für ein Kammerensemble völlig verinnerlichte. In geschmacklose Rage über die anderweitige Orientierung seines Sohnes geriet Leopold erst, als der finale Bruch zwischen ihm und dem Sohn zu erahnen war, immer vor allem dann, wenn es nach Mannheim »roch« ...

Doch zurück ins Salzburg des Jahres 1773. Gleich im Frühjahr komponierte Wolfgang Amadeus Mozart sein erstes eigenhändiges Konzert, das Konzert KV 207 in B-Dur für Violine. Es figuriert chronologisch falsch im Köchelverzeichnis, steht hinter den später entstandenen Konzerten für Klavier KV 175, Fagott KV 191 und dem Concertone KV 190, da sowohl Vater als auch Sohn mehrfach an den ursprünglichen Datierungen zahlreicher Manuskripte manipuliert haben, so auch bei den Autographen der vier folgenden Konzerte, die möglicherweise alle in einer *Tour de force* zwischen Juni und Dezember 1775 komponiert wurden.

Diese inzwischen mittels kriminaltechnischer Methoden korrigierten Entstehungsdaten schließen übrigens aus, dass der 1776 in den Salzburger Hofdienst eingetretene Geiger Antonio Brunetti ursprünglicher Widmungsträger überhaupt auch nur eines dieser Konzerte gewesen sein kann. Zwar hat Brunetti, der übrigens selbst nicht komponierte, diese Stücke später als Mozarts Nachfolger wiederholt gespielt und dafür auch diverse Veränderungen eingeklagt – »Adagio und Rondeaux, die dem Brunetti gemacht worden«: das Rondo B-Dur KV 269 ersetzte den ursprünglichen, inzwischen als altertümlich empfundenen originalen Schlusssatz des Konzertes Nr. 1 und das Adagio E-Dur KV 261 den ursprünglichen Mittelsatz des A-Dur-Konzerts Nr. 5 –, aber außer dem Rondo C-Dur KV 373, das »der grobe und schmutzige Brunetti« am 8. April in Wien spielte, gab es keine eigenständigen Kompositionen für ihn.

Antonio Brunetti, im Herbst 1777 zwangsverheiratet mit einer Schwägerin des Konzertmeisters Michael Haydn, der mit dem Vater Mozart in friedlicher Distanz auszukommen schien, dürfte wohl auch einer der auslösenden Gründe für des jungen Mozarts »Flucht« aus Salzburg gewesen sein, ihm ganz sicher jedoch die Bedingung zu einer Rückkehr geliefert haben: »Nur eines bitte ich mir zu Salzbourg aus, und das ist; das ich nicht bey der violin bin, wie ich sonst war [...] beym clavier will ich dirigirn.«

Erzbischof Hieronymus Colloredos Kapelle, 1771 von seinem Vorgänger Sigismund III. Christoph von Schrattenbach übernommen, hatte traditionell eine hohe Fluktuation von Italienern, deren offensichtliche Bevorzugung seitens der fürstlichen Dienstherren den deutschen Musikern Anlass für jede Menge Aufsässigkeit und Unbotmäßigkeit war. Von Antonio Lolli, Johann Kaspar Cristelli, Domenico Fischetti, Luigi Gatti, Antonio Brunetti und all den inzwischen namenlosen Kastraten, die sich in Salzburg die Klinke in die Hand gaben, redet man heute nicht mehr, sondern von Mozart, dem die Stadt mit oder ohne Italiener dennoch irgendwann ganz einfach zu klein werden musste.

Als Wolfgang Amadeus Mozart, begleitet von seiner Mutter, Ende September 1777 nach Mannheim reiste, war Augsburg, die Geburtsstadt von Leopold, die erste Raststation von Bedeutung. Am Mittag des 19. Oktober spielte er »auf der violin das Concert ex B von vanhall, mit algemeinem applauso [...] auf die Nacht beim souppée [...] das strasbourger=Concert. Es ging wie öhl. alles lobte den schönen, reinen Ton.« Abgesehen davon, dass wir *en passant* von Mozarts aktiver Wertschätzung für Werke anderer Komponisten erfahren – am 8. September 1773 hatte er in Wien übrigens ein Violinkonzert von Josef Mysliveček kopiert, und immer auch hatte er Kenntnis von und praktische Erfahrung mit den gedruckten Klavierwerken der Zeitgenossen –, sehen wir, dass sowohl die Violine als auch eigene Kompositionen für das Instrument im Reisegepäck waren. Um die Bezeichnung »Straßburger«-Konzert hat es langes Rätselraten gegeben; heute ist man der Meinung, dass es das G-Dur-Konzert KV 216 sei und die Allegretto-Melodie nach der g-Moll-Gavotte im Finale der namengebende »Straßburger Tanz«.

Eine brisante Fragestellung knüpft hier an: Wie sah Leopold Mozarts Musiksammlung aus – und warum legte der Sohn nach dem Tode des Vaters 1787 keinerlei Wert auf deren Besitz? Wo sind die Dinge hingekommen? Allein ein Inventar schon würde ausreichen, uns ein ungefähres Bild von dem zu vermitteln, was später dann die Schwester Maria Anna, vor allem aber Constanze Mozart als *quantité négligeable*, ja den Mythos vom Salzburger Wunder bedrohend, aussortierten und vernichteten.

Große Erkenntnisse hinsichtlich violintechnischer Besonderheiten wären da sicher nicht zu erwarten, denn Mozarts Technik bleibt bis zum Konzert KV 271a im Mittleren: Carl Ditters von Dittersdorf und vor allem Haydns Konzertmeister Luigi Tomasini wagten sich bisweilen schon in ganz andere Regionen des Griffbretts vor und waren Meister der neuesten Doppelgriffkultur; vom Können ausgesprochener Virtuosen wie Franz Lamotte, Giovanni Giornovichi (auch: Ivan Mane Jarnović) und Antonio Lolli ganz zu schweigen. Zwar könnten wir manchen Themenkopf nicht nur der Violinkonzerte (vor allem im galanten Kurz-Lang-Rhythmus) bei Mysliveček wörtlich vorgeprägt finden –, aber diesen zündenden Exordien begegnet man ohnehin überall dort, wo von Anfang an Klarheit über den Inhalt und die Stilhöhe der nachfolgenden musikalischen Rede zu herrschen hatte.

Wolfgang Amadeus Mozart hat sich im sinfonischen Bereich früh schon von diesen Standardanfängen zugunsten individueller Lösungen befreit, aber bei den Violinwerken ist nur die Thematik des Kopfsatzes des A-Dur-Konzerts KV 219 wirklich ungewöhnlich und individuell. Den Kunstgriff aber, einem rauschenden Auftritts-Ritornell mit einem Adagio-Eintritt zu widersprechen, den hatten bereits andere Geiger-Komponisten angewendet: Johann Georg Pisendel in einem D-Dur-Violinkonzert und Jean-Marie Leclair im Concerto A-Dur Op. 10, Nr. 2.

Aber es ist festzuhalten, dass Mozart der erste Komponist im habsburgischen Einflussbereich war, der dem Vorbild des besonders von Vater Leopold geschätzten Simon Leduc (»Il joue bien«) folgte und ab 1774 seine Konzerte mit dem modernen Pariser Rondo-Finale im Dreiertakt abschloss – was eben auch die Neukomposition der Finalsätze für das erste Klavierkonzert KV 175 wie auch das Schwesterwerk für Violine KV 207 erforderte, wollte er diese Stücke weiter »im Repertoire« halten. Bei einer so offensichtlichen Übernahme fremden Gedankenguts brach bei Mozart aber gleich der *homo ludens* durch: Konnte Leduc die Wiederholung des Rondoteils durch Dacapo-Zeichen kenntlich machen, denn er wurde strikt wörtlich wiederholt, so verändert Mozart in den Finali ab der zweiten Wiederkehr jenes namensgebenden Formteils – des Rondeau also – Details der Satztechnik, Instrumentation und Ornamentik, ein wenig bieder noch im Konzert KV 211, stets riskanter, übermütiger und buffonesker dann in den Folgewerken.

Auch bei der Anlage der Kopfsätze konnte Wolfgang Amadeus Mozart sich auf Präfigurationen stützen, hier jedoch auf Eigenleistungen. Um die formale Analyse dieser Sätze hat man lange weniger gerungen als vielmehr herumgeredet, entziehen sie sich doch aufgrund ihrer Kleingliedrigkeit der klassischen Sonatensatzdiskussion und dem damit verbundenen Wortschatz. Konrad Küster wies 1991 darauf hin, dass in einzelnen Bravourarien des Mailänder »Lucio Silla« aus dem Jahr 1772 das dem Wort der Dichtung verpflichtet folgende Formvorbild der Violinkonzert-Kopfsätze zu finden sei. Atmosphärisch war dieser repräsentative, darstellende, ja polykinetisch immer zwischen *cantabile* und *sonabile* wechselnde Bühnengestus wohlbekannt, aber anstatt ihn demonstrativ »auszuspielen«, wurde lange Zeit alles daran getan, dem zerklüfteten Material Glätte und Klassizität nicht nur einzuhauchen, sondern mit Gewalt aufzuoktroyieren: eine Quadratur des Kreises, die zu den wunderlichsten »interpretatorischen« Verspannungen geführt hat.

Bezeichnet man Vivaldis Opernarien als gesungene Violinkonzerte, so sind Mozarts Violinkonzerte also »gegeigte Szenen«, die ein deutlich anderes Verhältnis zwischen Solist und Orchester erfordern, als es beim »echten« Violinkonzert der Fall ist: hier kann ohne Punkt und Komma durchgefiedelt werden, das Accompagnement von allenfalls zwei Violinen ohne Viola und Basso, geschweige denn Blasinstrumenten ist bis zur völligen Unhörbarkeit zurückgedrängt. Hingegen muss es selbst in den vokalen Hauptteilen einer Arie kurze, wohlgemerkt gesungene Ruhestellen geben, in denen das Orchester thematische Aktivität übernimmt, diese entfaltet und wieder zurückspielt: Es sind also immer wieder meist zweitaktige Einschübe mit Rollentausch zu finden. Ökonomischer und kunstvoller noch ist bisweilen die lang ausgehaltene Note, die mit einem *messa di voce* bzw. einem Triller verziert gleich zum Ereignis, vor allem aber auch zum Einstiegspunkt von höchstem dramaturgischem Effekt wird.

Natürlich bedient sich auch Wolfgang Amadeus Mozart in den beiden ersten Konzerten noch ausgedehnt des älteren Konzert-Accompagnements mit nur zwei Violinen, aber die zunehmende Häufigkeit von Passagen *à tre* und *à quattro* zeigt doch die Abkehr vom Usus und ein geschärftes Bewusstsein für den Umgang mit Motiv und Textur. Und selbst mit den im italienischen Konzert der Zeit allenfalls *ad libitum* eingesetzten Blasinstrumenten beginnt sich die Solo-Violine zu balgen!

Die langsamen Sätze – drei Andantes, drei Adagios / dreimal geradtaktig, dreimal im Dreiertakt / dreimal in der Dominant-Tonart, dreimal in der Subdominante (Moll also strikt vermeidend!) – sind durchkomponierte zweiteilige Cavatinen meist erheblich pathetischen Inhalts. Vollständige Ritornell-Einleitungen finden sich in den Konzerten KV 207, 219 und 271; in den Werken KV 209, 211 und 216 hingegen dominantisch endende Einleitungsgesten, die von der Solo-Violine (teil-)wiederholt und dann nach Art des italienischen Ziergesangs fortgesponnen werden.

Die gestalterischen Komponenten der Partituren klar zu beschreiben, ist von größter Notwendigkeit, da nur darauf eine Echtheitsdiskussion des Konzerts KV 271 basieren kann: »Innere Gründe« und pauschal hingeworfene Behauptungen wie »Violinstil des 19. Jahrhunderts« sind hier wenig hilfreich! Die »Neue Mozart Ausgabe« (NMA) hat dieses Werk aufgrund des Fehlens eines Autographs ins »Supplement« verbannt, aber leider in die direkte Nachbarschaft der weitaus zweifelhafteren Sinfonia Concertante für vier Blasinstrumente (früher KV 297) – ein Todesurteil!

Die französische Quelle aus dem Besitz des Violinisten Pierre Baillot (1771–1842) trägt die Datierung »16. Juli 1777«, die nur aus der Vorlage stammen kann und durch eine Notiz in Schiedenhofens Tagebuch vom 26. Juli 1777 gleichsam authentisiert wird: »(Vormittags) [...] wo die Musick des jungen Mozartn, die er abends seiner Schwester machen wollte, probirt wurde. Sie bestunde in einer Sinfonie, einen Violin Concert, das der junge Mozart spilte, einen Flaute traverse Concert [...] und alles ware von des jungen Mozarts Composition.«

Abgesehen davon, dass Mozart seiner Schwester wohl kaum eines der älteren Violinkonzerte als Ständchen dargebracht hätte, scheint der Kopfsatz KV 271a wie eine Fortführung des ebenfalls von Dreiklangsmotiven, punktierten Sechzehnteln und Triolen geprägten Eingangssatzes von KV 211 in der gleichen Tonart, im Orchestersatz grundsätzlich auf höchste Ereignisdichte und in den technischen Anforderungen an den Solisten auf genau jenen Zuwachs angelegt, wie zwischen jedem einzelnen der vorausgegangenen Konzerte feststellbar ist. Selbst das – in diesem Falle möchte man sagen: endlich – wieder geradtaktige Rondo verzichtet nicht auf gewisse balkanische Zutaten, aber doch sind sie (anders als die burlesken Einschübe in den drei Konzerten des Jahres 1775 – KV 216, 217 und 219) deutlich dezenter und selbst dem feinen Pariser Publikum zumutbar. Wenn Mozart auf der großen Reise je dem Ratschlag des Vaters »verkauffe die abschriften, wo ich oder du die Spartituren haben« folgen konnte, dann mit dieser Komposition, die in exemplarischer Weise den großen internationalen Geschmack am Übergang zwischen ermüdetem galantem Zeitalter und erahnbarer Klassik trifft. Als Käufer der verschwundenen Original-Partitur käme in erster Linie der Graf Bagge in Betracht, einer jener in Fachkreisen der Zeit bekannten Dilettanten, von dem Leopold zu sagen wusste, »daß er am ehesten für eine Composition etwas bezahlt [...]«.

Die sechs vor Beginn der großen Reise 1777–1779 entstandenen Violinkonzerte

(Tonarten-Folge: B-D-G-D-A-D) sind beinahe Wolfgang Amadeus Mozarts letzte Beschäftigung mit diesem Instrument. In Augsburg hatte er den Klavierbauer Stein und seine formidablen neuen Fortepianos kennengelernt, die seine Wünsche und Vorstellungen in eine neue Richtung lenkten, in Mannheim junge und auch ältere Geiger, die ihm deutlich überlegen waren, überhaupt ein über jeden Zweifel erhabenes Orchester, in Paris eine Musik, die den Anschluss an das *Grand siècle* des Sonnenkönigs hielt und sich nicht nur in galantem Klingeling erschöpfte –, und das kleine Salzburg und seine großen Traditionen wurden ihm suspekt und auch zunehmend verhasst. Im Herbst 1779 verband er in der grandiosen Sinfonia Concertante KV 364 für Violine und Viola all die »Neuigkeiten« seiner großen Reise, und nach einem Jahr mit fast ausschließlich Kirchenmusiken ging es dann – über München, wo »Idomeneo« komponiert und aufgeführt wurde – nach Wien.

»Wien im Jahr 1788«

Mozartforum 2021. 1791
Hg. von der Universität
Mozarteum Salzburg
2023. S. 92–95

Wien im Jahr 1788 – schaut doch alles ganz prächtig aus, was Wolfgang Amadeus Mozart da in sein »Verzeichnüß aller meiner Werke« einträgt: »den 22. Juny ein Terzett für klavier, […] den 26 detto Eine Sinfonie […] den 10 Jullius Ein Terzett für klavier […] den 25.t Eine Sinfonie.– 2 violini, 1 flauto, 2 oboe, 2 fagotti, 2 Corni, Viole u Baßsi. –« und am 10. August erneut eine Sinfonie, diesmal mit »clarini, Timpany, viole e Baßsi«, die »Jupiter-Sinfonie« also.

Ein Blick in Mozarts Korrespondenz jedoch zeigt uns, dass es eben zu dieser Zeit wieder einmal gar nicht gut um die Finanzen des Komponisten stand, wird doch die imposante Werkliste hinterfangen durch herzzereißende Briefe, die der sich bis zum Äußersten selbsterniedrigende Komponist an den immer wieder »aushelfenden« Logenbruder Johann Michael Puchberg schrieb.

Erschwerend kam hinzu, dass Kaiser Joseph II. von Wien abwesend und somit auch das gesellschaftliche Leben stark eingeschränkt war. Seit Jahresbeginn bereits führte der Kaiser sein Heer in einem Krieg – den er *nolens volens* von der »guten Freundin« Katharina übernommen hatte – gegen die Türken. An den Spätfolgen der aus diesem Kriegszug mitgebrachten Tuberkolose sollte er im Februar 1790 dann auch sterben.

Mozart konnte Puchberg also am 27. Juni 1788 mit Fug und Recht schreiben: »Kommen Sie doch zu mir und besuchen Sie mich; ich bin immer zuhause; – ich habe in den 10 Tagen daß ich hier wohne mehr gearbeitet als in andern Logis in 2 Monat, und kämen mir nicht so oft so schwarze Gedanken (die ich nur mit Gewalt ausschlagen muß) […]«.

Eine Komposition in Moll wäre doch der beste Weg, sich der schwarzen Gedanken zu entledigen, ihnen kreativ Paroli zu bieten, sie umzudeuten – ein Weg, den auch Mozart bereits in jeglicher Art von Kammermusik und auch im Solo-Konzert beschritten hatte. Aber eine Sinfonie in Moll?

In der Tat war es so, dass Moll im galanten Zeitalter 1730 – 1780 fast völlig außer Gebrauch gekommen war, Komponisten im ansonsten prall mit D-Dur-Werken gefüllten Portfolio allenfalls EINE Moll-Sinfonie hatten – wie Michael Haydn eine Sinfonie in a-Moll (!), Johann Christian Bach eine im eher noch geläufigen g-Moll – oder aber wie Leopold Mozart keinerlei Kompositionen in Moll hinterließen. (Ja bravo, gut gegeben: »Das vor Kälte zitternde und schnatternde Frauenzimmer«-Sätzchen von 21 Takten in der »Schlittenfahrt« ist in f-Moll, wie konnte ich DAS nur übersehen!).

Am Vater vorbei und eher seinem wahlverwandtschaftlichen Vorbild Johann Christian Bach folgend, hatte Wolfgang Amadé 1773 bereits seine bis 1788 einzige Moll-Sinfonie komponiert, die indes erst im 20. Jahrhundert im öffentlichen Bewusstsein ankam und dort als »kleine« g-Moll-Sinfonie firmiert.

In einer Art den Markt auslotenden »Pilotprojekt« publizierten die Hamburger Verleger Günther & Böhme 1799 diese (KV 183) und drei weitere Jugendsinfonien und holten sich prompt damit eine blutige Nase. Der Rezensent der bei der Konkurrenz Breitkopf & Härtel in Leipzig erscheinenden »Allgemeinen Musikalischen Zeitung« (Jahrgang 1799, Sp. 495) kanzelte diese Kompositionen als »doch nur ganz gewöhnliche Orchestersinfonien [...] ohne hervorstechende Züge von Originalität und Neuheit, oder auch nur von besonderem Kunstfleiß« ab.

Ein Urteil, ganz besonders dumm und giftig. Aber man verabscheute in der Klassik wie auch der Romantik habituell jegliche vor 1780 komponierte Musik: abgesehen davon, dass dem Zeitalter eines extravagant-outrierten Persönlichkeitskultes der gleichbleibende Puls – um den Laden zusammenzuhalten, wurde ja der Dirigent erfunden – sowie große Teile der insonderheit streicherischen Aufführungspraxis älterer Musik abhandengekommen waren, gehörte es weiland bereits zum guten Ton jeglicher Moderne, ja zur *conditio sine qua non*, die Artefakte früherer Epochen weder zu kennen noch wertzuschätzen, wohl aber darüber – wie heute über ungelesene Bücher – zu räsonieren.

Seit ihrer Publikation beim Verlag André in Offenbach im Jahr 1794 gab es für das Publikum somit nur eine Mozart-Sinfonie in Moll, eben jene »große« KV 550 aus dem Juli 1788, die – wie auch das um einen Monat jüngere Werk in C-Dur – Hörer wie Rezensenten immer wieder in schwärmerische Euphorie versetzte.

Als im Mai 1805 »Mozarts 13jähriger Sohn zum erstenmal vor einem sehr zahlreichen Publikum als Klavierspieler und Komponist« auftrat, hatte Madame Mère Constanze M, née Weber auf der g-Moll-Sinfonie als *captatio benevolentiae* bestanden, »dieser unsterblichen Arbeit des grossen Komponisten, welche mit höchster Erhabenheit die grösste Schönheit verbindet, und doch nie ins Wilde und Abentheuerliche abschweift. Es ist ein kolossales Bild, aber von den schönsten Verhältnissen; ein Jupiter des Phidias, der zugleich Ehrfurcht und Liebe einflösst. Nur Schade, dass die Aufführung dieses Meisterwerks seinem Werthe nicht entsprach. Die Violinen und Bässe waren zu schwach besetzt und überhaupt das ganze Orchester der Größe des Theaters nicht angemessen.«

1823 dann ein Bericht aus London: »Das fünfte Concert am 21. April mochte durch Neuheit im Persönlichen und Sächlichen leicht das anziehendste und überhaupt das beste seyn. Die immer und überall gepriesene Symphonie in G moll von Mozart, womit das Concert begann, ist für unser

Orchester noch nicht ganz geeignet. Schon jedes Moll spricht hier wenig an, und dann die unleugbar grossen Schwierigkeiten dieses Werks wegen seines reichlichen chromatischen Gehalts. Dazu kommt, dass das Philharmonische Orchester immer, selbst bey ganz neuen Werken, nur EINMAL Probe hält.« – Tja, lieber Rezensent: DAS ist heute noch so in *Merry old England*!

Berichtenswert übel getönt hat es auch im Winter 1822 in Leipzig: »Unser Orchester spielte mit so viel Liebe und Zusammenklang, vereinte das Kräftige mit dem Sanftesten und führte das Verschlungenste und das gemüthlich Einfachste so schön durch, dass wir ihm einen recht hohen Genuss zu verdanken hatten [...] wenn nicht zum Unglück von einigen Blasinstrumenten ein paar störende Töne gerade an bedeutenden Stellen dazwischen gekommen wären.«

Vordergründig witzig, hintergründig abstoßend, wie nun die musikalisch großkopferten Blockwarte des Bürgertums von »unserem Orchester« und von »hohem Genuss« sprechen, man aus heutiger Sicht aber sicher sein kann, dass der von Louis Spohr in einem anderen Zusammenhang geäußerte Satz die volle Wahrheit wiedergibt: »Durch die ewige Wiederholung derselben und immer derselben Compositionen, hatte sich in den Vortrag nach und nach eine Manier eingeschlichen, die nun nahe an Karrikatur grenzte«. Dieser Satz ist ein Axiom: Musiker sollten sich ihn ganz dringend merken.

War es in der älteren Mozart-Literatur umstritten, ob überhaupt Wolfgang Amadeus Mozart wann und wo Aufführungen seiner drei letzten Sinfonien gehört habe, so gelang es der tschechischen Musikwissenschaftlerin Milada Jonasova 2011, schriftliche Beweise für sowohl geplante als auch zustande gekommene Aufführungen zumindest der g-Moll-Sinfonie vorzulegen. In den Verhandlungen um den Druck eines Klavierauszugs der Sinfonie schrieb der Prager Musiker Johann Nepomuk Wenzel an den Verleger Kühnel in Leipzig dazu: »In Prag hat man sie probiret und die blasenden Instrumente wollten nicht pariren, die doch ziemlich geschikt bei uns sind [...]als Er sie bei Baron Wanswitenn (van Swieten) hat produciren lassen, er während der production sich aus dem Zimmer hat entfernen müssen, wie man sie unrichtig aufgeführt hat [...]«.

Gottfried van Swieten war übrigens jener Botschafter Maria Theresias, der in seinen Berliner Jahren 1770 – 1777 bei Carl Philipp Emanuel Bach (seit 1767 schon in Hamburg) sechs Sinfonien für Streicher mit dem Wunsch bestellt hatte, dass der Komponist »sich ganz gehen liess, ohne auf die Schwierigkeiten Rücksicht zu nehmen, die daraus für die Ausübung nothwendig entstehen mußte«. Van Swieten, nach seiner Botschafterkarriere zum Leiter der Hofbibliothek und der Zensurbehörde gemacht, war einer der großen Förderer von Wolfgang Amadeus Mozart, Joseph Haydn und Ludwig van Beethoven, aber anders als die Lichnovskys, die Lobkowitzens und Rasumovskys als umfassend gebildeter Connaisseur weniger der Geld- als vielmehr doch eher der Ideengeber: Ihm verdankte Mozart die Kenntnis von Musik der Heroen Bach und Händel, Haydn die Textbücher von »Die Schöpfung« und »Die Jahreszeiten«, und ihm dedizierte Beethoven 1801 den Druck seiner 1. Sinfonie Opus 21.

»Wolfgang Amadeus Mozarts Serenaden«

Berliner Barock Solisten.
Reinhard Goebel
hänssler CLASSIC, 2021

Als im Dezember 1812 der französische Geiger Pierre Rode (1774 – 1830) erstmalig nach Wien kam, schrieb Ludwig van Beethoven für dessen Auftritt vor den »Assoziierten Cavaliers« im Palais Lobkowitz die Violinsonate Op. 96, die mit dem Erzherzog Rudolph am Klavier ihre Premiere erlebte: Menschenfreund und Völkerverständiger Beethoven zog es vor, schmollend zu Hause zu bleiben, vermutlich um nicht einem berühmten Kollegen die Hand reichen zu müssen. Im Großen Redouten-Saal, in dem wenig später das öffentliche Debut stattfand, spielte Rode hingegen eigene Werke. Während sich der Korrespondent der »Allgemeinen Musikalischen Zeitung« zurückhaltend gut über Rodes Technik äußert, dann aber loslegt, »dagegen mangelt ihm das, was alle Herzen elektrisiert und hinreisst, Feuer und jene Annehmlichkeit, die sich weiter nicht beschreiben läßt, jener Zauber, der Alles entzückt und begeistert«, wurde der ebenfalls anwesende Geiger-Komponist Louis Spohr deutlicher und beschrieb die Ursache der Wirkung: »Durch die ewige Wiederholung derselben und immer derselben Compositionen hatte sich in den Vortrag nach und nach eine Manier eingeschlichen, die nun nahe an Karrikatur grenzte«.

Wohl kaum könnte man charmanter ausdrücken, was weiland jedem »Repertoirestück« auf kurz oder lang hätte blühen können (man beachte den doppelten Konjunktiv irrealis), heute nun aber unter Zuhilfenahme der »Medien«, durch Vermarktung, Vermassung und Verrieselung, sensationsgeiles Aufbauschen und dauerndes Nachdudeln bittere Realität im strengsten Indikativ geworden ist: Kitsch und Karikatur. Zur öffentlichen Meinung erstarrt und im Feuilleton mit den immer gleichen Worthülsen »spannend, neu, interessant«, nie aber dem langweiligen »richtig« befeuerwerkt, türmen sich insonderheit Vivaldis »Vier Jahreszeiten« und Beethoven-Zyklen *en masse* – es ist zwar längst alles gesagt, nur noch nicht von Jedem – auf den Resterampen. Sie katalogmäßig zu erfassen, hat man längst als Sisyphusarbeit erkannt und aufgegeben: Bielefeld *kennt* man jetzt nur noch vom Durch- und Dranvorbeifahren.

Seit den 1970ern gehören Tomaso Albinonis nicht existentes »Adagio« (die nachkomponierte Film-Musik zu einem Entkleidungsepos mit Brigitte Bardot), »Canon und Gigue« von Johann Pachelbel im Schneckentempo, ein banales Menuet von Luigi Boccherini, die total verrannte »Badinerie« aus der h-Moll-Suite BWV 1067 von Johann Sebastian Bach und – habe ich was vergessen? – natürlich Wolfgang Amadeus Mozarts »Kleine Nachtmusik« KV 525 in diesen Kanon der interpretatorischen Spitzenleistungen. Dicht dabei liegt 'türlich auch der Mittelsatz aus Bachs Konzert für zwei Violinen: ein einziger großer, langer, nicht enden wollender dauerdurchvibrierter Schluchzer aus Karamell! Ob Pablo Casals diesen Satz meinte, als er sagte: »Je schöner man einen Bach spielt, umso langsamer kann man ihn spielen.«? Ganz sicher kann man auch Samuel Barbers »Adagio for strings« noch eine Spur langsamer, also noch »musikalischer« darbieten …

Der Verlust sowie das willkürliche Verdrehen der Werte und die darauf basierende flache Verdummung der Hörer ist die logische Folge jener »Interpretationsusance« des »Durchreichens« von vermeintlichen Ideen: »Ich höre mir verschiedene Aufnahmen eines Werkes an und nehme aus jeder, was mir am besten gefällt«, dieses nun kein Witz, sondern Äußerung einer Geigerin in einem Printmedium der späten 1990er. Auch nicht besonders originell ist Herrn Furtwänglers »Musik, die deutscheste der Künste« – Antwort: »Wenn ich gefragt werde, warum ich bestimmte Werke des 18. und 19. Jahrhunderts wieder und wieder aufführe, kann ich im Grunde nur eines antworten: Weil ich […] nicht in erster Linie als neugieriger Wanderer durch die Literatur oder als wissenschaftlich Interessierter, sondern als Liebhaber musiziere.« Nun ja, wie sagte Spohr: »durch die ewige Wiederholung …«; und wir ergänzen: … wird das Ergebnis nicht notwendigerweise besser, sondern gerinnt meistens doch zur Karikatur.

Eine neuerliche Arbeit an diesen übel zugerichteten musikalischen Ohrwürmern (franz. *Chevaux de bataille*) beginnt mit dem immer wieder äußerst schmerzhaften Prozess, sich sämtliche Hörerfahrung im wahrsten Sinne des Wortes »aus dem Kopf zu schlagen« und ohne Netz und doppelten Boden ganz von vorne – *from scratch* – zu beginnen.

Dazu gehört ganz zuerst der Blick in die Originalquellen, auf die sich auch die modernen Ausgaben stützen. »Glaube keiner Ausgabe, die du nicht selbst verfälscht hast«. Ein Herausgeber mag bestimmte Gründe dafür haben, einen Tatbestand so oder anders (sehr schön: »in moderner Notation«) darzustellen, aber der reproduzierende Musiker ist nicht verpflichtet, ihm in seinen Ansichten zu folgen – vor allem dann nicht, wenn sie belegbar falsch sind. Merke: Wann immer sich der durchschnittliche Musikwissenschaftler zu Themen der Praxis äußert, so ist höchste Vorsicht geboten, egal ob es sich um Doppelpunktierung, Position von dynamischen Zeichen, Doppelschläge, Vorschläge oder Appoggiaturen von oben oder unten auch handelt.

Vor der Klärung und der Erörterung zeitgenössischer Rezeptionen (wo und wann ist das Stück von wie vielen Musikern aufgeführt worden, wer von den Zeitgenossen hat sich wann zu diesem oder vergleichbaren Werken geäußert?) ist das musiktheoretische Umfeld des Werkes zu erkunden: Je weiter man in die Geschichte vordringt, umso unklarer ist die Sprache. Man ist bisweilen gezwungen, mit Hypothesen und Analogien zu arbeiten. Hinsichtlich des 18. Jahrhunderts aber befindet man sich doch auf sehr sicherem Boden der Erkenntnisse: vielfach völlig anderen, als sie uns der musikalische Volksmund glauben machen wollte.

Eine erste Überraschung erlebt der solcherart extensiv arbeitende Dramaturg bereits, wenn er im Faksimile von Wolfgang Amadeus Mozarts im Februar 1784 begonnenem »Verzeichnüß aller meiner Werke« den Eintrag vom 10. August 1787 studiert:

»Eine kleine Nacht Musick, bestehend in einem Allegro, Menuett und Trio. – Romance. Menuett und Trio, und Finale. – 2 Violini, Viola e Baßi.«

Wie fast alle Serenaden Mozarts, hatte also auch die »Nachtmusik« KV 525 zwei Menuette, von denen das erste aber schon im erst sehr spät 1827 erfolgten Erstdruck verschwunden war. Vermutlich hat man – sicher nicht Mozart selbst – das erste Menuett herausgenommen, um das Werk als viersätziges Quartett in Solo-Besetzung spielbar zu machen, denn eine heitere fünfsätzige Serenade für chorisch besetztes Streicher-Ripieno (deshalb »Baßi« im Werkverzeichnis und »Violoncello e Contra-Basso« in der autographen Partitur) gehörte wirklich nicht zu den Desideraten der Romantik.

In der vorliegenden Aufnahme haben wir an die Stelle des unweigerlich verlorenen Satzes ein G-Dur-Menuett des Mozart-Schülers Thomas Attwood (1765 – 1838) gesetzt, welches als Übungsaufgabe von Attwood geliefert, dann aber doch von Mozart wesentlich ergänzt bzw. verändert wurde. Der verlorene Satz könnte auch in C-Dur gestanden haben, aber aus Symmetriegründen wird er wohl kaum länger als die 8+8 / 8+8 Takte des erhaltenen Menuetto Secondo gewesen sein.

Überhaupt wurde die Zeitdauer der einzelnen Sätze bereits bei der Planung eines Werkes durch den Komponisten mit Tempo und Taktzahl berücksichtigt, so dass man Mittelsätze in Sinfonien des 18. Jahrhunderts, die heute ohne Wiederholungen auf locker acht Minuten ausgewalzt sind, wie auch elf Minuten dauernde Chorsätze von Bach, getrost als »im falschen Tempo dargeboten« aussortieren sollte.

Wolfgang Amadeus Mozarts »Nachtmusick« nun hat zwei Alla-Breve-Sätze: das finale Allegro sowie den Andante überschriebenen Mittelsatz »Romance«, deren Tempi im ungefähren Verhältnis 1:2 stehen. Leider gerät im musikalischen Volksmund der Finalsatz zur wilden Jagd (da fliegt halt hier und dort auch mal jemand raus, egal, Schwamm drüber), die in breiten Vierteln gespielte »Romance« hingegen zum Durchhänger, dessen Tempo im Mittelteil *habituell*, aber ohne Proportion (also ohne Sinn und Verstand) verändert wird, weil das musikalische Angebot des c-Moll-Mittelteils dann doch zu dürftig wird. Dieses Accellerando (und natürlich auch das bei der Rückkehr in den Dur-Teil fällige Rallentando: eigentlich auch immer eine Katastrophe, jeder weiß es!) steht nicht in Mozarts Autograph! Man kann bestens mit den durchgehenden Andante-Halben leben.

Wie ernst Mozart jedoch die Finessen von Taktvorzeichnungen und Tempowerten waren, entnimmt man einem Schreiben an den Vater vom 7. Juni 1783, in dem es heißt: »Clementi ist ein Ciarlattano wie alle Wälsche. Er schreibt auf eine Sonate Presto auch wohl Prestißimo und alla Breve – und spielt sie Allegro im 4/4 tackt.«

Wenig später ging es mit einem anderen Hauptdarsteller noch einmal um das gleiche Thema: »Gestern war ich so glücklich den Hr: Freyhold ein *Concert* von seiner eigenen *scomposition* spiellen zu hören. – in seinen spiell fand ich wenig, und vermisste viel; [...] beÿm *Adagio* war ich froh daß es sehr kurz war; – das *Adagio* hat er auch beÿ ihnen geblasen – denn, von anfang konnten sich die *accompag*nierenden nicht darein finden, weil das stück in vierviertlstackt geschrieben war, und er es im *Alla Breve* bließ – und, da ich dann mit eigner hand *Alla Breve* dazu schrieb, er mir gestund, daß Papa in Salzburg auch darüber gezankt hätte.«

Es wundert kaum, dass »Papa in Salzburg auch darüber gezankt« hatte, war Leopold doch der profundeste Connaisseur sämtlicher Musiktheorien mit Rückblick sogar bis ins 17. Jahrhundert, der selbst den krudesten Ideen auch des Herrn Abbé Vogler aus Mannheim noch auf den Grund zu gehen versuchte, sie auf jeden Fall ohne Berührungsängste kennenzulernen wünschte.

Um die gleiche Sache, nämlich um Takt und Tempo, ging es in einer Diskussion 1815, diesmal exemplifiziert an der Arie »Ach ich fühl's, es ist verschwunden« aus der »Zauberflöte« und ausgetragen in der »Allgemeinen Musikalischen Zeitung«: Der Mannheimer Kapellmeister Gottfried Weber (nicht verwandt mit Constanzes Sippe und Carl Maria von ...) hatte in Sp. 247 folgende Frage gestellt: »[...] überall wird dieses Andante im allerlangsamsten Andante-Tempo genommen, und fast Adagio. Ob Mozart selbst bey seinem Leben und unter seiner Direction sie also nehmen liess, ist mir unbekannt: es möchte aber interessant seyn, von Einem, der die Zauberflöte unter Mozarts eigner Leitung aufführen gehört, nähere Auskunft hierüber in diesen Blättern zu erhalten.«

Wenig später traf eine Antwort ein »Ref. Kann sich nicht nur ganz genau an Mozarts Direction erinnern, sondern hat auch mehrere Mitglieder des Theaterorchesters, welche unter des verklärten Meisters Anführung mitspielten, darüber zu Rathe gezogen, und kann daher nicht umhin, Hrn. W.'s Ansicht vollkommen zu bestätigen [...]. [dann weiter über das Terzett »Soll ich Dich Theurer«:] Die meisten Directoren halten sich an das Wort, Andante, und vergessen, dass der Meister den Allabreve-Takt vorzeichnete. Man denke sich die Aufschrift Allegro moderato, im Viervierteltakt, und alles gewinnt ein anderes Leben. [...] Wer meine Meynung zu bezweifeln sich berechtigt glaubt, der mache den Versuch, und überzeuge sich.« (AMZ 1815, Sp.571f.).

In der Popularität weit hinter der »Kleinen Nachtmusik« rangiert die 1776 in Salzburg entstandene »Serenata Notturna«. Der Anlass der bemerkenswert kurzen Komposition ist unbekannt, aber der *bon mot* – wie auch der *indoor*-Charakter sind klar erkennbar, wurden doch in Salzburg generell weder Pauken noch Violoncelli zu Märschen durch die Straßen getragen. In der Tat gehört der obligate Kontrabass des Solo-Quartetts zur ambulanten Straßenmusik, Violoncelli aber wurden nur im Sitzen gespielt und waren auch nicht im Orchester der großen mit Märschen eingeleiteten Freiluft-Serenaden »Haffner« und »Posthorn« besetzt. Denkbar ist das Werk als klanglicher Überraschungsangriff auf nichtsahnende Gäste in der Residenz am sehr späten Abend ... oder war es doch, klein als Doppelquartett besetzt, das Zeichen zum Aufbruch für die Gäste bei der Feier des eigenen Geburtstages am 27. Januar 1776?

Zusammen mit »Adagio und Fuge« c-Moll KV 426/546 ist der gesamte Bestand von Wolfgang Amadés Original-Kompositionen für chorisch, also mehrfach besetzte Streicher erfasst: »ein kurzes Adagio« 1788 nachkomponiert »zu einer fuge welche ich schon lange für 2 klaviere geschrieben habe«, also zur bereits 1783 komponierten und von einem ungenannten Bearbeiter für den Druck wenig streicheridiomatisch adaptierten Fuge.

Mozarts plötzlich auflodernde Fugen-Begeisterung war die Folge der schon kurz nach dem berühmten Rauswurf mit Fußtritt im April 1781 in Wien geschlossenen Freundschaft mit Baron van Swieten, der als österreichischer Botschafter in Berlin nicht nur Werke Carl Philipp Emanuel Bachs, sondern vor allem solche von Johann Sebastian Bach und Georg Friedrich Händel kennen gelernt hatte und diese nun in seinen Privatkonzerten dem opiniös-selbstverliebten Wiener Publikum nahezubringen versuchte. (Keine Bange: Die Berliner waren keinen Deut besser und rächten sich, indem sie Haydn »60 Klafter tief in die Erde schlagen, und dieses ohne gegründeten warum [...]« – so Haydn in einer autobiographischen Skizze).

Am 20. April 1782 schrieb Mozart seinem Vater: »Baron van suiten zu dem ich alle Sonntage gehe, hat mir alle Werke des händls und Sebastian Bach (nachdem ich sie ihm durchgespielt) nach hause gegeben.« Und in der Tat muss er diese Werke genau studiert haben, verarbeitete er doch in der c-Moll-Fuge KV 426 Fragmente des »Thema Regium« aus Bachs »Musicalischem Opfer». Auch in anderen heute weitgehend unbekannten Einzelstücken und Fragmenten aus den Wiener Jahren trifft man auf Schritt und Tritt alte Bekannte aus der Bach-Familie.

1788 – 1790 hingegen – Mozart hat auch diese Arbeiten in sein »Verzeichnüß« eingetragen – stürzte er sich für den Baron dann in die Bearbeitung der Händel-Werke »Acis und Galathea«, »Alexanderfest», »Cäcilienode« und »Messias«. Als er dann gegen Ende 1790 im Auftrag des gemeinsamen Logenbruders Deym eine Memorialmusik für den General Laudon (1717 – 1790) komponieren musste, schlüpfte er vollends in die Rolle des Barockkomponisten, begann das Adagio mit dem chromatischen Lamento-Bass, dem Trauer-Emblem in f-Moll, der Trauertonart schlechthin, und wechselte dann zu einem Allegro mit unverkennbarer Händel-F-Dur-Attitüde. Wie hatte er im Februar 1778 vollmundig an den Vater geschrieben: »[...] ich kann so ziemlich, wie sie wissen, alle art und styl vom Compositions annehmen und nachahmen. «... *Oh yes, he can!*

»Wahlverwandtschaften«

Mozartforum 2023: wahl:verwandt. Mozart im europäischen Kontext.
Hg. von der Universität Mozarteum Salzburg 2023. S. 43–50

Nein, es war keine besonders brillante Idee eines renommierten deutschen Verlags, anlässlich des Mozart-Jubeljahres 2006 ein Buch mit dem Titel »Vergessen Sie Mozart« zu präsentieren: Mozartianer verteidigen ihr Idol bis aufs sprichwörtliche »Koste es, was es wolle«.

Vor allem wollen sie partout keine komponierenden Zeitgenossen hören, denn – »Du sollst keine fremden Götter neben mir haben«. Auch würde die so häufig zitierte Inkommensurabilität (die Unvergleichbarkeit) des Idols in Frage gestellt, käme doch plötzlich ein Maßstab (und sei er nur zur Definition des vermeintlich inkommensurablen Abstands) ins Spiel: »Was ich nicht weiß, macht mich nicht heiß.« Und überhaupt, und so schaden Kenntnis, Wissen, Kompetenz und fundierte Urteile, und so ja dem »inneren«, also dem wahren Kunstgenuß und so …

Je weiter weg man vom Zentrum der gegen Fremdeinflüsse immunisierenden Idolisierung ist, je weiter weg auch vom lediglich zur Selbstversicherung, zum *social distancing* mittels einer von, vor allem aber »für« eine bildungsbürgerlich-städtische Upperclass erfundenen »kollektiven Bewußtseins«, umso leichter und nahezu selbstverständlicher wird es, sich vorurteilsfrei den Werken der Zeitgenossen Wolfgang Amadeus Mozarts (ja, auch denen des Vaters und des Sohnes gar) zuzuwenden und diese zum Klingen zu bringen.

Und so wundert es kaum, daß es eine britische CD-Firma war, die in einer dramaturgisch strukturierten, umfassenden Serie Mozarts vor allem Wiener Zeitgenossen dem vor allem internationalen Hörerpublikum zu Gehör brachte – und *nolens volens* und *en passant* Maßstäbe lieferte. In der Heinrich-Ignaz-Franz-Biber-, der Georg-Muffat-, auch Michael-Haydn- und Thomas-Bernhardt-Stadt kümmerte man sich indes eher noch um die Bestgeber beim Bölzelschießen, die bei den Mozarts aufgetragenen Menus, das Peperl und das Seperl und andere Adiaphora von noch nicht einmal lokalhistorischer Bedeutung.

Die 300. Wiederkehr von Leopold Mozarts Geburtstag im Jahr 2019 läutete jedoch auch in der Joseph-Wöllf- und Sigismund-von-Neukomm-Stadt eine neue Zeit ein: Hatte 2009 noch eine lokale Publizistin ganz in Einsteinscher Manier geschrieben »Leopold besitzt jenes tragische Talent, das Größe nicht erreicht, sie jedoch spürt und versteht [...] die Entschädigung für die eigene Mittelmäßigkeit [...] Schmerz, den ihm die eigene Begrenztheit verursacht«, so anerkannten die meisten anderen Publikationen in besagtem Jubeljahr eher schon die Rolle Leopolds beim »Reifen des Genies« – eine mal wieder nicht so ganz geglückte Formulierung.

Mit dem Wegfall des habituellen Leopold-Bashings aber entstand eine neue Facette der Geschichtsverfälschung: die ungebremst hymnische Hochschreibung und Stilisierung der Mozart-Schwester Maria Anna – gemeinhin eher diminutiv als »DAS Nannerl« bekannt – zur »Künstlerin«. Hier nun schließt sich ein kleiner Kreis: Wenn irgendetwas aus dem Familienleben der Mozarts Stirnrunzeln und Kopfzerbrechen hervorruft, wenn es irgendein gerechtfertigtes (?) Leopold-Bashing geben könnte, dann doch wohl nur in der *Causa Nannerl*, nämlich der Tochter die Liebesheirat mit Franz Armand d'Ippold untersagt und sie – die die große weite Welt kennengelernt hatte – stattdessen an einen Witwer mit bereits drei Kindern in St. Gilgen, mitten auf dem Lande nicht nur vergeben, sondern geradezu lebendig begraben zu haben!

Zeigte sich der Vater in diesem einen, wie man heute finden mag, gleichwohl schwerwiegenden Fall eher von der ganz autoritären Seite und sich bei aller aufgeklärten Vernunft dann doch auch den Normen der Zeit fügend, so ließ er den Sohn von früh an doch »an langer Leine« laufen.

1764 saß Wolfgang in London auf den Knien von Johann Christian Bach, spielte mit ihm vierhändig auf dem Cembalo und fasste Vertrauen zu diesem späten Sohn (*1735) des Thomas-Kantors, dessen Werke Wolfgang wiederum erst kennenlernen sollte, als Johann Christian am 1. Januar 1782 gestorben war. So schrieb Wolfgang am 12. April 1782 aus Wien an seinen Vater: »ich mache mir eben eine Collection von Bachischen fugen. sie werden wohl schon wissen, daß der Engländer Bach gestorben ist? – schade für die Musikalische Welt! –«.

Zwischen April 1764 und September 1765 konnte Leopold jedenfalls von Glück reden, den Sohn für ein paar Wochen, drei Monate möglicherweise, bei Bach in Downtown London »geparkt« zu haben, lernte Wolfgang doch hier den galanten Stil kennen, der ihn – wie die vom Vater erlernte hochdeutsche Sprache »nach Professor Gottsched« – für eine höfische Anstellung im ganz großen Rahmen vorbereiten sollte.

Johann Christian selbst war zur Erlernung des galanten Stils, den so recht eigentlich auch bereits der Dresdner Kapellmeister Johann Adolf Hasse repräsentierte, nach Mailand gegangen. Im Krach hatte er sich von seinem übergriffigen Stiefbruder Carl Philipp Emanuel mit seinen preußisch-protestantischen Obsessionen getrennt. Nein, zu Hasse hätte er aus Pietät dem Vater gegenüber schon nicht gehen können: 1733 hatte der »junge Hof«, also Sohn und Schwiegertochter August des Starken, den sich um die seit 1728 vakante Hofkapellmeisterstelle in Dresden bewerbenden Vater Bach als *démodé* abblitzen lassen, stattdessen den konvertierten Hamburger Pastorensohn Johann Adolf Hasse engagiert, der auf den

Spuren von Johann David Heinichen und Georg Friedrich Händel in Italien unterwegs gewesen war und 1725 in Neapel mit »Antonio und Cleopatra« (sehr »divers«: Vittoria Tesi als Antonio und der Kastrat Farinelli als Cleopatra) ein Aufsehen erregendes Debut absolviert hatte.

Der eine Generation jüngere Johann Christian Bach war (bis zur kompositorischen Emanzipation Wolfgang Amadés, beginnend in den Köchelnummern kurz vor 200) der zweifellos brillanteste aus der Riege der (sich selbst so nennenden) galanten Komponisten. Zwar hatte er nicht die Bach-Bach-Gene seiner beiden älteren Brüder Friedemann und Carl, aber die Mischung Bach-Wilke war so schlecht nun auch wieder nicht, war doch Mutter Anna Magdalena (Tochter eines Hoftrompeters aus Weißenfels) eine professionell ausgebildete Sängerin.

Anders als der ein wenig ältere Bruder Johann Christoph Friedrich (*1732), der an einem norddeutschen Mini-Hof diente und so recht »das weinende Saeculum« repräsentierte, verkehrte Christian (er hatte als Mittzwanziger bereits Bilderbuchkarriere vorzuweisen, die italienischen Höfe rissen sich um ihn) mit dem König und der Königin von England, mit den Malern Thomas Gainsborough, Joshua Reynolds und Johann Zoffany, dem Schauspieler David Garrick, überhaupt einer Riesenclique von kunstaffinen Weltbürgern – und man fragt sich unwillkürlich, wie der achtjährige Knabe Wolfgang Amadé den Aufenthalt in diesem *a bit crowded* Bach-Abel-Haushalt erlebt, ja überhaupt hat »über«leben können?

Als im Frühjahr 1772 – Wolfgang war gerade 16 Jahre alt geworden – *Showpieces* in kleiner Besetzung benötigt wurden (die unter KV 39 – 42 geführten Transkriptionen französischer Komponisten waren offenbar zu groß besetzt, vielleicht aber auch, da 1767 entstanden, bereits zu altmodisch!) erweiterte er drei Klaviersonaten Johann Christians (geführt unter KV 107, I – III) mit einem Accompagnement von zwei Violinen und Violoncello zu Concerti da Camera. Es sollten diese bis zu den in Wien im Auftrag des Baron van Swieten durchgeführten Arbeiten an Werken Georg Friedrich Händels und Carl Philipp Emanuel Bachs die letzten Bearbeitungen Amadé Mozarts sein.

Wolfgang und Johann Christian begegneten sich noch einmal: Völlig unvorbereitet trafen sie im August 1778 in Paris aufeinander. »Mr. Bach von london ist schon 14 täge hier- seine freüde und meine freüde als wir uns wieder sahen, können sie sich leicht vorstellen. ich liebe ihn/ wie sie wohl wissen/ von ganzem herzen [...]«.

Selbstverständlich waren die »Wahlverwandschaften« des jungen Mozart erst einmal nur in den vom Vater approbierten Richtungen möglich. Leopolds klarem Verstand und seiner gründlichen Urteilskraft konnten indes nur wenige Musiker gefallen: So konstatiert er am 11. Juli 1763 aus Ludwigsburg, »daß ich einen gewissen Nardini gehört habe, und daß in der Schönheit, reinigkeit, gleichheit des Tones und im Singbaren Geschmacke nichts schöners kan gehöret werden."

Im Frühjahr 1770 begegneten die Mozarts Pietro Nardini in Florenz erneut. Seit 1768 war er – Stuttgart hatte er inzwischen verlassen – Kapellmeister des Großherzogs Peter Leopold, eines Sohnes der Kaiserin Maria Theresia, und hatte (wie sein Lehrer Giuseppe Tartini in Padua) ein

Pensionat für Wunderkinder aufgebaut, die er hier im eigentlich schon altmodischen *florid-style*-Violinspiel (langsames Tempo, aber auf jeder Note ein Packen Kräusel und noch eine Schüppe geschnittene Nudeln draufgepackt …) unterrichtete.

Wolfgang jedenfalls tat hier sich mit einem gleichaltrigen »Ragazzo inglese Tomaso Linley« zusammen, denn zum Entzücken aller verstanden sich die beiden 14jährigen Jungen auf Anhieb. »diese zwei knaben producierten sich wechselweise den ganzen abend unter beständigen umarmungen […] nicht als knaben, sondern als männer ! […] der kleine Tomaso weinte die bittersten Thränen, weil wir den tag darauf abreiseten.« Und sogar mit einem Gedicht wurde diese Begegnung gefeiert.

Aber obwohl Wolfgang am 10. September des Jahres in einem in italienischer Sprache verfassten Brief an den *caro amico* versprach, alles für ein baldiges Wiedersehen zu tun, trafen die beiden doch nie wieder zusammen. Das rätselhafte *Sfumato* um diese Begebenheit, bereits überhöht durch das erwähnte Sonett aus der Feder von Signora Corilla Olympica, wird durch Linleys Schicksal wie auch das seiner Werke noch verstärkt: Linley ertrank 1778 bei einem Bootsunglück, und nur wenig später wurden seine Werke ein Raub der Flammen: Von seinen Instrumentalwerken sind nur das Violinkonzert F-Dur und eine Violinsonate erhalten.

Die(se) erste italienische Reise von Vater und Sohn dauerte bis in den März 1771 und brachte den Auftrag für »Mitridates«, aufgeführt im Dezember 1770 in Mailand. Nach wenigen Wochen in Salzburg ging es im Sommer 1771 dann zurück nach Mailand, dieses Mal für »Ascanio in Alba«, einer Hochzeitsmusik für den hier die Regierung übernehmenden Erzherzog Ferdinand, einen anderen Sohn der Kaiserin: Man heiratete ohnehin, »was das Zeug« hielt …

In Mailand kam Wolfgang mit einem der Hauptvertreter des galanten Stils, dem inzwischen 70jährigen Giovanni Battista Sammartini zusammen, der in den späten 1750ern bereits Johann Christian Bachs Lehrer gewesen war. Auch Bachs großer Mailänder Mäzen, der Baron Litta taucht in Leopolds Reisenotizen (Leopolds großes und wichtigstes Hobby: *Networking*!) auf.

Als mit »Lucio Silla« – Wolfgang hatte »in gegenwart des Maestro Sammartino und einer menge der geschicktesten Leute […] Proben seiner Wissenschaft abgelegt und alle in Erstaunung gesetzt« – ein dritter Auftrag für Mailand erfolgte, war eigentlich so gut wie klar, daß Ferdinand von Habsburg den jungen Mozart installieren würde, zudem auch »Fioroni und Sammartini unsere wahren freunde« sind.

Ob nun wirklich ganz Mailand so im Wolfgang-Fieber taumelte, wie Leopold das freudetrunken übersprudelnd nach Salzburg berichtete, darf wohl bezweifelt werden – aber die Kaiserin selbst war es, die diesen Traum zur Seifenblase werden ließ, schrieb sie doch ihrem Sohn: »[…] Sie bitten mich, den jungen Salzburger in Dienst nehmen zu dürfen. Ich wüßte nicht, warum und glaube auch nicht, daß Sie einen Komponisten oder dergleichen unnütze Leute benötigen. Wenn es Ihnen Spaß macht, werde ich Sie nicht hindern können, aber sage nur, daß Sie nicht so unnütze Leute in Ihren Dienst nehmen, ihnen vor allem niemals ein Titel geben sollten. Wie die Bettler schwirren sie ohnehin ständig in der Welt umher […]«.

Aus der Schule Sammartinis kam dann auch Wolfgangs letzte belegte »Wahlverwandtschaft«, der er 1777/78 begegnete und die lange und schmerzhafte Phase der Entfremdung vom Vater einläuten sollte.

Ein kleiner Teil der Komplikationen des Katastrophenjahrs lässt sich bereits in den – neu gelesenen – Briefen des Jahres 1763 erahnen, ja sogar erklären: Christian Cannabich, den europaweit bewunderten Konzertmeister des kurpfälzischen Orchesters (O-Ton Leopold Mozart: »das Orchester ist ohne widerspruch das beste in Teutschland«), erwähnte der neidgeprüfte, immer auch in Konkurrenzkategorien denkende Leopold nur *en passant* am Ende einer Liste von für ihn wichtigen Personen, ohne aber ein Sterbenswörtchen nur über die violinistischen oder orchesterformierenden Kompetenzen des eine Halbgeneration jüngeren Geigers zu verlieren.

Zum ersten Male auch seit London 1764 ohne väterliche Aufsicht und hormonell durch die Begegnung mit dem »Bäsle« bereits *in angustiis*, stürzte sich Wolfgang im Herbst 1777 in Mannheim in die Cannabich-Familie, schwärmte von Tochter Rose, von jenem Respekt auch, den die Musiker ihrem Konzertmeister Cannabich erwiesen (offenbar »nennenswert« anders als in der Salzburger Kapelle!), hörte die Berichte über die märchenhaften Erfolge von Johann Christian Bach mit für den Mannheimer Musenhof geschriebenen Opern »Temistocle« und »Lucio Silla«, traf den berühmten Sänger Anton Raaff (später in Paris sollte er mit der Bach-Arie »Non so d'onde viene« der als *watchdog* mitgereisten Mutter Mozart die ihr lang werdende Zeit vertreiben), begann (mit Aloisia Weber im Kopf) eine eigene Welt aufzubauen – sodass es ENDLICH dann aus Leopold (seit Beginn der Reise fuchtelte er bereits wie ein auf dem Rücken liegender Maikäfer mit allen Gliedmaßen in der Luft herum) herausbricht: Cannabich »ein so elender Synfonischmierer [...] Die Manheimer Compositionen haben mir ... niemals gefahlen [...] ihr gusto ist nicht der feine wahre rührende geschmack«.

Wumms: Das hatte »gesessen« – und den Sohn augenblicklich in eine dezent vaterfernere Umlaufbahn katapultiert, von welcher aus dieser die Beziehung, das Verhältnis, ein wenig deutlicher betrachten konnte ...

Den weiteren Verlauf der Geschichte kennend, liest man nun die Briefe vom Herbst 1780 (der Kurfürst Carl Theodor war im Verlauf des Jahres 1778 mit dem Hof, mit dem Orchester und seinem Musikdirektor Cannabich nach München umgezogen, Wolfgang seit November zur Komposition des »Idomeneo« vor Ort) mit gewissem Herzklopfen: doch keine Bange, es kam nicht mehr »zum Äußersten«, stattdessen schrieb Leopold am 29. Dezember dem »Mr. Cannabich [...] das neue Jahre anzuwünschen" – als Antwort kam »von Cannabichen hauß alles erdenckliche« zurück.

Nach der Premiere von »Idomeneo« am 29. Januar 1781 überschlugen sich die Ereignisse: Unter das Kapitel »Salzburg« kommt ein Punkt, ein ganz dicker ebenso unter das Kapitel »Vater« – und »Wahlverwandtschaften« gab es nun auch keine mehr. Der Bildungsroman ist abgeschlossen, die Verhältnisse werden in Zukunft lediglich vertikal und primär immer von Konkurrenzgedanken bestimmt sein.

Christian Schuchardt

»Laudatio für Reinhard Goebel« Verleihung des »Tanzenden Schäfers« Würzburg, 22. Juni 2020

Sehr geehrter, lieber Herr Professor Reinhard Goebel!
Die Musikwelt kennt Sie als Pionier. Seit einem halben Jahrhundert erfüllen Sie mit Ihrer künstlerischen Arbeit das Motto, das sich das Mozartfest in diesem Jahr gegeben hat: Sie üben Widerstand gegen gängige Meinungen. Sie wachsen durch unablässiges Hinterfragen. Sind unablässig auf der Suche nach Neuland. Sie gehen weiter, auch wenn die Widerstände noch so unüberwindlich erscheinen.

33 Jahre waren Sie Leiter der von Ihnen gegründeten Musica Antiqua Köln. Sie haben mit diesem Ensemble das Musizieren barocker Werke reformiert. Seit 2006 erlebt man Sie als Dirigent international führender Orchester. An der Universität Mozarteum Salzburg traten Sie 2010 die Nachfolge von Nikolaus Harnoncourt an. Seitdem geben Sie als Professor für Historische Aufführungspraxis Ihr Wissen weiter an kommende Generationen herausragender Interpreten. Seit 2018 sind Sie darüber hinaus Künstlerischer Leiter der Berliner Barock Solisten. Sie haben Spielweisen revolutioniert und durch akribische Forschungen Werke und Komponisten ins Bewusstsein des aktiven Musiklebens zurückgebracht.

Den großartigen Erfolgen, die sich Ihrer Karriere eingeschrieben haben, stehen aber auch Schattenseiten gegenüber. Sie haben Krisenzeiten er- und durchlebt. Schaut man in Ihre Vita, ist ein anderer Schluss kaum möglich. Der Beginn der 1990er Jahre ist etwa markiert durch einen Einschnitt, der nicht nur für die meisten Musiker unvorstellbar sein dürfte: Lähmungserscheinungen in der linken Hand nehmen Sie damals nicht hin, sondern widersetzen sich dem drohenden Karriereende als Geiger, indem Sie radikal umdenken und umlernen. Sie krempeln Ihr Interpretendasein um – ziehen es im wahrsten Sinn von links auf rechts. Die Geige spielen Sie fortan »andersherum«. Wer nur einmal als Rechtshänder versucht hat, mit links zu schreiben, hat eine vage Vorstellung davon, welche Schwierigkeiten und welche Widerstände dabei zu überwinden sind. Unermesslich ist, wie hart Sie haben arbeiten müssen. Und außerordentlich ist, dass Sie schließlich an das gleiche Niveau anknüpften, auf dem Sie sich vorher bewegt hatten. »Widerstand, Wachsen, Weitergehen« lautet das Motto des Mozartfestes im Jahr 2020, das durch die Corona-Pandemie in die Geschichte eingehen wird.

Allein der gerade skizzierte Ausschnitt aus Ihrem Werdegang beweist, dass das Mozartfest sich zu dessen Ausgestaltung kaum einen passenderen Artiste étoile hätte auswählen können als Sie, Reinhard Goebel: Wie man trotz schier unüberwindlicher Widerstände weiterzugehen in der Lage sein kann – und an diesem Weitergehen zudem wächst –, das haben Sie in Ihrem künstlerischen Leben nicht nur einmal bewiesen.
Offenheit zeichnet Sie aus. Ehrlichkeit – die nach Aussage mancher Mitstreiter auch bereit ist, bis an die Schmerzgrenze zu gehen. Behaglichkeit zu bieten, das überlassen Sie den anderen. Sie haben das Unbequem-Sein gewählt. Aber unbequem sind Sie niemals um der reinen Provokation willen, sondern aus der Sache heraus. Es braucht solche unbequemen Geister, wie Sie einer sind, um weiterzugehen. Um Neuland zu beschreiten. Um nicht nur das Musikleben, sondern unsere Gesellschaft voranzubringen.
Deshalb dürfen wir feststellen: Reinhard Goebel ist ein Glücksfall für das Musikleben des 20. und 21. Jahrhunderts. Ein Glücksfall mithin für das Mozartfest Würzburg – wie wir heute wissen, auch wenn Ihre ersten Würzburger Auftritte manch einen Besucher verstörten und zu heftiger Kritik herausforderten. Gemeinsam mit Hermann Zilcher, Eugen Jochum, Rafael Kubelik und Sir Colin Davies nennt das Mozartfest Sie heute als prägende Dirigentenpersönlichkeit. Dass Sie, wie Sie es sagen, »Aufführungswissenschaft« betreiben, um zu einer äußerst lebendigen und vielfach bahnbrechenden Form der Aufführungspraxis zu kommen, zählt zu Ihren großartigen Verdiensten im aktuellen Musikleben. Das Mozartfest schätzt in hohem Maße, dass Sie Ihre immense Erfahrung und Ihr fundiertes Wissen um die Aufführung von Barockmusik Stück für Stück auch auf die Interpretation von Kompositionen bis zum Beginn des 19. Jahrhunderts ausgeweitet und nicht zuletzt auf die Werke Mozarts übertragen haben. Davon durfte auch das Mozartfest maßgeblich profitieren. In Ihrer Arbeit hat das Mozartfest Würzburg einen bedeutenden Orientierungspunkt gefunden.
In den vergangenen drei Jahrzehnten haben Sie mit Ihren musikalischen Projekten zentrale Konzertereignisse in der fast 100-jährigen Geschichte des Mozartfestes geschaffen. Mit der Musica Antiqua Köln waren Sie ebenso zu Gast wie mit dem WDR Sinfonieorchester. In diesem Jahr hätten wir Sie an sechs Terminen etwa mit dem Münchner Rundfunkorchester, der Tapiola Sinfonietta und den Bamberger Symphonikern begrüßt. Corona hat diese Pläne zwar zunichte gemacht. Doch geblieben ist Ihre Teilnahme am MozartLabor 2020, in dem Sie eine Qualität von sich gezeigt haben, von der das gesamte Publikum, aber vor allem junge Musikschaffende ungemein profitieren: Es ist Ihre Gabe, Neugier zu wecken, indem Sie sich von Ihrem eigenen unbändigen Wissensdrang leiten lassen.
Lieber Reinhard Goebel: Ihr künstlerisches Wirken ist mit zahlreichen Preisen hoch dekoriert. Den Auszeichnungen gesellt sich heute eine weitere hinzu, die – wie wir überzeugt sind – von besonderer Symbolkraft ist. In den 1760er Jahren entwarf der bedeutende Bildhauer Ferdinand Tietz für den Garten von Schloss Veitshöchheim lebensgroße Steinfiguren – darunter einen Herrn in modisch-höfischem Schäferkostüm, der mit einem delphinartigen Horn zum munteren Tanz aufspielt. 1980 schuf der Bildhauer Edmund Appel nach diesem Vorbild diese Porzellanfigur. Wir verleihen sie seither an Bürger und Gäste der Stadt, die sich um Würzburg in besonderer Weise verdient gemacht haben. Da Sie, Reinhard Goebel,

dem Mozartfest seit 30 Jahren immer wieder wichtige Impulse gegeben und damit für die aktuelle Ausrichtung sowie das Renommee in der internationalen Festivallandschaft mit verantwortlich zeichnen, überreichen wir Ihnen heute den »Tanzenden Schäfer«. Er ist keine schwere Plakette aus Edelmetall, sondern eine anmutige Rokoko-Figur, die Lebensfreude und Sinnlichkeit symbolisiert. Nicht umsonst war sie lange Zeit fester Bestandteil im äußeren Erscheinungsbild des Mozartfestes Würzburg. Und sie entstammt der Zeit, die Sie, Reinhard Goebel, sich selbst als Zentrum Ihrer künstlerischen Arbeit gewählt haben.
In einer offenen Probe des MozartLabors haben Sie an die Zuhörenden appelliert: »Machen Sie Ihre Ohren auf, Ihre Herzen, Ihre Seelen.« Dass Sie, Reinhard Goebel, auch in Würzburg den Menschen immer wieder Anlass dazu geben, sich Kunst und Musik gegenüber zu öffnen und neugierig zu zeigen, dass Sie zum widerständigen Hören auffordern, Wachsen und Weitergehen ermöglichen – dafür danken wir Ihnen von ganzem Herzen!

Christian Schuchardt
Oberbürgermeister der Stadt Würzburg

»Beethovens Welt I«

Ludwig van Beethoven – Anton Wranitzky – Antonín Reicha

Sarah Christian (Violine), Christoph Eß (Horn), Stephan Koncz (Violoncello), Nils Mönkemeyer (Viola), Teresa Schwamm (Viola), Yaara Tal (Klavier)

Münchner Rundfunkorchester, Reinhard Goebel

Sony Classical, 2021

Gemessen an der Monothematik der weiteren Aufnahmen unserer Reihe »Beethovens Welt« hat das Programm des vorliegenden Albums vordergründig weniger dunkelroten Faden, sind es doch vornehmlich »Einzelstücke« aus der Zeit zwischen 1792 und 1825. Subkutan aber sind sie mit den »großen« Werken der Aufnahmeserie verbunden und liefern den notwendigen Mörtel für den Zusammenhalt des Projektes, zudem noch – ganz wichtig für *modern times* – ein stressfrei durchhörbares Programm, wie es zur Beethoven-Zeit durchaus gang und gäbe war: »Wer vieles bringt, wird manchem etwas bringen« (Goethe).

Das chronologisch früheste Stück dieser Aufnahme ist Ludwig van Beethovens (1770 – 1827) mit 258 Takten nur fragmentarisch überlieferter Violinkonzert-Satz in C-Dur WoO 5 aus seiner Bonner Zeit, der im öffentlichen und auch wissenschaftlichen Interesse weit hinter dem von Franz Clement 1806 uraufgeführten Konzert in D-Dur Opus 61 zurücksteht – aber wie das Meisterwerk eben auch von Clement bereits inspiriert gewesen sein könnte. Die Forschung hat nie danach gefragt, wer die Inspirationsquelle für diesen peripheren Konzertsatz gewesen sein könnte, hatte Beethoven selbst doch von den Möglichkeiten der Streichinstrumente nicht die große Ahnung: Von Beginn seiner Karriere an war er – anders als Johann Sebastian Bach und Wolfgang Amadeus Mozart, die beide auch die Violine meisterhaft beherrschten – seinem (übrigens stark) linkshändigen Vorbild Carl Philipp Emanuel Bach gleich, nur Clavierist und wie dieser in keiner Weise an idiomatischer Violinistik interessiert.

Ging die finale geigerische Ausformulierung der Solo-Partie des Konzerts Opus 61 im Jahr 1806 zweifellos auf den Auftraggeber Franz Clement zurück – erstaunlicherweise respektierte Beethoven sie auch für die gleichzeitig publizierte Klavierversion des Werkes –, so könnte das in den frühen 1790er Jahren wiederholt in Bonn zu Gast gewesene Wunderkind bereits der *locus inspirationis* für diesen Konzertsatz gewesen sein. Das in der Österreichischen Nationalbibliothek erhaltene »Stammbuch« Clements (1780 – 1842) belegt, dass er im Januar 1790 in unmittelbarer Nachbarschaft der Beethovens bei der Musikerfamilie Willmanns logierte, verewigte sich doch die ganze Sippe mit seitenlangen Elogen – und auch Monologen – in diesem »Poesie-Album für Männer«. Auch der Hofsänger Lux – Beethoven schrieb für ihn die eher humoresken Arien vom Mädel-Küssen – und Joseph Reicha, der Onkel des Freundes Antonín, trugen sich ein. Zweifellos wusste Beethoven – als Clement im Oktober 1791 von der Konzertreise mit Joseph Haydn in England erneut das Rheinland streifte – genau um die Bedeutung des in London und Amsterdam stürmisch gefeierten Künstlers, besonders auch im Hinblick auf dessen sicher nicht zu unterschätzende *connections* in der Wiener Musikwelt.

Zu belegen ist die Bekanntschaft zwischen Franz Clement und Ludwig van Beethoven erst durch den »Stammbuch«-Eintrag von 1794: »Lieber Clement! Wandle fort den Weg, den du bisher so schön, so herrlich betreten. Natur und Kunst wetteifern, dich zu einem der größten Künstler zu machen. Folge beyden, und du darfst nicht fürchten, das große – größte Ziel zu erreichen, das dem Künstler hieniden möglich ist. Sey glücklich, lieber Junge, und komme bald wieder, daß ich dein liebes, herrliches Spiel wieder höre. Ganz dein Freund L. v. Beethoven (in Diensten S. k. D. zu Kölln). Wien 1794.« In der vorliegenden Aufnahme erklingt dieses Fragment in der von Joseph Mayseder um zwei Trompeten und Pauken ergänzten Fassung, die im Jahr 1879 in Wien aufgeführt und auch gedruckt wurde.

Mit Anton (von) Wranitzky (1761–1820) – Bruder des Paul v. W., der als treuer Haydn-Follower vom »Großmogul« (so Haydn über Beethoven!) gerne Distanz hielt – rufen wir nicht nur den Komponisten, den Konzertmeister der frühen »Eroica«-Aufführungen des Jahres 1805 ins Gedächtnis zurück, sondern auch und vor allem den Fürsten Lobkowitz, einen der großen Mäzene Beethovens – der dennoch (zwischen den Zeilen gelesen) durch seine Förderung auch anderer Künstler wie Antonín Reicha, Bernhard Romberg und Johann Friedrich Reichardt immer wieder auch Beethovens profundes Misstrauen erregte und genau deshalb – schon semipleite – dann von Beethoven, der personifizierten Rachsucht, auf Zahlung der Rente verklagt wurde. Der Vater des Fürsten (Ferdinand Philipp) hatte in seiner Berliner Zeit Violinunterricht bei Franz Benda genossen, ja mit Carl Philipp Emanuel Bach »Takt für Takt abwechselnd« eine – leider verlorene – Sinfonie komponiert. Auch der Sohn eben jenes Fürsten spielte Violine – sicher auch Viola –, und er sang: Beethovens Zyklus »An die ferne Geliebte« waren Lobkowitzens Elegien an die 1816 gestorbene Gemahlin, die Mutter von 16 gemeinsamen Kindern.

Waren der Fürst Lobkowitz und sein (wie auch das gesamte Orchester von insgesamt 24 Musikern) fürstlich-generös bezahlter Konzertmeister Anton Wranitzky die beiden Solisten in diesem Konzert für zwei Violen, einem ganz sicher erst zu »Eroica«-Zeiten komponierten Stück, das – bei aller altersbedingter Sozialisation im Mozart-Stil – doch so erstaunlich deutliche Anklänge an die Sinfonia Concertante für zwei Violoncelli von Antonín Reicha enthält, dass man dahinter ein dem Fürsten Lobkowitz zuzutrauendes Förderprogramm »Doppelkonzerte bitte« für ansonsten eher im Schatten stehende

Instrumente vermuten kann: Konzerte für zwei Klarinetten, für zwei Fagotte gar? Leider sind Recherchen in nicht nur dieser Richtung nach der Auflösung des Ostblocks mit vorher ungeahnten Schwierigkeiten verbunden: Die nach 1945 im Tschechischen Nationalmuseum deponierten und jedermann frei zugänglichen und reichlich genutzten Musikalien des Hauses Lobkowitz wurden 1990 in den Privatbesitz der Familie zurückgegeben und stehen Interessenten nur noch nach erheblicher Vorauskasse – also so gut wie nicht mehr – zur Verfügung.

Ludwig van Beethovens böhmisch-Bonner Jugendfreund Antonín Reicha (1770 – 1836) wird mit einem Rondo für Horn und Orchester zitiert: dem klanggewordenen Eingeständnis, dass man für dieses immer noch und ganz sicher auch bis ans Ende der Zeiten »begrenzte« Instrument kein Konzert schreiben sollte, ja »nach Beethoven« auch gar nicht mehr kann – und es also besser doch bei einem polymorphen Rondo belassen sollte, waren doch hier *schnell* und *langsam* zwischen den Variationen fließend definiert, ohne dass auch eine stringente motivisch-thematische Beweisführung zu beachten wäre. Wenn Eduard Hanslick – bis gefühlt gestern noch das gestrenge Vorbild eines jeden »Kritikers« – 1869 in der »Geschichte des Concertwesens in Wien« auf S. 230 den Blick von den 1810 – 1830 »grassierenden Polonaisen, Variationen und Potpourris« auf »die übergroße Herrschaft des Bequem-Gefälligen, Süßlich-Glatten« richtet, »um die traurige Verflachung des Geschmacks in den Virtuosen-Concerten zu constatiren«, dann verkennt er zum einen das fundamentale Recht einer jeden Gesellschaft(s-Schicht) auf Musik nach ihrem Gusto, zum anderen aber auch, dass ein »Beethoven« verstehendes Nachvollziehen derartig überspannt und überfordert war, dass man als Äquivalent dringend (um nicht bei all dieser Kunst vollends überzuschnappen) Kompositionen benötigte, in denen auch noch – *n'importe quoi* – Leben, Charme und Witz »rüberkamen«. Anders formuliert: Die durch Beethoven erreichte Stil-Höhe war so sublim, dass sie von einem Großteil der damaligen – und auch heutigen – Hörer gar nicht erfasst werden konnte/kann, es sei denn, dass man seine Musik auf U-Niveau runterfährt.

Natürlich auch stand die junge Generation der um 1800 geborenen Musiker-Komponisten – insonderheit in Wien – vor dem Riesenproblem, dass der aus der Fremde gekommene Titan Ludwig van Beethoven die Lokalmatadore Wolfgang Amadeus Mozart und Joseph Haydn zu Makulatur gemacht hatte (gleichwohl war und ist das »Musée Sentimental« an der schönen blauen Donau 7/14 geöffnet) und den bislang gültigen Generationenvertrag »borgen und mit Zinsen zurückerstatten« dadurch um eine Generation übersprungen hatte, dass er der erste Komponist überhaupt war, der sich – Dank seiner fürstlichen Mäzene – unbelastet von irgendeiner Art von Amtsgeschäften allein und ausschließlich mit der Innensicht von Musik befassen konnte. Beethoven war als 20-jähriger bereits an dem Punkt, den Johann Sebastian Bach erst durch bockige Verweigerung als 55-jähriger erreicht haben sollte. Je älter – und unberechenbarer auch in seinem Verhalten – Beethoven wurde, je mehr zudem auch die fürstlichen Mäzene wegstarben und anstelle der »Associierten

Cavaliere« die eher bürgerlich orientierte, 1812 gegründete »Gesellschaft der Musikfreunde« trat, umso akuter wurde auch die Frage nach einer Nachfolge für den eigentlich ja Unersetzlichen.

Mit Hofkriegsrat Raphael Georg Kiesewetter (1772 – 1850) als Sekretär an der Spitze der Gesellschaft schlug man nun einen eher doch bürgerlichen Kurs ein und lud – nach dem Vorbild der Zelterschen Singakademie in Berlin – zu Abendunterhaltungen ein, bei denen der überaus bescheidene Jan Václav (Hugo) Voříšek (1791 – 1825) als unbezahlter Korrepetitor am Flügel saß. Ihn also baute man zwischen 1818 und 1821 zum musikalischen Leiter der »Gesellschaft der Musikfreunde«, zum Nachfolger Ludwig van Beethovens auf. Je mehr die Gesellschaft Beethoven um die Vertonung eines Oratorientextes auch bat und anbettelte, umso mehr sträubte der Meister sich – prophylaktisch aber hatte man zuvor schon Voříšek in der gleichen Sache angefragt, der dazu schrieb: »Ich weiß nicht, ob ich mich entschließen soll, ein solches Werk zu übernehmen, da ich mich noch nie in diesem Genre versucht habe [...] ob es nun Beethoven annehmen wird, weiss man noch nicht: auf alle Fälle muss ich mich gefasst machen, dem Wunsche der Gesellschaft nachzukommen.«

Anders als Beethoven dürfte Voříšek ein Komponist aus Neigung und weniger aus Berufung gewesen sein: keinerlei strategisches Lavieren mit Dedikationen zwischen Kaisern, Königen, Zaren und Mäzenen; und kein betrügerisches Abzocken von Verlegern. Als einer der wenigen Komponisten der jüngeren Generation hatte Voříšek den Mut – neben Franz Schubert, der aber im Wien der späten Beethoven-Jahre keinerlei Rolle spielte –, eine Sinfonie zu komponieren, und als durchaus einziger, den Besetzungstypus des wenig erfolgreichen Tripelkonzerts von Beethoven aufzugreifen: Das grandiose »Grand Rondeau Concertant« für Klavier, Violine, Violoncello und Orchester wurde 1820 komponiert, aber erst posthum mit der Opuszahl 25 gedruckt. Posthum: Voříšek starb 1825, wenige Jahre vor dem Meister, den er hätte beerben sollen.

Ach, es scheint ein Fluch von Ludwig van Beethoven ausgegangen zu sein: Wer jemals dieser Sonne zu nahe kam, Anton Eberl, der in den frühen 1800ern als Komponist und Clavierist schärfste Konkurrent, Voříšek, der schon inthronisierte Nachfolger, die fürstlichen Mäzene van Swieten, Lichnowsky, Kinsky, Waldstein, Erzherzog Rudolph und Lobkowitz, die Geiger Rode, Bridgetower, Schuppanzigh, Clement, Kreutzer – sie alle verglühten zu allenfalls Fußnoten in Beethovens Biographie. Ihnen allen im Beethoven-Jahr 2020 wenigstens ein wenig Respekt zu erweisen – das war die *raison d'être* meines Projektes »Beethovens Welt«.

»Beethovens Welt II« Konzerte für zwei Klaviere

Ludwig van Beethoven – Anton Eberl – Jan Ladislav Dussek – Josef von Eybler

Duo Tal und Groethuysen, hr-Sinfonieorchester Frankfurt, Reinhard Goebel

Sony Classical, 2020

Doppelkonzerte für zwei (und mehr) gleiche Instrumente sind – aus dem Barock zu Hunderten bekannt – Rarissima schon des galanten Stils, mehr aber noch der Klassik. Immer sind familiäre oder freundschaftliche Beziehungen der Komponisten zu ihnen nahestehenden Instrumentalisten *raison d'être* solcher Werke. Wolfgang Amadeus Mozart komponierte sein Doppelkonzert für zwei Klaviere Es-Dur KV 365 für seine Schwester und sich, führte das Stück gleichwohl 1781 und auch 1782 mit seiner Schülerin Josepha Auernhammer – »die frl. von Auerhammer quält mich entsetzlich wegen den Doppelconcert« – in Wien auf.

Es wundert nicht, dass die Wiener Pianisten um 1800 infolge ihres geringeren Interesses an historischer Musik und ihres vor allem auf Modernität ausgerichteten Geschmacks diese spät-galante Salzburger Komposition Mozarts nicht mehr spielten: Vorhang auf für »Hier und Jetzt«, »Bühne frei« für die Lebenden.

Immer auch setzt eine Komposition für zwei gleiche Instrumente die Bereitschaft voraus, sich mit einem anderen Künstler »auf Augenhöhe« treffen zu wollen, wer aber könnte je weniger für ein so freundschaftliches Duell bereit gewesen sein als der stachelige Beethoven. Hat Beethoven eigentlich jemals etwas für zwei Klavier oder gar ein Klavier vierhändig komponiert? Vergessen, egal ... und wenn, dann haben diese Werke im kollektiven Bewusstsein jedenfalls keinen Ehrenplatz gefunden.

Anton Eberl, Beethovens am 11. März 1807 viel zu früh verstorbener Antipode (*1765) und wohl stärkster Konkurrent sowohl als Komponist wie auch als Klaviervirtuose, spielte das hier vorgelegte Doppelkonzert erstmals am 25. Januar 1805, des Weiteren dann auf seiner großen Konzertreise im Herbst 1806 mit ortsansässigen, strategisch wichtigen KünstlerInnen in Leipzig, Frankfurt und Berlin sowie nach seiner Rückkunft nach Wien im Dezember 1806 dann erneut mit der auf dem Titelblatt der posthumen Druckausgabe genannten Widmungsträgerin Katharina von Hohenadl (1785 – 1861).

Anlässlich dieser Aufführung schrieb der Wiener Korrespondent der »Allgemeinen musikalischen Zeitung«: »Fräul. H. ist jetzt vielleicht die stärkste Klavierspielerin in Wien, und zeigte auch in diesem lieblichen, schön gedachten, und vortrefflich instrumentierten Konzert, eine ganz außerordentliche Reinheit, Präcision und Delikatesse. Sie fand den entschiedensten, allgemeinen Beyfall«. An anderer Stelle war zu lesen »Fr. Hohenadl […] wird an Geschwindigkeit, Leichtigkeit, Stärke und Feinheit wohl sehr wenig Nebenbuhlerinnen selbst in Wien finden, wo doch Beethoven, Eberl, Hummel […] leben, die gewiss eine sehr hohe Stufe der Kunst erreicht haben.« Unter den vielfach weiblichen Widmungsträgern Beethovenscher Werke ist Katharina Hohenadl indes nicht zu finden, beglückte der Menschenfreund doch mit solchen Dedikationen vorzugsweise die Damen »des zweyten Adels« von Wien.

Obgleich Ludwig van Beethoven schon zu Lebenszeiten des Konkurrenten den Namen Anton Eberl als *silentium absolutum* behandelte, so berührten sich ihre Kreise doch andauernd. Die weiland bereits opiniösen und parteiischen »Kritiker« inszenierten mit den beiden Komponisten bereits einen Kulturkampf *avant la lettre*: Das offizielle Wien behinderte den Migranten Beethoven erst einmal nach Kräften, in Prag empfand man die Originalimporte aus Wien – wie z.B. Anton Eberl – als Zumutung und nahm, dadurch, dass man Beethoven in den Himmel lobte, *en passant* auch noch Rache dafür, dass böhmische Künstler in Wien kaum mehr als nur die sprichwörtliche »zweite Geige« spielten.

Mit der Bemerkung über Anton Eberls Klavierkonzert in C-Dur »hat wenig oder gar keine Originalität; überall blickt Beethovens meisterhaftes Konzert in C-Dur hervor, das Herr E. sowohl im Plane als den Passagen zum Vorbild gedient zu haben scheint« hatte jener Prager Rezensent, der »dem einstimmigen Zeugnisse des ganzen Deutschlands so auffallend wiedersprach«, allerdings den Bogen überspannt. Dieser Unterstellung entgegnete ein Wiener Konnässör, »daß Eberl dieses Konzert, welches er schon früher komponierte, zu Anfang des Jahres 1798 öffentlich zu Petersburg mit grossem Beyfalle spielte, also mehrere Jahre früher als ein Beethovensches Konzert […] auch nur im geringsten bekannt war.«

Tatsache ist, dass Eberl das wesentliche Bedürfnis seiner Zeitgenossen, weg vom dekorativen Geklingel des Ancien Régime und hin zu einer Musik, die die neue Zeit in neue Töne fasst, ebenso optimal wie Beethoven, halt nur anders, erfüllte.

Seine beiden großen Sinfonien hielten sich – belegt für Leipzig – bis in die Mitte der 1830er Jahre und verschwanden erst dann von den Programmen. Man mag einwenden, dass seine Märsche – »statt des Andante ist ein schöner Marsch eingelegt« – eine Prise zuviel zeitgenössischen Parfums transportieren: Aber wollen wir unseren Ahnen nun etwa auch noch rückwirkend vorschreiben, worin sie sich wiederzufinden, was sie zu hören und für gut zu befinden haben? Überhaupt gilt für Eberl heute das, was für den Konkurrenten Beethoven 1808 galt: »indessen kann man, wie bekannt, über Beethovensche Kompositionen selten beym Erstenmale ein bestimmtes Urtheil fällen.«

Werden sich Anton Eberl und Ludwig van Beethoven gelegentlich *in personam* in Wien begegnet sein, so fand das Treffen mit dem böhmischen Konkurrenten Jan Ladislaus Dussek lediglich auf dem Papier statt: »Von Beethoven […] ist ein neues grosses Konzert für Pianoforte, Violin und Vcello, und von Dussek ein gleiches für zwey Pianoforte – jenes in Wien, dieses in Leipzig, so eben gestochen erschienen. Beyde gehören unter das trefflichste, was man diesen Künstlern verdankt«, wusste die »Allgemeine Musikalische Zeitung« zu berichten. Darauf, wer angesichts dieses Vergleichs mehr geschäumt haben wird, werden noch Wetten angenommen.

Dussek hatte nicht das geringste Interesse an Wien – ja, auch das soll es gegeben haben! Nichts zog ihn dorthin, seine Welt war – nach Gymnasium und Universität in Prag 1776 – 1778 – die der anderen europäischen Hauptstädte: Den Haag, Berlin, London, Paris, St. Petersburg. Hier entwickelte er – möglicherweise aufbauend auf einer kurzen Lehrzeit 1782 bei Carl Philipp Emanuel Bach in Hamburg – an der Wiener Klassik vorbei seinen grandiosen romantischen Klavierstil.

»Dusseks Stärke in der Komposition beruhet, nach meiner Einsicht, in der Eigenthümlichkeit, Neuheit, in dem Frappanten, Glänzenden seiner reichen Erfindung, und was die Ausarbeitung betrifft, in dem Feuer und der Innigkeit, die seinen Kompositionen selten mangelt […]. Dusseks Spiel ist zum Erstaunen fertig, ist sicher, feurig, überhaupt affektvoll, es ist durchaus das, was man jetzt das g r o s s e Spiel nennt.«

In dem Maße, wie im Laufe des Jahrhunderts der Name Wiens in der Musikwelt stets klangvoller, ja die Musik die »Deutscheste der Künste« wurde, umso mehr wurde fehlender Wien-Bezug für einen Komponisten zur *damnatio memoriae*: Dusseks Œuvre verschwand unmittelbar nach seinem Tode in der Versenkung und wurde erst in den 1950er Jahren – äußerst halbherzig nur – »wiederentdeckt«.

Das 1806 für seinen Dienstherren und Schüler Prinz Louis Ferdinand von Preußen und ihn selbst konzipierte Doppelkonzert B-Dur bleibt mit Sicherheit Jan Ladislav Dusseks wichtigstes Werk. Das Zitat aus Glucks »Orphée« im Mittelsatz ist als Klage über den Tod des Prinzen in der Schlacht von Jena und Auerstädt im Oktober des gleichen Jahres zu verstehen.

Bewegte sich Dussek wie selbstverständlich im Dunstkreis der Potentaten *all-over-Europe*, so blieben für Ludwig van Beethoven schon die Türen der Wiener Hofburg geschlossen. Dies wird ihm anfänglich sicher üble Laune gemacht haben, hatte er doch in Hoffnung auf Aufträge der musikliebenden Kaiserin Maria Theresia aus dem Hause Neapel-Sizilien (1772 – 1807) – einer Enkelin der großen Maria Theresia – 1802 sein Septett Op. 20 dediziert. Maria Theresia, die selbst recht anständig sang und Klavier spielte, inszenierte für ihren zu Schwermut neigenden Mann, Kaiser Franz Joseph Karl, mehrmals wöchentlich Konzerte, deren Programm für die Jahre 1801 – 1803 wie auch die dazu gehörenden Musikalien fast vollständig erhalten sind.

Was die Kaiserin dazu bewogen hatte, bei Joseph Leopold Edler von Eybler, dem noch jungen Assistenten des Hofkomponisten Antonio Salieri, »La Follia di Spagna mit allen Instrumenten«, eine Orchesterfassung von Arcangelo Corellis Violinsonate Op. 5, Nr. 12 aus dem Jahre 1700 zu bestellen, bleibt unklar. Aber anders als beim »zweyten Adel« üblich, wurde in der Hofburg – und vielleicht hatte der ehemals in den Räumen der Bibliothek lebende Baron van Swieten die Anregung hierzu gegeben – wenn nicht gleich echte »alte« Musik, so doch Musik von nicht mehr lebenden Komponisten dargeboten. Neben teilweise recht albernen Auftragskompositionen neueren Datums, zu denen sich bisweilen die Direktiven der Kaiserin an die Komponisten erhalten haben, standen auch Standardwerke wie Giovanni Battista Pergolesis »Stabat Mater«, Joseph Haydns »Sieben letzte Worte«, Passionen von Niccolò Jommelli und Ferdinando Paër und immer wieder auch die nichts als gute Laune versprühenden Sinfonien von Paul von Wranitzky auf den Programmen.

Am 18. Juli 1802 also bildete die Eybler-Fassung von Arcangelo Corellis »Follia«-Variationen den Abschluss des Hofkonzerts. Die Vorlage bleibt formal, harmonisch und in ihren Figurationen unangetastet, gleichwohl ist die Hauptstimme nicht immer in Violino Primo belassen, sondern auf solistisch agierende Blasinstrumente verteilt und gelegentlich in den Mittelstimmen thematisch paraphrasiert. Nachdem die tatkräftige Maria Theresia am Klavier sitzend ihr Solo in der vorletzten und sicherlich leisesten Variation abgeliefert hat, fällt dann – *finis coronat opus* – das Gesamtorchester tumultartig ein und setzt mit dreifacher Coda dem Werk ein Ende.

Die Aufführung dieses hochbarocken Werks im klassischen Gewande wäre nicht der Rede wert, würde in ihr nicht gleich auch der Funke für die nächste »Folia«, die 1815 komponierten »26 variazioni sull'aria detta La Follia di Spagna« von Josef von Eyblers Lehrer Antonio Salieri (1750 – 1825) transportiert. Eine Aufnahme dieser klingenden Instrumentationslehre für das nun um drei Posaunen, Gran' tamburo und vor allem Harfe vergrößerte Orchester wurde auf dem dritten Album unserer Serie »Beethovens Welt« veröffentlicht.

»Beethovens Welt III« Konzerte für zwei Violoncelli

Antonín Reicha – Bernhard Romberg – Josef von Eybler

Bruno Delepelaire, Stephan Koncz (Violoncello), Deutsche Radio Philharmonie Saarbrücken Kaiserslautern, Reinhard Goebel

Sony Classical, 2020

»[…] daß, wenn er schon Churfürst von kölln wäre, ich auch schon sein kapellmeister wäre« – eines jener Traumschlösser, die Wolfgang Amadé Mozart – euphorisiert und trunken von der Großstadt Wien, dem Liebeserlebnis mit Constanze, überhaupt dem Entkommensein aus der väterlichen Umklammerung – aufs Briefpapier skizzierte, sah doch die Wirklichkeit erheblich anders aus: Als Maximilian Franz (1756 – 1801), jüngstes Kind des Kaiserpaares Maria Theresia und Franz Stephan, 1784 Kurfürst von Köln wurde, galt es erst einmal, die Bevölkerung der seit Jahrhunderten als Aufmarschgebiet feindlicher Heere geschundenen Rheinregion durch innenpolitische Maßnahmen aus profundem Aberglauben und ebensolcher Lethargie zu befreien, überhaupt dem Staat Anschluss an die durch Preußen angeführte aufgeklärte Moderne zu verschaffen.

Selbstverständlich beförderte Max Franz, der selbst Violine spielte und sogar leidlich gut sang, nach dem Vorbild seines Bruders Joseph II., seit 1765 Kaiser des Heiligen Römischen Reiches, auch die Kulturalisierung von Hof und Residenzstadt, welcher er – nach der Gründung von Lesegesellschaften und deutschsprachiger Bühne – 1786 sogar eine Universität verordnete.

Hier inskribierten sich am 14. Mai 1789 Louis van Beethoven und Antonín Reicha als Studenten der Philosophie, zwei 1770 geborene Mitglieder der Hofkapelle, die sich unter Max Franzens Einfluss zu einem beachtlichen Ensemble mit vielen wohlklingenden Namen entwickelt hatte: Franz Anton Ries, Nicolaus Simrock, Ignaz und Max Willmann sowie Andreas Jakob und Bernhard Heinrich Romberg – deren Lebenswege sich später in Wien vielfach kreuzen sollten.

Denn wenige Tage nachdem Maximilian am 3. Oktober 1794 nach erfolgter Segnung der Untertanen von der Rathaustreppe aus das Boot bestieg, welches ihn rechtsrheinisch vor den französischen Revolutionstruppen in Sicherheit bringen sollte, einmal mehr – man hatte Übung darin – die Wertsachen, das Mobiliar, die Staatsarchive und auch die gigantische Musikbibliothek des Hofes inventarisiert, verpackt und verschickt worden waren, brach Kur-Köln zusammen, und sämtliche Musiker waren de facto arbeitslos.

Der 42jährige Musikdirektor Joseph Reicha und die Ries-Familie blieben in Bonn, ebenso der ehemalige Hoflieferant und Verleger Simrock, aber wer eben konnte, verließ den Unruheherd am Rhein – und begab sich in die von der Rheingrenze am weitesten entfernte Stadt des Reiches: in die Reichshauptstadt Wien.

Seit 1792 bereits hielt sich Louis van Beethoven hier zu einem von Maximilian Franz finanzierten, streng beobachteten und harsch kritisierten Studium auf, um »Mozarts Geist aus Haydns Händen« zu erhalten. »Nie etwas von ihm gelernt« zu haben, war Beethovens eigener Kommentar in dieser Causa, während der Ersatzlehrer Johann Georg Albrechtsberger meinte, Beethoven würde »nie etwas Ordentliches machen«.

1796 trafen – von einer Italien-Tournee mit Stationen in Venedig, Rom und Neapel kommend – der Geiger Andreas Romberg und sein Cousin, der Cellist Bernhard Romberg, in der Reichshauptstadt ein und frischten die Erinnerung an ihr Idol Joseph Haydn auf. Ihm waren sie erstmals bei Haydns Besuch in Bonn am 25. Dezember 1790 vorgestellt worden. Nun trat Beethoven gemeinsam mit ihnen in einer Akademie auf. Lorenz von Breuning dazu am 7. Januar 1797 an Franz Gerhard Wegeler in Bonn: »Bethhofen ist wieder hier; er hat in der rombergischen Akademie gespielt. Dieser Mensch ist noch immer der Alte, und ich bin froh, daß er, und die Romberge noch so mit einander auskommen. Einmal zwar war er beinahe brouillirt mit ihnen; ich war aber damals der mediateur, und erreichte meinen Zweck so ziemlich.« Die Rombergs blieben nur bis Januar 1797. Während Andreas zunehmend sesshafter wurde, trieb die Reiselust Bernhard, den Cellisten, lebenslang kreuz und quer durch Europa, von London nach Lissabon und von Stockholm nach St. Petersburg – und ließ ihn erst 1807 wieder in Wien erscheinen.

Seine Anstellung beim preußischen König hatte er gekündigt, aber die Verhandlungen mit dem Grafen Kinsky über eine Position in Wien gerieten ins Stocken. Zudem hatte seine Oper »Ulisses und Circe« – im Zeitalter der napoleonischen Kriege an sich schon ein Thema von brennender Aktualität – einen derartigen Verriss bekommen, dass ihm der schnelle Abschied von Wien sicher leichtfiel. Und auch Ludwig van Beethoven dürfte ein Stein vom Herzen gefallen sein, hatte Romberg doch auch beim Fürsten Lobkowitz Ruhm und Ansehen gewonnen, sodass Beethoven den beiden adeligen Musikfreunden damit drohte, Wien in Richtung Kassel an den Hof des westfälischen Königs Jérôme Bonaparte zu verlassen. Kolportiert wird allerdings auch, dass Romberg Beethovens Angebot, ihn mit einem Cello-Konzert zu beglücken, dankend abgelehnt habe, spiele er doch – wie Beethoven das ja auch tat – in der Öffentlichkeit stets nur eigene Werke!

Erst im Dezember 1821 kam Romberg, nun international als »Paganini des Violoncells« apostrophiert, erneut nach Wien. Der moribunde Beethoven, von »in dieser Jahreszeit gewöhnlichen Ohrenschmerzen befallen«, schickte ihm ein Entschuldigungsschreiben, unterzeichnet »leb wohl großer Künstler, wie immer der deinige: Beethoven«.

Weitaus problematischer hingegen wurden für Beethoven Umgang und Abgrenzung gegenüber dem 1802 nach Wien gekommenen brillanten und mit französischen Manieren ausgestatteten Antonín Reicha, der als geborener Böhme mit der polyglotten Mentalität der Hauptstadt sicher besser zurecht kam als der in erlauchten Männerkreisen habituell aneckende Jugendfreund – dem aber immer dann, wenn's wirklich brenzlig wurde, verständnisvolle Comtessen zu Hilfe eilten, die von den rustikalen und polarisierenden Manieren Beethovens offenbar fasziniert waren.

Fürst Lobkowitz stellte Reicha sein von Anton Wranitzky als Konzertmeister geleitetes Privatorchester für Aufführungen seiner in Hamburg und Paris komponierten Werke zur Verfügung – aber schlimmer noch: Reicha schaffte sogar den Beethoven immer verwehrten Sprung in den Musiksalon der Kaiserin Maria Theresia (1772–1807).

»Dann hatte ich das Glück, Ihrer Majestät der Kaiserin vorgestellt zu werden [...] Nicht nur war sie eine leidenschaftliche Liebhaberin von Musik, sondern zugleich auch eine exzellente Musikerin: sie sang, spielte Klavier und konnte nach Generalbassbezifferung begleiten. Sie vertraute mir ein italienisches Libretto zur Vertonung an.«

Ludwig van Beethoven hatte ihr zwar den Erstdruck seines Septetts Op. 20 gewidmet, aber die Türen von Schönbrunn, dem »Haus der guten Laune« in Laxenburg und der innenstädtischen Hofburg, blieben ihm als Einzigem von vielen – denn die lustige Kaiserin hatte zum Schrecken der augendrehenden Hofschranzen keinerlei Berührungsängste – verschlossen.

Nun also überholte ihn Reicha, ein wie die Rombergs überzeugter Haydn-Bewunderer, auf der Karriereleiter. Dagegen half nur Ridikülisierung des vermeintlichen Gegners. Und so schrieb Beethoven über die Joseph Haydn gewidmeten 36 Fugen an Breitkopf in Leipzig, dass »ein gewisser französischer Reicha Componist Fugen presentirte après une nouvelle Methode, welche darin besteht, daß die Fuge keine Fuge mehr ist.« Noch drei Wochen zuvor hatte er mit dem »gewissen« Reicha zu Tische gesessen, und fünf Wochen später bot Beethovens schwer gestörter Bruder Karl den Leipziger Verlegern eine lange Liste Reicha'scher Werke zum Druck an, »diese Kompositionen sind recht fleißig gearbeitet«.

Das diesen bizarren Strategien wie das Amen in der Kirche zwingend folgende Zerwürfnis – Berlioz meinte später: »Ich glaube nicht, daß sie jemals eine sehr lebhafte Sympathie füreinander gehabt haben« – dürfte derartig *maestoso e fortissimo* ausgefallen sein, dass Reichas Name nie wieder in Beethovens Briefen erscheint, Reicha hingegen »sich sehr kalt über die Werke Beethovens äußerte« und den früheren Freund erst in den 1830er Jahren wieder, nun altersmild' vergoldet, schriftlich erwähnt.

Konzerte für zwei Violoncelli haben ausgesprochenen Seltenheitswert: Ausgehend von Antonio Vivaldis g-Moll-Konzert RV 531 »wanderte« das sonore Duett in den zweiten Satz des Concerto grosso Op. 3 Nr. 2, auch in den Kopfsatz des Orgelkonzerts Op. 7 Nr. 4 von Georg Friedrich Händel sowie in das Concerto grosso G-Dur S 217 von Johann David Heinichen. Zu exzeptionell ombrösen und lugubren Ereignissen kramte man später gerne mal die Celli hervor: So betrauerte der einer Zeitungsente aufgesessene Luigi Cherubini voreilig Joseph Haydns Tod mit vier Celli – die auch in Gyrowetz' Vertonung von »In questa tomba oscura« 1808 zum Einsatz kamen.

Einige Jahre früher – um 1804/06 etwa – dürfte Antonín Reichas ins nahezu Experimentelle ausufernde Doppelkonzert für Anton Kraft und seinen Sohn Nikolaus, die beiden führenden Cellisten des Lobkowitz-Orchesters, entstanden sein. Unüberhörbar sind die Parallelen zum Violinkonzert Nr. 2 von Franz Clement: die gespannte Überleitung zum Seitenthema im Hauptsatz, dieses odenhafte Thema selbst wie auch der insgesamt als unsicher zu bezeichnende tonale Grundriss mögen durchaus modische Zitate sein, gestalterische Experimente, die in den »auf zeitgenössische Musik« spezialisierten Privatorchestern Wiens gang und gäbe waren, uns aber fremd und rätselhaft erscheinen, weil die öffentliche Meinung heute lediglich Beethovens Grammatik akzeptiert und dieses zum »Maß der Dinge« stilisiert.

Dabei schlug der »Sinfonia eroica«, als sie am 7. April 1805 nach einjähriger Quarantäne im Palais Lobkowitz an das Ohr der Öffentlichkeit drang, genau jenes unwillige und outrierte Kopfschütteln der Konnässöre und Kunstrichter entgegen, das so ein Monstrum wie Reichas Sinfonia concertante auch heute noch zu provozieren vermag.

Weitaus überschaubarer und leichter zu hören – für die Solisten aber mindestens ebenso, obgleich in anderer Weise herausfordernd – ist Bernhard Rombergs spätes, posthum 1842 ediertes Concertino Op. 72. *In toto* kaum 100 Takte obligate Orchestermusik – verteilt auf drei Sätze – charakterisieren die Komposition als leicht zu realisierendes »Reisekonzert« für den Komponisten und seinen 1811 geborenen Sohn Karl, der als Wunderkind neben seinem Vater auftrat.

Die affirmativ-biedermeierliche Terzenseligkeit mit spanisch angehauchtem Finale will in erster Linie gute Laune verbreiten und gefallen – dies ein Problem all jener Zeitgenossen Ludwig van Beethovens, die in ihrer Adoleszenz treu und brav Wolfgang Amadeus Mozart und Joseph Haydn imitiert hatten und nun wie Beethoven älter, aber keineswegs reifer wurden. Ihnen war sozusagen der Gesprächsstoff ausgegangen: Inzwischen nämlich war so viel und dies bisweilen auch so verstörend gesagt worden, dass diese späten Imitate mit ihren überstrapazierten und sinnentleerten Floskeln heute den *haut goût* von allenfalls Kunstgewerbe, wenn nicht gar von U-Musik verströmen.

Echte U-Musik der Zeit hingegen – Gesellschaftstanzmusik, vorne deftig, hinten Haydns »Abschiedssinfonie« imitierend, in der Mitte eine aktuelle Inszenierung, das Ganze sechs Wochen vor der öffentlichen Premiere der »Eroica« dargeboten – hören wir in Josef von Eyblers »Divertisment für Faschings Dienstag«, den 26. Februar 1805.

Josef von Eybler war zwischen 1800 und 1833 ein gehorsamer Diener der habsburgischen Majestäten, Musiklehrer der problematischen Inzuchtkinder von Kaiser Franz II. und seiner beidseitigen Cousine Maria Theresia. Ausgestattet mit Gefälligkeitsgutachten von Wolfgang Amadeus Mozart, Joseph Haydn und Johann Georg Albrechtsberger, wurde

Eybler Antonio Salieris Koadjutor und Nachfolger im Amt des Hofkapellmeisters und komponierte – weit unter der Aufmerksamkeitsschwelle irgendeiner Öffentlichkeit – Mengen von höfischer Gebrauchsmusik für Kirche und Kammer, bisweilen sogar witzige Petitessen.

Seinen letzten Versuch aber, sich mit der Vertonung eines eigentlich Joseph Haydn gewidmeten Librettos »Die vier letzten Dinge« außerhalb des Hofes bemerkbar zu machen, quittierte die »Allgemeine Musikalische Zeitung« wie folgt: »Nicht weniger wurde allgemein bemerkt, wie unbedeutend und langweilig die Arien, wie voller Reminiszenzen die Duetten und wie die schwächste Seite des Componisten das Cantabile sey.« Klare Worte doch.

»Beethovens Violinsonate Op. 96 im Kontext«

in: Sonaten für Violine und Klavier: Beethoven, Voříšek, Erzherzog Rudolph

Duo Henrike Brüggen (Klavier) – Marie Radauer-Plank (Violine)

Audax Records, 2020

29. Dezember 1812: Während Napoleons vor Moskau besiegte Armee auf dem Rückzug in der litauischen Hauptstadt Wilna von winterlichen Temperaturen um die -40 Grad weiter dezimiert wurde, trat sein »kaiserlicher Geiger« Pierre Rode (1774 – 1830) im vermutlich gut geheizten und sicher bis auf den letzten Stehplatz besetzten Saal des Palais Lobkowitz in Wien auf. Es war dies ein Privatkonzert für die unter dem Namen »Associierte« zusammengeschlossenen adeligen Musikfreunde. Das mit Spannung erwartete öffentliche Debüt sollte wenige Tage später im Großen – also im riesigen – Redouten-Saal der inzwischen österreichischen, infolge der napoleonischen Kriege nicht mehr deutschen Kaiserstadt folgen.

Ludwig van Beethoven hatte sich bereit erklärt, für dieses Privatkonzert, welches am 7. Januar »bey dem Fürsten Lobkowitz« wiederholt wurde, eine Sonate zu komponieren, die den nachlassenden Kräften des Geigers angemessen war, was Beethoven zu der Bemerkung hinriss: »Wir haben in unseren Finales gern rauschendere Passagen.« Am Klavier saß an diesen beiden Abenden (jeweils um halb 6) nicht etwa der Komponist selbst – er verlieh dem Spruch »Willst du gelten, mach‘ dich selten!« durch Absenz besonderen Nachdruck –, sondern sein inzwischen einziger Schüler: Erzherzog Rudolph von Habsburg (1788 – 1831).

Der Erzherzog, der um 1808 in Beethovens Leben getreten war, war neben den Fürsten Lobkowitz, Kinsky und der Gräfin Erdödy einer jener Mäzene, die mit einer großzügigen Leibrente Beethoven 1809 davon abhalten konnten, in die Dienste von Napoleons Bruder Jérôme, »König Lustick«, in ausgerechnet Kassel zu treten. Man mag sich das Desaster gar nicht vorstellen, in dem sich der zunehmend ertaubende Komponist nach der Auflösung des kurzlebigen Königreichs Westphalen im Jahr 1813 befunden hätte!

Beethovens Versuche, die Türen der Wiener Hofburg zu knacken, waren bislang fehlgeschlagen: Zwar hatte er der Kaiserin Marie Thérèse (1772 – 1807) – Rudolphs musikbegeisterter Schwägerin – 1802 »unterthänigst« den Druck seines Septetts Op. 20 gewidmet, ja diese Dedikation bereits 1800 – sehr unüblich und wider alle Regeln verstoßend – auf einem Plakat öffentlich gemacht, aber im Gegensatz zu Eybler, Wranitzky, Paër, Clement und natürlich Salieri blieb Beethoven in der Hofburg und auch im »Haus der guten Laune« im Park von Laxenburg *persona non grata*. Kannte man bei Hofe seine politischen Meinungen – oder wusste man von den kriminellen Verstrickungen seiner Schwägerin?

Nun also hatte Beethoven mit Rudolph, dem um 20 Jahre jüngeren Bruder des Kaisers Franz, von dem er zudem um noch neun lebende Geschwister entfernt war, den dicksten Fisch *possible* an der Angel – und er tat sein Äußerstes, um dessen nun nicht verlustig zu gehen: zum ersten Male keine geworfenen Türen, hingeschmetterten Gipsbüsten und lautstarken Verbalinjurien! Beethoven katzbuckelte und dedizierte stattdessen was das Zeug hielt: Die Klavierkonzerte 4 und 5, drei Klaviersonaten, später dann die »Große Fuge«, ja er schreckte selbst vor schmalzigen Huldigungsgedichten – so in der persönlichen Dedikation des »Fidelio« – nicht zurück. Und der Erzherzog hielt treu zu Beethoven – dieses auch, als es mit der für seine Inthronisation als Erzbischof von Olmütz 1820 vorgesehenen »Missa Solemnis« nicht so recht gelingen wollte: Vielleicht »im Kopfe ganz fertig«, war das Werk noch nicht aufs Papier gekommen.

Immerhin war der Erzherzog – wie es auf der anderen Seite des inzwischen zerlegten Deutschen Reiches der 1806 in der Schlacht von Jena/Auerstedt gefallene Prinz Louis Ferdinand von Preußen gewesen war – nicht nur ein überaus respektabler Pianist, widmeten ihm doch auch andere Komponisten Klaviersonaten mit »Violon obligé«, sondern unter Beethovens Anleitung ein Komponist von anerkennenswerter Qualität mit einem überschaubaren, aber bislang noch eher unerschlossenem Œuvre.

Aber kommen wir auf die pianistischen Fähigkeiten des Erzherzogs zu sprechen: Sie müssen das Mittelmaß bei weitem übertroffen haben, sonst hätte Beethoven ihm nicht die Violinsonate Op. 96 anvertraut – und dann gar auch die Druckfassung gewidmet. Der Berliner Allrounder und Tausendsassa Johann Friedrich Reichardt schreibt in seinem »18. Brief, Wien Januar 1809« über »ein großes Konzert, in welchem der Erzherzog Rudolph, Bruder des Kaisers, mehrere der schwersten Sachen vom Prinzen Louis Ferdinand und von Beethoven auf dem Fortepiano mit vieler Fertigkeit, Präzision und Zartheit spielte. Dabei ist der Erzherzog so anspruchslos und bescheiden in seinem ganzen Wesen und so zwanglos, dass es einem bald recht wohl in seiner Nähe wird«.

Der Anstand hätte es zwar angeraten sein lassen, die an diesem Dezemberabend 1812 aufgeführte Sonate aus dem Geiste von »alle Menschen werden Brüder« dem gastierenden Geiger Pierre Rode zu dedizieren – aber nein doch: So wie er die mit Bridgetower gespielte Sonata A-Dur dem französischen Violinisten Rodolphe Kreutzer dediziert (der das Werk nie aus-, geschweige denn angepackt hat!), das von Clement unter Aufbietung sämtlicher Energien vom Manuskript-Blatt gespielte Violinkonzert Op. 61 in der Druckfassung dann seinem auf der Violine dilettierenden Jugendfreund Stephan von Breuning zur Hochzeit auf den Gabentisch legt (was um Gottes Willen sollte denn der damit anfangen?), so dediziert der unberechenbare

Beethoven diese Sonate Op. 96 seinem Schüler Rudolph von Habsburg.

Pierre Rode hingegen war von französischer Geistesart: Den Affront feinsinnig übergehend, eröffnet er seine Sammlung von 1819 in Berlin komponierten »Capricen« – seinem geigerisch-aufführungspraktischen Vermächtnis – mit einem Zitat aus Beethovens Violinsonate Op. 12, Nr. 3. Nun ja: Wertschätzung bedarf nicht unbedingt der Gegenseitigkeit! Auch andere Zeitgenossen widmeten dem Erzherzog ihre Kompositionen: der Geiger Joseph Mayseder um 1815 die Violinsonate Op. 13, Joseph Krommer das Klavierquartett Op. 95 und Jan Hugo Voříšek um 1819 die Violinsonate Op. 5.

Doch kurz noch zurück zu Rodes öffentlichem Debüt im Großen Redoutensaal, in welchem der Geiger-Komponist ausschließlich eigene Kompositionen zu Gehör brachte: während der Wiener Korrespondent der in Leipzig erscheinenden »Allgemeinen Musikalischen Zeitung« – im musikwissenschaftlichen Jargon kurz AMZ genannt – sich zurückhaltend gut über Rodes Technik äußert, dann aber loslegt, »dagegen mangelt ihm das, was alle Herzen elektrisiert und hinreisst, Feuer und jene Annehmlichkeit, die sich weiter nicht beschreiben läßt, jener Zauber, der Alles entzückt und begeistert«, wurde der ebenfalls anwesende Geiger-Komponist Louis Spohr in seiner Selbstbiographie entschieden deutlicher und beschrieb die Ursache der Wirkung: »Durch die ewige Wiederholung derselben und immer derselben Compositionen hatte sich in den Vortrag nach und nach eine Manier eingeschlichen, die nun nahe an Karrikatur grenzte«. Ach, möchte man das nicht jedem unserer heutigen Stars in goldenen Lettern ins Poesie-Album schreiben?

Mit Jan Hugo Voříšek betreten wir das Glatteis der auch im Wien der 1820er Jahre irgendwann und irgendwie nicht mehr zu übersehenden oder gar wegzupalavernden Beethoven-Nachfolge, denn gleich seinen adeligen Mäzenen und Sponsoren kam auch Beethoven »in die Jahre«. Wie in Paris, in Berlin, in London und in St. Petersburg verließ man sich in Wien auf den ungebremsten Nachschub aus den (in diesem Fall trans- und cisalpinen) Provinzen, bzw. dem untergegangenen Reich: Gluck, Salieri, Mozart, Beethoven, die Brüder Wranitzky, Kozeluch und Vanhal waren noch nicht einmal autochthone »Österreicher« – ein Begriff, der aber erst nach 1806 wirkliche Bedeutung und Brisanz bekommen sollte.

Mit der im frühen Dezember 1812 erfolgten Gründung der »Musikfreunde« trat das adelige Mäzenatentum, schwer angeschlagen von den Inflationen der andauernden Kriegsjahre, *peu-à-peu* in den Hintergrund. Unter Hofkriegsrat Raphael Georg Kiesewetter (1773–1850) als Sekretär an der Spitze der Gesellschaft schlug man nun einen eher doch bürgerlichen Kurs ein und lud – nach dem Vorbild der Zelter'schen Sing-Akademie in Berlin – zu musikalischen Abendunterhaltungen ein, bei denen Voříšek als unbezahlter Korrepetitor am Flügel saß.

Wie Kiesewetter verdiente auch Voříšek, immerhin studierter Jurist, seinen Lebensunterhalt im kaiserlichen Hofkriegsrat, gab aber diesen Posten 1821 aufgrund seiner Ernennung zum zweiten Hoforganisten auf. Von diesem Zeitpunkt an widmete er sich nun ausschließlich seinen musikalischen Ämtern. Hinter den Kulissen wurde er bereits seit 1818 – nach 1821 also der musikalische Leiter der »Gesellschaft der Musikfreunde« – zum Nachfolger Beethovens aufgebaut . Voříšek dürfte – anders als Beethoven – ein Komponist aus Neigung und weniger aus Berufung gewesen sein: Die Dedikation seiner »Sonate pour le Piano avec Violon obligé« an den Erzherzog Rudolph, der 1814 »Protector« der »Musikfreunde« wurde, ist die einzige an ein Mitglied des Hochadels, ansonsten widmete er seine wenigen Werke Mitgliedern des gehobenen Bürgertums: Keinerlei strategisches, bisweilen auch betrügerisches Lavieren also zwischen Kaisern, Königen, Zaren, Mäzenen, ... und Verlegern.

Dennoch nahm er die in ihn gesetzten Hoffnungen, vor allem aber die in Wien durch Beethoven vorgegebenen Qualitätskriterien ernst: Anstatt Sonaten im allenfalls noch akzeptierten Dreier-Pack zu schreiben, wich er auf das Einzelstück, insonderheit also das »Grand Rondo« als Ausdrucksform des nach-kongresslichen Biedermeiers aus. Wie seine eher Haydneske Sinfonie Op. 21 ist somit auch die viersätzige Violinsonate Op. 5 älteren Vorbildern verpflichtet: Mozarts Einfluss ist unüberhörbar ...

Ach, es scheint ein Fluch von Beethoven ausgegangen zu sein: Wer jemals dieser Sonne zu nahe kam, Anton Eberl, der in den frühen 1800ern als Komponist und Clavierist schärfste Konkurrent, Voříšek als schon – heimlich noch – inthronisierter Nachfolger, die fürstlichen Mäzene van Swieten, Lichnowksy, Kinsky, Waldstein, Erzherzog Rudolph und Lobkowitz, die Geiger Rode, Bridgetower, Schuppanzigh, Clement und Kreutzer ... sie alle verglühten als Folge der Vergöttlichung Beethovens zu allenfalls Fußnoten in nur seiner Biographie.

Nun ja: das »Bthvn«-Jhr 2020 (so das vielsagende und durchaus nicht unoriginelle Poster der Stadt Bonn) st wg Crn hr nglcklch bglfn: 2027 wr dnn d nchst Mglchkt, dm mfld n wng mhr fmrksmkt z schnkn – vnt dlttnt: n rstr nfng st gmcht.

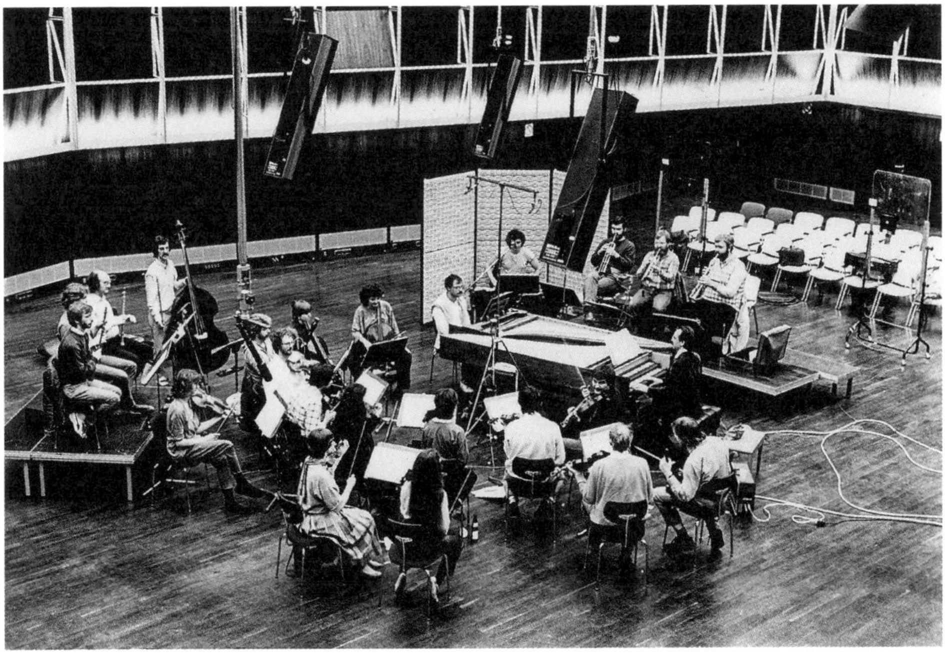

Musica Antiqua Köln, Probe im Großen Sendesaal des DLF Köln, © Deutsche Grammophon, 1985

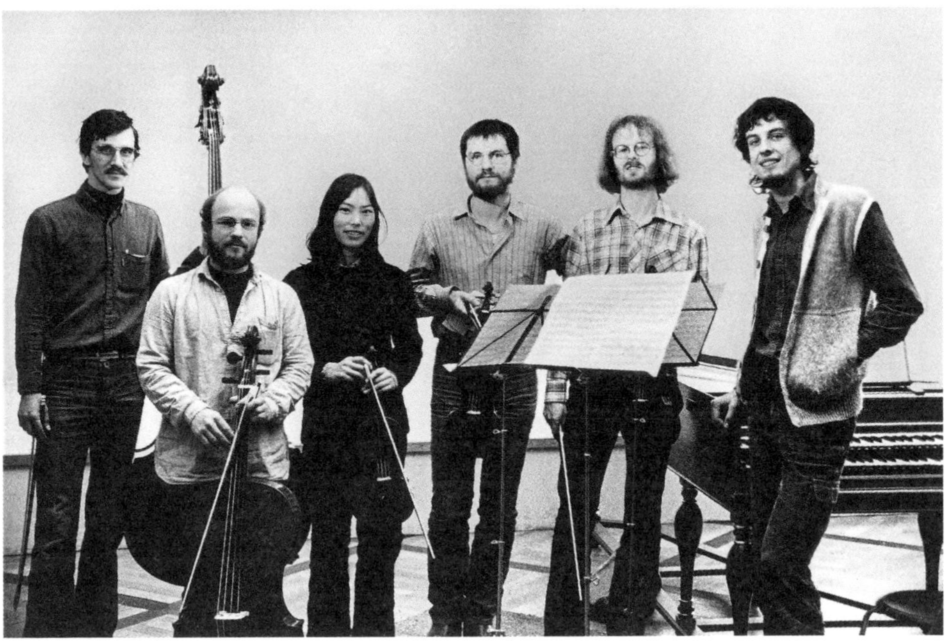

Musica Antiqua Köln, Jonathan Cable, Jaap ter Linden, Mihoko Kimura, Reinhard Goebel, Hajo Bäß, Henk Bouman, © Deutsche Grammophon / George Diaz, 1981

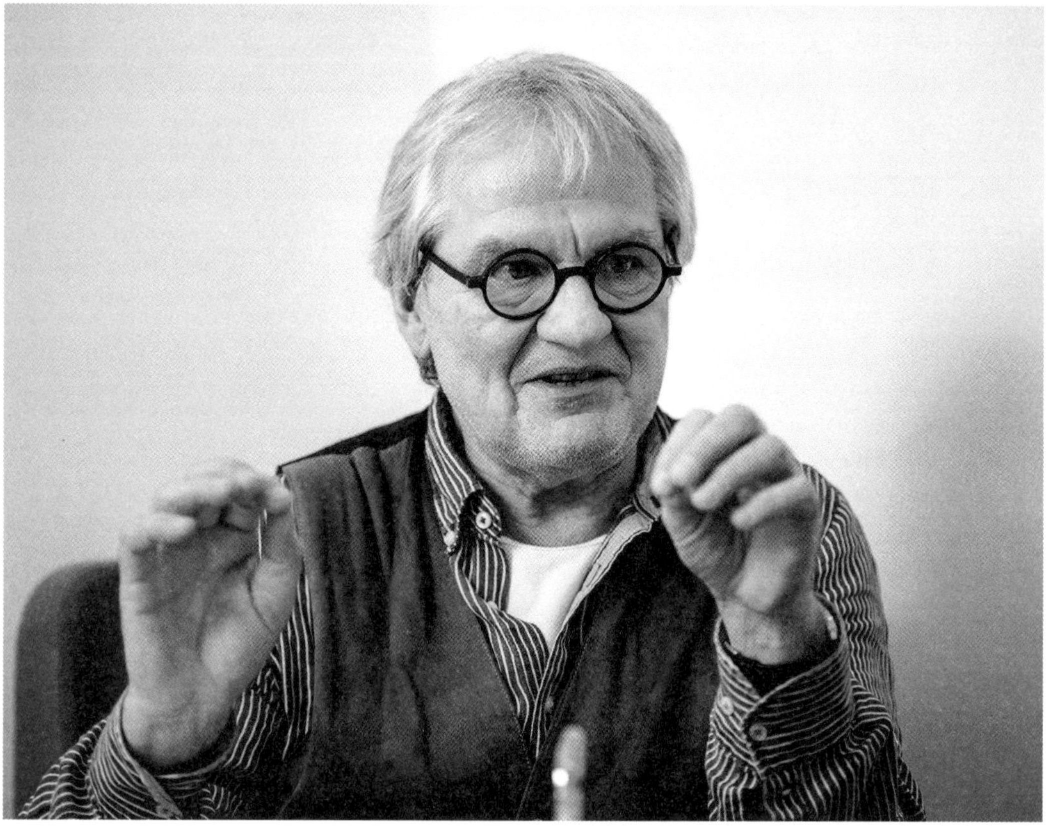

Reinhard Goebel, © by Thomas Boehm, 2020

Vier Interviews

»Du spielst zwar Brahms, aber es klingt wie Biber ...« Gerd Berg im Gespräch mit Reinhard Goebel

CONCERTO. Das Magazin für Alte Musik
Heft 1 (November 1983), S. 58–64

CONCERTO: Herr Goebel, man macht ja nicht von Geburt an Alte Musik. Wie sind Sie dazu gekommen, was hat Sie beeinflußt?

GOEBEL: Bei mir scheint es wohl schon fast von Geburt an gewesen zu sein. – Ich habe sehr spät angefangen, Musik zu machen. Mit zehn Jahren habe ich so eine Blockflöte an den Hals bekommen. Aber selbst als ich Blockflöte spielte, wußte ich eigentlich schon: Ich möchte gerne Geiger werden, obwohl ich noch nie eine Geige gesehen hatte. Mit zwölf Jahren habe ich angefangen und hatte gleich sehr gute Lehrer. Ich bin in Siegen geboren und hatte bei Leuten vom Siegerland-Orchester Unterricht. Und dadurch, daß ich so spät war, den Geigenlehrern aber gesagt hatte: Ich möchte gerne Geiger werden, haben die gesagt: Okay, jetzt müssen wir ein nahrhaftes Training für das Kind entwickeln, und zuerst mal mußt du sechs Stunden jeden Tag üben, Ševcík-Methode. Und dann habe ich also von Grund auf Bewegungsmechanismen gelernt. Die Ševcík-Methode, die Sie ja wahrscheinlich kennen, baut auf dem Oktavgriff auf und der Dreiklangsfigur. Dann kam ich eigentlich sehr früh zur Literatur; so nach einem halben Jahr konnte ich irgendwelche Sachen spielen – Santo-Lapis-Sonaten, daran erinnere ich mich. Das war damals das erste, das habe ich geliebt.

CONCERTO: Exotisch ...

GOEBEL: ... ja, ganz toll. Das ging wirklich, ich konnte es spielen. Ich hatte ein sehr gut entwickeltes rhythmisches Gefühl für solche Sachen. Und dann hat der Lehrer irgendwann gesagt: Jetzt weg mit dem Corelli, dem Lapis und was du sonst noch so gerne spielst. Jetzt mußt du eine Schubert-Sonatine machen. Das war grauenvoll. Ich stand tränenüberströmt da und mußte dieses dämliche Schubert-Ding spielen.

Und irgendwann hat er dann gesagt: Okay, dann müssen wir das weglegen, dann mußt du was anderes machen. Sehr früh habe ich mich eigentlich für Alte Musik interessiert, im Radio beispielsweise. Ich hatte einen Tagesplan. Wenn ich um 8 Uhr in die Schule ging, dann stand ich meist gegen Viertel nach sechs auf, weil um halb sieben zum ersten Mal im Südwestfunk eine Sendung mit Alter Musik kam. Da kam das Mainzer Kammerorchester. Und dann, um Viertel nach sieben, ging ich rüber zum WDR. Samstags und sonntags war ein besonders schöner Tag, weil man bis abends irgendwelche Sachen hören konnte. Und die Cappella Coloniensis beispielsweise hat auf mich einen sehr tiefen Eindruck ausgeübt, zumindest als ich sie nur hörte; als ich selbst darin mitspielte, war das etwas anderes. Damit bin ich aufgewachsen, von vierzehn bis achtzehn habe ich solche Sachen wirklich genossen. Irgendwann kam Harnoncourt dazu, plötzlich entdeckte ich eine Platte mit Originalinstrumenten. Das war für mich der Gipfel! Als ich meinen Lehrern sagte: So etwas will ich jetzt machen, mit so einem Instrument möchte ich gerne spielen, da sagten die: Um Gottes willen! Auf diesen mit Uhu zusammengeklebten Kisten willst Du spielen? – Ich kam nach Köln. Während der Schulzeit hatte ich ja schon Unterricht bei Professor Franzjosef Maier, der immer sagte: Ja, Kind, Du mußt ein moderner Geiger werden. Die Barockgeige kannst Du immer schön nebenbei machen. Aber erst mußt Du ja mal Bruch und Mendelssohn können. – Gut, das habe ich dann während der Schulzeit noch versucht, Bruch und Mendelssohn zu können, das klappte auch nicht so wahnsinnig gut. Dann kam ich zur Hochschule, und in meinen Aufnahmezettel schrieb ich als Studienziel: Alte Musik. Also, die Herrschaften haben sich vor Lachen auf die Schenkel geklopft. Ich habe mich da durchgekämpft. Und in der Studienzeit habe ich bei Hugo Ruf Seminare gemacht, bei Maier Seminare gemacht. Allerdings mußte ich immer kämpfen darum, ich mußte einfach um jede einzelne Stunde kämpfen.

CONCERTO: Und weiter?

GOEBEL: Das Angebot – eigentlich hätte es ja groß sein müssen, aber es gab eigentlich gar nichts. Was ich schon während meiner Schulzeit getan habe, ist, sehr viele Quellen zu lesen: Meinen Quantz, den habe ich zum sechzehnten oder siebzehnten Geburtstag bekommen. Matthesons »Der vollkommene Capellmeister« las ich auch schon sehr früh; den habe ich allerdings bis heute noch nicht verstanden, aber es kommt vielleicht noch. Während der Schulzeit, als ich schon bei Maier war, hatte ich zwei Geigen. Eine spielte ich immer skordiert und eine in moderner Stimmung. Damit bin ich aufgewachsen.

CONCERTO: Sie haben sich nie etwas anderes vorstellen können, als in diese Richtung zu gehen?

GOEBEL: Mein Horizont hat sich schon irgendwie erweitert. Ich kann mich an Zeiten erinnern, wo ich Bachs Söhne als ausgesprochen modern abgelehnt hätte. In der gleichen Zeit hatte ich sicherlich auch kein Verständnis für das 17. Jahrhundert. Aber so wie »Musica Antiqua« gewachsen ist – wir haben uns doch am Anfang fast nur mit dem frühen 17. Jahrhundert auseinandergesetzt –, so geht das irgendwie weiter. Wir sind jetzt bis zu den Bach-Söhnen und der Mannheimer Vorklassik vorgedrungen, und nach rückwärts wird das Repertoire beibehalten. Aber für mich ist Musik in erster Linie die Musik, die ich selbst mache. Alles andere würde mich zu weit abbringen. Manchmal diskutieren wir im Ensemble – die bewundern meine eiserne Einseitigkeit. Aber ich kann's nicht anders. Entweder gibt es Grundelemente, die in jeder Musik drin sind, oder ... ich sehe es nicht so furchtbar getrennt, wie manche Leute, die sagen: In der Alten Musik fehlt mir beispielsweise das, was ich bei Brahms habe. Das ist idiotisch für mich. Ich versuche, Alte Musik mit der gleichen Überzeugung zu machen wie Brahms, mit der gleichen Emotionalität. Denn das ist nicht etwas, was eine spätere Zeit entdeckt hat.

CONCERTO: Aber Sie würden doch auch sagen, daß am Anfang der Bewegung »Alte Musik« das Problem darin bestand, daß die Leute sagen mußten: Also gut, jetzt nehmen wir mal den alten Knüppel in die Hand und fangen an. Das geht gar nicht anders: Man muß sich ganz intensiv mit diesen Instrumenten beschäftigen, es ist vom Stil, von der Auffassung der Musik her wesentlich, daß man sich in einem Bereich – der sich natürlich erweitern kann – bewegt, um überhaupt die Dinge verstehen zu können.

GOEBEL: Das glaube ich auf jeden Fall. Für mich kommt dazu, daß ich nicht Barockmusik mache, weil mich da irgendein bestimmtes Element fasziniert, und ich nicht andere Musik mache, weil ich dieses Element in der Barockmusik, nicht finde. Ich konzentriere meine ganze musikalische Arbeit auf die Barockmusik und ich glaube, eigentlich geht es nur so. Denn man beherrscht Stile und Instrumente nicht als *l'art pour l'art*, sondern gerade eine Geige ist fast wie eine Stimme, sie gehört zum Körper, und man spielt eine Geige so, daß man überzeugt ist, daß es so richtig ist. Gut, mein Stil Geige zu spielen, wandelt sich. Er wird ständig verändert, weil ich lese, weil ich arbeite, weil ich darüber nachdenke, mir immer wieder die Quellen vornehme und überlege: Was meint er eigentlich damit oder wie ist der technische Ablauf von solchen Dingen? Als ich bei Saschko Gawriloff studierte, sagte er: Du spielst zwar Brahms, aber es klingt wie Biber. Ja warum? Weil meine Anlage so ist. Und es gibt andere Leute, die Brahms fantastisch spielen, aber …

CONCERTO: … wo auch der Biber wie Brahms klingt.

GOEBEL: Insofern muß man sagen: Schuster, bleib bei deinem Leisten.

CONCERTO: Es ist doch wahrscheinlich so, daß Sie jetzt als Geiger in der Barockmusik alles finden, was Sie brauchen, um sich als Geiger darzustellen.

GOEBEL: Man findet zuerst einmal alles, um sich fit zu halten, zum zweiten findet man alles, um sich von Grund auf auch darzustellen. In diesem Bereich der Musik, den ich nun betreue und beackere, ist es ja so, daß eine Zeit sich irgendwann zum Manierismus entwickelt und von einer nächsten Strömung abgelöst wird. So wie man es zum Beispiel deutlich sieht im Stilbruch um 1700, wo die deutsche Violinschule eine derartige Blüte gehabt hat, aber auch derartig irgendwie kraus und idiotisch war, daß man gesagt hat: Das kann man eigentlich nicht ertragen, das kann man nicht verstehen. Die Italiener waren weitaus kräftiger, von der Aussagekraft war irgendetwas Neues da, was den ganzen alten Mist einfach weggeschoben hat.

CONCERTO: Es ist ja dann auch in gewissen Richtungen nicht weitergegangen. Das blieben Einzelerscheinungen.

GOEBEL: Aber so war es 1650, als die Italiener von den Deutschen verdrängt wurden, so war es 1700, als der deutsche Geschmack wiederum von den Italienern verdrängt wurde, so war es 1750, als der vermischte Geschmack plötzlich wieder von den Italienern weggewischt wurde. Jede Phase dieser Musik hat ganz besondere Elemente in sich. Und ich glaube, man kann sie nur dann erkennen, wenn man sehr viel damit arbeitet, und nur damit arbeitet vor allen Dingen. Ich habe mich gerade wieder sehr viel mit Kirchenmusik beschäftigt, und ich denke, Heinrich Schütz oder Georg Christoph Bach oder Heinrich Bach – das ist eine so ergreifende, so tiefe Musik, und ich wehre mich auch nicht dagegen, da irgendwelche Romantizismen zu sehen.

CONCERTO: Die sind ganz sicher drin.

GOEBEL: Man muß natürlich als Geiger nicht gerade mit A- und E-Portamenti arbeiten, mit Schlürfen rauf und Schlittern runter. Aber es ist so wahnsinnig tief und so spannend. Es gibt andere Musik, französische Musik, die ist dezent und weit weg und hat mehr dekorativen Charakter. Manchmal machen wir solche Sachen auch, aber dann wissen wir, wir machen sie einfach aus einem Ferienbedürfnis heraus, wir müssen mal irgendetwas haben, was nicht so ans Herz geht.

CONCERTO: Quellenforschung und Grundlagenforschung haben doch eigentlich einen ganz tiefen Sinn für den Musiker, der Barockmusik macht, nämlich den, daß er überhaupt wieder ein Empfinden entwickelt für das, was den Stil, aber auch das Neue ausmacht in dieser Zeit. Das kann ich als Interpret doch erst dann begreifen und nachempfinden, wenn ich diese Grundlagen habe, wenn mir der Übergang vom 16. zum 17. Jahrhundert oder diese Wandlungen, von denen Sie vorhin sprachen, bewußt sind, damit ich weiß, was das Neue daran ist.

GOEBEL: Es gibt natürlich eine Schwierigkeit dabei. Wir machen nun einmal Musik für unsere Ohren heutzutage. Und für viele Leute können wir das Erlebnis Brahms, Bruckner und Mahler nicht vergessen machen. Wir haben mit Mitteln zu arbeiten, die möglicherweise ein ganz klein wenig übertrieben sind. Ich erinnere mich an die folgende Stelle in einem Reisebericht von Thomas Coryat, einem Engländer, der schreibt, er betritt eine Kirche in Venedig, und drei Geigen, die auf der Empore gestanden haben, haben gespielt, und es hat geklungen, als wären die Engel selbst vom Himmel heruntergestiegen. So hat's damals gewirkt. Und wir müssen versuchen, diese Wirkung wieder hinzukriegen. Wenn wir Monteverdi machen, »Lamento della Ninfa« oder »Tancredi«, muß es so packend sein, daß man doch irgendwo Brahms und Bruckner vergessen und man sich sagen kann: Mensch, was ist denn da los?

CONCERTO: Die ganze Entwicklung der Orchesterfarben, die wir in unserem Bewußtsein gespeichert haben, diese Erfahrung muß man mit einbeziehen.

GOEBEL: Wenn Sie von Orchesterfarben reden, so ist das eine Sache, die im Barockbereich von vielen Kollegen ziemlich vergessen wird: daß die Instrumente eine Farbe haben, daß sie einen irrsinnig schönen Klang haben, wenn es gute Instrumente sind. Aber die wenigsten haben gute Instrumente. So etwas ist für uns, oder speziell für mich, sehr wichtig. Ich gehe davon aus, daß ich kein furchtbar schlechter Geiger bin, und so, wie die Geiger in der Barockzeit nur die besten Instrumente hatten – nur Jacobus Stainer und Amati und höchstens mal eine Stradivari, aber das war schon etwas Schlechteres –, so haben wir uns irgendwann gesagt: Okay, wir können nichts daran ändern, wir müssen Stainers haben! Inzwischen haben wir sie. Und es ist wahnsinnig, es ist unglaublich, was da rauskommt, auch an Volumen. Das hat mir eigentlich gezeigt, daß zwischen Barockklang und modernem Klang kein qualitativer Unterschied besteht, sondern höchstens einer in der Quantität. Eine Barockgeige ist nicht so laut, aber sie hat eine enorme Qualität ...

CONCERTO: ... auch in der Differenzierung des Klanges ...

GOEBEL: ... vielleicht mehr, sie hat mehr Möglichkeiten, wenn man sie richtig zu handhaben weiß.

CONCERTO: Um jetzt einmal auf die moderne Geigentechnik zu sprechen zu kommen, so scheint mir doch vieles verlorengegangen zu sein.

GOEBEL: Ich denke, diese Entwicklung hat erst nach dem Krieg richtig eingesetzt. Zwischen den Kriegen ist etwas dagewesen, denn wenn Sie alte Platten hören, Kreisler oder Sarasate beispielsweise, die müssen eine hervorragende Bogentechnik gehabt haben, eine Bogentechnik, die wesentlich verschieden ist von unserer. Die frankobelgische Technik mit ihrem vergleichsweise lockeren Griff ist weitaus expressiver als dieses russische Gequetsche, was wir heutzutage haben.

CONCERTO: Und das ist ja noch gar nicht so alt, wie die Leute glauben. Man glaubt ja, das habe Tradition ...

GOEBEL: ... das wäre schon zu Brahms' Zeiten so gewesen. Mitnichten, da müßte einmal kräftig aufgeräumt werden, was die Instrumentation und das Instrumentarium in Klassik und Romantik angeht. Wir müssen uns mit dem Gedanken einmal befreunden, daß zu Brahms' und zu Mahlers Zeiten Holzflöten im Orchester benutzt worden sind und nicht diese Blechdinger, die wir heute haben. Und die Geigen hatten noch eine E-Saite und eine D-Seite aus Darm, nur G und A waren aus Aluminium. Das hat völlig anders geklungen. Ich habe neulich etwas gehört: Mengelberg dirigiert Mahler. Mahler und Mengelberg waren befreundet; Mahler war in Amsterdam, wenn seine Sinfonien aufgeführt worden sind. Was das für einen Charme hat! Ich meine, da macht ein ganzes Orchester plötzlich einen Rutscher, der heute umgangen wird, weil man meint, das wäre irre Schmieren-Ästhetik. Man hat da die moderne Ästhetik draufgesetzt auf irgendwelche Phrasen. Aber es hat anders geklungen, es ist anders beabsichtigt gewesen.

CONCERTO: Es ist alles sehr einfarbig geworden.

GOEBEL: Es gibt natürlich auch heute die Orchesterschulen, die Klangwelt eines jeden Orchesters ... Aber, um auf die Geigentechnik zurückzukommen, das ist eine Sache, die enorm schwierig ist und enorm verfallen. Man kann es vergleichen mit einer Laien-Ästhetik. Die Geigentechnik und Geigenerziehung ist heutzutage so, daß auch das noch so unbegabte Kind durchgebracht wird mit Otakar Ševcík und mit Kraftfutter. Man sagt sich, das ist ja nur Fußvolk für die dritte Geige hinten links. Ich glaube, man sollte weniger Musiker produzieren, aber dafür bessere. Man sollte gerade bei der Geigerei darauf achten, daß Körper und Instrument eine Einheit bilden, daß die Leute vor allem musikalisch besser geschult werden. Das liegt so unheimlich im Argen bei uns.

CONCERTO: Das ist eine Erfahrung, die auch ich immer wieder mache, daß nämlich dort, wo Technik überhaupt erst anfängt, interessant und wirksam zu werden, wo man nämlich seine Phantasie schult und seine Klangvorstellungen trainiert und das dann auch umsetzen kann – da wird die Sache doch eigentlich erst schwer. Einfacher ist, wenn man sich sagt: Ich brauche ja nur ein saftiges Forte und etwas süßes Pianissimo, für die leisen Stellen. Dann kann nicht mehr viel passieren, das ist ein Sicherheitsmoment …

GOEBEL: … das meine ich mit der Laien-Ästhetik. Es ist sicher, man spielt einigermaßen in der Intonation, es passieren keine größeren Katastrophen – aber was da abläuft, ist eigentlich alles Mist.

CONCERTO: Haben Sie sich schon auf der Hochschule aufgrund Ihrer speziellen Interessen umgesehen nach Gleichgesinnten, mit denen Sie ein Ensemble bilden konnten? Oder hat sich das mehr zufällig ergeben?

GOEBEL: Es war eigentlich schon auf der Hochschule so, daß ich immer gedacht habe: Ich muß mir irgendwelche Leute suchen, alleine bin ich nicht stark genug. Aber es war natürlich damals auch die Prägung durch das Leonhardt-Consort da. Das habe ich mir immer vorgestellt, so etwas zu machen. So ging natürlich die Suche los. Mit wem machst du so etwas? Zum Ende blieb Gudrun Heyens übrig, die damalige Flötistin, und Hajo Bäß, der ja auch schon sehr früh dabei war, und Leute aus der Cembalo-Klasse von Hugo Ruf. Cello gab's gar nicht, Gambe hatten wir in Köln auch nicht. Aber Gruppen haben immer Schwierigkeiten, weil fünf Leute miteinander nicht nur spielen, sondern auch menschliche Interaktionen haben müssen. Und nach einer Zeit sagt man sich: Okay, diese Schwierigkeiten bin ich nicht mehr gewillt in Kauf zu nehmen. Jetzt laßt uns mal Nägel mit Köpfen machen, dann und dann hören wir auf mit dir – oder ich höre auf. Aber da die Gruppe doch von Anfang an auf meiner Wenigkeit aufgebaut hat, bin doch ich immer derjenige gewesen, der gesagt hat: Okay, wir können nicht mehr, wir sollten nicht mehr miteinander. Oder die Leute haben sich halt so an mir gestört, daß sie gegangen sind. Und dann sind wir natürlich nach Holland gegangen damals. Ich hatte bei Marie Leonhardt sehr lange Unterricht. Zu meinem modernen Geigenstudium kam der Einfluß von Holland hinzu, dann kam der Einfluß von Wien dazu, jetzt kommt der Einfluß aus Amerika.

CONCERTO: Dadurch ist die Sache ständig in Bewegung. Nun war es ja, wie ich mich erinnere, für Sie doch nicht von Anfang an ein Zuckerschlecken. Es hat doch eine ganze Zeit gedauert, bis Sie sich haben durchsetzen können, bis auch diese Ihre konsequente Haltung, die ja die Grundlage Ihres Erfolges ist …

GOEBEL: … sich bezahlt gemacht hat. Nein, es setzt sich bis dato noch nicht in Zahlen um. Aber ich finde, man sollte eigentlich nie das Gefühl verlieren, daß man sich noch durchzusetzen hat, man sollte nie fühlen: Wir sind eigentlich da, wo wir hinwollen; jetzt legen wir mal die Geige aus der Hand. Sondern als Musiker, gerade als Geiger, muß man eigentlich immer arbeiten. Und man muß immer denken: Es gibt Hürden zu nehmen.

CONCERTO: Welche Rolle hat denn nun die Schallplatte dabei für Sie gespielt?

GOEBEL: Oh, bei Schallplatten sind wir immer sehr gut trainiert worden. Schallplatten sind die Korrekturzeiten. Entweder Korrekturzeiten wie in der Arbeit mit Ihnen, wo man einfach mal drei Tage lang von jemand anderem trainiert wird und neue Gedanken kriegt, sich also nicht ständig selbst ergießt, sondern gleich im Augenblick kritisiert wird. Von dieser Arbeit haben wir viel gelernt, und das hat uns, glaube ich, auch die meiste Erfahrung für den Umgang mit uns selbst gebracht, weil danach eigentlich die Gruppe erst das geworden ist, was sie heute ist. Schallplatten sind – selbst so wie wir sie jetzt machen, wo in der Produktion nicht mehr so viel gefragt wird, sondern genommen wird, was »Musica Antiqua« gibt – für uns nachher wieder eine Korrektur. Daß man sagen kann: Ist das eigentlich so gut, ist das eigentlich so überlegt, so gedacht gewesen? Wir haben viele Platten gemacht und sehr viel dabei gelernt. Ich glaube auch, daß wir heute so weit sind, wenn wir unsere letzten Platten – die h-Moll-Suite zum Beispiel – bedenken, daß das wirklich perfekt ist, zumindest im Sinne von künstlerischer Überlegung und technischer Realisierung.

CONCERTO: Würden Sie das auch so weit einschränken, zu sagen, die Schallplatte ist nur eine Art Momentaufnahme, sie ist das, was man im Moment zu geben hat. Geht es Ihnen auch so, daß Ihnen so etwas nach einer Weile sehr fern vorkommt, weil sich inzwischen die ganze Erwartung und Klangvorstellung verändert hat?

GOEBEL: Natürlich, das verändert sich im Verlauf von Jahren. Wenn ich heute zum Beispiel die Platte höre, die wir mit Ihnen zusammen gemacht haben, dann ist die so wahnsinnig weit weg, weil wir damals auch Kindsköpfe waren. Aber ich meine, man lernt den Umgang mit der Platte, man weiß, daß das eine Momentaufnahme ist, die ein Leben lang stehen bleibt. Und deshalb kann man als Künstler, als Musiker, nur eines tun: Man muß sich optimal vorbereiten, man muß während der Aufnahme seine ganze Kraft zusammennehmen, wie ein Mannequin, das nur einen Schuß hat. Wo man sagt: Das Bild, jetzt muß es werden. Und das wird es. Lassen Sie das eine Momentaufnahme sein. Sie können bei einer Aufnahme, wenn Sie ein Stück zweimal spielen, nicht alle Verzierungen unterbringen, die Sie sich ausgedacht haben. Das hängt natürlich auch vom Raum ab. Aber man kann schon seine innere Kraft so zusammennehmen, daß man danach sagt: Okay, bitte schön, das war's. Ich halte nichts von den Leuten, die sagen: Ich höre mir meine Platten nicht an. Das ist Quatsch. Die Leute hören sich die nämlich an, genauso wie sie sich morgens beim Rasieren im Spiegel betrachten. Oder sie sind dumm und unkritisch. Denn sie können immer von ihren Platten lernen. Entweder der Herr X hört, daß seine Triller nicht funktionieren, oder jemand anderes hört, daß die ganze Gruppe rennt, so daß es einfach nicht klingt. Ich höre sehr gerne Platten, entweder um zu sagen: Was sind die schlecht! – oder um zu sagen: Warum sind sie denn jetzt eigentlich so schlecht …

CONCERTO: … auch daraus lernt man …

GOEBEL: … ja, und dann frage ich mich: Stimmt das eigentlich bei dir?

CONCERTO: Man kann bis heute mit einer gewissen Berechtigung sagen, daß die ganze Entwicklung der Wiederbelebung alter Aufführungspraktiken in hohem Maße mit der Schallplatte verbunden gewesen und vielleicht dadurch erst ermöglicht worden ist. Dennoch ist es doch wohl entscheidend, daß die Gegenüberstellung mit dem Hörer im normalen Konzertbetrieb erfolgt, wenn wir auch zugeben müssen, daß wir früher zum Teil gar nicht in der Lage gewesen wären, etwa ein »Brandenburgisches Konzert« öffentlich zu spielen mit alten Instrumenten...

GOEBEL: ... außer Maier ...

CONCERTO: ... im Konzert kommt einfach eine andere Dimension hinzu.

GOEBEL: Aber man muß auch daran denken, daß man den Leuten nicht nur die Welt des schönen Scheins vorführen sollte, das Agieren auf der Bühne nämlich, sondern sie müßten auch befriedigt nach Hause gehen, wenn sie blind sind. Wenn sie nicht nur das Rumackern sehen, sondern auch wirklich etwas hören. »Musica Antiqua« ist ja eigentlich in erster Linie ein Konzert-Ensemble. Wir spielen 100 bis 150 Konzerte im Jahr und wissen, wie unsere Wirkung auf der Bühne ist. Schallplatten sind für uns nicht so wichtig wie für ein englisches Telefon-Ensemble, für ein Ensemble, das gar nicht besteht oder das irgendwelche Mozart-Sinfonien zusammenschneidert und, wenn es auf Tournee geht, mit drei Leuten dasteht. Das ist ja alles schon dagewesen. Unsere Platten sind nicht mehr zusammengeschnitten, die h-Moll-Suite haben wir in viereinhalb Stunden aufgenommen. Das sind im Grunde genommen drei Durchläufe mit Diskussionen zwischendurch. Wir konzentrieren uns darauf, auch auf der Bühne, höchste Perfektion zu bringen. Und das ist für manche Leute natürlich enorm schmerzlich, und sie meinen, wir seien idiotisch, weil wir halt zu perfekt sind. Ich nehme eher in Kauf, daß irgendetwas vielleicht nicht ganz die Aussagekraft hat, wie es die beim früheren Leonhardt-Consort hatte, aber daß es dafür sauber ist. Die Leute haben unterschiedliche Maßstäbe. Aber was der moderne Hörer heutzutage hört, ist: Stimmt die Klangfarbe, stimmt die Intonation, ist das Zusammenspiel eigentlich gut? Das sind so Grunddinge, wo viele Leute gar nicht hinkommen. Sie schwätzen bloß über Musik und über große Ideen und so weiter, aber es stimmt halt vorne und hinten nicht.

CONCERTO: Man begegnet ja oft diesem Einwand: Das haben die doch damals auch nicht in dieser Perfektion gespielt ...

GOEBEL: ... mit Sicherheit nicht, denn sie hatten kein Radio und keine Platten und hörten es nie besser ...

CONCERTO: ... es gab ja auch wahrscheinlich dieses Probentraining auf ein bestimmtes Ereignis hin nicht. Man hat ja in der Hauptsache Standardfloskeln seiner Zeit gespielt, das war es auch, was man »geübt« hatte, und zum Teil war das alles sicherlich sehr *ad hoc*. Auf der anderen Seite glaube ich, daß man das Können der Leute damals nicht unterschätzen sollte.

GOEBEL: Was Proben betrifft, so wissen wir eigentlich ganz genau, daß Opern – beispielsweise die Prager »Costanza e Fortezza«, »Il pomo d'oro« für den Wiener Hof oder auch die französischen Aufführungen – bis zur Bewußtlosigkeit geprobt worden sind. Da hat man Monate für geprobt.

CONCERTO: Das waren ganz spezielle Ereignisse.

GOEBEL: Das waren die großen Ereignisse. Ich lese gerade die Geschichte des Dirigierens – Doppeldirektion und Violindirektion im 18. Jahrhundert. Es hängt immer davon ab, welcher Konzertmeister in einem Orchester gewesen ist. Pisendel in Dresden muß ein Orchester mit höchster

Perfektion gehabt haben. Es wird von ihm berichtet, daß er Vivaldi-Konzerte in allen Stimmen selbst bezeichnete, mit Fingersätzen, mit Strichen, und daß so etwas eine Woche lang geprobt worden ist. Also nicht wie heute: Herr X macht eine Aufnahme – wo sind die Noten? ...

CONCERTO: ... und dann werden wir schon sehen ...

GOEBEL: ... andererseits glaube ich, daß nur die wirklich großen Virtuosen auch wirklich großes Zeug gespielt haben. In Frankreich ist der Level sowieso viel niedriger gewesen aufgrund der Geigenhaltung. In Frankreich konnte man 1705, als die Corelli-Sonaten da waren, die nicht spielen. Die wurden gesungen, weil der Duc d'Orléans diese Dinger hören wollte, aber spielen konnte sie keiner. Aber zum Beispiel die deutschen Virtuosen: Man sollte nicht verkennen, was die konnten und was die geleistet haben. Das ist die Gefahr bei all diesen Sachen, im Nachhinein zu sagen: Okay, das muß ich können und das muß ich machen, also ich muß Biber können, Locatelli, ich muß das und das können. Das ist Quatsch. Diese Leute haben für ihre spezielle Hand geschrieben. Über Locatelli wird zum Beispiel berichtet, daß er hoffnungslos eingebrochen ist, wenn er ein anderes Stück, eine Sonate von Benda oder was weiß ich, gespielt hat. Der konnte eben bloß seine Dezimensprünge und so etwas. Und der Biber konnte keinen Lagenwechsel, der machte seinen Lagenwechsel immer über die leeren Saiten, während Schmelzer wahrscheinlich einen ausgezeichneten Lagenwechsel hatte, denn der schreibt völlig andere Skalen. Ja, gut, da muß man sich aussuchen, was man jetzt macht. Habe ich ein Händchen für Biber oder will ich lieber Schmelzer spielen, oder soll ich besser Locatelli machen? Wir müssen heute alles spielen. Wir können nicht mehr sagen: Ich schreibe mir selbst ein Barockstück. Das geht nicht mehr. Aber ich glaube, die Stücke, die gespielt worden sind, müssen wohl sehr gut gewesen sein, sehr perfekt. Es gibt, ich weiß nicht, ob Sie das kennen, dieses neue Buch über Locatelli von Albert Dunning. Der zitiert sehr interessante Briefe über Locatellis Spiel im Vergleich mit Herrn Fritz in Genf, der ein Schüler Tartinis ist. Der schreibt, Fritz ist zwar nicht so gut, er spielt nicht so sauber wie Locatelli, aber Locatelli spielt wirklich blitzsauber. Dafür kratzt Locatelli, das tut Fritz wiederum nicht. Also man muß schon eine kritische Distanz zu denen gehabt haben. Aber ich glaube, wie ich vorhin sagte, nur die besten Leute haben wirklich die großen Sachen gespielt. Schauen Sie sich an, wie viele tolle Konzertmeister es heute gibt hier bei uns, und wie viele zweit- und drittklassige Leute auch irgendetwas spielen.

CONCERTO: Wie ist denn eigentlich Ihre Erfahrung mit dem Publikum? Finden Sie bei Konzerten in verschiedenen Ländern große Unterschiede vor, was die Reaktion und die Sachkenntnis angeht?

GOEBEL: Ach, die Sachkenntnis! Die Sachkenntnis ist beim Publikum natürlich noch geringer als beim Kritiker heutzutage. Ich meine, das Publikum ist eigentlich international. Gut, bei den Japanern hatten wir ein bißchen das Gefühl, sie klatschen brav, weil es ja europäische Kultur ist und weil man ja nach Bach immer klatscht. Ich persönlich liebe wirklich unser deutsches Publikum, weil die Leute kritisch sind, weil man das Gefühl hat, man muß für etwas kämpfen. Es gibt bei uns, Gott sei Dank, nicht diese Alte-Musik-Welt, wo die Leute schon so breitbeinig dasitzen, also diese Freaks, die man ja nun in anderen Ländern hat. Das deutsche Publikum ist reserviert, aber es läßt sich überzeugen, es läßt sich gewinnen. Das finde ich sehr gut. Die Engländer auch. Andere sind doof, wirklich doof. Amerikaner sind sehr locker und kriegen häufig den Witz der Stücke augenblicklich mit. Wenn wir »Polnische Sackpfeifen« in Amerika gespielt haben, dann gab es zwischendurch schon so ein Gelächter, daß wir eigentlich hätten abbrechen müssen, weil man nichts mehr hörte.

CONCERTO: Die sind eben sehr spontan.

GOEBEL: Ja, sehr spontan. Manchmal, wenn man so häufig spielt wie wir, fallen einem nur die Extreme des Publikums auf, das Negative wie auch das Positive. Es gibt sehr häufig so ein Erlebnis, daß wir sagen: Wir spielen ja auch für uns, für unsere Perfektion. Musik ist ja wohl eine kommunikative Kunst, aber manchmal ist einfach auch ein olympischer Ehrgeiz da. Jeder bei uns hat sehr große Ohren. Und nachher wird gesagt: Oh, da hast du aber wieder in den Gatsch gegriffen, wie furchtbar! Und man freut sich auch, wenn jemand etwas gut macht. Meistens sitzt das Publikum sowieso im Dunkeln, vor allem, wenn man in den ganz großen Sälen ist, dann wird man da auf die Bühne gesetzt, drüben gehen die Lichter aus, hier gehen sie an, da sitzt man da im Spot. Da weiß man gar nicht, für wen man spielt. Wie viele sind eigentlich da? Hände hoch, abzählen! Wenn Sie nach Japan gehen, wo Sie mit niemandem sprechen können, dann zu fragen: Wie war es heute Abend? Das ist eine sinnlose Frage. Man muß dann für sich spielen. In der letzten Zeit reisen wir fast nur noch mit dem »Musikalischen Opfer« und mit diversen Vorprogrammen, da sind dann Bachs Söhne dabei. Aber das »Musikalische Opfer« ist halt ein Stück, das man nicht so auf's Kommunikative anlegen und das in eiskalter Perfektion ablaufen kann ...

CONCERTO: ... sehr diszipliniert und kontrolliert ...

GOEBEL: ... aber innerhalb des Ensembles wohl mit den kleinen Temperamentsausbrüchen oder mit sehr viel Emotionalität. Aber das ist nicht so wie eine Generalpause in einem Vivaldi-Konzert, wo man denkt: Jetzt warte mal ab, wie viele Leute jetzt gerade husten oder mit dem Butterbrotpapier rascheln.

CONCERTO: Aber man spielt heute eben doch für ein Publikum, für ein modernes Publikum, das man ja auch ansprechen will.

GOEBEL: Aber in dem Moment, wo kein kommunikatives oder ausstrahlendes Publikum da ist, spielt man für das erdachte Ohr. Irgendjemand möchte es hören. Zwei Leute sind im Saal, die es hören, auch wenn der ganze andere Laden schläft.

CONCERTO: Darin liegt wohl das Geheimnis, sich auf einem bestimmten Standard zu halten, denn es besteht ja auch eine gewisse Gefahr darin, wenn man sich hinreißen läßt, dem Affen Zucker zu geben und das Publikum unter allen Umständen packen zu wollen.

GOEBEL: So etwas wurde ja auch mit Alter Musik gemacht, indem die Leute mit Turnschuhen ankommen, um die Lebensnähe von Alter Musik zu zeigen. Allerdings muß man auch die größeren Sachen wie etwa »Die Kunst der Fuge« oder

»Musikalisches Opfer« anders behandeln, sie nicht wie Perlen vor die Säue werfen und um jeden Preis auf Kommunikation trimmen. Ich glaube, man muß ein Erlebnis haben wie bei einem Rembrandt, wo einen die Größe erschüttert von so einem Stück.

CONCERTO: Es gab da jemanden, der hat gesagt: Die Leute, die Alte Musik machen, das sind die »Grünen« in der Musik. Wie würden Sie sich gesellschaftlich einordnen?

GOEBEL: Es gibt Spießer in der Alten Musik, es gibt auch Grüne. Aber ich finde, solange man für die Schallplatte arbeitet oder für das Publikum, geht meine politische Gesinnung eigentlich niemanden etwas an. In der Musik zählt eigentlich nur Qualität. Übertriebenes Demokratiebewußtsein in einer Gruppe wie der unseren finde ich absolut hirnrissig. In einer Gruppe, die noch stärker ist als unsere – und ich habe in solchen Gruppen früher in Holland mal mitgemacht –, würde Demokratie die Herrschaft der Hirnlosen bedeuten. Weil nämlich die Leute, die arbeiten und den Müll rausräumen, überstimmt werden von den faulen Säcken.

CONCERTO: Aber es besteht wohl kein Unterschied darin, ob Sie nun ein Ensemble wie »Musica Antiqua« leiten oder Primarius eines Streichquartetts sind.

GOEBEL: Absolut nicht.

CONCERTO: Man muß versuchen, das Äußerste zu leisten, alles einzubeziehen, was unsere Zeit heute ausmacht, man muß alle Möglichkeiten der Information in Anspruch nehmen und vor allem: Man muß in seiner Zeit leben und ein Musiker in dieser Zeit sein, will man nicht nur Archive lebendig machen und ...

GOEBEL: ... das will ich schon, aber mit meiner persönlichen Kraft ...

CONCERTO: ... als Musiker von heute ...

GOEBEL: ... ja, als Musiker von heute und nicht so, daß man die Dokumente nur für sich selbst sprechen läßt, etwa so: Das sagt Herr Geminiani, wisse Gott, was er damit meint – aber ich muß es nun mal heute Abend spielen. Nein, man muß überzeugen. Aber wahrscheinlich wollten Sie mit dem Stichwort »grün« auf die Blockflöte im Häkelbeutel zu sprechen kommen. Die Bewegung ist nun Gott sei Dank vorbei. Heute krankt die Bewegung der Alten Musik an den Idolen.

CONCERTO: Nun ist es so, daß die Leute des Anfangs sehr stark ideologisch haben wirken müssen, um überhaupt deutlich machen zu können, was sie eigentlich wollten. Für uns heute ist es da schon leichter, wirklich auf der Plattform von Qualität und professioneller Leistung zu stehen. Was glauben Sie, wer hat die Dinge ganz besonders in Bewegung gebracht?

GOEBEL: Meine Meinung dazu ist, daß – vielleicht klingt das ein wenig altväterisch – unsere Altvorderen besser gewesen sind als wir heutzutage. Sie sagen, diese haben uns auf die Plattform erhoben, wo wir uns heute bewegen. Aber wer nutzt die Plattform aus? Das Leonhardt-Consort ist unübertroffen gewesen in seinen besten Zeiten. Der Wenzinger ist ein hervorragender Mann gewesen. Der Concentus, früher, war eine tolle Angelegenheit. Das Collegium Aureum war eine feine Sache. Man muß immer dabei denken: Das ist 15 Jahre her, das ist 20 und 25 Jahre her. Und man sollte sich dann fragen, was wir mit den Talenten gemacht haben, die sie uns gegeben haben. Hören Sie sich heute doch mal unsere sogenannten Orchesterchen an. Haben die so einen Klang erzeugt wie die Schola Cantorum Basiliensis? Nun gut, die drei Schläge Vibrato auf der langen Note mehr, die stören doch überhaupt nicht. Darüber kann man doch hinweghören. Aber die haben sehr gut gespielt, die haben versucht etwas darzustellen. Und an der Darstellung mangelt es doch heute, das gibt es nicht mehr. Das Leben ist so einfach geworden, und die Alte Musik braucht nicht mehr zu überzeugen, weil sie ja gut eingeführt ist. Man macht dann mal ein Plättchen, man schmeißt irgendetwas zusammen, und das wird dann, so wie es ist, genommen. Was kommt dabei heraus? Ich sage immer zu mir und auch zu Leuten, mit denen ich zu diskutieren habe, was eigentlich gut und was nicht gut ist: Warte mal 10 Jahre, warte mal 15 Jahre. Bei Alarius ist es zum Beispiel so: Alarius hat zwei Platten gemacht, zwei Platten, die überhaupt über die belgische Grenze hinausgekommen sind. Die letzte ist zum Kotzen. Da stimmt kein Ton, das Ensemble ist entsetzlich, und alles klingt so gesucht und so quer. Die erste Platte ist eine der besten überhaupt. Ich habe inzwischen das fünfte Exemplar, weil ich sie immer wieder höre. Weil sie alles hat, was man haben muß, Ausstrahlung und Wärme. Auch da kann man sagen, okay, vielleicht ist die zweite Geige – Sigiswald Kuijken übrigens – nicht so gut wie die erste. Aber es ist eine Platte, die rundherum schön ist. Und ich denke mir bei unserer Arbeit, daß vielleicht auch wir zwei oder drei unter unseren Platten haben, die wirklich dauerhaften Wert haben. Und wenn ich eine Platte von Leonhardt höre, das hat eben dauerhaften Wert, was das Consort gemacht hat. Okay, auch hier: Vibrato geschwabbelt, Marie Leonhardt nicht immer sauber, und da war es mal nicht zusammen. Aber das war die Zeit damals, die haben noch um etwas anderes gekämpft. Neulich habe ich das Radio angemacht und dachte: Mein Gott, hat der Harnoncourt schon wieder neue Ouvertüren gemacht? Das war nicht schlecht, ganz toll. Und die Absage lautete dann: Sie hörten eine Aufnahme aus dem Jahre 1953, es spielte die Cappella Coloniensis unter August Wenzinger. Ich dachte, ich sterbe, ich höre nicht richtig. Es war wahnsinnig gut.

CONCERTO: Ist das aber nicht eine Tendenz, die überhaupt unser ganzes Musikleben kennzeichnet?

GOEBEL: Ich glaube nicht. Man kann nicht sagen: David Oistrach hat besser gespielt als Gidon Kremer.

CONCERTO: Das kann man sicher nicht. Aber ich dachte mehr an die Ensemblekultur. Vieles ist sicherlich perfekter geworden, manches andere aber verflacht.

GOEBEL: Aber sogar die Perfektion der alten Gruppen ist größer als die heutige. Wenn Sie das Collegium Aureum hören mit den Hamburger Sinfonien von Carl Philipp Emanuel Bach, dann ist das musikalisch sauber und übergreifend; es springt etwas dabei heraus. Wenn Sie das gleiche mit so einem englischen Klübchen hören, dann ist das unsauber, langweilig und tödlich. Ich glaube, daß die Leute, die vor uns gewesen sind, sehr viel mehr gearbeitet haben als der größte Teil der Leute von heute, da es damals nicht die Welle mit Alter Musik gab, sondern jeder bereitete sich auf eine Platte vor. Ich habe sehr guten Kontakt zu Marie und Gustav Leonhardt, die immer sagen: Ach, habt Ihr es leicht heutzutage. Das wissen Sie doch auch. Wenn Sie ein Plättchen brauchen, rufen Sie einfach irgendwo an und sagen: Kannst Du mir nicht mal das und das zusammenstellen?

CONCERTO: Ich habe immer ein bißchen Angst vor der Alten Musik als Modeerscheinung. Es bleibt zu hoffen, daß sich irgendwann Qualität durchsetzt ...

GOEBEL: ... daß sich die Spreu vom Weizen trennt. Aber darauf warten wir schon lange.

CONCERTO: Aber der Anfang hierzu ist wohl schon gemacht.

GOEBEL: Ja, aber es gibt natürlich die »grüne« Bewegung in der Alten Musik. Jedenfalls soweit es die Schallplatte betrifft. Im Konzertleben ist es unglaublich schwer, Fuß zu fassen. Und wenn man den Fuß in der Türe hat, ist es schwer, ihn auch wieder herauszubekommen. Dann wird gesagt: Jetzt wird aber konzertiert auf Teufel komm raus! Bei der Entwicklung der Platten ist festzustellen, daß es da unglaublich viele kleine Firmen gibt, die viel Mist machen. Hier wieder ein Gamben-Consort, da wieder Telemanns »Methodische Sonaten« und so. Natürlich gibt es gute Cembalisten, gute Ensembles, aber es müssen auch die Jungen wieder einmal rauskommen. Nun gut, wir sind auch noch jung, aber wenn ich mir vorstelle, es hätte zu unserer Zeit damals so ein Ensemble gegeben, wie wir heute eines sind, dann hätten wir doch keine Chance gehabt. Irgendjemand muß sagen: Okay, ich riskiere es einmal. Aber wenn man sieht, was daraus wird, ist das doch beschämend. Es wird nämlich nichts daraus. Die haben sich eine Woche später in den Haaren und sind auseinandergefallen.

CONCERTO: Das bleibt abzuwarten. Es gibt aber medienspezifische Verläufe und den Zwang des Kommerzes. Das spürt man ganz deutlich. Insofern glaube ich auch, daß es sich hier zwar um eine lang anhaltende, aber eben vorübergehende Erscheinung handelt. Natürlich ist Alte Musik auch billiger zu produzieren als »Madama Butterfly«. Und wenn man bedenkt, wie lange man nur Standardwerke produziert hat, bis zum Exzess, und jetzt, weil da auch der Rotstift eine wichtige Rolle spielt, weil man eine Kosten-Nutzen-Rechnung aufstellt, wird dem Ganzen eine Grenze gesetzt.

GOEBEL: Apropos Rotstift: Die Alte Musik kann auch nicht mehr ihr freies Leben führen so wie bisher. Da ist mit Rokokomusik nichts mehr zu machen. Bach, Händel, Telemann werden verlangt. Und Harnoncourt zum Beispiel weiß solche Sachen ganz geschickt auszunutzen. Der hat früher die fantastischen Sachen gemacht, aber jetzt nur noch Händel, Bach und Mozart.

CONCERTO: Die großen Gesellschaften üben da natürlich einen ungeheuren Druck aus. Das läßt sich wohl nur auf dem Weg über den Konzertbetrieb ändern.

GOEBEL: Aber auch da ist es so, daß die Leute sagen: Bachs Söhne, das ist schön, aber das »Musikalische Opfer« ist besser; Telemann ist auch schön, aber lieber ist uns ein reines Bach-Programm. Frühe italienische Violinmusik können wir nur in »grünen« Zirkelchen machen oder in der Waldorfschule in Bremen. Auf Tournee müssen die großen Säle gefüllt werden. Das ist klar, wir wollen ein hohes Honorar haben. Wenn wir aber Vitali und Bononcini spielen, kommt da keiner hin. Auf der anderen Seite hat man mit der h-Moll-Suite oder einer Bach-Ouvertüre oder -Kantate eine größere Breitenwirkung. Sonst sagen die Leute nur: Das ist aber doch tolle Musik, das haben wir noch nie gehört. Wenn man aber Bach spielt, sagen die: Jesus, das ist aber anders gespielt, warum denn?

CONCERTO: Ich erinnere mich da eines Gesprächs mit Harnoncourt, das nun schon 20 Jahre zurückliegt, und schon damals hieß es: Wir müssen, und das ist wichtig, die Auseinandersetzung auf dem Gebiet des normalen Konzertlebens, des gängigen Repertoires führen.

GOEBEL: Da ist Harnoncourt ja sehr schnell zu gekommen. Er war für ein oder zwei Platten bei der Grammophon und hat gesagt: Ich möchte Bach machen. Die aber meinten, dafür hätten sie ja Richter, und so ist er dann woanders hingegangen. Vielleicht hat er mit manchen Bächen ein bißchen zu früh angefangen. Zwischendurch hat er dann leider keine mehr gemacht. Jetzt kommt er wieder dazu, aber es wird nicht besser. Man wird älter.

CONCERTO: Aber es gibt doch auch Erfolge zu verzeichnen, so zum Beispiel auf dem Gebiet des Instrumentenbaus.

GOEBEL: Die Cembali sind besser geworden, die Gamben auch, die Bögen sind fantastisch, aber die Geigen klingen nach wie vor wie Hühnerscheiße. Aber Geigen sind sicher das schwierigste, was man bauen kann.

CONCERTO: Was aber die Blasinstrumente angeht, ...

GOEBEL: ... werden die Blockflöten zur Zeit wieder entsetzlich unsauber, weil man eben so viele davon herstellen muß. Früher, als der Herr von Huene eine in einem halben Jahr gemacht hat, waren sie besser als heute bei einer Tagesproduktion von zehn Stück. Man kann aber unter vielen Dingen aussuchen, das ist sehr interessant. Auf dem Gambensektor sind die Wellen sehr viel kürzer als im übrigen Bereich der Alten Musik. Da ist einer für ein Jahr im Geschäft, vielleicht hat er dann Aufträge für weitere 13 Jahre, aber im nächsten Jahr ist es wieder ein anderer. Wenn man mit solchen Sachen beschäftigt ist, dann muß man sagen: Wir wollen den, wir wollen dessen Cembali, darauf konzentrieren wir uns, und wenn wir zwei oder drei Jahre warten. Oder wir sagen, daß wir das Instrument für die nächste Platte haben wollen. So haben wir es auch gemacht. Bei den Cembali haben wir uns immer nur auf Willem Kroesbergen und Joop Klinkhamer konzentriert. Wir haben nichts anderes genommen, um zu zeigen: Wir haben auch da eine Identität. Bei Gamben ist es schwieriger. Wir haben keine mehr. Wir sind in allen Bereichen auf Originales umgestiegen, nichts Kopiertes.

CONCERTO: Gerade die Streichinstrumente sind durch nichts zu ersetzen. Aber da braucht man Geduld und Geld.

GOEBEL: Man muß sich hineinstürzen. Man muß sagen: Ich will dieses Instrument. Das ist eine künstlerische Überlegung. Auch wenn da einer sagt: Du spielst auf jeder Zigarrenkiste so gut wie auf einer teuren Geige. Ich hatte einmal eine Geige, die als Ruggeri galt, aber dann stellte sich heraus, es war eine Amsterdamer Geige von Jacobs oder van der Sijde. Ich war ganz enttäuscht, bis ich dann merkte, daß eine Stainer natürlich weitaus besser ist. Irgendwann will man auch den Namen in seiner Hand haben, sehen, wie das funktioniert. Und dann wird man wie mit einer Rakete davongetragen.

CONCERTO: Herr Goebel, ich danke Ihnen für das Gespräch.

»Genug ist genug« Peter Reichelt im Gespräch mit Reinhard Goebel

CONCERTO. Das Magazin für Alte Musik
Heft 208 (Juni/Juli 2006), S. 22f.

Die Nachricht schlug nicht ganz unerwartet ein, aber die Wucht, mit der es dann geschah, hat doch manch einen überrascht: Reinhard Goebel hängt die Geige an den Nagel. Es war abzusehen, denn die Symptome einer Dystonie, aber auch Verdrossenheit über den Allgemeinzustand der Alten Musik waren ihm schon länger anzumerken, nicht nur, wenn er spielte. Dass der Zenit überschritten sei, hat er anlässlich seines 50, Geburtstages gesagt und diesen Satz seitdem häufig wiederholt. Wie viel Überwindung es ihn gekostet hat, den Karren trotzdem noch ein paar Jahre zu ziehen, weiß nur er selbst. Das Kapitel »Musica Antiqua Köln« wird demnächst geschlossen, der letzte Eintrag soll nach dem Willen des Ensemblegründers ein Konzert am 20. November in Duisburg sein. Vom Essener Publikum hat er sich schon am 21. Mai mit Johann Sebastian Bachs Kantate »Ich habe genug« verabschiedet. Nun also: Vorhang zu und alle Fragen offen? Nein. Unserem Mitarbeiter gegenüber war Reinhard Goebel durchaus auskunftsbereit, nachdem er seinen Entschluss unter der Überschrift »Ich habe fertig« zunächst nur einigen Freunden, Bekannten und Kollegen mitgeteilt und gleichzeitig darum gebeten hatte, von Beileidsbekundungen abzusehen. Statt eines Nachrufes zur Unzeit hier also »Originalton Goebel«, ungefiltert.

CONCERTO: Die Nachricht vom Aus für MAK hat in der Alte-Musik-Szene für ähnliche Bestürzung gesorgt wie in Fan-Kreisen das zeitweilige Ende der Harald-Schmidt-Show ...

GOEBEL: Das glauben Sie doch selbst nicht, übertreiben Sie mal nicht! Mit 55 hätte ich ohnehin aufhören wollen.

CONCERTO: Schmidt hat es dann irgendwann doch nicht sein lassen können und ist bei der Hintertür wieder hereingeschlüpft. Solchen Versuchungen unterliegen Sie nicht?

GOEBEL: Ich schließe das nicht aus. Ich denke vorsichtig über ein Modell wie »ein Monat Musica Antiqua im Jahr« nach, aber es wird sicher keine Musica Antiqua mehr mit einer sehr praktischen Beteiligung von mir ganz weit vorne geben. Da muss ich mich meinen eigenen Qualitätsansprüchen unterwerfen und sagen: Es geht nicht mehr, ist nicht mehr gut genug. Ich werde im November meinen letzten Ton gespielt haben. Darauf freue ich mich.

CONCERTO: Sie wirken gelöst und erleichtert über Ihren Entschluss. Heitere Resignation?

GOEBEL: Da lachen ja die Hühner!

CONCERTO: Man hört, dass Sie alle Ihre wertvollen Instrumente verkaufen wollen. Bedeutet das, aus der Not eine Tugend zu machen, oder ist es die Versteigerung des Nachlasses aus Ihrem früheren Leben?

GOEBEL: Warum soll ich die horten? Ich horte Klamotten. Ich habe ungefähr 80 Hosen und denke immer: Irgendwann wirst du wieder so schlank sein, dass du in die Hosen von 1982 hineinpasst. Aber ich warte schon seit Jahrzehnten vergebens. Und so ist das mit der Geige auch. Ich kann warten, ob es irgendwann mal wieder geht, aber ich will es ja gar nicht mehr. Ich habe doch genug getan.

CONCERTO: Um auf den gesundheitlichen Aspekt zu sprechen zu kommen, die Dystonie: Anfang der 90er Jahre griffen Sie dem Schicksal noch in den Rachen und wechselten die Spielhand. Woher nahmen Sie damals die ungeheure Willenskraft?

GOEBEL: Da hatte ich noch so viel vor mir, dass ich nicht einfach sagen konnte, okay, dann höre ich jetzt eben auf. Ich war sicherlich Anfang der 90er nicht der, der ich 2005 war. Ich war damals noch sehr stark praktisch orientiert. Das Gedankliche und Wissenschaftliche war noch nicht so ausgeprägt.

CONCERTO: Der Anfang vom Ende der MAK war der Ausfall Stephan Schardts nach seinem tragischen Verkehrsunfall im Frühjahr 2005. Die Suche nach einem Langzeit-Stellvertreter haben Sie nie ernsthaft in Betracht gezogen?

GOEBEL: Nein. Es hat immer Menschen gegeben, die dann, wenn der Partner gestorben ist, unverheiratet geblieben sind. Heinrich Schütz ist der erste. Den Grund wollen wir jetzt gar nicht suchen. Einfach nur: Stephan weg. Ab. Ende. Aus.

CONCERTO: Wie geht es Stephan Schardt zur Zeit?

GOEBEL: Das weiß ich nicht. Wir haben keinen Kontakt.

CONCERTO: Bewusst nicht?

GOEBEL: Bewusst nicht.

CONCERTO: Als Florian Deuter und Harmonie Universelle unlängst bei den »Feste Musicali« in der Kölner Philharmonie alle »Brandenburgischen Konzerte« aufführten, staunte man über den epigonalen Zug der Interpretation. Die Tempi waren die Ihren vor 20 Jahren. Würden Sie das sechste Konzert heute auch noch so rasant nehmen? Ist Ihre Aufnahme heute noch gültig für Sie?

GOEBEL: Ich war damals 35 und sehr mutwillig. Nehmen Sie es einfach als solches. Wenn Sie finden, dass irgendwelche strukturellen Dinge auf der Strecke bleiben, dann drehen Sie sich's einfach ein bisschen langsamer. In der Tat würde ich manche Sachen verändern. Die Aufnahmetechnik speziell für das Sechste ist nicht gut. Ansonsten würde ich es schon wieder so machen: *Those who can, do; those who can't, teach.*

CONCERTO: Welche Ihrer Einspielungen zählen Sie zu Ihren persönlichen Favoriten?

GOEBEL: (lacht) Also gut, die Telemann-Sachen sind sicher alle makellos.

Vielleicht ist die Platte mit den Bläserkonzerten die schönste. Veracini ist nicht schlecht. Es gibt auch eine wunderbare Platte, bei der ich nicht dabei bin: die italienischen Konzerte für vier Violinen. Das ist so eine Platte, an der mein Herzblut hing – die erste, die ich nicht spielen konnte. Aber auch »Pro tabula« oder die »Scherzi musicali« mit Bibers »Die Pauern-Kirchfahrt« und der »Battaglia« finde ich ganz, ganz toll.

CONCERTO: Wie hat man bei der Archiv-Produktion reagiert?

GOEBEL: Gar nicht. Die Herrschaften sind sowieso mit anderem beschäftigt. Die spielen ja Monopoly, indem sie versuchen, die Renner von anderen zu kaufen und dann noch ein paar Vivaldi-Opern zu machen. Man hat einfach so reagiert, wie man das auch die letzten Jahre getan hat, nämlich mich mit Verachtung gestraft.

CONCERTO: Nach der Eintragung ins Goldene Buch Ihrer Geburtsstadt Siegen vergaßen Sie nicht darauf hinzuweisen, dass Sie Köln am meisten zu verdanken hätten. Was eigentlich?

GOEBEL: Ja, was soll ich sagen? Köln war in den 70ern ein Sender. Dr. Krings, der unvergessene Musikchef des WDR, war schon ein Mann von hoher Intelligenz und Fachkenntnis. Der stachelte zum Beispiel meinen Lehrer Franzjosef Maier an, ein Krönungskonzert für Karl VI. von Francesco Maria Veracini zu spielen. Ich hörte das als 16-jähriger und dachte: Zu dem Geiger will ich gehen. Das fabelhafte offene Klima der Stadt damals, die Möglichkeit, sich zu entwickeln – das ist schon eine großartige Sache gewesen.

CONCERTO: Ist es nicht vielmehr so, dass Köln Ihnen einiges zu verdanken hat? Hat man Sie als kulturellen Werbeträger ersten Ranges nicht doch eher schmählich behandelt?

GOEBEL: Da haben Sie völlig recht. Das ist eine Umkehr in der Wahrnehmung, die nach 15 Jahren bei mir einsetzte. Erst einmal habe ich der Stadt sehr viel zu verdanken gehabt, aber dann war Musica Antiqua natürlich das Ensemble, das den Namen der Stadt weltweit publik gemacht hat. Nicht das Gürzenich-Orchester, auch nicht das WDR-Sinfonieorchester, sondern Musica Antiqua ist bis nach Neuseeland gekommen.

CONCERTO: Ist es nicht eine Schande, dass die Kölner Musikhochschule nicht längst eine ordentliche Alte-Musik-Abteilung eingerichtet hat?

GOEBEL: Die Schande ist, dass da Musica Antiqua in keiner Weise präsent ist. Die Kölner Musikhochschule hat mir mein ganzes Leben lang möglichst viele Knüppel zwischen die Beine geworfen. In jeder holländischen, belgischen oder französischen Hochschule finden Sie die Kräfte des Ortes engagiert. Aber wir sind sowieso Jahrzehnte zu spät dran. Das hätte man in den frühen 80ern initiieren müssen.

CONCERTO: Wenn Sie heute die Alte-Musik-Szene betrachten, was stört Sie?

GOEBEL: Das Lautengeklimper und -gebimmel! Das ist das Allerletzte. Diese Instrumente werden heutzutage in einem grotesken Maß aufgewertet. Es gibt von Barthold Heinrich Brockes ein Gedicht darüber, dass die Hamburger Jungfern so gerne in die Oper gehen, weil sie da die Giraffen sehen – das waren die Chitarronen, die wie erigierte Glieder aus dem Orchestergraben ragen. Das interessiert die Leute heute immer noch am allermeisten. Ganz genau wie früher, die unwichtigsten Instrumente! Spätestens 1720 wurde in Venedig keine Lautenposition mehr neu besetzt, sondern in eine Geigenstelle umgewidmet. Heute haben wir Bach-Kantaten mit Gitarre. Lächerlich!

CONCERTO: Was halten Sie von der krampfhaften Ausdehnung der historischen Aufführungspraxis auf immer jüngeres Repertoire?

GOEBEL: Überhaupt nichts. Für mich hat das gar keinen ästhetischen Nährwert.

CONCERTO: Im CD-Booklet zu Händels »Marien-Kantaten« haben Sie einmal geschrieben: »Letztlich ist ja die Frage, ob es so war, völlig unbedeutend. Denn nur was emotional wirklich bewegt, ist künstlerische Gegenwart.«

GOEBEL: Ja, und zwar im Hinblick auf einen ganz bestimmten Punkt: den Männeralt!

CONCERTO: Gut, aber ganz allgemein heißt das doch, dass die historische Aufführungspraxis für Sie auch nur ein Vehikel ist auf dem Weg zu künstlerischer Gegenwart.

GOEBEL: Die Facetten der historischen Wahrheit sind die eine Sache. Daraus lassen sich Lehrsätze deduzieren, die dann helfen, wenn man nicht ganz genau weiß, wie in Gotha um 1725 – im Oktober! – gespielt worden ist. Das ist letztlich ziemlich unwichtig. Aber die guten Lehrsätze herauszufinden, das ist von Wichtigkeit. Den Leuten, die sagen, sie nehmen alles nur »aus sich selbst«, halte ich immer entgegen: Man muss doch auch was reintun, bevor man rausnehmen kann. Ich tue etwas Historisches hinein. Für mich ist die synaptische Verbindung von Wissen und Kreativität das Entscheidende. Es gibt solche Glücksfälle – zwei, drei oder vier in der Alten Musik –, denen es gelingt, witziges, großartiges Musizieren mit einer historischen Bildung zu kombinieren. Ich denke, die Nur-Bücherwürmer bringen es genauso wenig wie die Leute, die versuchen, nur aus sich selbst heraus etwas zu machen.

CONCERTO: Sie selbst sind momentan Feuer und Flamme für die Mannheimer Schule. Sind Biber und Pachelbel out?

GOEBEL: Nein. Langfristig muss ich mich darum kümmern, mit Kammerorchestern Barock zu machen. Also auch Zelenka-Motetten und so weiter. Beim Frankfurter Funk hab' ich ja schon ein reines Barockprogramm gemacht, und Hannover macht jetzt erstmals ein reines Telemann-Programm. Da bewegt sich schon was. Aber für den großen sinfonischen Geschmack glaube ich, dass man die Mannheimer ganz stark aufwerten muss. Mich interessiert aufzuzeigen, aus welchen Quellen Mozart getrunken hat und welch ungemeine Bedeutung da die Mannheimer Quelle hat. Ich möchte nur aus absoluter Kenntnis urteilen und zu keinen schnellen Schlüssen gezwungen sein. Meine Lektüre besteht zur Zeit aus ganz vielen Mannheimern. Jeden Tag neue Sinfonien!

CONCERTO: In der Zeit nach Musica Antiqua werden Sie sich vor allem als Forscher, Repertoireberater für moderne Ensembles und Dirigent betätigen. Und Sie werden niemals Bruckner, Brahms oder Bizet dirigieren?

GOEBEL: Nein, nein, nein, nein, nein! Ich habe doch in meinem ersten Leben versucht, immer nur den Mund aufzutun, wenn ich wusste, wovon ich spreche. Viele Leute können das gar nicht abschätzen, wie viel ich als Vorbereitung getan habe.

Ich habe nie aus dem hohlen Bauch heraus geschwätzt, sondern bin den Dingen immer auf den Grund gegangen. Genauso versuche ich es auch mit dem »neuen« Repertoire von 1750 bis 1800 zu machen, das für mich ja gar nicht mehr so neu ist.

CONCERTO: Werden Sie in Zukunft auch als Herausgeber in Erscheinung treten?

GOEBEL: Nein. Das ist mir einfach zu nervig. Ich habe das ja im Barock auch nicht gemacht, und zwar, weil ich nicht wollte, dass mein Repertoire von anderen gespielt wird. Ich möchte die Welt nicht mit Ausgaben beglücken. Der Markt ist sowieso total versaut. Ich lasse mir alles abschreiben und brauche es dann nicht weiterzugeben. Die Sachen sind nur für mich. Ich habe jetzt zum Beispiel ein großes Orchesterprogramm für Saarbrücken vorbereitet: »Musik für zwei Orchester« von Cannabich und Stamitz und eine riesengroße Fasch-Ouvertüre. Ich bin stolz darauf, dass ich – und nur ich! – das habe. Das geht weder gegen Geld noch gute Worte aus dem Haus.

»Das macht man halt so? Schrecklich!«

Christiane Peitz im Gespräch mit Reinhard Goebel

Tagesspiegel, 31. Juni 2022

Reinhard Goebel, am 31. Juli 1952 geboren, wuchs in Siegen auf, sein Vater war dort Bahnhofsvorsteher. Er gilt als Ikone der Alten Musik – und als einer, der polarisiert. Er studierte Geige u. a. bei Franzjosef Maier und Saschko Gawriloff und gründete mit 21 die Musica Antiqua Köln, die weltweit Erfolge feierte. 33 Jahre leitete er das Ensemble, bis zu dessen Auflösung 2006. Das »BBC Music Magazine« kürte ihn zu einem der 20 besten Geiger aller Zeiten – wegen einer Erkrankung der linken Hand spielt er allerdings seit 2006 nicht mehr. Seit 2018 leitet Goebel die Berliner Barock Solisten, er lehrt am Salzburger Mozarteum. Als Dirigent arbeitet er auch mit großen Orchestern, den Berliner Philharmonikern oder den deutschen Rundfunkorchestern.

Die Deutsche Grammophon bringt zum Geburtstag als Archiv-Produktion sämtliche Aufnahmen von Reinhard Goebel mit der Musica Antiqua Köln heraus, 74 CDs plus Bonus-CD, von den legendären »Brandenburgischen Konzerten« und der »Kunst der Fuge« über weitere Komponisten der Bach-Familie, Georg Philipp Telemann und Joseph Haydn bis zu den Franzosen und wiederentdeckten, unbekannteren Meistern. Bei Sony Classical erschienen zuletzt die Reihen »Beethoven's World« und »New Mozart«.

Das Interview findet per Videotelefonat statt, Reinhard Goebels Temperament übermittelt sich trotzdem: Wenn er eine Komposition erwähnt, singt er den Anfang vor, statt den Titel zu nennen. Er gibt konsternierte Reaktionen auf seine Arbeitsweise gern als Sketch zum Besten, karikiert bräsige Alte-Musik-Ensembles, verfällt zwischendurch ins Kölsche, flicht englische und französische Vokabeln ein, macht Tempo. Und was macht er an seinem 70. Geburtstag am Sonntag? Er will nicht groß feiern – zu viel zu tun. Dafür feiert ihn die Deutsche Grammophon: mit einer 75-CD-Gesamtausgabe aller seiner Aufnahmen mit der Musica Antiqua Köln.

PEITZ: Herr Goebel, wo erwische ich Sie gerade?

GOEBEL: Gestern habe ich am Chiemsee zur Eröffnung der Herrenchiemsee-

Festspiele Bach dirigiert, jetzt sitze ich in meiner Küche in Salzburg. Es riecht nach Knoblauch – hier gibt es auf dem Markt diesen tollen Rose de Lautrec. Moment, ich hebe den Laptop mit Ihnen mal hoch, dann können Sie auf die Getreidegasse schauen. Hier, die Plakate an der Wand: alles, was wichtig ist, die Berliner Barock Solisten, die Musica Antiqua Köln, na ja, schon ein bisschen verblasst …

PEITZ: Woher kommt der kreative Furor, für den Sie so berühmt sind?

GOEBEL: Der ist angeboren. Ich konnte schon als Kind die Schule kaum erwarten. Wenn ich abends ins Bett ging, dachte ich mir, schlaf nicht so lange, damit du nichts verpasst. In meinem Gymnasium in Siegen machten fast alle Musik, wir hatten zwei Schulorchester. Aber während die anderen Brahms spielten, arbeitete ich mich lieber an Heinrich Ignaz Franz Biber ab. Ich wollte gerade *nicht* das machen, was alle machen.

PEITZ: Und Sie hörten die »Geistliche Abendmusik« im Südwestfunk. Es waren die Sechzigerjahre und Sie fuhren mit zehn, zwölf auf geistliche Musik ab?

GOEBEL: Ich war begeistert von Heinrich Schütz! Der russische Geiger Ilya Gringolts sagte kürzlich, man müsste Musikern bis zum Alter von 27 Jahren eigentlich ein Auftrittsverbot erteilen, weil vorher alle nur im Imitationsmodus der Kindheit sind. Nachmachen, schrecklich! Ich konnte es nie leiden, wenn es im Unterricht hieß: »Das macht man halt so.« Ich wollte wissen, warum. Warum ist etwas im Zwölfachteltakt notiert statt im Sechsachtelakt?

Über meine Lehrerin Marie Leonhardt – ach, ich habe sie geliebt, sie ist letztes Wochenende gestorben – kam ich in Kontakt mit ihrem Mann, dem Cembalisten Gustav Leonhardt. Ich saß in seinem Kurs in der letzten Reihe und fragte, warum das Stück im Zwölfsechzehnteltakt ist. Ach, sagte er, Reinhard, Sie sind immer so kompliziert, schauen Sie lieber raus, der blaue Himmel, die Wölkchen. Während sich alle über sein Bonmötchen kaputtlachten, ballte ich die Faust in der Tasche und dachte, na warte!

PEITZ: Sie gehen den Dingen gern auf den Grund.

GOEBEL: Nicht aus innerer Caprice, sondern weil gute Musik gründlich vorbereitet sein will. *Rerum cognoscere causas* …

PEITZ: … das Motto des Tagesspiegel …

GOEBEL: … und der Wahlspruch der Harvard School. Als Andreas Holschneider, mein Produzent bei der Deutschen Grammophon, mich Anfang der 80er darum bat, mit der Musica Antiqua Köln jetzt auch mal die »Brandenburgischen Konzerte« einzuspielen, fuhr mir der Schreck in die Glieder. Ja, sagte ich, aber erst in fünf Jahren. Dann ging ich an die Arbeit und habe alles erforscht, die Noten, Bachs Leben, sein Verhältnis zu den Komponisten seiner Zeit. Der Bach-Forscher Christoph Wolff hat mich gecoacht. Das war meine erste Häutung, nach der hartleibigen Phase mit Buxtehude.

PEITZ Der Schock damals, 1985, war groß: Sie spielten fetzige »Brandenburgische Konzerte«, wahre Sturmgewitter statt bräsigem Barock. War das auch für Sie eine Wegmarke?

GOEBEL: Wir hatten die ersten zehn Jahre überwiegend französische Musik gemacht, fast nur 17. Jahrhundert. Sehr diszipliniert, klarer Klang, klare Strukturen – dafür haben wir geübt wie die Bekloppten. Das Repertoire interessierte uns nicht, wir wollten nicht auf Originalinstrumenten Händels »Concerti Grossi« herunterkratzen. Die Deutsche Grammophon bekam wegen der »Brandenburgischen Konzerte« dann ganze Körbe voller Hassbriefe. Die Leute wollten ihr Geld zurück, das sei doch nicht Bach. Ich fand das wichtig, denn es geht um die Frage: Wie weit muss Kunst gehen, inwieweit besteht sie nur aus nachahmender Unterhaltung? Ich wollte nie gefallen, mich auch nie allzu viel erklären. Inzwischen tue ich das: Mein Buch über die »Brandenburgischen Konzerte« ist gerade fertig geworden – hat nur 35 Jahre gedauert.

PEITZ: Sie wollen aber auch auf keinen Fall langweilen. Das Ergebnis Ihrer Forschungen ist sehr temperamentvoll.

GOEBEL: Das bin dann wohl ich. Lediglich die Vorarbeit ist akademisch, aber mit der Gestaltung will ich überzeugen. Ich bin ja der Verteidiger dieser Werke. Und es ist aufregend, sich mit alten Zeiten zu beschäftigen. Die Geschichte kennen, um die Gegenwart zu verstehen und die Zukunft zu gestalten: Meine liebste Beschäftigung außer Musik ist der Gang ins Museum.

Nikolaus Harnoncourt sagte, er sei doch kein Museumswärter. Aber um sie wirklich zu erzählen, muss ich vorher freilegender Restaurator sein, eineinhalb Meter Bücher alleine zur Tempo-Diskussion lesen. Da gibt es heute ja irre Fehlzeichnungen, manches wird viel zu bräsig gespielt wie die Romanze aus Mozarts »Kleiner Nachtmusik«, manches viel zu schnell, als sei ein barockes Allegro der »Hummelflug« von Rimsky-Korsakow.

PEITZ: Was begreift man über die Gegenwart, wenn man sich mit Mozarts Umfeld, mit Beethovens Zeitgenossen beschäftigt? Beides haben Sie in den letzten Jahren getan.

GOEBEL: Nehmen wir Beethoven: Da begreifen wir, dass wir nicht wissen können, welche zeitgenössische Musik in 200 Jahren überlebt haben wird. Beethoven galt seinerzeit keineswegs als der Größte. Der elegante Georg Philipp Telemann war der Chefkurator seiner Epoche, aber gewonnen hat am Ende der trockene Johann Sebastian Bach. Wie ist das heute mit Wolfgang Rihm, Jörg Widmann oder Hans Werner Henze: Wer von ihnen wird am Ende die Essenz unserer Gegenwart sein?

PEITZ: Man lernt Demut?

GOEBEL: Aber so was von!

PEITZ: Wie sieht Ihre Forschertätigkeit praktisch aus? Heute finden sich Noten und Quellen im Internet, früher blätterten Sie in Archiven in verstaubten Partituren?

GOEBEL: Erst mal bin nicht ich es, sondern es sind die wunderbaren Bibliothekare, die verschollene Stücke entdecken. Aber es war Knochenarbeit, ich erzähle Ihnen das mal am Beispiel der »Sonnerie de Sainte-Geneviève« von Marin Marais ...

PEITZ: ... das ist dieses berühmte Perpetuum-mobile-Stück für Geige, Gambe und Cembalo, bei dem der Bass Glockengeläut imitiert.

GOEBEL: Erst mal eruierte man, wo die Noten überhaupt liegen könnten. Dann bestellte man sie bei der Bibliothèque Nationale in Paris. Nach sechs Wochen kam ein Verpflichtungsschein, den man ausfüllen und bezahlen musste. Nach wieder sechs Wochen war ein Mikrofilm in der Post, der dann von einem vor der Badewanne knienden Reinhard Goebel entwickelt und zum Trocknen aufgehängt wurde.

Anschließend habe ich die Noten von Hand abgeschrieben. In meinem Regal stehen etwa zwei Meter Abschreibarbeiten. Während die anderen auf Konzertreise in Rio de Janeiro die Stadt erkundeten, hockte ich im Hotelzimmer, machte die Balkontür auf, um das Meeresrauschen von der Copacabana zu hören, und transkribierte Noten. So entwickelte ich eine unglaublich persönliche Beziehung zu den Werken.

PEITZ: Und heute?

GOEBEL: Was, nää, du hast ein Mikrofilm-Lesegerät und einen Readerprinter?, fragten die Leute früher. Für meine Studierenden am Salzburger Mozarteum ist alleine die heutige Angebotsmenge verwirrend. Da vermisse ich manchmal die Entdeckerlust. Aber wer es in meine Klasse schafft, den lehre ich, wie man den Geist benutzt, nicht die Geige. In meinem Unterricht wird nicht gedudelt.

PEITZ: Und was bringen Sie den großen »normalen« Orchestern als Dirigent bei: Bitte kein Vibrato und unbedingt meine Eintragungen in den Noten beachten?

GOEBEL: Alte Musik wird seit zwei Generationen viel gespielt, wer heute 30 ist, kennt unsere »Brandenburgischen Konzerte« vielleicht besser als die von Karl Richter und setzt das Vibrato sorgsam ein. Es ist ja ein Auf und Ab, oft spielen dabei Stars eine Rolle: Fritz Kreisler, der erste Geiger mit Dauer-Vibrato, wurde schrecklich angefeindet, damals war Vibrato im Orchester noch verpönt. Nach dem Zweiten Weltkrieg begann dann die Hochzeit des Vibrato, gelegentlich wird immer noch übertrieben. Vibrato ist ein Ausdrucksmittel, bitte, man kann doch nicht dauer-orgasmieren! Wenn ich rede, werde ich ja auch nicht ständig pathetisch. Durchsichtigkeit, Begrifflichkeit, darauf kommt es an. Das kleinste musikalische Motiv besteht aus zwei Tönen, da muss ich wissen, ob *Au*gust gemeint ist oder Au*gust*. An solchen Dingen arbeite ich mit den Orchestern.

PEITZ: Sie sagten eben, Sie hätten geübt wie die Bekloppten. Sie persönlich haben sich über-übt, Ende der 80er machte Ihre linke Griffhand nicht mehr mit.

GOEBEL: Es war, als würde ich in Dantes Hölle fallen, immer noch einen Kreis tiefer. Ich habe überlegt, die Musik ganz zu lassen und mich als Sozialarbeiter nützlich zu machen. Ich war in Berlin bei Professor Poewe im Westend-Klinikum, meine Hand wurde gefilmt, man wusste noch nicht viel über Musikerkrankheiten. Barbara Wolff, die Ehefrau von Christoph Wolff, betreute in Harvard den Nachlass des Geigers Rudolf Kolisch, der nach einer Unfallverletzung schon als Kind das Rechts-Spielen lernte. Sie sagte zu mir: Probier's doch andersherum.

Am 1. Januar 1990 hat der Potsdamer Geigenbauer Tilmann Muthesius mir eine umgerüstete Sarotti-Geige in die Hand gedrückt, wir machten ein Foto von mir mit der verkehrtherumenen Geige, und ich fing in Rostock wieder an zu studieren. Aber letztlich blieb es immer klumpig. Ich bin und bleibe Rechtshänder, beim Bogenstrich mit links fehlt mir die Eleganz.

PEITZ: 2006 hörten Sie ganz mit dem Geigespielen auf, Fokale Dystonie. Die Musica Antiqua Köln gab ihre Auflösung bekannt – wieder ein Schock für die Musikwelt.

GOEBEL: Ich habe die Leute hinter mir hergeschleppt und vor mir hergetrieben, gleichzeitig umrundet und überflogen. Wir haben 850 Mal das »Musikalische Opfer« gespielt, 450 Mal die »Kunst der Fuge«. Auch wenn diese Musik nie ausleiert: Irgendwann war ich *worn out* und wollte mein Leben ändern, war in therapeutischer Behandlung, zog aus Köln weg und verabschiedete mich schweren Herzens auch von der Deutschen Grammophon.

PEITZ: Seitdem arbeiten Sie als Dirigent und drehen dem Publikum den Rücken zu. Hat das Ihr Verhältnis zum Publikum verändert?

GOEBEL: Da denke ich gar nicht dran. Ich halte es mit Liberace. Wie sagte der? »Ich mache das alles nur für meine Mutti, aber Sie können gerne dabeibleiben.«

PEITZ: Wie bitte, Sie wollen doch, dass die Menschen Ihre Musik hören?

GOEBEL: Es sind die Musiker, denen der Beifall gebührt. Ich ergreife schon mal gerne das Wort auf der Bühne, Konzerte sind kein Gottesdienst. Die Gesprächskonzerte in den 70er Jahren waren toll, wenn die Musik erklärt und analysiert wurde. Heute findet die Einführung vorher statt, und alles wird eventisiert. Aber das Wichtigste ist: Die Menschen merken, ob die Musiker wissen, was sie spielen. Wenn es gut vorgedacht ist, kocht der Saal.

PEITZ: Herr Goebel, ruhen Sie sich eigentlich auch mal aus?

GOEBEL: Ich lese dann, Bücher über Kunst und Geschichte. Gerade lese ich einen Band über die digitale Rekonstruktion des Chateau Choisy, ein französisches Jagdschlösschen von Ludwig XV., namensgebend auch für eine Komposition von Michel Corrette. Und dann hole ich bei meinem Buchhändler das neu edierte Bach-Werke-Verzeichnis ab. Kostet zwar 450 Euro, aber ich fahre ja nicht in Urlaub. Und jetzt gehe ich schwimmen, die Badehose hab‘ ich schon an.

»Mit altem Wumms«
Johannes Jansen im Gespräch mit Reinhard Goebel

CONCERTO. Das Magazin für Alte Musik
Heft 308 (April-Juni 2024) S. 20–24

CONCERTO: Vor 40 Jahren, im ersten Heft unseres Magazins, gab es ein Interview mit der Überschrift »Du spielst zwar Brahms, aber es klingt wie Biber«. Damit waren Sie gemeint, der Geiger Reinhard Goebel. Heute sind Sie Dirigent. Da kommt einem das zweite Interview von damals in den Sinn: »Dirigieren ist der leichteste Beruf«. Das sagte Gustav Leonhardt. Hatte er recht?

GOEBEL: Ja, wenn man es als das definiert, was er darunter verstanden hat. Denn er hat sich ja nie modernen Orchestern gestellt, sondern nur seine ihm gehorsamen Damen mit dieser Zurückhalte-Gestik – bloß nicht zu laut, auf keinen Fall zu fettig! – in die Schranken gewiesen. Ich kann auch nicht sagen, dass es der schwerste Beruf ist. Für mich ist das Dirigieren einfach eine andere berufliche Facette meines jahrzehntelangen Musikerseins, hervorgegangen aus meiner Konzertmeistervergangenheit und aus meinem tiefen Interesse an Musik – aber nicht an Musik als Seelenoffenbarung, sondern an Musik als Wissenschaft. Und wenn man es so betrachtet, hatte Leonhardt bestimmt nicht recht.

CONCERTO: Sie unterrichten in Salzburg das Fach Historische Aufführungspraxis. Sicher ist unter den Studierenden der eine oder die andere mit Dirigier-Ambitionen. Was raten Sie so jemandem: Gründen Sie erst einmal ein Ensemble!?

GOEBEL: Dirigieren ist ja nicht das, was ich unterrichte, und bei mir selbst beschränkt es sich auf das Maß, wie man es für das 18. Jahrhundert braucht. Ich weiß schon, wie man Einsätze gibt, wie man abwinkt und so weiter. Aber wenn mich nun jemand fragt, würde ich sagen: Sie lernen bei mir nicht »Hier ein Trillerchen und da ein bisschen überpunktiert!« oder sonst irgendwelche affigen Moden. Sie lernen bei mir die Methoden der historisch kritischen Musikwissenschaft – und damit werden Sie sich später selbst helfen. Zu dem, was ich im Unterricht vermittele, gehört auch, wie man ein eigenständiges Repertoire aufbaut und wie heutzutage Orchesterstimmen für moderne Orchester auszusehen haben. Ansonsten sind die Verhältnisse so wie in jedem anderen Musikberuf: 3 Prozent Lokomotiven und 97 Prozent Waggons.

CONCERTO: Nach dem Ende von Musica Antiqua Köln im Jahr 2006 hatten Sie als Dirigent mit größeren Ensembles als Ihrem eigenen kaum Erfahrung. Das erweiterte Orchester der Heinichen-Aufnahme von 1993 war für Musica-Antiqua-Verhältnisse schon eine Massenbesetzung, knapp 40 Mitwirkende ...

GOEBEL: Es gab schon vorher ein paar Erfahrungen, die aber schiefgelaufen sind. Das war in Holland, wo man ja immer sehr progressiv tut, es aber gar nicht ist. Als junger Mann von 25 Jahren dachte ich, in einer Woche erklären zu können, wie es zu gehen hat, und habe völligen Schiffbruch erlitten. Als ich dann später vor moderne Orchester trat – noch während der Endphase von Musica Antiqua –, habe ich meine Texte so wasserdicht eingerichtet, dass die das auch ohne mich hätten spielen können und es trotzdem noch geklungen hätte wie unter Goebel.

CONCERTO: Die Einrichtung des Stimmenmaterials ist also der entscheidende Punkt?

GOEBEL: Es ist der allerwichtigste. Die Stimmen sind Dreiviertel der ganzen Miete, mindestens. Bei mir steht da beinahe auf jedem Ton etwas, und weil ich die Einzeichnungen von Zeit zu Zeit auch ändere, schreibe ich das Datum darüber, damit ich später gleich erkennen kann, ob die Stimmensätze noch zusammenpassen.

CONCERTO: Diese Änderungen ergeben sich aus der kritischen Überprüfung der eigenen Arbeit – ein *work in progress* also?

GOEBEL: Ein bisschen ja, klar doch. Es sitzt nicht immer schon beim ersten Mal. Man muss das alles nebeneinander haben, um zu erkennen, dass man hier und da bei der Bogensetzung noch etwas verbessern kann. Das ist meine Arbeit hier zu Hause.

CONCERTO: Ein großer alter Dirigent soll einmal gesagt haben, alles unter 20 erste Geigen sei Kammermusik. Wo liegt die für Sie gerade noch vertretbare Grenze?

GOEBEL: Deutlich darunter, bei acht. Es hängt natürlich auch vom Saal ab. Aber es ist eine gute Frage, die ich mir immer brennender auch selber stelle, zum Beispiel bei den »Brandenburgischen Konzerten«. Solange wir nicht wissen, ob sie jemals in Berlin gespielt wurden, war das Kammermusik für einen relativ kleinen Saal, intendiert für Köthen oder Weimar, und die können Sie nicht in einem Saal für 1.200 Leute spielen. Das gehört an einen Ort wie Kronberg im Taunus mit diesem wunderbaren neuen kleinen Saal, in dem ich kürzlich mit einem Programm für vier Sologeigen und insgesamt acht Violinen war. Das hat schon ein bisschen geknallt, weil die natürlich alle Stradivari und Guarneri spielen. Entscheidend ist natürlich das jeweilige Stück. Bei einer großen Ouvertüre von Johann Christian Bach wie zum Beispiel »Amadis de Gaule« sind acht erste und acht zweite Geigen angemessen. Und da kommt jetzt wieder etwas ins Spiel, was ich als Dirigent und Orchesterleiter nicht den Leuten im Orchesterbüro überlasse. Da wird gesagt: »Ach, da machen wir eine Zehnerbesetzung« – und das heißt dann zehn erste Geigen, acht zweite und sechs Bratschen. Anfangs bin ich noch darauf hereingefallen. Heute frage ich mich: »Haben die sie noch alle am Brett?! Sechs Bratschen, vier Celli und zwei Kontrabässe?« Richtigerweise würden zu acht ersten Geigen acht zweite gehören. Die

Bratschen hingegen waren immer dünn besetzt und die Celli den Bratschen entsprechend, also vier, und dahinter zwei Kontrabässe. Das wäre die Nullachtfuffzehn-Besetzung. Aber keines der festen Wiener Orchester hatte mehr als sechs erste Violinen. Und dann muss man noch fragen: »Waren die alle auch wirklich immer dabei?« Das sind Dinge, die anhand von Berichten in der »Allgemeinen Musikalischen Zeitung« und Dokumentensammlungen, die man heute ja hat, zu klären sind. Da forsche ich nach, denn das ist auch dirigentisch interessant.

CONCERTO: Mit den Wiener Orchestern meinen Sie diejenigen der Mozart-Zeit oder auch die Fux'sche Hofkapelle vom Anfang des 18. Jahrhunderts?

GOEBEL: Von Johann Joseph Fux wissen wir einfach viel zu wenig. Wir reden von Mozart und speziell der Oper. Bei den Konzerten zugunsten der Witwen und Waisen waren es durchaus mehr Mitwirkende. Aber Mozart lügt, wenn er seinem Vater schreibt, da seien 20 Geigen hier und 20 dort dabei gewesen. Dafür gab es gar keinen Raum. Da hat Mozart sich nur aufgeplustert. Ich habe mir den Universitätssaal selbst einmal angeguckt, mit diesem berühmten Gemälde, wo Joseph Haydn vorne sitzt, und Chor und Orchester stehen hinter ihm. Haben sie auch gesessen oder nur gestanden? Und wie viele Leute waren es? Das zu wissen, gehört zu meinen Vorbereitungen als Dirigent. Man ahnt ja nicht, was da so alles herumsteht – das ganze Haus eine einzige Bibliothek! Und auch wenn ich vom Hölzchen aufs Stöckchen komme, ist es doch eine Neugier streng wissenschaftlicher Natur. Als Dirigent von Musik des 18. Jahrhunderts habe ich eine Mittlerposition zwischen heute und dem Werk der Zeit.

CONCERTO: Sei es in Berlin, London oder München: Setzen Sie Ihre Bedingungen hinsichtlich der Besetzung überall durch, auch wenn Ihnen große Orchester vielleicht damit schmeicheln, dass das gesamte Hundert unter Ihnen spielen will?

GOEBEL: Wenn hundert, dann höchstens insgesamt, weil durch die Diensteinteilung in der Generalprobe andere spielen als in der Premiere. Aber da mache ich nicht mehr mit. Man mag das unter dem Aspekt Ausbildung noch für vertretbar halten, doch nicht, wenn es darum geht, professionell Musik zu machen. In den Opernhäusern wissen sie, dass so etwas für mich nicht in Frage kommt. Deshalb fragt mich auch keiner mehr.

CONCERTO: Dass Sie selbst noch einmal im Orchester mitspielen – wie damals aushilfsweise als Bratscher bei der Heinichen-Aufnahme – kommt heute nicht mehr vor, oder?

GOEBEL: Es war auch damals schon eine Ausnahme. Andreas Holschneider von der Deutschen Grammophon hatte aufgrund der Erkrankung, die mich zwang, mit dem Geigespielen aufzuhören, meinen Wechsel zur Orchesterleitung bereits intendiert. Er sagte, er wolle das Ensemble haben und mich dazu, nur eben als Dirigenten. Ich bin irrsinnig dankbar für diese Förderung gewesen, nachdem ich ja alle rechts und links irgendwie überholt hatte und mir Offerten zu Plattenaufnahmen mit Christine Schäfer und Anne Sofie von Otter zu Füßen gelegt wurden. Das war schon toll.

CONCERTO: Speziell die »Marien-Kantaten« mit Anne Sofie von Otter waren ein echtes Karriere-Highlight …

GOEBEL: Ja. Aber ohne Unterstützung wäre es nicht gegangen. Ich musste mich damals, um es im Feuilleton-Sprech zu sagen, »neu erfinden« und meine Interessen ausbauen. Die Umstände sind bekannt, und wir müssen das hier nicht vertiefen.

CONCERTO: Jedenfalls gehören auch diese Kantaten schon zu den Aufnahmen, die nicht mehr nach dem Konzertmeister-Modell entstanden, also mit der Geige in der Hand. Hat man mit oder ohne Geige mehr Autorität beziehungsweise Zugriff aufs Geschehen?

GOEBEL: Es hängt immer davon ab, ob man die richtigen Zugkräfte hat. So war es früher und so ist es heute, ob als Konzertmeister oder Dirigent. Als wir Telemanns »Tafelmusik« gemacht haben – das war 1989 – flogen schon die Fetzen. Wir hatten kaum eine Viertelstunde geprobt, bis ich die ersten Leute rausgeschmissen habe. Auch bei einem modernen Orchester habe ich neulich erst darum gebeten, dass mir gewisse Leute nicht wieder begegnen.

CONCERTO: Wegen mangelnder Eignung oder zu viel Widerspruch?

GOEBEL: Wegen passiv-aggressiven Verhaltens. Diese Art von *résistance* gibt es häufig in Orchestern und hängt gar nicht mit meiner Person oder Widerstand gegen eine bestimmte Art von Musik zusammen; es ist einfach habituell. Wenn man dann mit dem Intendanten spricht und sagt, man wolle den oder die Betreffenden nicht wiedersehen, dann heißt es: »Ja, wir kennen das Problem.« Bei Musica Antiqua musste niemand gebeten werden. Das waren alles tolle Leute, die wirklich mitmachen wollten. Und wenn es nicht so war, dann war auch ganz schnell Schluss.

CONCERTO: Sie knallen also nicht erst lange mit der Peitsche?

GOEBEL: Wenn ich merke, ich komme nur mit der Peitsche weiter, gehe ich lieber anders vor beziehungsweise lasse andere vorgehen. So haben es alle gemacht, ob sie Müller-Brühl oder Abbado hießen, und so ist es auch bei mir.

CONCERTO: Alte Musik ist eine Domäne »ungelernter« Dirigenten, das heißt, die meisten sind wie Sie über die Gründung eines eigenen Ensembles Orchesterleiter geworden …

GOEBEL: … und geblieben.

CONCERTO: Ist es nicht ein Rollenwechsel, wenn man vor ein fremdes Orchester tritt? Genügt es, einfach der zu sein, der man ist, oder legt man sich besser so eine Art Dirigentenprofil zurecht?

GOEBEL: Ich rausche da nicht irgendwie mit meinem Agenten ganz spät in die Probe rein, sondern bin genau der, der ich auch vorher war. Die meisten Leute kennen mich ja, das heißt, sie kennen mich als Geiger. Oder sie gucken am Nachmittag, wer das eigentlich war, dieser Mann am Morgen bei der Probe. Dann wissen sie's. Und je mehr sie wissen, desto mehr Respekt kommt auf. Da braucht es keine Attitüde, absolut nicht.

CONCERTO: Die Arbeitsatmosphäre, die Ihnen selbst behagt, stellt sich von ganz alleine her?

GOEBEL: Die erschaffe ich vom Pult aus mit den Mitteln, die ich habe. Und wenn es nicht gelingt, lässt man es besser sein und sagt: »Meine Damen und Herren, haben Sie mich nicht verstanden oder wollen Sie mich nicht verstehen?« Dann spielt man das Stück vielleicht noch einmal durch, und die Probe ist relativ früh beendet.

CONCERTO: Haben Sie auch schon mal richtig »hingeschmissen«?

GOEBEL: Ja. Das war einmal, nachdem ich die Orchesterverwaltung gebeten hatte, dem Konzertmeister, der nicht gerade der feinste war, die Violinsoli aus dem »Weihnachtsoratorium« einen Monat vorher mit nach Hause zu geben. Als ich dann zur Probe kam und sah, er holt sie sich gerade erst aus dem Orchesterbüro, musste ich sagen: »Nein, Leute, so wird das nichts! Ich öffne hier ja auch nicht zum ersten Mal die Partitur – vergesst es!«

CONCERTO: Sie liefern die Stimmen mit Ihren Einzeichnungen also lange vorher ein?

GOEBEL: Drei Monate vorher, ja, und dazu eine Liste mit den Metronomzahlen. Ich bin natürlich auch etwas verwöhnt von den Berliner Barock Solisten. Die rufen schon Monate vorher an und fragen nach dem Material. Bei den Philharmonikern wird sogar Buch darüber geführt, wann sich die Akademisten ihre Stimmen abholen.

CONCERTO: Und wenn es erst am letzten Tag ist, gibt's Abzug bei der Kopfnote?

GOEBEL: Bei Musica Antiqua hieß es hinter vorgehaltener Hand: »Nimm die Stimmen wenigstens mit, sonst kriegt er einen Tobsuchtsanfall ...«. Hahaha. Aber wissen Sie was? Es gibt Orchester, die beurteilen Dirigenten unglaublich hart und miese, und wenn Sie so eines vor sich haben, müssen Sie genauso giftig sein und dann vielleicht sagen: »Meine Damen und Herren, Sie haben mich eingeladen, und wenn Sie meine Kompetenz nicht zu würdigen wissen, können wir hier auch ein halbes Pfund Gehacktes mit einem Namensschildchen aufstellen ...«.

CONCERTO: Gibt es Orchester, die auf das, was Sie mitbringen, neugieriger sind als andere und, wenn ja, hat es mit der Alterszusammensetzung zu tun?

CONCERTO: Natürlich. Man sieht es am besten hier in unserer musikalischen Hauptstadt: Das WDR-Orchester ist ganz wunderbar geworden, weil es viele, viele junge Leute hat. Im Dezember war ich wieder dort und habe das als krönenden Jahresabschluss empfunden. Unsere deutschen Rundfunkorchester sind ohnehin sehr gut. Es geht dort kollegialer zu als früher, als ich jung war und die Alten im Orchester saßen. Da kam es schon mal vor, dass mir einer mit guten Ratschlägen kam, wie: »Wenn Sie Hemiolen dirigieren, junger Mann, schlagen Sie einfach weiter den Dreier, wir kommen schon darunter weg ...«.

CONCERTO: Und heute kommt es vor, dass jemand sagt: »Ich soll Sie von meiner Mutter grüßen, die war schon ein Fan von Ihnen?«

GOEBEL: So etwas habe ich tatsächlich gerade in Kronberg erlebt. Aber es gab auch mal jemanden, der mir sagte: »Ohne Sie wäre ich nicht Musiker geworden!« Es stellte sich heraus, dass er als Kind zu Hause jeden Morgen ein Stück aus der »Kunst der Fuge« hören musste. Da habe ich gedacht: »Wie kann man seine Kinder nur so quälen?«

CONCERTO: Wenn Sie zurückdenken an Ihre Studienjahre: Welche – vielleicht prägenden – Erfahrungen haben Sie selbst mit Dirigenten gemacht?

GOEBEL: Gar keine.

CONCERTO: Aber Sie haben doch hier und da mal mitgespielt, nicht nur beim Collegium Aureum unter Konzertmeister Franzjosef Maier ...

GOEBEL: … ja, und auch bei Leonhardt. Aber danach nicht mehr. Ich habe mich von äußeren Einflüssen und diesem *namedropping* schnell befreit und meine eigenen Sachen gemacht. Das war möglich durch Dr. Holschneider und die Deutsche Grammophon. Ohne sie wäre ich nicht das geworden, was ich werden konnte.

CONCERTO: Die gelegentliche Mitwirkung in der von Hans-Martin Linde und anderen Dirigenten geleiteten Cappella Coloniensis hat Sie demnach vollkommen unbeeindruckt gelassen …

GOEBEL: Hinten am letzten Pult der zweiten Geige war es so langweilig, dass schon, wer nur die Holländer und Frans Brüggen hörte, vor Begeisterung in die Fensterbank gebissen hat. Ansonsten habe ich kaum andere als die Dirigenten des Hochschulorchesters kennengelernt. Und das war eine Pein, vor allem bei Bach-Kantaten. Da gab es tatsächlich bis zu 16 erste Geigen, und vorn saßen immer die aus der Klasse von Max Rostal, dann kam die Klasse Igor Ozim und ganz hinten bei den zweiten Geigen die Klasse Franzjosef Maier. So spielte man dann »Ich habe genug« mit Andreas Mirschel, Oboe. Da bin ich aufgestanden und sagte zum Dirigenten Volker Wangenheim: »Entschuldigung, wenn ich hier etwas sage. Aber wissen Sie, dass man das in den großen Städten dieser Welt heutzutage völlig anders macht?« Alle brüllten mich an, und ich habe meine Geige genommen und bin ins Kammerorchester zu Siegfried Palm gewechselt. Ich konnte es einfach nicht ertragen in diesem großen Haufen und unter diesen Menschen, die sich von niemandem auch nur das Geringste sagen lassen.

CONCERTO: War Maier als Konzertmeister eine geeignetere Identifikationsfigur?

GOEBEL: Geeignet, ja. Aber auch ihn habe ich sehr schnell aus den Augen verloren und mich um meine eigene Karriere gekümmert. Ich brauche keine Vorbilder. Viktoria Mullova hat mich mal gefragt: »Findest du eigentlich auch irgend jemanden gut?« Ja, das tue ich, aber ich sage nicht dauernd, der oder die sei ganz, ganz toll.

CONCERTO: Mitspieler und Weggefährten aus den 1970er Jahren beschreiben Sie als äußerst diskutierfreudig. Ihnen selbst war Mitspracherecht im Ensemble allerdings ein Gräuel. Im schon erwähnten Interview von 1983 sagten Sie sogar, Ensemble-Demokratie bedeute die Herrschaft der Hirnlosen. Gilt für Sie wie in der Seefahrt: Auf jedem Schiff, ob's dampft, ob's segelt, gibt's einen, der die Sache regelt?

GOEBEL: Ich kann mich nur auf Diskussionen einlassen, wenn es sich um die Sache dreht – und das wird vom Wissen geregelt. Bei Musica Antiqua Köln gab es anfangs eine Art Aufgabenverteilung: Ein Mitglied war für saubere Intonation zuständig, ein anderes fürs exakte Zusammenspiel und ich vielleicht für »Pepp und Wumms«. Das hat sich im Lauf der Zeit verändert. Ich wurde älter, die anderen wurden jünger, und dann rutscht man automatisch in so eine Lehrerposition hinein. Aber ich hatte auch eine Menge zu bieten. Bei Musica Antiqua kam ja praktisch alles von mir, das ganze Investment, auch die Geigen. Das ist heute nicht mehr so, wenn mich ein Orchester einlädt. Sagt jemand: »So haben wir das aber noch nie gespielt!«, dann sage ich: »Dann lassen Sie sich diese Woche darauf ein, nächste

Woche können Sie es ja wieder *richtig* spielen.« Um sich ganz auf das innere Ohr und Empfinden verlassen zu dürfen, haben sich doch die meisten schon zu oft geirrt, nicht nur in der Musik, sondern auch in anderen Herzensdingen. Die Musik, die wir spielen, ist nun einmal 300 Jahre alt …

CONCERTO: … weshalb es jemanden braucht, der erklären kann, wie's geht? Das entspräche dem Bild des *musicus doctus*, das viele von Ihnen haben. Es gibt auch eine andere Sicht. Andreas Spering, der fünf Jahre bei Musica Antiqua war und dann ebenfalls Dirigent geworden ist, hat von Ihnen sogar als »Bauchmusiker« gesprochen, und das war keineswegs abwertend gemeint …

GOEBEL: Damit habe ich überhaupt kein Problem. Die Arbeit verläuft ja mehrstufig. Die erste Stufe ist die geistige Vorbereitung, das Bemühen, den Dingen auf den Grund zu gehen. Sobald ich dann die Geige oder den Taktstock in der Hand habe, bin ich Barockmusiker und löse mich von dieser Stufe. Da hält mich nichts mehr, und das gebe ich auch weiter, sowohl das Furiose als auch das Verzückte. Aber alles baut auf dem Wissen auf, und das muss erst mal sitzen.

CONCERTO: Wenn die Betriebstemperatur im Orchester stimmt, sind auch Ausschläge in den roten Bereich erlaubt?

GOEBEL: Ein gutes Orchester geht mit, und das erwarte ich auch von ihm. Weniger tolle Orchester werden eher *timide* und sinken immer weiter zurück.

CONCERTO: Anders als Nikolaus Harnoncourt, Ihr Vorgänger auf dem Professorenstuhl in Salzburg, sind Sie nie der Versuchung erlegen, Musik der Romantik oder sogar des frühen 20. Jahrhunderts zu dirigieren. Kurz hinter Mozart ist schon Endbahnhof, unwiderruflich?

GOEBEL: Hören Sie auf, das kommt gar nicht in Frage! Auch kein Mendelssohn, egal ob ich es schön finde oder nicht. Tatsächlich finde ich es schön, wenn jemand wie Frank Peter Zimmermann Geige spielt. Aber wenn er zu mir käme und vorschlagen würde, Brahms mit ihm zu machen, müsste ich antworten: »Brahms nicht, aber Johann Christian Bach oder Thomas Linley gern!« Ich bremse auch jede Diskussion, wenn manche fragen: »Und was ist mit Schubert?« Ich habe davon einfach zu wenig Ahnung, und ich muss nicht alles machen. Dafür gibt es andere. Wobei ich allerdings – wie neulich ein Schweizer Kollege – für Auftrittsverbote bei Unter-Dreißigjährigen plädieren würde. Die sind noch im Imitationsmodus, wie Kleinkinder, und wollen alles nachdirigieren, was sie selbst als Kinder gehört haben, so nach dem Motto »Gib mir mal dein Spielzeug«. Ich weiß es ja auch von mir selbst. Unsere ersten Platten waren noch durchsetzt mit Dingen, die wir von woanders her genommen hatten. Ehe ich mein eigener Herr wurde, habe ich Alice Harnoncourt imitiert und dann kurze Zeit auch Marie Leonhardt. Aber das eigene Gesicht entsteht erst *peu à peu* mit dem Aufbau eines eigenen Repertoires, wenn die Leute sagen: »So habe ich es noch nie gehört!«

CONCERTO: Ist dieser Nachspieltrieb nicht gerade bei Dirigenten wichtig, denn wie sonst sollen Sicherheit und Vertrautheit mit dem Repertoire entstehen? Und wer kann es Barockgeigern verdenken, wenn sie in den Goebel-Imitationsmodus verfallen?

GOEBEL: Wenn Sie Johannes Pramsohler meinen, liegt es wohl an der Geige. Die hat er ja von mir. In anderen Fällen liegt es vielleicht nicht so sehr am Klang, sondern an einer bestimmten Auffassung von Rhythmus und Tempo. Das ist etwas, das mir zu eigen war. Das meinte ja Saschko Gawriloff in Essen damals, als er sagte: »Du spielst zwar Brahms, aber es klingt wie Biber« – wobei es mir ein Rätsel bleibt, woher er zu wissen glaubte, wie Biber klang. Um Klang habe ich mich nie gekümmert. Ich habe einfach meine sündhaft teuren Stainer- und Ruggeri-Geigen gespielt und versucht, es irrsinnig präzise zu tun, nicht matschig und verwackelt. Aber ausgegangen bin ich von Ton und Rhythmus, nicht vom Klang.

CONCERTO: Reinhard Goebel, die Präzisionsmaschine?

GOEBEL: Ich habe immer genau gezählt, und das sage ich auch den Orchestern. Aber es gibt viele, die können es nicht. Und nichts nervt mich mehr als Leute, die kein Tempo halten können.

CONCERTO: Tempo und Genauigkeit, schön und gut. Aber wenn der Klang eine untergeordnete Rolle spielt – warum dann Stainer-Geigen? War es nicht auch das Instrument, das Ihnen bei Alice Harnoncourt und Marie Leonhardt gefiel?

GOEBEL: Beide spielten Stainer-Geigen, ja, aber Alice Harnoncourt hatte einen sehr dünnen, etwas stechenden Ton, rhythmisch nicht übermäßig korrekt. Marie Leonhardt hingegen hatte einen wunderbar verhangenen, leicht sandigen Ton – ganz, ganz toll. Ihre Geige wollte ich immer haben, wusste aber, dass sie die niemals verkaufen würde. Also musste ich irgendwann selbst eine Stainer-Geige kaufen, und die wurde dann mein großes Instrument.

CONCERTO: Welche Rolle spielt das Saitenmaterial?

GOEBEL: Eigentlich wollten wir ja übers Dirigieren sprechen …

CONCERTO: … taucht denn im Zusammenhang damit die Saitenfrage niemals auf?

GOEBEL: Heute spielt es für mich keine Rolle mehr. Früher war ich an der Vorderfront, und als wir anfingen, rissen die Saiten noch alle fünf Minuten. Das wurde aber schon im Laufe der 1970er Jahre besser. Als wir zum ersten Mal nach Indien fuhren, hatte jeder von uns noch ungefähr 60 bis 80 Saiten mit, und die meisten davon lagen auch 15 Jahre später noch im Geigenkasten. Aber ob Darmsaiten oder nicht, ist für mich heute nicht mehr entscheidend, auch nicht die Bauart der Instrumente selbst. Ich habe früher schon gesagt: Der Kopf ist nicht dazu da, die Geige festzuhalten, sondern um sie zu beleben. Dennoch würde ich einer modernisierten Stradivari vor einer umgebauten sächsischen Ficker-Violine von 1806 den Vorzug geben. Bei den Violoncelli finden Sie auch in Barockorchestern – mit Ausnahme einiger englischer Ensembles – ohnehin kaum Originalinstrumente. Auch sogenannte Barockgeigen sind oft keine, wie man schon an der Halseinrichtung sieht. Damit wird noch immer viel Schindluder getrieben, wie früher schon beim Collegium Aureum. Da waren nur die Oboen und Fagotte »original«, weil man den Unterschied sofort erkennt. Nur bei der Cappella waren tatsächlich alte Instrumente in Gebrauch, wenn auch eher schlecht als recht zurückgebaut.

CONCERTO: Unabhängig davon, ob es alte oder neue Streichinstrumente sind, macht es einen Unterschied, wo man den

Bogen ansetzt. Nehmen Sie Einfluss auf solche Dinge, indem Sie zum Beispiel sagen: »Spielt etwas näher am Steg.«?

GOEBEL: Ja, ich spreche solche Dinge in den Orchestern an. Aber viele möchten nicht heraus aus dem Gewohnten und verabscheuen Kompetenz. Die Besseren wissen es allerdings zu schätzen, und die Berliner Philharmoniker ermutigen sogar dazu, noch etwas mehr zu sagen. Das extreme Gegenteil habe ich neulich bei einer »Matthäus-Passion« in Holland erlebt. Da kam eine deutsche Geigerin aus dem zweiten Orchester und fragte, ob ich Klagen über ihre Technik hätte – so habe es ausgesehen. Da hätte ich am liebsten gesagt: »Nein, Klagen hilft da auch nicht mehr ...«.

CONCERTO: Müssen Sie noch gegen das Vibrato ankämpfen – oder ist es gar kein Thema mehr?

GOEBEL: Das ist alles im grünen Bereich. Normalerweise sind meine Tempi so schnell, dass man gar kein Vibrato machen kann. Das Pendel ist sogar so weit umgeschlagen, dass ich manchmal daran erinnern muss, bei ausgehaltenen Tönen durchaus Vibrato zu gebrauchen, nicht übertrieben, aber angemessen.

CONCERTO: Finden Sie sich auch bei Blasinstrumenten generell mit modernen Instrumenten ab oder verlangen Sie ausdrücklich alte Hörner und Trompeten?

GOEBEL: Nein, ich verlange nur, dass ich meine Programme selbst bestimmen kann und dass die Musiker das Repertoire kennen. Ich will niemanden verschrecken. Bei Hörnern und Trompeten wird tatsächlich meist gefragt, ob alt oder neu, und bei den Streichern ist es in Deutschland inzwischen so, dass die meisten auch mit einem klassischen Bogen ausgestattet sind oder sogar drei verschiedene Bögen im Kasten haben. Das ist toll. Aber was mich viel mehr interessiert als diese Äußerlichkeiten, das sind Takt, Tempo, Struktur – und was im Kopf passiert. Wo es Überlegungen gibt, für ein Orchester 60 Barockbögen anzuschaffen, werde ich manchmal um Rat gefragt. Wenn solche Vorschläge von oben kommen, sage ich grundsätzlich »Nein«. Das Orchester selbst muss es wollen, alles andere ist nur Kosmetik, und übergriffig ist es auch.

CONCERTO: Ist die einst so vehemente Liebe zu Originalinstrumenten nun vollkommen erkaltet?

GOEBEL: Nein, ganz und gar nicht. Aber eine Stainer- oder Ruggeri-Geige oder ein Cello von Guadagnini repräsentieren einfach eine andere Qualitätsstufe als irgendeine anonyme, noch nicht zurückgebaute Geige von 1820. Da sage ich: »Lieber vernünftig modern als so ein altes Ding, das man nicht stimmen kann und wo die Wirbel nicht funktionieren.« Da kann das Stimmen schon mal länger dauern als das Stück, das danach kommt. Dass ich selbst nicht mehr mit Originalinstrumenten arbeite, hat mit Respekt vor der eigenen Leistung in der Vergangenheit zu tun. Ich kann doch nicht ein Ensemble wie Musica Antiqua Köln schließen und dann irgendeinen Bauchladen aufmachen.

CONCERTO: Historische Instrumente sind demnach *nice to have*: in der Kammermusik etwas Wunderbares, aber im Orchester nur eine kleine Bereicherung *on top*?

GOEBEL: Ganz genau – und dann auch nur die besten Instrumente. Die kann sich aber heute kaum noch jemand leisten. Um so mehr erstaunt war ich über die Situation in London, jedenfalls bei der Academy of

Ancient Music: alles Originalinstrumente vom Feinsten, ohne moderne Hälse.

CONCERTO: Das klingt, als könnten Sie den Berliner Barock Solisten, denen Sie seit Jahren verbunden sind, und Ihren modernen Sinfonieorchestern doch noch einmal untreu werden. Welche sind Ihnen die liebsten, wenn man das fragen darf?

GOEBEL: Klar. Das sind die Rundfunk-Sinfonieorchester in München und in Köln, und auch die Deutsche Kammerphilharmonie in Bremen gehört dazu.

Nachwort des Herausgebers

»Der Kopf macht die Musik« - Was auf den ersten Blick als feines, wohl gesetztes Aperçu erscheinen mag, erweist sich mit Blick auf das mehr als fünfzigjährige Wirken von Reinhard Goebel für und in der Auseinandersetzung mit den Möglichkeiten eines historisch informierten Musizierens als zentrales Paradigma. Reinhard Goebel hat seit Anfang der 1970er Jahre als Geiger und Ensembleleiter mit unverwechselbarer Stilistik die Alte Musik in die Gegenwart geholt und ihr - um es pointiert zu formulieren - zu neuer Relevanz verholfen. Seit zwei Jahrzehnten ist Reinhard Goebel ein ebenso wirkungsmächtiger Dirigent, der weltweit »klassischen« Klangkörpern - oft schmerzhaft - vermittelt, was es heißt, auf der Grundlage historisch informierter Aufführungspraxis zu musizieren. Zu allererst aber und gleichsam das Fundament fürs Musizieren legend, ist Reinhard Goebel ein akribischer Forscher.

Der vorliegende Band der »Texte zur Musik« vereint zum ersten Mal eine Auswahl der äußerst vielfältigen und gleichermaßen vielschichtigen literarischen Produktion von Reinhard Goebel, mit der er seine musikhistorische Forschungsarbeit dokumentiert. Der Band erhebt mit der bewussten Auswahl aus dem schier überbordenden Textkosmos Goebels keinen Anspruch auf Vollständigkeit, sondern zielt aufs Exemplarische. Im Bereich der Essays und Vorträge, mit denen Reinhard Goebel sein künstlerisches Wirken seit Anbeginn begleitet, wurden solche Beiträge aufgenommen, die gleichsam Referenzstatus besitzen. Auf dem Feld der Herausgeberschaft und der Interviews war indessen eine weiterreichende Auswahl notwendig: Goebel hat für unterschiedliche Verlagshäuser zahlreiche Werke Georg Philipp Telemanns, Johann Christian Bachs, Heinrich Ignaz Franz von Bibers - hier ist vorab die »Harmonia artificiosa-ariosa« zu nennen - und Johann David Heinichens sowie eine dreiteilige Folge von »Dresden Sonatas« herausgegeben. Aus dieser umfangreichen bis in die 1970er Jahre zurückreichenden Tätigkeit wurde als *pars pro toto* das Vorwort zu Georg Philipp Telemanns »Musique de Table« in die »Texte zur Musik« aufgenommen. Legion sind schließlich die Interviews, die Reinhard Goebel aus unterschiedlichsten Anlässen gegeben hat. Die hier vorgelegte Auswahl zeichnet den künstlerischen Werdegang des Musikers nach, beginnend mit dem ersten Interview für »Concerto« aus dem Jahre 1983, schließend mit einem Interview aus dem Februar 2024, das grundlegende Gedanken zu Goebels künstlerischem Wirken als Dirigent festhält.

Neben den Essays, Vorträgen und Interviews wurden auch einige ausgewählte Texte über Reinhard Goebel aufgenommen, die aus unterschiedlichster Perspektive das Wirken des Geigers und Dirigenten beleuchten. Neben den Laudationes anlässlich der Verleihung des Telemann-Preises der Stadt Magdeburg, des Bach-Preises der Stadt Leipzig und des »Tanzenden Schäfers« des Würzburger Mozart-Festes sind es sehr persönliche Erinnerungen von Wegbegleiterinnen und Wegbegleitern, die Reinhard Goebels Persönlichkeit würdigen.

Die versammelten Beiträge sind aus unterschiedlichsten Anlässen heraus entstanden, und dieser Anlass bestimmt die Form des Schreibens bzw. – beim Vortrag oder beim Interview – die Form des Sprechens. Es wurde daher bewusst darauf verzichtet, in die Stilistik oder gar in die Substanz der Texte einzugreifen. Diktion und Intention eines Vortrags unterscheiden sich von der Rede für den Musikerkollegen, ebenso wie das Interview vom ausformulierten Buchbeitrag, vom Programmhefttext oder vom Text für eine Schallplatten- bzw. CD-Veröffentlichung. Gründe, hier redigierend tätig zu werden, gab es keine, zumal es galt, die sprachliche Dimension und Qualität der unterschiedlichen Textsorten zu dokumentieren bzw. für sich sprechen zu lassen.

Die Gruppierung der Texte ist zweifach begründet. Einerseits folgt sie einem weitestgehend chronologischen Gang durch die Musikgeschichte des 17. bis frühen 19. Jahrhunderts; andererseits fällt die musikhistorische Chronologie mit der künstlerischen Entwicklung von Reinhard Goebel zusammen: Sein Weg führte vom französischen und italienischen Barock über das Dresden von Johann David Heinichen und Johann Georg Pisendel zu Georg Philipp Telemann und Johann Sebastian Bach, über Spätbarock und Rokoko zu Wolfgang Amadeus Mozart bis hin zur Beschäftigung mit Ludwig van Beethoven und dessen Umfeld, initiiert durch »BTHVN 2020«. Die Kongruenz zwischen der permanenten Erweiterung des Repertoires und dem Fortschreiten der Musikgeschichte ist zweifellos ein Glücksfall.

Es ist nicht Aufgabe des Herausgebers, die Interpretation der Texte gleichsam als Meta-Ebene mitzuliefern und damit einen Modus des Lesens vorzugeben. Dennoch sei eine kurze Anmerkung gestattet. Reinhard Goebel formuliert mit seinen Texten einen Anspruch – konzeptionell, wissenschaftlich, ästhetisch –, der wegweisend war und ist und auf zuweilen unangenehm schmerzliche weil präzise Art eingeschliffene Denkfiguren der musikalischen Aufführungspraxis wie der (musik-)wissenschaftlichen Forschung hinterfragt. Seine forschende Arbeit ist singulär, weil sie permanent auf der engen Verflechtung von Forschung und Aufführung beharrt. Künstlerische Forschung oder forschendes Künstlertum – Reinhard Goebel hat beides sehr früh präfiguriert und modellhaft realisiert. Geradezu vorbildlich vereinen seine Texte unterschiedlichste Disziplinen, um Musikgeschichte in ihrem ganzen Facettenreichtum erscheinen zu lassen. Er betreibt extensives Quellenstudium, studiert vergleichend Handschriften, Abschriften, Drucke; er konsultiert Lexika und zeitgenössische theoretische Schriften. Lange bevor sich die klassische Musikwissenschaft aufmachte, fragte Reinhard Goebel nach der Relevanz von Biographik, Institutionengeschichte und Wirkungsgeschichte musikalischer Werke. Dass er ganze Komponistengenerationen dem vermeintlichen Schutt der Geschichte entrissen hat, steht angesichts einer überwältigenden Diskographie außer Frage; dass Reinhard Goebel aber darüber hinaus auch ein richtungsweisendes Forschen und Schreiben über Musikgeschichte ins Werk gesetzt hat, gilt es zu entdecken. Die nun vorliegenden Texte laden dazu ein.

Die Essays, Vorträge und Interviews sind zwar zum Großteil bereits an anderen Orten erschienen, allerdings verstreut und nur schwer zugänglich – so verzichtet die 2022 bei der Deutschen Grammophon erschienene CD-Box mit allen Aufnahmen von Musica Antiqua Köln und Reinhard Goebel auf den Wiederabdruck der Einführungstexte; andererseits werden hier bisher unveröffentlichte Texte publiziert. Der Ort der Erstveröffentlichung wird jeweils zu Beginn eines Textes mitgeteilt.

Abschließend gilt es, Dank zu sagen. Ein großer Dank geht an alle Verlage und Institutionen, die einem Wiederabdruck von Reinhard Goebels Texten zugestimmt haben. Ein herzlicher Dank geht an Gudrun Heyens und Christoph Wolff sowie posthum an Andreas Holschneider, die Texte zur Veröffentlichung zur Verfügung gestellt haben. Ebenso großer Dank geht an die Fotographen für die Erteilung der Wiederabdruckrechte.
Mein großer Dank geht an Jan van der Most für das graphische Konzept.
Die Kunststiftung NRW und die Stadt Köln haben die vorliegende Publikation großzügig gefördert, ja erst möglich gemacht. Dafür gilt ihnen besonderer Dank.
Dem Kamprad-Verlag und seinen Mitarbeitenden gilt großer Dank für die Aufnahme ins Verlagsprogramm und die umsichtige Begleitung des Produktionsprozesses.
Zuletzt gilt es, Reinhard Goebel Dank zu sagen für einen immerwährend kritischen und gleichermaßen heiteren Austausch bei der Erarbeitung der Publikation.

Mit freundlicher Unterstützung der
Kunststiftung NRW und der Stadt Köln

Kunststiftung
NRW

Stadt Köln
Kulturamt

Impressum

Korrektorat
Hans-Joachim Wagner

Lektorat
Vitus Froesch

Grafik
Jan van der Most, Düsseldorf

Satz
Carsten Schenker

Coverfoto:
Peter H. Fürst

Papier
115 g Munken print white 1,5

Technische Herstellung
MultiPrint Ltd., 10A Slavyanska str., 2230 Kostinbrod, Bulgaria

ISBN
978-3-98753-018-0

Theo-Neubauer-Straße 7, 04600 Altenburg
www.vkjk.de